U0500060

2022 年国家社会科学基金一般项目
"马克思现代性思想视域下的劳动问题研究"（22BKS008）

本书获得河北大学马克思主义学院学科学术出版基金资助

马克思劳动现代性思想研究

李维意 ○ 著

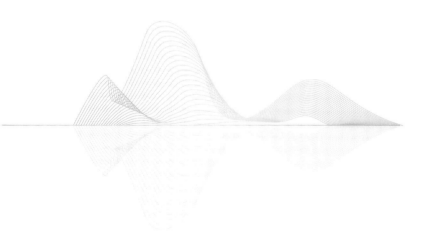

中国社会科学出版社

图书在版编目（CIP）数据

马克思劳动现代性思想研究 / 李维意著. -- 北京 ：
中国社会科学出版社，2024. 12. -- ISBN 978-7-5227
-3907-6

Ⅰ. A811.66

中国国家版本馆 CIP 数据核字第 20246LW005 号

出 版 人　赵剑英
责任编辑　刘　艳
责任校对　陈　晨
责任印制　郝美娜

出　　　版　中国社会科学出版社
社　　　址　北京鼓楼西大街甲 158 号
邮　　　编　100720
网　　　址　http://www.csspw.cn
发 行 部　010-84083685
门 市 部　010-84029450
经　　　销　新华书店及其他书店

印　　　刷　北京君升印刷有限公司
装　　　订　廊坊市广阳区广增装订厂
版　　　次　2024 年 12 月第 1 版
印　　　次　2024 年 12 月第 1 次印刷

开　　　本　710×1000　1/16
印　　　张　30
字　　　数　404 千字
定　　　价　178.00 元

凡购买中国社会科学出版社图书，如有质量问题请与本社营销中心联系调换
电话:010-84083683
版权所有　侵权必究

目录 CONTENTS

引　言

　　城市化运动和全球化浪潮推动着现代社会持续发展，现代性的时空穿透力不断增强且内涵日益丰富。劳动异化、空间殖民、理性至上、精神陷落等现代性问题使人们越来越相信资本"魔法师"再也不能驾驭它所创造的"魔鬼"了。资本逻辑开启的现代性日益显现出文明与野蛮的"双刃剑"效应。马克思、恩格斯在《共产党宣言》中宣告的"两个必然"仍然深刻地影响着人们对于现代性的认知。共产主义现代性取代资本主义现代性不仅是一种历史必然趋势而且是一种时代自觉选择。20世纪以来，欧美许多著名思想家都把理论目光聚焦在现代性问题上，对现代性的本质和命运给予了深刻反思。例如，英国著名社会学家吉登斯认为，现代性正内在地经历着全球化的进程，它的"主要特征却还仍然在黑箱之中藏而不露"①。当代美国著名哲学教授斯蒂芬·贝斯特和达格拉斯·科尔纳认为，马克思是第一位"在现代性方面形成全面理论观点的主要的社会理论家"②。马克思是对劳动现代性问题进行过深刻反思的理论先驱。马克思把劳动理解为"现代的范畴"③。劳动虽然是十分简单和古老的范畴，但在资本主义时代却拥有了现代性内涵，因为在劳动关系之中埋下了现代性的种子。由于现代性的复杂与

---

　　① ［英］安东尼·吉登斯：《现代性的后果》，田禾译，译林出版社2011年版，第1页。
　　② ［美］贝斯特、［美］科尔纳：《后现代转向》，陈刚等译，南京大学出版社2002年版，第100页。
　　③ 《马克思恩格斯全集》第30卷，人民出版社1995年版，第44—45页。

流变，它"仍然是这个时代需要积极揭示的谜题"①。从劳动视角探寻现代性的秘密或者从现代性视角探寻劳动的秘密，是马克思留给我们弥足珍贵的思想方法和精神遗产。

第一节　马克思劳动现代性思想的研究价值

现代性问题具有总体性特征，高度复杂且形式多样。长期以来，何谓"现代性"问题的探讨争论不休且悬而未决。发端于西方且笼罩全球的现代性，是一个关乎人类存续、具有世界意义的重大问题。美国学者劳伦斯·E.卡洪认为，"马克思可以说是对现代性发难的始作俑者"②。学界一般把马克思理解为资本现代性的批判者，对马克思现代性思想的研究也主要是围绕资本现代性批判问题展开的。资本是创造现代社会生活的主动轮，现代性的生成发展只有归结于资本逻辑才能得以正确诠释。资本逻辑是理解现代性的社会基础和历史前提，离开资本逻辑便无法把握现代社会和世界历史的本质，但是，资本的本质是劳动，资本作为私有财产的表征是由异化劳动创造的，因此，从劳动视角研究现代性更能彰显马克思哲学的总体性，更能抓住马克思现代性反思的建构性。现代性的劳动逻辑内在地包含着现代性的资本逻辑。从资本逻辑考察现代性更能抓住现代性的本质内涵；从劳动逻辑考察现代性更能抓住现代性的发展趋势。马克思劳动现代性思想研究的独特学术价值是，有利于增进马克思主义理论的总体性认识，有利于推动马克思现代性思想中国化，有利于丰富中国式现代化的思想资源。马克思劳动现代性思想研究的独特应用价值是，有利于推进中国特色社会主义现代性建构，有利于强化反垄断和防止资本无序扩张，有利于增强构建人类命运共同

---

① 赵泽林：《机器与现代性：马克思及其之后的历史与逻辑启示》，《哲学研究》2020年第4期。
② ［美］劳伦斯·E.卡洪：《现代性的困境：哲学、文化和反文化》，王志宏译，商务印书馆2008年版，第18页。

体的行动力量。

一　马克思劳动现代性思想研究的独特学术价值

劳动现代性作为一个复合概念，是连接马克思哲学、经济学和科学社会主义的纽带。马克思总体性哲学是以劳动思想为基础的。研究劳动现代性思想有利于增进马克思主义理论的总体性认识。资本现代性的展开极大地解放和发展了生产力，创造了举世瞩目的现代文明，但是也造成了资产阶级和无产阶级的分化与对立。然而，世界现代性的发展仅仅与资本主义阶段性"重合"，资本主义开启了现代性但并没有终结现代性。批判资本现代性、重建劳动现代性是马克思的理论与现实诉求。马克思深刻阐明了社会主义现代性取代资本主义现代性的必然趋势和社会条件，为中国式现代化建设提供了丰厚的思想资源。马克思劳动现代性思想研究是切入马克思主义中国化的通道，推进劳动现代性思想中国化有利于彰显马克思主义理论的当代价值。中国特色社会主义现代性是对资本逻辑的积极扬弃，是坚持以人民为中心和共同富裕的现代文明发展模式。马克思劳动现代性思想研究可以通过资本现代性主题批判推动中国特色社会主义现代性思想的发展。把马克思劳动现代性思想与中国式现代化新道路相结合，能够更加妥善地解决好中国社会的主要矛盾。

（一）增进马克思主义理论的总体性认识

马克思主义理论的总体性体现在它的内在逻辑和历史发展之中。在多维度解读和多学科阐释过程中，马克思主义理论的总体性出现了可能流失和分化的裂纹。以劳动现代性视角切入研究，有利于增进马克思主义理论的总体性认识。列宁强调马克思主义犹如一块整钢，指出"在这个由一块整钢铸成的马克思主义哲学中，决不可去掉任何一个基本前提、任何一个重要部分"[①]。"整钢论"强调了马克思主义理论的总体性和有机性。马克思主义理论的总体性体现在多个方面，包括"研究对

[①] 《列宁选集》第2卷，人民出版社2012年版，第221页。

象的总体性""方法论的总体性""理论体系的总体性""发展历史的总体性"①。马克思理论的三大组成部分,即马克思的哲学、经济学和科学社会主义,每一部分都具有总体性。总体性不仅是唯物史观的基本线索和基本方法,还是"贯穿于马克思思想发展史的一条基本线索"②。西方马克思主义创始人卢卡奇就非常敏锐地发现和阐释了马克思主义理论的总体性特征。他把"总体性辩证法"理解为马克思主义的"正统",马克思主义在向社会历史敞开的过程中,始终坚持了"总体性辩证法"。"辩证的总体观能够使我们把现实理解为社会过程。"③ 如果说,在革命年代,以无产阶级革命和阶级斗争为主要内容的马克思主义的批判性得到了充分阐释,那么在和平发展年代,马克思主义的总体性则更多地受到时代的关注。

黑格尔的总体性辩证法是以唯心主义为核心建构起来的,马克思的总体性辩证法是以实践唯物主义和历史唯物主义为核心建构起来的。黑格尔总体性辩证法建构的逻辑起点是"绝对理念"范畴,马克思总体性辩证法建构的逻辑起点则是"劳动"范畴。马克思认为,他和黑格尔的辩证法是截然相反的,虽然马克思的辩证法和黑格尔的辩证法都具有总体性,但是,黑格尔辩证法的总体性蕴藏在"绝对理念"之中,而马克思辩证法的总体性则蕴藏在"生产关系"之中,马克思把"生产关系"理解为"普照的光"。社会就是由"生产关系总合起来"构成的。④ 现代市民社会是建立在资本主义生产关系基础之上的"总体性",但是,这种资本的"总体性"是一种虚假的"总体性",因为它以资本和劳动的对立为前提,其结果造成人与自然、人与社会尖锐对立以及社

---

① 罗骞、唐解云:《马克思主义理论的总体性》,《马克思主义理论学科研究》2021 年第 8 期。

② 郑祥福:《马克思主义的总体性及其当代意义》,《福建论坛》(人文社会科学版)2007 年第 6 期。

③ [匈]卢卡奇:《历史与阶级意识——关于马克思主义辩证法的研究》,杜章智、任立、燕宏远译,商务印书馆 1992 年版,第 62 页。

④ 《马克思恩格斯选集》第 1 卷,人民出版社 2012 年版,第 340 页。

会片面、畸形发展。马克思所追求的理想社会是自然主义和人道主义的完成，是人与自然和人与人关系的和解。在《资本论》中，马克思立足社会历史的总体性立场，对资本主义现代性给予了深刻的批判。马克思认为，现代资本主义社会是人类有史以来最高级、最复杂的社会有机体，这种社会有机体根源于资本的一体化力量，资本"使社会的一切要素从属于自己"①，资本作为一个有机体能够创生出自己需要的社会器官和社会功能。资本的一体化力量是其战胜和统治劳动的基础。在马克思看来，资本主义社会有机体的总体性导致了劳动异化。马克思所追求的总体性社会是基于劳动现代性发展的总体性，它必须以劳动者重新驾驭资本力量为前提。马克思从劳动创造世界的理论立场出发，把自然、人、社会的总体性建构奠基在生产劳动基础之上。自然的历史、人的历史和社会的历史是统一的，这个秘密潜藏在劳动辩证法之中。马克思以劳动辩证法为基础，试图通过劳动的一体化力量建构由人、自然和社会构成的总体性社会。世界历史"是人通过人的劳动而诞生的过程"②。劳动是自然史和人类史辩证统一的基础。马克思劳动概念的总体性不仅体现在创造社会历史方面，而且体现在价值目标追求方面。人的自由解放和全面发展是马克思一生所追求的价值理想。在马克思看来，共产主义是依靠人、为了人而对人的本质的真正占有。人不仅是"特殊的个体"，"现实的、单个的社会存在物"，而且，"人也是总体"，是"生命表现的总体"。③ 资本物的总体性扩张导致劳动者生命的社会性"死亡"，劳动者成为丧失社会本质的自然存在物，过着牛马一样的悲惨生活。在资本主义异化劳动条件下，人沦为动物式、片面化的自然存在物。然而，人作为"特殊的个体"是一种总体性的社会存在物。那么，劳动者如何才能成为总体性的社会存在物呢？按照马克思的

①《马克思恩格斯全集》第 30 卷，人民出版社 1995 年版，第 237 页。
②《马克思恩格斯文集》第 1 卷，人民出版社 2009 年版，第 196 页。
③《马克思恩格斯文集》第 1 卷，人民出版社 2009 年版，第 188 页。

观点，即全面地"占有自己的全面的本质"①。总体性是马克思考察人、自然和社会历史的理论方法，这种总体性的理论方法是以劳动思想为基础的。研究马克思劳动现代性思想有利于增进对马克思主义总体性社会历史观的深刻认识。

（二）丰富中国式现代化理论的思想资源

马克思虽然没有使用过"现代性"概念，但在他的著作中，现代大工业、现代生产、现代社会、现代生产力、现代生产关系等概念却频繁出现，表明了他对于"现代"问题的高度关注。马克思从劳动发展史中探讨了现代社会的历史形成，揭示了资本主义生产方式对于现代性的奠基作用。由于西方资产阶级开启现代性的世界历史性贡献，造成了现代性的西方背景和资本主义性质。资本主义现代性极大地解放和发展了生产力，创造了举世瞩目的现代文明，但是，它也造成了资产阶级和无产阶级的分化与对立。那么，现代性是否等同于资本主义性质？现代化是否意味着资本主义化？回答是否定的。现代性仅仅与资本主义社会阶段性"重合"，资本主义道路不是人类走向现代化的唯一道路。资本主义现代性是在世界历史空间展开的，它为世界现代性的发展奠定了基础。马克思的科学社会主义揭示了"社会主义现代化终将取代资本主义现代化"②的必然性、条件性、复杂性和长期性。马克思认为，世界现代化的根本旨趣在于实现人的自由全面发展。人的自由全面发展是建立在劳动社会化发展基础之上的。在资本主义现代性发展过程中，大工业和分工的发展导致人片面发展，日益细化的分工使工人只能从事简单重复的劳动，因而造成畸形发展。马克思通过对资本主义异化劳动、雇佣劳动进行考察，揭示了现代性的本质和发展规律。劳动产品的资本化是资本家对工人剩余劳动的直接剥夺。工人要想获得自己和家人的物质

---

① 《马克思恩格斯文集》第 1 卷，人民出版社 2009 年版，第 189 页。
② 张占斌、王学凯：《中国式现代化：理论基础、思想演进与实践逻辑》，《行政管理改革》2021 年第 8 期。

生活资料，只有出卖劳动力给资本家。这样，工人创造的劳动产品变成了支配工人命运的抽象力量，这就是商品生产的拜物教性质，也就是说，"拜物教是同商品生产分不开的"①。

马克思的劳动现代性思想能够丰富中国式现代化理论的思想资源。中国式现代化理论是马克思劳动现代性思想与中国式现代化建设实际相结合、与中华优秀传统文化相结合的产物。我们党对现代化的认识经历了从单一到全面的发展过程。1954 年，周恩来首次提出并细化了中国式现代化的内涵，初步提出了工业、农业、交通运输业和国防"四个现代化"思想。1979 年，邓小平提出了"中国式的四个现代化"② 思想。党的十八大以来，习近平总书记又提出了"国家治理体系和治理能力现代化"。那么，中国式现代化道路的主要理论依据是什么呢？马克思劳动现代性思想是中国式现代化道路的重要理论依据之一。马克思在对资本现代性批判的基础上探索了劳动现代性重建的可能性和条件性。资本现代性的历史成就源于"资本的文明面"，资本现代性的历史局限源于"资本的野蛮面"。"中国式现代化充分激活'资本的文明面'。"③ 马克思把"资本的文明面"归结为"更有利于生产力的发展，有利于社会关系的发展，有利于更高级的新形态的各种要素的创造"④。资本通过解放和发展生产力，通过创造人们对于自然关系和社会关系的普遍占有，为社会主义现代性取代资本主义现代性奠定了基础。中国式现代化坚持中国共产党的领导，以解放和发展生产力、实现人民共同富裕为目标，以生产关系为中介驾驭和利用资本。中国式现代化之所以形成一种超越资本主义现代化的发展模式，其核心在于坚持以人民为中心而非以资本增殖为中心。中国式现代化是坚持"劳动—国家—资本"三元主体动力聚合的发展模式，是一种坚持对外开放、吸纳国际资本的

---

① 《马克思恩格斯文集》第 5 卷，人民出版社 2009 年版，第 90 页。
② 《邓小平文选》第二卷，人民出版社 1994 年版，第 237 页。
③ 唐爱军：《唯物史观视域中的中国式现代化新道路》，《哲学研究》2021 年第 9 期。
④ 《马克思恩格斯文集》第 7 卷，人民出版社 2009 年版，第 927—928 页。

人类文明新形态。中国式现代化充分体现了生产力与生产关系矛盾运动的规律。中国共产党充分理解和运用社会基本矛盾运动的规律，探索了中国式现代化发展道路的问题。中国式现代化坚持了人民群众创造历史的基本原则，坚持发展依靠人民、发展为了人民、发展成果由人民共享。中国式现代化是马克思劳动现代性思想与社会主义现代化建设实际相结合的必然选择和积极成果。马克思劳动现代性思想为中国式现代化提供了理论指南和精神资源。

（三）推动马克思现代性思想的中国化

中国式现代化是马克思主义中国化所开辟的新方向、新道路。中国通过马克思主义确立并获得了现代性资格和身份。中国共产党在马克思主义指引下取得革命、建设和改革的伟大成就，实现了从"站起来"到"富起来"再到"强起来"的飞跃，以中国式现代化创造了人类文明新形态。中国式现代化建设需要"在借鉴西方形式的同时，又要满足文化传统及现代转换的内在要求"①。马克思劳动现代性思想研究是切入马克思主义中国化研究的现实通道，为中国特色社会主义现代性建构提供了理论依据。马克思劳动现代性思想研究的着力点有两个：一是批判基于资本垄断化的资本主义现代社会，把握马克思批判"旧世界"的理论旨趣；二是建构基于劳动社会化的共产主义理想社会，把握马克思发现"新世界"的价值诉求。从马克思劳动现代性思想的中国现实语境来看，资本逻辑仍然"在场"，利用和驾驭资本是全面推进改革开放的重大问题。中国的改革开放不仅取得了伟大成就，而且为利用和驾驭资本积累了丰富经验。马克思强调，资本创造了"社会成员对自然界和社会联系本身的普遍占有"②，但是，中国改革开放的合法性和合理性绝不能归结为资本的功劳。资本的本

---

① 刘剑松：《马克思主义中国化与中国现代性的建构》，《人民论坛》2017年第6期上。

② 《马克思恩格斯全集》第30卷，人民出版社1995年版，第390页。

质是生产关系，这种生产关系具有创造文明的功能。资本为了增殖自身而迅速改进生产和交通工具。利用和驾驭资本是中国改革开放取得成功的秘密。中国的改革开放是在社会主义国家制度的驾驭控制下对资本文明面的有效利用，它符合马克思吸收资本主义一切肯定性成果的思想。然而，资本具有无限增殖的本性。资本不可遏制地追求普遍性，它迫使一切生产要素、生产条件和社会环境都屈从于剩余价值的生产，因而最终必将打破资本和劳动之间的平衡，并且创造出埋葬资本逻辑的物质力量和主体力量。索罗斯在《全球资本主义的危机》一书中认为，资本家"会持续积累其资本直至局面失衡"①。资本的本性是实现自身增殖的最大化，因而必将破坏它与劳动之间的均衡状态，最终导致资本主义体系崩溃。马克思劳动现代性思想的根本旨趣就在于解决如何保持资本的文明面而去除资本的野蛮面，马克思的答案就是在劳动社会化充分发展基础上建构社会主义制度，运用无产阶级专政的国家权力限制和防控资本的任性。

　　在改革开放和中国特色社会主义现代性建构过程中，资本逻辑造成的现实难题已经得以表现。环境污染、生态失衡、文化冲突、贫富差距、热核威胁等资本现代性危机仍然是我们不可回避的现实问题。运用马克思劳动现代性思想破解资本现代性的现实问题，是推动马克思主义中国化的重要出场方式。马克思坚持反对资本现代性的资产阶级立场和价值取向，始终坚持为了"绝大多数人"谋幸福，由此决定了我们在发展中国特色社会主义现代性的时候以一种什么样的姿态面对资本，也就是说，资本生产力究竟是为"少数人"服务还是为"绝大多数人"服务，对此，中国共产党以人民为中心的发展理念做出了明确的回答。推进马克思劳动现代性思想中国化必须坚持马克思主义指导地位，必须聚焦中国式现代化建设，致力于创造人类文明新形态。现代性从西方社

---

① George Soros, *The Crisis of Global Capitablism*, Little, London, Brown and Company, 1998, p. xxvii.

会开启，但是，在它蔓延到世界大部分地区的时候，产生了多种发展模式。欧美国家虽然呈现出现代性的"极为丰富的多样性"①，但是，它们都属于资本主义现代性范式。中国特色社会主义现代性与其并非属于"家族相似"②，因为中国特色社会主义现代性旨在扬弃资本逻辑，追求以人民为中心的现代文明发展模式。马克思劳动现代性思想研究，一方面，可以通过资本现代性主题批判推动马克思主义中国化，它要求我们对于资本逻辑的限度既要坚持充分利用又要保持高度警惕，把利用驾驭资本和超越扬弃资本统一起来；另一方面，把马克思劳动现代性思想中国化与中国特色社会主义现代性建构的目标结合起来。劳动现代性的建构必须坚持生产力发展和人的自由全面发展两大基本尺度。为此，在发展中国特色社会主义现代性的过程中，要通过大力解放和发展社会生产力着力解决好人民群众最关心、最直接、最现实的利益问题。

二　马克思劳动现代性思想研究的独特应用价值

马克思立足世界历史，通过考察资本现代性危机及其走向，表达了"改变世界"且建构共产主义现代性的社会诉求。马克思从资本与劳动关系的历史辩证法出发，论证了劳动现代性终将取代资本现代性的趋势，以及共产主义现代性终将取代资本主义现代性的规律。中国特色社会主义现代性建构的理论资源既需要源于西方的内容形式又需要源自中国的文化传统，为此，要始终坚持以马克思主义中国化最新理论成果指导中国特色社会主义现代化建设。马克思揭示了资本现代性之文明与野蛮的辩证法，尤其是从灾难论视角，揭露了资本现代性的危机、野蛮、残暴和恐怖。马克思在《资本论》等多部著作中阐明了资本逻辑的灾难性后果，指出资本逻辑的灾难是异质性、叠加

————————

① ［以色列］艾森斯塔特：《反思现代性·导言》，旷新年、王爱松译，《国外理论动态》2006 年第 4 期。

② 孙亮：《中国现代性建构与马克思主义哲学中国化》，《天府新论》2010 年第 3 期。

性和世界性的。为了摆脱资本现代性的灾难，必须顺应劳动社会化发展的方向，借助共产主义"自由人联合体"的力量重新驾驭资本力量。马克思资本现代性批判和劳动现代性建构思想为中国特色社会主义现代化建设过程中的反垄断和防止资本无序扩张提供了理论支撑。马克思的劳动现代性思想与社会共同体思想是紧密关联的。马克思研究现代性的根本旨趣是人的本质的生成和发展，为此必须建构一种劳动者能够重新驾驭物的力量的社会共同体，即"自由人联合体"。构建人类命运共同体是对资本主义现代性灾难化向度的现实超越。中国共产党站在世界历史的制高点，高举构建人类命运共同体的鲜明旗帜，开创了中国式现代化新道路。

（一）推进中国特色社会主义现代性建构

马克思对劳动现代性的深刻反思是对西方启蒙运动以来"个体理性"和"道德理性"的超越。实践是马克思劳动现代性批判的立足点。马克思深刻剖析了基于机器大工业的"现代经济文化价值结构"，详细解读了基于现代市民社会的"两极化"以及"边缘化群体"现象。① 马克思从"改变世界"的现实诉求出发，审视资本现代性的制度危机，阐明了共产主义现代性取代资本主义现代性的历史必然趋势，完成了对人类历史与社会现实的第一次深刻洞见和完整把握。马克思看到，资本现代性的无节制、无节操扩张带来世界历史性的风险与危机，这种风险与危机已经成为全球性问题。马克思充分肯定了资本现代性的历史成就，生动描绘了资本现代性的世界图景："一切新形成的关系等不到固定下来就陈旧了。一切等级的和固定的东西都烟消云散了，一切神圣的东西都被亵渎了。"② 西方资产阶级学者往往把现代性和资本主义制度给予捆绑式解读，把二者简单等同起来。马克思则从资本与劳动关系的

---

① 王志红：《马克思主义中国化的现代性启蒙与祛魅》，《马克思主义与现实》2004 年第 6 期。

② 《马克思恩格斯选集》第 1 卷，人民出版社 2012 年版，第 403 页。

历史辩证法出发，既看到了资本对于现代性建构的决定性作用，又看到了劳动对于现代性建构的基础性作用，在此基础上揭示了劳动现代性终将取代资本现代性的历史趋势。从资本现代性发展的积极意义看，它能够为共产主义现代性奠定物质财富基础，但是，从根本上说，资本主义经济制度、政治制度与意识形态终将成为现代文明持续发展的绊脚石。要颠覆资本主义经济制度就必须率先颠覆资本主义的政治制度和意识形态。由资本主义现代性向共产主义现代性的历史性跨越需要无产阶级担负起历史主体的革命使命，从而实现与传统所有制和传统观念的彻底决裂。

鸦片战争以来，中国遭遇了资本主义现代性的风险与危机。中国的现代性是在无数仁人志士寻求独立富强的救亡道路上开辟的，是在中国共产党的领导下通过人民群众共同努力走出来的。对于中国而言，现代性建构首先是一种需要争取的权利。因为西方资本现代性扩张把古老的中国抛入史无前例的世界现代性灾难之中。1921年，中国共产党成立并选择了马克思主义，由此，中国的现代性建构有了全新的领导力量和指导思想。中国现代性建构的世界历史境遇是西方资本现代性的全球扩张以及由此造成的世界性灾难。西方资本现代性的强势入侵，否定了中国现代性的内生性和自主性，也否定了中国以同样方式参与资本全球积累的可能。中国共产党坚持"两个结合"，即"把马克思主义基本原理同中国具体实际相结合、同中华优秀传统文化相结合"①，推进了马克思主义中国化的长足发展，为中国特色社会主义现代性建构提供了理论指南。

马克思劳动现代性思想研究能够激活中国现代性建构的理论资源。中国现代性的开启根源于西方列强的殖民侵略。新中国成立后，中国现代性的建构才真正走上独立自主的社会主义发展道路。中国现代性建构

① 习近平：《在庆祝中国共产党成立100周年大会上的讲话》，《人民日报》2021年7月2日第2版。

面临两个方面的不利因素：一方面，资本的"在场"引发的负面效应；另一方面，一些"前现代"因素的存在引发的滞后效应。① 面对资本现代性的干扰，我们必须保持清醒的头脑，弄清资本和资本主义、资本现代性和资本主义现代性的差别，不断学习如何利用、限制和驾驭资本，不断学习社会主义与资本主义的相处之道。要坚定不移地走中国特色社会主义现代性发展道路，认清和批判"全盘西化""反现代性""逆全球化"思潮。马克思坚持在批判资本现代性中发现劳动现代性，明确了劳动现代性的建构方向。劳动现代性建构的是一种优越于资本现代性建构的更高级的人类文明发展形态。劳动现代性建构是走向共产主义"自由王国"的必然选择。中国特色社会主义现代性建构创造性地生成了"当今世界现代性建构和发展之'中国方案'"②，它整合了现代性文明的肯定性成果，坚持社会主义的本质方向，植根中华优秀传统文化土壤，推动了马克思劳动现代性思想的中国实践。

（二）强化反垄断和防止资本无序扩张

马克思立足唯物史观，从人类文明发展视角，揭示了资本现代性的伟大文明作用。由资本主导的劳动形式所开启的资本主义现代性具有划时代意义。马克思高度赞扬了资产阶级对现代性之门与全球化之路的开启，赋予了资本主义文明以现代意义。同时，马克思立足政治经济学，从人类灾难生成视角，解剖了资本现代性的野蛮和残暴、恐怖和罪恶。实际上，资本力量的强大是建立在它的垄断和扩张基础之上的。正因为资本力量的强大，所以它产生的破坏力量总是灾难性的。在《1844年经济学哲学手稿》中，马克思指出，异化劳动是一种"有害的、招致灾难的"③ 力量。《资本论》可以说是马克思的资本"灾难论"。马克

---

① 陈文捷：《马克思现代性理论对构建中国特色社会主义现代性的启示》，《攀登》2014年第4期。

② 李培山：《〈共产党宣言〉的现代性思想与新时代中国特色社会主义现代性》，《唐都学刊》2021年第3期。

③ 《马克思恩格斯文集》第1卷，人民出版社2009年版，第123页。

思在谈到俄国社会发展道路时指出，如果俄国沿着 1861 年开始的道路走下去，不仅会丧失历史发展的最好机会，而且还要"遭受资本主义制度所带来的一切灾难性的波折"①。在马克思看来，与过去社会制度给人类带来的灾难相比，资本现代性的灾难是异质性、叠加性和世界性的。马克思深刻揭示了资本灾难的现代性特征。"不列颠人给印度斯坦带来的灾难"是与"过去所遭受的一切灾难"完全不同的"另一种"灾难。② 所谓的"另一种"，意思是说，这种灾难不是传统灾难而是现代灾难、资本灾难，这种灾难是叠加性的，是经济灾难、政治灾难、技术灾难、生态灾难、战争灾难的综合体，是比过去的灾难更为严重的灾难，这种灾难主要是落在了劳苦大众的头上。这种灾难超越了资本现代性发源地的欧洲而成为一种世界性的灾难。如果说，前资本主义时代的灾难更多的是"天灾"，那么，资本主义时代的灾难更多的则是"人祸"。比如，印度的气候条件就是"天灾"，不列颠的殖民制度就是一种"人祸"，这两个方面加在一起，导致"霍乱这种毁灭性的灾难的流行"③。这种"天灾"和"人祸"的叠加是惊人的可怕的，这种灾难通常会从一个地方扩展到整个世界。马克思认为，资本主义的灾难史是用血和火的文字写成的，这种灾难是资本的本性造成的，是资本现代性的必然结果，因为资本家的口号是："我死后哪怕洪水滔天！"④ 正由于现代社会灾难的资本逻辑致因，所以加拿大学者娜奥米·克莱恩在《休克主义：灾难资本主义的兴起》一书中，把资本主义称为"灾难资本主义"。

按照马克思资本现代性批判和劳动现代性重建的理论逻辑，资本主义灾难是制度性的，因而无法在保存资本主义制度前提下解决灾难问题。换句话说，不废除资本逻辑，不消灭资本主义制度，便无法解

① 《马克思恩格斯文集》第 3 卷，人民出版社 2009 年版，第 464 页。
② 《马克思恩格斯文集》第 2 卷，人民出版社 2009 年版，第 678 页。
③ 《马克思恩格斯全集》第 9 卷，人民出版社 1961 年版，第 245 页。
④ 《马克思恩格斯文集》第 5 卷，人民出版社 2009 年版，第 311 页。

决资本现代性的灾难问题。只有坚持劳动社会化主导，用劳动主体力量重新驾驭资本物的力量，推翻资本主义制度，才能把人类从"灾难化向度的'铁囚'中拯救出来"①。超越资本主义现代性的灾难化向度、防止资本无序扩张，必须坚持党的领导、人民民主和依法治国的统一，走中国特色社会主义现代性建设道路。资本对财富的追逐是生产发展的强大驱动力量，这是改革开放以来允许资本追求财富的原因。中国特色社会主义制度是在不发达生产力条件下建立起来的，因此利用资本发展生产力是不可逾越的历史阶段。为防止不平等竞争、"大数据杀熟"等垄断行为以及国家经济的"脱实向虚"，我们党明确提出"强化反垄断和防止资本无序扩张"的任务。② 资本尤其是大型国际垄断资本是资本主义国家的真正主宰，在那里，资本往往凌驾于政党和国家之上，资本操纵国家的经济和政治。中国共产党领导下的社会主义国家，坚持人民民主专政和依法治国，具有驾驭资本的内在基因，有能力、有本领驯服资本的"利维坦"，最大限度避免资本的野蛮和灾难。中国共产党在百年的革命、建设和改革实践中成功开创的中国道路是对资本主义灾难化向度的超越，"为解决人类问题贡献了中国智慧和中国方案"③。中国道路要解决的全球性问题归根结底是资本现代性问题。中国道路坚持社会主义基本经济制度、发挥驾驭资本的政党力量和坚持人类命运共同体理念引领现代性的发展方向，因而能够从根本上摆脱资本主义的灾难化向度。

（三）增强构建人类命运共同体的行动力量

马克思劳动现代性思想与社会共同体思想是紧密关联的。马克思坚持在批判"旧世界"中发现"新世界"的理论原则：批判"旧世界"

---

① 蒋红群：《马克思恩格斯对资本主义灾难化向度的内在批判》，《社会主义研究》2021 年第 5 期。

② 《中央经济工作会议在北京举行——习近平李克强作重要讲话 栗战书汪洋王沪宁赵乐际韩正出席会议》，《人民日报》2020 年 12 月 19 日第 1 版。

③ 习近平：《习近平谈治国理政》第三卷，外文出版社 2020 年版，第 9 页。

就是批判资本现代性和资本主义"虚假的共同体";发现"新世界"就是探讨劳动现代性建构问题,探讨如何用"真正的共同体"取代"虚假的共同体"。马克思"真正的共同体"的社会诉求是建立在劳动现代性发展基础之上的,其现实的关怀表现为对人的生存的社会历史场域的科学探察。马克思提出了劳动现代性的总纲式论断:"人的本质是人的真正的共同体。"① 也就是说,马克思对于现代性研究的根本旨趣是人的本质的生成和发展,为此必须建构一种劳动者能够重新驾驭物的力量的社会共同体,即"自由人联合体"。马克思之所以高度重视劳动现代性问题,是因为它事关现实的个人从哪里来又到哪里去的问题。这一问题既是一个历史时间维度的人的生成发展问题,又是一个社会空间维度的人的共同存在方式问题。马克思认为,在"自然的共同体"中,即小土地所有制形式的共同体和东方社会农业公社的共同体中,个人"把自己当作所有者"和"劳动的共同体成员"。② 在资本主义"虚假的共同体"中,个人变为"一无所有的工人,这本身是历史的产物"③。"自然的共同体"是历史形成的,它的成员是所有者和劳动者的一体化。资本主义市民社会的崛起,终结了"自然的共同体",取而代之的是资本主义"虚假的共同体"。马克思指出,在资本家的共同体中,劳动和资本有着不同的设定,"劳动是为每个人设定的天职,而资本是共同体的公认的普遍性和力量"④。但是在资本家的共同体中,劳动的"天职"是由资本家设定的,包括劳动方式、劳动内容、劳动时间、劳动场所等都是由资本家设定的,资本家凭借资本的占有而获得了操控共同体的普遍性和力量。一无所有的劳动者成为任由资本家宰制的对象,资本家成为站在劳动之外并且支配劳动过程的强大的"他者"。"虚假的共同体"是由毫无力量的生产者和强有力的所有者两个方面通过雇

---

① 《马克思恩格斯全集》第 3 卷,人民出版社 2002 年版,第 394 页。
② 《马克思恩格斯全集》第 30 卷,人民出版社 1995 年版,第 466 页。
③ 《马克思恩格斯全集》第 30 卷,人民出版社 1995 年版,第 466 页。
④ 《马克思恩格斯文集》第 1 卷,人民出版社 2009 年版,第 184 页。

佣关系建立起来的，是资产阶级反对无产阶级的联合，对于处于被统治地位的无产阶级而言，它是新的桎梏。"虚假的共同体"最基础的关系是雇佣关系，这种雇佣的剥削性质成为共同体内部无产阶级和资产阶级尖锐对立的总根源。

构建人类命运共同体是对资本现代性灾难的现实超越。西方资本主义现代性是以资本垄断化主导为基础的，中国特色社会主义现代性是以劳动社会化主导为基础的。面对资本主义现代性和社会主义现代性之间的冲突，"合作还是对抗？开放还是封闭？互利共赢还是零和博弈？如何回答这些问题，关乎各国利益，关乎人类前途命运"①。西方资本主义国家基于资本逻辑的"虚假的共同体"在应对全球灾难的政治实践中日益走向破产，中国特色社会主义基于劳动逻辑的"真正的共同体"实践，即以人类命运共同体的哲学立场和价值追求来应对和抵御全球性威胁和挑战，为国际交往和国际安全提供了可资借鉴的经验。现代性建构的中国方案是对马克思"真正的共同体"思想的创新发展。在世界历史的发展进程中，各个民族国家之间逐渐成为命运与共、相互依存的命运共同体，脱离其他民族国家而孤立存在和发展的现代性是不可能的。在中国共产党领导下所开创的现代性建设道路，"实现了从'修昔底德陷阱'到'人类命运共同体'的超越"②。构建人类命运共同体坚持了马克思的"绝大多数人"立场，坚持了关切世界未来的共同价值论、共同责任论和共同命运论的辩证统一，保持了对资本现代性的超越姿态。美国之所以是世界历史上最好战的国家，究其根源就是资本现代性的扩张和侵略本性，借助掠夺、战争、争霸，资本实现着自我增殖。中国共产党高举人类命运共同体的鲜明旗帜，创建了谋求共建、共赢、共享的现代性发展模式。

---

① 习近平：《习近平谈治国理政》第三卷，外文出版社 2020 年版，第 455 页。
② 田鹏颖、陈孟：《马克思唯物史观视域下中国现代性的创造与超越》，《哲学分析》2020 年第 5 期。

第二节 国内外相关研究的理论综述

马克思对资本现代性的反思批判是一份弥足珍贵的思想遗产。马克思对于资本主义社会的基本判定是现代性社会。虽然在马克思之前，现代性问题就已经引起了理论家的注意和研究，但是，马克思的实践唯物主义和历史唯物主义为资本现代性批判提供了科学的世界观和方法论，由此开启了资本现代性批判的新篇章。国内学者充分肯定了马克思劳动现代性思想的社会历史地位并对其展开了系统研究，同时积极回应西方形形色色的现代性批判理论以及后现代主义思潮。国外学者也非常重视马克思劳动现代性思想研究。在马克思之前，从启蒙运动到德国古典哲学，一直延续着现代性批判的理性形而上学传统。在马克思之后，西方许多有影响的思想家都非常关注现代性问题，并且试图从马克思那里寻找理论智慧，但他们对待马克思现代性思想的态度往往是以自我为中心，并且关注现实的现代性问题。

一 国内相关研究理论综述

国内学者肯定了马克思劳动现代性思想的社会历史地位并对其展开了系统研究。从国内学者关注的问题看，主要包括关于马克思"现代性"及其批判的研究、关于马克思现代性思想的多维透视、关于马克思资本现代性批判思想研究、关于资本现代性批判的理论方法研究、关于马克思"劳动现代性"概念的提出及阐释等。

（一）关于马克思"现代性"及其批判的研究

对马克思现代性思想的研究观点纷呈、成果丰硕。马克思没有提出过"现代性"概念，但是，这并不意味着马克思没有现代性思想。他对现代性的反思主要是聚焦资本现代性批判，即马克思对资本主义文明形态的"人体解剖"，不过，马克思坚持不破不立，批判资本现代性是为了建构劳动现代性，因而对于如何超越和扬弃资本现代性进行了深入的理论研究和实践探索。

张曙光在《思入现代社会的本质——马克思哲学思想的当代意义刍议》（2002 年）一文中认为，马克思的现代性概念包含着工业化、市场化、理性化等历史规定性，"执行着现代社会自我批判"的理论职能。马克思追求的是"历史性的生存—实践"，无论是把马克思推至"纯哲学"还是推至"实证科学"都难以彰显马克思哲学的革命变革意义。马克思的思想在"纯哲学"和"实证科学"之间保持着一定的张力，体现了马克思现代性批判的深刻洞察力和批判价值。①

丰子义在《马克思现代性思想的当代解读》（2005 年）一文中认为，现代性是一个总体性概念，涉及经济、政治、文化、社会等多个方面。现代性"是包括经济因素在内的各种因素的相互作用"。马克思对现代性的理解是实质性的，阐述了"一种现代性的社会理论"，现代性关联着"一个具有整体性的社会问题"。现代生产对现代性具有决定性意义，是"现代性的深刻起因和原初动力"②。

韩庆祥在《现代性的本质、矛盾及其时空分析》（2016 年）一文中认为，现代性是由西方学者提出的总体性反思现代社会特质的概念。西方语境的现代性，体现在经济、社会和政治三个方面：经济维度表现为资本逻辑主导的工业化生产方式；社会维度表现为市民社会的崛起，人变成了资本增殖的工具；政治维度表现为自由、平等、民主理念的发展。马克思语境的现代性，既是一个肯定性概念又是一个否定性概念。从肯定性看，现代性有三大历史作用：发展生产力、开创世界历史、形塑社会关系。从否定性看，现代性的弊端表现为劳动异化、贫富分化、拜物教盛行等。现代性的发展造成了人与社会、人与人、身与心、目的与手段的疏离。③

----

① 张曙光：《思入现代社会的本质——马克思哲学思想的当代意义刍议》，《学术研究》2002 年第 5 期。

② 丰子义：《马克思现代性思想的当代解读》，《中国社会科学》2005 年第 4 期。

③ 韩庆祥：《现代性的本质、矛盾及其时空分析》，《中国社会科学》2016 年第 2 期。

陈学明在《中国如何"强起来"——从马克思主义现代性批判理论角度的分析》（2018年）一文中认为，现代性在马克思那里是一个十分复杂的问题。一方面，现代性起源相同、过程相异；另一方面，"现代性总是与前现代性、后现代性交织在一起"[①]。各个国家虽然都有共同朝向现代性的目标，但却表现出明显的差异性和多样性。

王清涛在《马克思对资本主义现代性的判定及其当代启示》（2018年）一文中认为，马克思的现代性理论包括人和人的关系、市民社会和政治国家之间的关系等问题。马克思对现代性社会的历史定位是"以物的依赖性为基础的人的独立性"；基于市民社会的资产阶级政治国家是现代性的根本法则；立法、司法、行政三权分立是现代性的内在逻辑；信仰和宗教自由是现代性的根本要求；市场、制度、契约基础上的现代性精神是现代性的精神折射。[②]

汪光晔在《论马克思的资本现代性概念及其辩证立场》（2021年）一文中认为，马克思虽然较早地展开了对现代性的批判，但并没有直接提出"现代性"概念。马克思对现代性的分析是围绕资本在现代社会中的作用展开的。一方面，资本现代性具有进步性，它"带来社会生产力的变革"和"整个社会面貌的革新"[③]；另一方面，批判资本现代性产生的现实问题，包括物化、奴役、生态危机、经济危机、人的腐化堕落等。

王凤才在《21世纪语境中如何理解马克思的现代性批判?》（2022年）一文中认为，马克思语境中的"现代性"包括"科技理性（基本肯定）"和"资本逻辑（基本否定）"，马克思是"现代性的坚持者"，

---

① 陈学明：《中国如何"强起来"——从马克思主义现代性批判理论角度的分析》，《学习与探索》2018年第7期。
② 王清涛：《马克思对资本主义现代性的判定及其当代启示》，《山东师范大学学报》（人文社会科学版）2018年第2期。
③ 汪光晔：《论马克思的资本现代性概念及其辩证立场》，《中国地质大学学报》（社会科学版）2021年第5期。

也是现代性的批判者。① 马克思表达了对现代性弊端的拒斥和对新现代性的渴望。

臧峰宇在《马克思的现代性思想与中国式现代化的实践逻辑》（2022 年）一文中认为，马克思是"资本现代性的批判者"和"新现代性的构建者"，他提出的"现代化发展的新版本"，"提升了现代文明的品质"。马克思的现代性思想"激活了支撑中国现代化的现实历史的伟力"②。

顾建红在《回归生活世界：论马克思的现代性批判与拯救之路》（2022 年）一文中认为，在马克思语境中，现代性危机表现为"资本逻辑抽离现实生活"，表现为"对人的感性、日常性生活的侵占与物化"。马克思重启"人类生活的意义性境域"，推动了"人的本质性回归"③。

（二）关于马克思现代性思想的多维透视

资本主义现代性具有总体性特征，是从多个方面展开的，因此马克思对现代性的批判也是总体性、全方位的。例如，从马克思哲学理论视角探索现代性的理论建构问题，包括历史唯物主义维度的马克思现代性批判；马克思资本现代性概念的辩证立场；从现实价值角度探索马克思现代性思想，包括马克思的现代性思想与人类命运共同体的建构，马克思的现代性批判与中国式现代化新道路等。

乔瑞金在《现代性批判的错置与重思》（2016 年）一文中认为，在现代性批判浪潮中，有形形色色的现代性终结论，他们对现代性总体持否定态度主要有三个方面的原因：一是认为现代性的工业化生产缺乏人性，造成了劳动异化；二是认为唯利是图是现代性发展的内在动力；

---

① 王凤才：《21 世纪语境中如何理解马克思的现代性批判?》，《山西大学学报》（哲学社会科学版）2022 年第 2 期。

② 臧峰宇：《马克思的现代性思想与中国式现代化的实践逻辑》，《中国社会科学》2022 年第 7 期。

③ 顾建红：《回归生活世界：论马克思的现代性批判与拯救之路》，《学习与探索》2022 年第 7 期。

三是现代性社会的发展走向了极端民族主义。这些批判的一个重要误区是"把资本主义本身的制度缺陷统统归于现代性自身"①，现代性的健康发展需要特定社会制度和社会形态，替代资本制度的现代性发展方案只能是基于科学社会主义的新社会主义形式。

胡慧远在《马克思现代性批判的三个维度：哲学、资本与文化》（2016 年）一文中认为，马克思的现代性批判从哲学、资本与文化三个密切关联的维度展开，因而这种批判是全面的、系统的。"即以哲学批判来从根本上动摇理性形而上学的思想根基，进而领悟'改变世界'的哲学使命；以资本批判来全面否定资本主义的生产关系，树立共产主义这一现代社会发展的历史目标；以文化批判来直接洞穿资本主义的意识形态，直面现代社会深层的文化心理"②。

杨宏祥、庞立生在《"现代性"批判的根本视阈：人的生存方式——开启马克思主义哲学历史唯物主义的微观视阈》（2016 年）一文中认为，抓住了人的生存方式问题就抓住了马克思劳动现代性批判的根本问题。"人与世界的'关联方式'就是人的'生存方式'"，劳动现代性思想的根本问题域是人的"生存问题"，以"生存叙事来消解现代性的宏大叙事，具有重要的方法论意义"。③

王岩、高惠珠在《论马克思对资本主义现代性批判和中国式现代化新道路开创》（2021 年）一文中认为，马克思对资本现代性批判在立场、方法和内容等方面都具有独特的创新性，同时预言了社会主义现代性建设的历史必然性和理想目标。中国式现代化坚持马克思现代性思想指导，形成了"五位一体"的战略布局。④

---

① 乔瑞金：《现代性批判的错置与重思》，《中国社会科学》2016 年第 2 期。
② 胡慧远：《马克思现代性批判的三个维度：哲学、资本与文化》，《湖北大学学报》（哲学社会科学版）2016 年第 5 期。
③ 杨宏祥、庞立生：《"现代性"批判的根本视阈：人的生存方式——开启马克思主义哲学历史唯物主义的微观视阈》，《内蒙古社会科学》（汉文版）2016 年第 4 期。
④ 王岩、高惠珠：《论马克思对资本主义现代性批判和中国式现代化新道路开创》，《山东社会科学》2021 年第 9 期。

　　汪信砚、刘建江在《马克思现代性批判的三个基本维度》（2019年）一文中认为，马克思的现代性批判至少包括三个基本维度："理性形而上学批判：现代性批判的哲学之维""异化劳动和私有财产批判：现代性批判的经济学之维""'共产主义'批判：现代性批判的政治学之维"，这三个基本维度"环环相扣、层层深入"，"构成了马克思现代性批判的总体图式"。①

　　苏星鸿在《马克思主义现代性与人类命运共同体的构建》（2022年）一文中认为，马克思资本现代性批判思想为人类命运共同体构建提供了理论指南，人类命运共同体以人类生存为本的价值立场、以人类利益为重的价值目标坚持了马克思共产主义现代性思想。中国道路开启的社会主义现代性是对马克思劳动现代性思想的原创性贡献。②

　　刘军在《马克思的现代性理论及其当代意蕴》（2023年）一文中认为，马克思对资本现代性有一个"从接受到批判的思想演进过程"，马克思坚持对资本主义现代性批判的辩证立场，从"原本批判"即现代物质生产的批判和"副本批判"即意识形态批判两个方面展开。③

　　（三）关于马克思资本现代性批判思想研究

　　马克思的现代性批判主要是围绕着资本主义现代社会批判展开的。马克思对资本主义现代社会进行了40多年深入精细的"人体解剖"。在资本主义现代社会，资本现代性成为劳动现代性直接表现形式，基于此，马克思把其经济学研究的成果命名为《资本论》，但是，《资本论》所讨论的问题却是劳动现代性的资本主义社会形式，或者说是资本主义现代社会条件下劳动现代性的具体展开问题，从这个意义上说，《资本

---

　　①　汪信砚、刘建江：《马克思现代性批判的三个基本维度——以〈1844年经济学哲学手稿〉为中心的考察》，《学术研究》2019年第1期。

　　②　苏星鸿：《马克思主义现代性与人类命运共同体的构建》，《中国井冈山干部学院学报》2022年第1期。

　　③　刘军：《马克思的现代性理论及其当代意蕴》，《马克思主义理论学科研究》2023年第5期。

论》也是"劳动论"。马克思资本现代性批判是总体性的，资本是现代社会的灵魂，是形塑现代社会的决定性力量。劳动现代性表现为资本逻辑的展开。

鲁品越、骆祖望在《资本与现代性的生成》（2005 年）一文中认为，马克思在对现代社会结构进行剖析的基础上发现，资本把劳动中沉睡的生产力激发出来，驱动了现代社会长足发展。现代社会与传统社会的根本区别在于社会全部剩余劳动投入使用方式的差别，传统社会的剩余劳动主要投入了消费领域，而现代社会的剩余劳动主要投入了生产领域。在现代社会，资本运用自己的政治经济权力将"剩余劳动投入到物质生产体系中，不断增殖扩张"①，其结果，造成生活世界货币化以及作为资本增殖工具的现代经济结构、人际关系和行为方式，表现为都市生活、品牌崇拜等现代生活方式。

杨桂青在《资本·现代性·人——"全国资本哲学高级研讨会"综述》（2006 年）一文中，对近百名专家学者关于"资本与我国现代化"关系问题的研讨进行了总结。主要围绕"资本与现代性""资本逻辑与中国现代化发展""人的观点"三个方面展开。传统的研究更多地关注资本现代性的消极影响，实际上，资本对于社会资源、经济运行具有重要的支配作用。现代社会的善恶都离不开资本逻辑。讨论现代性问题不能离开资本。马克思时代的资本现代性和现代社会的资本逻辑是不同的。现代社会，出现了"大众资本""公共资本与社会福利""人力资本""中产阶级"等问题，以及"垄断集团之间的并购与反并购""跨国资本的全球扩张"等问题。为破解这些问题，既要坚持马克思现代性思想的指导，又要结合现代性发展的现实。②

俞吾金在《资本诠释学——马克思考察、批判现代社会的独特路

---

① 鲁品越、骆祖望：《资本与现代性的生成》，《中国社会科学》2005 年第 3 期。
② 杨桂青：《资本·现代性·人——"全国资本哲学高级研讨会"综述》，《哲学研究》2006 年第 8 期。

径》（2007 年）一文中认为，马克思揭示了现代社会的秘密，资本是现代社会的灵魂。马克思的经济哲学实质上是一种"资本解释学"，"马克思把资本理解为考察、批判现代社会的出发点和核心原则"。他从"资本与形而上学""资本与异化劳动""资本与经济权力""资本与生产关系"等方面揭示了马克思"资本解释学"的批判、实践和权力分析维度。①

何小勇在《马克思对资本逻辑的批判与中国新现代性的构建》（2016 年）一文中认为，理性逻辑与资本逻辑是马克思现代性批判的双重视角，马克思之前的现代性批判止于理性批判，马克思则实现了理性批判向资本批判的飞跃。资本逻辑根源于资本增殖本性，是资本与雇佣劳动关系的展开，它"对现代社会发展具有双重作用，具有自我否定和内在超越的发展趋势"②。

陈立新、张婷婷在《现代性从资本到劳动的原则性转变》（2021年）一文中认为，资本现代性建立在资本主导原则基础之上，共产主义现代性建立在劳动主导原则基础之上；马克思批判资本现代性是由于它"在创造巨大的物质生产力的同时，也使人受到'物的依赖'的抽象统治"，马克思批判了"抽象的精神劳动"和"以物为本的劳动原则"，立足"活劳动"的原则立场，强调"活劳动"对于"资本物"的扬弃和超越。马克思"为现代性的转型与建构提供了弥足珍贵的思想资源和方法论指导"③。

（四）关于马克思资本现代性批判的理论方法研究

马克思的哲学、政治经济学和科学社会主义提供了现代性批判的理

---

① 俞吾金：《资本诠释学——马克思考察、批判现代社会的独特路径》，《哲学研究》2007 年第 1 期。

② 何小勇：《马克思对资本逻辑的批判与中国新现代性的构建》，《社会科学辑刊》2016 年第 3 期。

③ 陈立新、张婷婷：《现代性从资本到劳动的原则性转变》，《思想战线》2021 年第 5 期。

论方法。从哲学角度看，实践唯物主义、历史唯物主义、历史辩证法、总体性哲学等是马克思资本现代性批判的哲学方法；从政治经济学角度看，劳动哲学、政治经济学、劳动价值论、剩余价值论、资本积累论等是马克思资本现代性批判的政治经济学方法；从科学社会主义角度看，马克思坚持在批判资本主义现代性中探讨共产主义现代性，阐明了现代性发展的目标是实现人的自由解放和全面发展。

胡刘在《马克思现代性思想的方法论》（2004 年）一文中认为，马克思对现代社会的解剖过程中，从三个方面展示了解剖现代性的方法论：一是从"资本生产的过程"把握现代社会的秘密，这种解剖现代性的形而上学方法与传统理性形而上学方法根本不同；二是从"资本生产的规律"把握现代性的"似自然性"，这种解剖现代性的方法与从人的自然本性解剖现代性的方法根本不同；三是从"资本生产的结果"把握现代性的"自悖性"，这种方法本质上是基于实践的历史辩证法。①

王善平在《现代性：资本与理性形而上学的联姻》（2006 年）一文中认为，现代性研究的最大败笔是"无视资本主义而空谈人本主义"，以及用"后现代社会"来摆脱现代性危机的后现代主义主张，其结果必然是"因彻底资本化而酝酿着更多现代灾难的'更现代社会'"，为此必须坚持"以唯物史观的视角解读现代性"，坚持"从实践上颠覆资本霸权"。②

何小勇在《马克思对资本逻辑的批判与中国新现代性的构建》（2016 年）一文中认为，构建"当代中国新现代性"，必须"实现对资本逻辑的驾驭"，厘清资本逻辑于资本主义和社会主义的不同地位和使命，"协调资本权力和政治权力的关系"，"引导资本逻辑更好地服务于中国新现代性的建构"。③

① 胡刘：《马克思现代性思想的方法论》，《学术研究》2004 年第 11 期。
② 王善平：《现代性：资本与理性形而上学的联姻》，《哲学研究》2006 年第 1 期。
③ 何小勇：《马克思对资本逻辑的批判与中国新现代性的构建》，《社会科学辑刊》2016 年第 3 期。

郗戈在《论马克思现代性思想的方法论特征——基于思想史视角》（2018年）一文中认为，马克思对现代性的解剖体现了方法论的革新。主要包括：一是现代性的过程分析方法、基于矛盾分析的内在批判和基于制度诊断的总体治疗；二是从社会实践和社会关系出发考察现代性的历史流变，把握现代性的历史过程和社会形态。①

刘军、侯春兰在《马克思现代性批判思想的双重维度和方法论特征》（2019年）一文中认为，马克思现代性批判思想包括"原本"批判和"副本"批判两个维度，其方法论特征包括"以辩证法为核心的总体性批判""以改造世界为指向的实践性批判""以世界市场为视角的世界历史性批判""以共产主义为理想的现代性超越"。② 马克思现代性批判思想对于中国特色社会主义现代性建设具有重要指导意义和启发作用。

刘会强、王文臣在《马克思现代性批判理论及其现实意义》（2019年）一文中认为，现代性是指现代社会的悖论式的矛盾状况，"资本原则才是时代病症的根源所在"，对资本原则的批判是马克思现代性批判的重点。"基于生产关系分析的历史唯物主义方法才是批判现代性的科学方法。"③

陈立新、张婷婷在《现代性从资本到劳动的原则性转变》（2021年）一文中认为，马克思"按照事物的真实面目及其产生情况来理解事物"④，马克思在对资本现代性批判中运用了"普照的光"的方法，揭示了资本成为现代社会的主导原则。资本是资本主义社会支配一切的经济权力。马克思运用"普照的光"的经济哲学方法"揭示了现代性

---

① 郗戈：《论马克思现代性思想的方法论特征——基于思想史视角》，《山东社会科学》2018年第11期。

② 刘军、侯春兰：《马克思现代性批判思想的双重维度和方法论特征》，《南京师大学报》（社会科学版）2019年第2期。

③ 刘会强、王文臣：《马克思现代性批判理论及其现实意义》，《上海行政学院学报》2019年第4期。

④ 《马克思恩格斯文集》第1卷，人民出版社2009年版，第528页。

危机的根源"。①

孟飞、孟德强在《〈1857—1858年经济学手稿〉中的现代性批判思想及其方法论意义——纪念马克思逝世140周年》（2023年）一文中认为，马克思的资本现代性批判给我们提供了重要的理论方法，他启示我们要超越现代性必须"辩证审视现代性"，要把握现代性必须坚持"普遍性与特殊性的辩证统一"，要构建现代性必须坚持"客体向度与主体向度的统一"。②

（五）关于马克思"劳动现代性"概念的提出及阐释

目前，把"劳动"和"现代性"结合起来组成"劳动现代性"概念在理论界并没有得到普遍使用。通过"读秀"和中国知网查询，丰子义教授首先揭示了马克思现代性思想的现代生产逻辑，为"劳动现代性"概念的提出奠定了基础。郗戈通过对《1844年经济学哲学手稿》进行研究，阐述了"劳动的现代性"内涵。之后，唐爱军紧紧抓住马克思"劳动现代性"思想展开研究，发表了多篇论文和相关著作。

丰子义在《马克思现代性思想的当代解读》（2005年）一文中指出，"马克思认为现代性主要源于现代生产"，他通过对"列宁之问"的分析，认为列宁在研究现代社会时紧紧抓住了"现代生产"概念，强调现代生产"对现代性的决定性意义"和"对于现代性的'基础'作用"。他认为，现代性是"现代生产基础上资本运动的产物"，资本本性刺激了现代性的生成发展。现代性是随着资本运动兴起而发展起来的。③

郗戈在《异化劳动与现代性的"病理学"》（2008年）一文中，阐述了"劳动的现代性"内涵，他认为，"马克思在《手稿》中首先把

---

① 陈立新、张婷婷：《现代性从资本到劳动的原则性转变》，《思想战线》2021年第5期。
② 孟飞、孟德强：《〈1857—1858年经济学手稿〉中的现代性批判思想及其方法论意义——纪念马克思逝世140周年》，《当代经济研究》2023年第10期。
③ 丰子义：《马克思现代性思想的当代解读》，《中国社会科学》2005年第4期。

'劳动'确立为现代性的现实原则"①。劳动理论是马克思考察现代性的首要主题。马克思审视现代性的逻辑思路是从劳动原则出发的，把异化劳动作为现代性分裂的根本原因，把实现共产主义作为根治现代性分裂的"药方"。

唐爱军在《劳动主题与马克思的现代性批判思想——兼论哈贝马斯和海德格尔对马克思的批判》（2011 年）一文中，"论述了哈贝马斯和海德格尔对劳动现代性理论的批判"，强调我们应当"在马克思的哲学革命的视域中分析劳动现代性理论"。② 马克思以"劳动"范畴为中心的资本现代性批判，开创了现代性批判的新方向，为社会主义现代性的建构奠定了理论基础。

唐爱军在《从"两军对峙"到"共同的问题域"——韦伯与马克思比较研究》（2013 年）一文中，围绕现代性和资本主义问题，立足劳动范式，明确提出马克思具有"劳动现代性"思想。他把马克思劳动现代性思想概括为："围绕'异化劳动'展开的人本主义批判""以雇佣劳动为枢纽的政治经济学批判"和"立足于劳动过程的技术合理性批判"。③

唐爱军在《马克思劳动观及其现实意义》（2014 年）一文中指出："马克思以劳动为现代性分析框架""劳动现代性思想是马克思劳动观的基本内容"。他认为，劳动观是唯物史观的核心内容，马克思对劳动概念的解释包括哲学解释模式和经济学解释模式，哲学上的"自由劳动"和"异化劳动"概念和经济学上的"物质劳动"和"雇佣劳动"概念相互补充。④

---

① 郗戈：《异化劳动与现代性的"病理学"》，《湖南社会科学》2008 年第 5 期。

② 唐爱军：《劳动主题与马克思的现代性批判思想——兼论哈贝马斯和海德格尔对马克思的批判》，《中共南京市委党校学报》2011 年第 2 期。

③ 唐爱军：《从"两军对峙"到"共同的问题域"——韦伯与马克思比较研究》，《中共天津市委党校学报》2013 年第 2 期。

④ 唐爱军：《马克思劳动观及其现实意义》，《毛泽东邓小平理论研究》2014 年第 3 期。

　　唐爱军在《马克斯·韦伯的现代性理论研究》（2015 年）一书的
"第五章"中，阐明了"劳动主题与马克思现代性批判"问题，劳动现
代性批判使马克思从根本上超越了启蒙运动以来的理性形而上学批判传
统。劳动是"把握现代性自我理解和自我批判的基本范式"①。伴随
"劳动"概念的发展，马克思逐步深入地展开了现代性的批判与建构
逻辑。

　　张一平在《生产要素、价值创造与制度选择——近代中国"资本
主义"认识的经济分析》（2016 年）一文中指出，近代中国在走向现
代化的艰难进程中出现了关于"资本与劳动现代性的思考"，这种反思
对于中国构建具有现代性的工商业体系具有积极意义。② 这里实际阐述
的是"资本与劳动"关系的现代性问题。

二　国外相关研究理论综述

　　"现代性"概念是现代社会的产物。17—18 世纪关于文艺的"古今
之争"中，"现代性"一词首先出现。哈贝马斯指出，现代概念是"有
意识地强调古今之间的断裂"，表达的是"一种新的时间意识"。③ 德兰
蒂认为，现代是"在一种特殊的历史观念中形成的"，"是一个为未来
而生活的时代"。④ 美国思想家查尔斯·詹克斯甚至宣布，1972 年 7 月
15 日下午 3 点 32 分现代性死亡。美国的后实用主义和法国的后结构主
义则宣告后现代社会已经取代了现代性。现代性既有向前投射的怀旧色
彩又有向后延伸的乌托邦意味。国外学者围绕"现代性"进行了深刻
反思，例如，哈贝马斯提出了"早期与晚期现代性""未完成的现代

---

① 唐爱军：《马克斯·韦伯的现代性理论研究》，上海三联书店 2015 年版，第 131 页。
② 张一平：《生产要素、价值创造与制度选择——近代中国"资本主义"认识的经济分析》，《上海财经大学学报》2016 年第 4 期。
③ ［德］哈贝马斯：《后民族结构》，曹卫东译，上海人民出版社 2002 年版，第 178 页。
④ ［英］杰拉德·德兰蒂：《现代性与后现代性：知识、权力与自我》，李瑞华译，商务印书馆 2012 年版，第 12 页。

性"，吉登斯提出了"反思现代性"，艾森斯塔特提出了"多元现代性"，贝尔提出了"第二现代性"等。① 国外学者关于现代性的研究大体存在精神性和制度性两种现代性反思和批判的维度。与"马克思劳动现代性思想"相关的研究主要体现在"关于马克思与现代性批判的关系""关于马克思资本现代性批判思想""关于马克思现代性批判的劳动逻辑""关于马克思现代性批判的理论方法"等方面。

（一）关于现代性批判问题的出现及其两大维度

按照历史学家汤因比的看法，现代社会诞生于 1487 年，是指欧洲中世纪以来经济、政治、文化的转型。第二次世界大战以来，西方资本主义现代性长足发展，以美国为代表的发达资本主义成为现代性发展的典型。20 世纪中叶以后，西方资本主义现代性遭遇巨大挑战，现代性大厦面临坍塌之势。其背景大体有两个：一是西方资本主义现代性模式迅速衰落，表现为发达资本主义社会的矛盾冲突和制度腐朽问题日趋严重；二是苏联社会主义现代性模式走向解体。由此，整个世界似乎陷入失序状态，全球性社会问题突出，把现代性推向深渊。正是在这样的背景下，现代性问题受到西方学者的广泛关注和重新审视。从全球视域看，世界各国无论社会制度如何，都在加紧现代性社会建设，阿普特说："争取现代化的斗争赋予了我们这一代人以意义。"②

西方学者对现代性的反思批判是从多个维度展开的，但大体上包括两大维度：

一是精神性维度的现代性反思与批判。着眼于现代社会的本质性文化精神是许多思想家反思批判现代性的主要维度。例如，霍克海默、阿多诺的"启蒙辩证法"、利奥塔的"宏大叙事"等。现代社会从传统社会脱域而出，由此，人类的理性存在方式获得了彰显。现代性的精神觉

---

① 陈学明：《中国如何"强起来"——从马克思主义现代性批判理论角度的分析》，《学习与探索》2018 年第 7 期。

② ［美］阿普特：《现代化的政治》，陈尧译，上海人民出版社 2011 年版，第 1 页。

醒是多维度的，包括理性化的主体性、契约化的公共精神等。现代性最重要的本质规定是主体自我意识的觉醒。福柯强调，人是一个理性的构造，是现代时期推论出来的产物。人的主体地位的确立是现代社会与传统社会断裂的根本。当然，只有当人的自觉成为公民普遍生存状态时，现代社会才能生成。康德从主体性角度对"启蒙"的界定就是"人类对他自己招致的不成熟状态的摆脱"①。在他看来，启蒙旨在实现人类主体学会独立思考、走向成熟。主体性发展的趋势是理性化，尤其是近现代实验科学的发展给人类主体渗透了科学精神和技术理性。韦伯曾把现代社会合理化的价值精神分为价值理性和工具理性。吉登斯则认为，科学精神和技术理性是现代社会的支撑，"对非个人化原则（以及还有对不认识的他人）的信任，成了社会存在的基本要素"②。理性化成为统摄一切、无所不包的文化模式，它把个体的主体意识整合为现代性社会的"总体性意识形态"③。现代性的意识形态化使其具有了无所不在的丰富特征。恩格斯评价说，这样的时代，就是黑格尔所说的"世界用头立地的时代"④。理性的意识形态化一旦达到可能的极限便成为压抑个性和创造性的社会力量，正因如此，才有了20世纪资本主义意识形态批判理论的兴起与发展。

二是制度性维度的现代性反思与批判。这是精神性维度的现代性反思与批判向行为层面飞跃的必然结果。韦伯在分析现代性的伦理内涵时指出，经济合理化、管理科层化表明，现代性的普遍要求是理性化的制度安排，经济合理化"从根本上依赖于最为重要的技术因素的可计算性"⑤，同时依赖一种内在的文化精神，即世俗化和理性化的新教伦理。

① ［德］康德：《道德形而上学基础》，孙少伟译，九州出版社2007年版，第169页。
② ［英］安东尼·吉登斯：《现代性的后果》，田禾译，译林出版社2011年版，第105页。
③ ［德］卡尔·曼海姆：《意识形态和乌托邦》，艾彦译，华夏出版社2001年版，第66页。
④ 《马克思恩格斯选集》第3卷，人民出版社2012年版，第392页。
⑤ ［德］马克斯·韦伯：《新教伦理与资本主义精神》，赵勇译，陕西人民出版社2009年版，第8页。

吉登斯则强调，现代性是一种组织模式或社会生活范式，具体表现为经济运行理性化、行政管理科层化、公共权力契约化等。齐美尔认为，现代货币经济的发展是理性化的思想和行动增长的结果。"货币一方面产生着一切经济行为的一种从前不知道的非人格性，另一方面产生着人员的一种同样是提高了的自主性和独立性。"①　科层制是现代社会不可或缺的。彼得·布劳和马歇尔·梅耶认为，在现代社会，科层制"已成为主导性的社会组织，并在事实上成了现代性的缩影"②。因此，不了解科层制便不了解当代社会生活。哈贝马斯认为，公共权力民主化与契约化代表了现代社会的整体运行趋势；他深刻揭示了公共领域的现代性意义，尖锐批判了"生活世界殖民化"问题。葛兰西分析了市民社会发展导致西方国家权力结构变化，即"强制"和"文化领导权"的结合。他认为，民主、法治、契约是现代性的本质属性，对于现代性建构具有不可或缺的价值。东欧新马克思主义者赫勒认为，现代市民社会内在地包含着双重逻辑，包括在权力民主化、平等化与非集中化趋势中，自由、人权获得发展，"市场、私有财产的专有特征、不平等和统治的普遍化"③。

（二）关于马克思与现代性批判的关系

马克思虽然没有用过"现代性"概念，但马克思资本现代性批判的开启超越了以往的思想家。西方学者普遍认为，谈论现代性问题必然绕不过马克思，马克思是现代性批判的先驱。但也有不少学者认为，马克思现代性批判属于自由资本主义时代，对于当今时代的现代性问题，马克思具有一定的局限性。

哈贝马斯在《现代性的地平线——哈贝马斯访谈录》一书中认为，

---

①　[德] 齐美尔：《社会是如何可能的——齐美尔社会学论文选》，林荣远编译，广西师范大学出版社2002年版，第68页。

②　[美] 彼得·布劳、[美] 马歇尔·梅耶：《现代社会中的科层制》，马戎、时宪民、邱泽奇译，学林出版社2001年版，第8页。

③　Agnes Heller, *A Theory of History*, London：Routledge and Kegan Paul, 1982, p. 284.

对待马克思现代性思想，应当像马克思对待黑格尔现代性思想一样，"切莫将婴儿和洗澡水一起倒掉，然后再翱翔于非理性的天空"①。对于《共产党宣言》中马克思、恩格斯现代性之流动性特征的描述，哈贝马斯认为，马克思、恩格斯把一切社会状况的变化还原为生产方式和交换方式的革命。马克思对于现代性之流动性的描述包含三重含义：第一，社会关系的革命能够推动现代化进步。对于当时的德国而言，处于现代国家历史当中布满灰尘的角落，"是现代各国的历史废旧物品堆藏室中布满灰尘的史实"②。第二，马克思分析了现代社会隐蔽状态的内战，认为它终将爆发为公开的革命。第三，社会生活变革和社会运动发展，背后隐蔽着生产力的解放。

吉登斯在《现代性的后果》一书中认为，"现代性，就其深刻和内在特性而言，本身就具有社会学的性质"③，因而，从社会学出发讨论现代性问题是更为本质的探讨。马克思的资本主义现代性批判就是社会学意义上的。他把马克思、迪尔凯姆和韦伯的现代性思想相提并论，在一定程度上纠正了当时英美社会学界忽视马克思的倾向。但是，他却认为，马克思的理论只把握了现代性的资本主义维度，而对现代性的诸多方面关注不够。吉登斯在《民族—国家与暴力》一书中认为，后马克思才是一个有生命力的批判理论，它"能够反思马克思主义中的那些置之于支配地位的侧面""而不是把一切东西都一劳永逸地塞进'资本主义'这个百宝箱中"④。

詹姆逊在《后现代主义，或晚期资本主义文化逻辑》一书中全面考察了后现代社会的文化场景。他效仿马克思对现代性的分析，试图运

---

① ［德］哈贝马斯：《现代性的地平线——哈贝马斯访谈录》，李安东、段怀清译，上海人民出版社1997年版，第37页。

② 《马克思恩格斯全集》第3卷，人民出版社2002年版，第200—201页。

③ ［英］安东尼·吉登斯：《现代性的后果》，田禾译，译林出版社2011年版，第38页。

④ ［英］安东尼·吉登斯：《民族—国家与暴力》，胡宗泽、赵力涛译，生活·读书·新知三联书店1998年版，第385—386页。

用辩证方法把握后现代社会，把它理解为"灾难与进步的统一体"①。他认为，马克思优于所有挑战者，因此应当坚持马克思主义立场分析现代性和后现代性问题。马克思在《〈政治经济学批判〉序言》中那段关于经济基础与上层建筑的阐述，为研究现代性问题以及社会文化问题提供了基本理论视角。马克思注意到了考察生产方式的历时性和共时性统一问题，即重视考察每一种生产方式尤其是资本主义生产方式的共时性系统又重视考察生产方式的历史演变，全面揭示了社会形态演变发展的规律。

福柯曾是法国共产党员，后与共产党决裂，"从此对马克思主义产生了一种难以释怀的矛盾的情愫"②。福柯与马克思对于传统社会和现代社会关系的认识有所不同。在马克思那里，现代文明有赖于传统文明在物质基础和技术知识等方面的积累，是新的社会矛盾运动取代旧的社会矛盾运动的过程，社会发展是连续性和非连续性的统一，纯粹的社会"断裂"是不存在的。福柯也承认，历史断裂包含着新旧文明的"交替、互动和回应"，但是，新的文明往往会以不同的方式"被感知、描述、表态、刻画、分类和认知"③。所以在福柯那里，历史是存在断裂的。

利奥塔是后现代主义的领军人物之一，是 20 世纪后半叶法国最复杂、最重要的思想家之一，他在《后现代状况——关于知识的报告》一书中认为，"马克思主义与科学自身有其特殊的关系"，"马克思主义也能够发展成一种批判性的知识形式，认为社会主义就是由自治主体所组成的"④。但是合法形式的马克思主义却是应该摒弃的"元叙事"方

①　Jameson, Fredric（1984a）"Postmodernism, or the Culture Logic of Late Capitalism", *in New Left Review*, p. 86.

②　[美] 道格拉斯·凯尔纳、[美] 斯蒂文·贝斯特：《后现代理论——批判性的质疑》（第 2 版），张志斌译，中央编译出版社 2006 年版，第 43 页。

③　Michel Foucault, *The Order of Things*, New York：Vintage Books, 1973, p. 217.

④　[法] 利奥塔：《后现代状况——关于知识的报告》，岛子译，湖南美术出版社 1996 年版，第 117 页。

法。他的"后现代"概念包括不相信元叙事、解构总体性、重写现代性等内容。他认为,"资本主义是现代性的名称之一"①。现代性的历史进程并非像马克思描述的那样,是一个通过克服矛盾最终达到和谐统一的过程,这种统一是一种幻想。他认为,马克思现代性思想已经是一种过时的语言,无法解释西方社会现实了,历史并没有朝着马克思预言的方向发展。

阿明在《资本主义的危机》一书中,以依附性问题和不发达的发展为中心,分析了亚非拉第三世界国家的发展道路问题。他说:"我一直受到马克思主义理论的影响。"② 在《自由主义病毒/欧洲中心论批判》中,他认为,马克思对启蒙运动资产阶级解放理性的批判"开创了现代性的新篇章,我称之为现代性之批判现代性",反思对启蒙运动解放理性的批判,"马克思是无法绕开的"。③

伊曼努尔·华勒斯坦在《自由主义的终结》一书中吸收了马克思资本积累、剩余价值、世界历史等思想,提出了"现代世界体系"思想。他认为,资本积累是现代世界体系的根本动力。现代世界体系"是个资本主义体系",是一个"无休止的资本积累的体系"。④ 他认为,马克思主义有"已经死亡"的一面,也有"没有死亡"的一面。

(三) 关于马克思资本现代性批判思想

马克思揭示了现代性的资本逻辑,抓住了现代性问题的本质,提出了破解现代性问题的制度改造方案。当代西方学者在对资本主义现代性的反思批判中也注意到了马克思对资本现代性的批判思想,他们不否认

① 包亚明主编:《后现代性与公正游戏——利奥塔访谈录、书信录》,谈瀛洲译,上海人民出版社1997年版,第147页。
② [埃及] 萨米尔·阿明:《资本主义的危机》,彭姝祎、贾瑞坤译,社会科学文献出版社2003年版,第153页。
③ [埃及] 萨米尔·阿明:《自由主义病毒/欧洲中心论批判》,王麟进、谭荣根、李宝源译,社会科学文献出版社2007年版,第83页。
④ [美] 伊曼努尔·华勒斯坦等:《自由主义的终结》,郝名玮、张凡译,社会科学文献出版社2002年版,第372页。

资本逻辑之于现代性的决定性作用，但又认为现代性并不是资本逻辑的独奏。

吉登斯在《现代性的后果》一书中认为，"现代性的断裂特性并未受到完全重视"，原因在于"长久以来就一直存在着的社会进化论的影响"。① 吉登斯认为，马克思和涂尔干都相信"由现代所开辟的使人获益的可能性，超过了它的负面效应。马克思认为阶级斗争是资本主义秩序产生根本性分裂的根源，同时他设想了一种更为人道的社会体系的诞生"。②

梅扎罗斯在《超越资本》一书的"导言"中表示，他之所以用《超越资本》命名是由于以下原因：其一，他对现代性批判的主旨是"超越资本"，这与马克思现代性批判的主旨即超越资本主义是一致的，但比马克思更为宽泛；其二，马克思的《资本论》生前没有完成，他希望自己能够把马克思的资本主义现代性批判贯彻到底；其三，今天与马克思的时代比，现代性内涵发生了巨大变化，所以必须结合当今时代的社会发展考察现代性问题，并且借此"超越马克思的设计本身"③。无论梅扎罗斯是否超越了马克思，他对资本主义现代性的批判都继承了马克思的思路，即把资本作为解读现代社会和现代性的一把钥匙。

詹姆逊在《单一的现代性》一书中认为，谈马克思不可避免地触及社会的经济结构，因为马克思的现代性与资本主义具有直接相关性。"马克思主义的现代性就是资本主义本身"。④ 现代性的本质意义就是世界范围的资本主义本身，尤其是晚期资本主义阶段，具体表现为"普

---

① ［英］安东尼·吉登斯：《现代性的后果》，田禾译，译林出版社2011年版，第4页。
② ［英］安东尼·吉登斯：《现代性的后果》，田禾译，译林出版社2011年版，第6页。
③ ［英］梅扎罗斯：《超越资本：关于一种过渡理论》（上），郑一明等译，中国人民大学出版社2003年版，第10页。
④ ［美］弗雷德里克·詹姆逊：《单一的现代性》，王逢振、王丽亚译，天津人民出版社2005年版，第53—54页。

遍的市场秩序"的殖民地化。后现代是资本在全球范畴更深层次渗透的均质化。

贝斯特和凯尔纳在《后现代理论——批判性的质疑》中认为，资本主义发展经历了三个阶段：一是市场资本主义阶段，即马克思所分析的统一国家市场的市场经济阶段；二是垄断资本主义阶段，即帝国主义阶段；三是跨国资本主义阶段，即晚期资本主义阶段。与之对应的是现实主义、现代主义和后现代主义三种文化表现。

利奥塔在《漂流——马克思与弗洛伊德》一书中指出，之所以用"漂流"二字，是因为他感觉自己"像大海上的一名泅水者因为无力去对抗激流而只好随波逐流，以期发现另一条出路"①。他反对否定性的革命话语。他说："我们试图摧毁资本……因为它是理性的。理性和权力是同一个东西。"无论人们如何用理性粉饰资本，但却无法掩盖它的"粗暴、监狱、禁忌、公共福利、社会淘汰、种族灭绝"②。

布尔迪厄在《文化资本与社会炼金术》一书中概括了"经济资本、文化资本和社会资本"等现代资本形态。③ 其中，"文化资本""社会资本"概念丰富了人们对资本内涵的理解，使现代性批判获得了更灵活、更宽广的诠释空间。他对于现代性的批判也是围绕资本展开的，但对于资本的理解却超过了经济学的范围。

弗兰克在《依附性积累与不发达》一书中认为，马克思对市场交换和分配的分析加深了古典政治经济学的全系统历史观，并把它运用于资本积累分析。他非常认同马克思对19世纪国际贸易功能的正确观察，马克思分析了发达国家借助国际贸易剥削落后国家的机理。他认为，马克思在"总结'商人资本的历史考察'时强调了资本主义积累与发展

① Jean Francois Lyotard, New York: Semiotext（e）, 1984, p. 54.
② Jean Francois Lyotard, New York: Semiotext（e）, 1984, p. 11.
③ ［法］布尔迪厄：《文化资本与社会炼金术——布尔迪厄访谈录》，包亚明译，上海人民出版社1997年版，第166页。

中市场交换与生产方式之间的关系"①，得出的基本结论是工业不断使商业发生革命。虽然世界市场对于大工业的发展起到了重要作用，但马克思始终坚持生产过程决定流通过程的观点。

伊格尔顿在《马克思为什么是对的》一书中，运用"申辩式"的写作手法批驳了西方 10 个否定马克思主义的观点。他认为，马克思是有史以来对资本主义制度给予最彻底、最严厉、最全面批判的思想家。"只要资本主义还存在一天，马克思主义就必然存在；马克思主义只有在淘汰了它的对手之后，才会自我淘汰"。②

居伊·德波在《景观社会》一书中，把资本主义社会理解为一个由商品构成的"景观社会"，景观就是"商品统治一切有生命之物的世界"③。马克思从经济学视角出发，通过商品生产分析揭示了资本主义剩余价值生产的秘密，居伊·德波则从社会学出发，借助"景观"概念，揭示了消费、休闲、娱乐、媒体的商品化，它们构成的"景观"是现代性的感性呈现方式。

（四）关于马克思现代性批判的劳动逻辑研究

马克思将传统的理性形而上学批判推进到了实践唯物主义批判的理论高度，重新诠释了"劳动""实践""生产"等概念，对现代社会进行了深入的"人体解剖"，丰富了现代性批判的经验内容，奠定了现代性批判的规范基础，对西方现代性批判思想的发展产生了深刻和久远的影响。马克思的异化劳动理论蕴含着现代性批判的巨大潜能和诠释空间。马克思把资本主义现代性问题归结为劳动异化，在《1844 年经济学哲学手稿》中，马克思从异化劳动出发反思现代性问题，把异化劳动理解为现代社会生产劳动的普遍表现形式。共产主义现代性取代资本

① ［德］安德烈·冈德·弗兰克：《依附性积累与不发达》，高铦、高戈译，译林出版社1999 年版，第 43 页。
② ［英］特里·伊格尔顿：《马克思为什么是对的》（珍藏版），李扬、任文科、郑义译，重庆出版社 2017 年版，第 3 页。
③ ［法］居伊·德波：《景观社会》，王昭风译，南京大学出版社 2006 年版，第 13 页。

主义现代性的关键是扬弃异化劳动、扬弃私有财产，实现对人的生命本质全面占有。

卢卡奇在《历史与阶级意识——关于马克思主义辩证法的研究》一书中，从马克思《资本论》中的商品拜物教分析中得到了"物化"概念，并且用它反思批判资本现代性问题。他认为，物化是资本主义社会每个人必然的直接的现实，"人与人之间的关系获得物的性质，并从而获得一种'幽灵般的对象性'"①。他对资本现代性的批判在于把物化的分析批判拓展到了精神领域，探讨了无产阶级阶级意识的物化问题，但他却混淆了异化和对象化的关系。他认为，无产阶级阶级意识的物化是西欧国家无产阶级革命失败的根本原因，因此，破解现代性的危机必须从培育无产阶级阶级意识着手。

哈贝马斯在《现代性的哲学话语》一书中阐明了马克思的启蒙辩证法，他认为，马克思看到，启蒙运动以来，理性的潜能在现代社会得到了充分释放，但是，马克思抓住了生产力的解放，并把它理解为现代性发展的根本原则，就是说，理性是借助生产力得以现实化的。在马克思那里，生产劳动是人类特有的再生产模式，构成现代性原则的不是自我意识，而是劳动。劳动的调和过程从需求自然、客观自然和自在自然三个层面与自然发生了关系，"马克思给予劳动的是一种生产美学的解释"，然而，"马克思未能摆脱黑格尔的总体性思想"。② 哈贝马斯认为："马克思之所以选择'劳动'作为基本概念，是因为他注意到了，抽象劳动越来越构成了资产阶级社会结构的典型特征。"③ "马克思第一个用抽象劳动和具体劳动的辩证法形式分析了系统命令与生活世界命令之间

---

① ［匈］卢卡奇：《历史与阶级意识——关于马克思主义辩证法的研究》，杜章智、任立、燕宏远译，商务印书馆1992年版，第143—144页。

② ［德］哈贝马斯：《现代性的哲学话语》，曹卫东等译，译林出版社2004年版，第385—386页。

③ ［德］哈贝马斯：《现代性的哲学话语》，曹卫东等译，译林出版社2004年版，第392页。

的这种冲突，并根据社会史材料描述了现代生产方式进入传统生活世界的过程。"①

鲍德里亚在《消费社会》一书中阐述了他的现代性思想。异化是马克思资本现代性批判的重要概念，马克思深刻阐述了资本统治下的劳动和人的异化问题。鲍德里亚则强调，消费世纪也是彻底异化的世纪，消费"不再是劳动和超越的过程"，"而是享乐主义的、逆退的"。② 他认为，马克思把使用价值理解为外在于交换价值的乌托邦，使用价值和交换价值学说是马克思政治经济学的主要依托，但不过是重复了传统的政治经济学逻辑。他认为，资本主义经济是"一种围绕生产而组织起来的经济体系""它等同于现代性本身"。③ 他认为，自己的符号理论超越了马克思的异化劳动理论，但实际上，他并没有走出马克思现代性的诊断视野。

伊格尔顿在《马克思为什么是对的》一书中认为，经济因素在社会生活中的决定作用和生产方式的历史性交替是马克思的两条最重要的原理。马克思历史观的独特之处在于把生产方式和阶级斗争结合在一起。他指出，恩格斯在曼彻斯特的经历，"使他第一次认识到了经济的中心地位"，但是，"那种以为对马克思来说一切事物都是由'经济'决定的说法，是荒唐的且过于片面的"。④

贝斯特和科尔纳在《后现代转向》一书中认为，"马克思是第一位使现代与前现代形成概念"⑤ 的主要社会理论家。马克思剖析了现代社

① ［德］哈贝马斯：《现代性的哲学话语》，曹卫东等译，译林出版社2004年版，第393页。
② ［法］鲍德里亚：《消费社会》（第4版），刘成富、全志钢译，南京大学出版社2014年版，第225页。
③ ［美］道格拉斯·凯尔纳、［美］斯蒂文·贝斯特：《后现代理论——批判性的质疑》第2版，张志斌译，中央编译出版社2006年版，第132页。
④ ［英］特里·伊格尔顿：《马克思为什么是对的》（珍藏版），李扬、任文科、郑义译，重庆出版社2017年版，第120页。
⑤ ［美］贝斯特、［美］科尔纳：《后现代转向》，陈刚等译，南京大学出版社2002年版，第100页。

会的内部结构和发展动力，揭示了现代社会与传统社会的断裂，马克思关于现代社会"主客体颠倒"的思想被后现代理论家利用。"马克思对于我们叙述后现代转向是很重要的，因为他有助于开始现代社会理论传统以及一种关于断裂的话语，该话语将由后现代理论家所发展。"①

（五）关于马克思现代性批判的理论方法

马克思的实践唯物主义和历史唯物主义超越了传统理性形而上学的现代性批判方法，实现了由"解释世界"到"改变世界"的飞跃。西方学者对马克思的哲学方法尤其是历史辩证法和历史唯物主义方法非常重视。马克思对资本现代性的"人体解剖"方法是现代性诊断的根本方法。马克思的政治经济学研究为现代性批判提供了一系列基本概念，奠定了现代性批判的理论基础。

鲍德里亚在《消费社会》一书中，追随马克思对商品生产和商品拜物教的理论研究展开了社会心理分析。他认为，今天呈现在人们周围的是一个"由不断增长的物、服务和物质财富所构成的惊人的消费和丰盛现象……富裕的人们……受到物的包围"②。在《生产之镜》《符号政治经济学批判》等著作中，鲍德里亚又批判马克思，认为马克思立足人的需要和生产的商品分析囿于"生产之镜"，没有看到现代消费社会的商品符号化，符号拜物教已经取代了商品拜物教。然而马克思在《资本论》中早就说过："在货币不断转手的过程中，单有货币的象征存在就够了。"③

福柯对现代性展开了创造性的全面批判。他承认马克思主义的整体性理论"为局部研究提供了有用的工具"④，但是，实践上却是压迫性

---

① ［美］贝斯特、［美］科尔纳：《后现代转向》，陈刚等译，南京大学出版社 2002 年版，第 71 页。

② ［法］鲍德里亚：《消费社会》（第 4 版），刘成富、全志钢译，南京大学出版社 2014 年版，第 1 页。

③ 《马克思恩格斯文集》第 5 卷，人民出版社 2009 年版，第 152 页。

④ Michel Foucault, *Power/Knowledge*, New York：Pantheon Books, 1980, p. 81.

的还原主义，因而需要以多元的知识形式和微观分析来取代。他强调，应当从多重视角来分析现代性，"应当从不同层面用不同的方法来接近"现代性问题。① 他在《知识考古学》一书中指出，总体性、主体、目的论、连续性等现代概念需要加以重建。他认为，黑格尔和马克思阐明了一种总体历史叙事方法，即"将所有的现象都聚拢到一个单一的中心"，而"一般历史叙事则是一个离散的空间"。② 福柯几乎拒斥古典马克思主义的所有概念，比如自由解放、意识形态、革命等。他指出，革命观念是错误的，因为它的前提是从某一中心点辐射开来的大规模的社会转变，但实际上，根本不存在"一切背叛的根源或革命的纯粹法则。相反，有的只是多元的抵抗"③。

利奥塔在谈到"重写现代性"时指出，"马克思发现了资本主义隐藏起来的运作。他把劳动力的非异化放在解放的过程和觉悟的中心。他认为自己以这种方式，确定和谴责了产生现代性的不幸的原罪：对工人的剥削。像一个侦探一样，他以为通过揭露'现实'——也即自由社会和自由经济学——是一个骗局，他让人类逃脱了它的严重瘟疫。今天我们知道，在马克思主义的庇护之下'十月革命'只是成功地再次打开了同一伤口，现在和将来的所有革命都只能再次打开同一伤口。问题的确定和诊断可以变化，但在这一重写中同一疾病又再次出现。马克思主义者认为他们在努力消除异化，但人的异化以几乎毫无变化的形式被重复了"④。利奥塔认为，元叙事是现代性的标志，后现代则不相信元叙事。元叙事就是宏大叙事，就是用一种固定不变的公理、普遍有效的原则解释世界，并且作为衡量一切的价值观念和思想体系。马克思主义

① Michel Foucault, *The Order of Things*, New York: Vintage Books, 1972, p. xiv.

② Michel Foucault, *The Archaeology of Knowledge*, New York: Pantheon Books, 1972, p. 10.

③ Michel Foucault, *The History of Sexuality*, New York: Vintage Books, 1980, pp. 95-96.

④ 包亚明主编：《后现代性与公正游戏——利奥塔访谈录、书信录》，谈瀛洲译，上海人民出版社1997年版，第158页。

是一种元叙事，这种元叙事从文明起始一直谈到人类的现在与未来。但他倾向于微小叙事，而对宏大叙事不屑一顾。

德里达在《马克思的幽灵》一书中认为，要把马克思批判精神和他的本体论、辩证法、历史观和方法论相区别。他主张从语言学角度对现代性给予解构，强调"症候式阅读"马克思著作，要对马克思的批判展开批判。他认为，马克思经济学研究所论及的"是有关一种幽灵化的非肉化。无躯体的货币躯体的显现：不是无生命的躯体或者说尸体，而是一种无个人生命或者个体特征的生命"①。

弗兰克在《依附性积累与不发达》一书中阐述了他的"依附理论"，他从世界资本积累过程中依附性生产和交换关系角度分析了不发达的原因。他声明以斯密的全球历史观和马克思的辩证历史分析方法为出发点，试图对世界范围的结构性发展与不发达问题给予阐述。他对"世界资本积累、国际交换和新世界的多种生产方式"②展开分析。他认为，在马克思那里，资本主义全球扩张以及对殖民地的统治是造成这些地区不发达的决定性因素；但马克思首先是主张内部生产决定论的。他认为，分析资本主义宗主国内部变革动力是对殖民地不发达发展的内部与外部动力恰当分析的前提。

阿明在《不平等的发展》一书中认为，远距离贸易和封建关系的解体是资本主义生产方式产生的两个基本因素。关于工资与利润的分配、必要劳动与剩余劳动的分配等问题，马克思为我们提供了有价值的思想。"马克思主义对政治经济学的批判本身为这个目的提供了必要的概念体系"，马克思"不是从经济学角度，而是从历史唯物主义的角

---

① ［法］雅克·德里达：《马克思的幽灵——债务国家、哀悼活动和新国际》，何一译，中国人民大学出版社 1999 年版，第 58 页。

② ［德］安德烈·冈德·弗兰克：《依附性积累与不发达》，高铦、高戈译，译林出版社 1999 年版，第 46 页。

度"完成这一批判任务的。①

弗里斯比在《现代性的碎片》一书中认为，马克思从商品分析入手的方法是一种聚焦"社会现实碎片"的方法。"马克思的商品分析直接影响到一种将社会现实碎片当作出发点的研究现代性的方法论取向。马克思从考察商品这一看似最无关紧要的因素入手，在《资本论》中开始了他对资本主义体系的最完整最深入的整体分析。"② 但是，在马克思的现代性反思中，商品并不像弗里斯比所说的那样是理解现代性的"碎片"。马克思把"商品"比喻为资本主义现代性的"细胞"，而且马克思所关注的是资本主义现代性的总特征和总趋势。

第三节　马克思劳动现代性思想研究的创新点

为什么要研究"劳动现代性"思想呢？在以往的现代性反思中，学者们大多着眼于马克思资本现代性批判，从资本逻辑无法克服的矛盾中揭示资本现代性的终结。马克思一生研究政治经济学的巨著《资本论》为这种研究提供了依据。俞吾金教授认为，马克思是"现代社会批判的开启者"，"因其批判的深刻性和超越性而著称于世"；马克思现代性批判思想之所以被掩蔽，一个重要原因是"把马克思的思想分解为哲学、政治经济学和科学社会主义三大部分，并分别对它们进行研究"，从而忽视了"马克思哲学也是一种经济哲学"。③ 实际上，改革开放以来，我国一些著名学者已经开始注重马克思经济哲学传统的研究且取得了丰硕成果。然而，正是因为把马克思哲学理解为经济哲学才容易

---

① [埃及] 萨米尔·阿明：《不平等的发展——论外围资本主义的社会形态》，高铦译，商务印书馆1990年版，第47页。

② [英] 戴维·弗里斯比：《现代性的碎片——齐美尔、克拉考尔和本雅明作品中的现代性理论》，卢晖临、周怡、李林艳译，商务印书馆2003年版，第32页。

③ 俞吾金：《资本诠释学——马克思考察、批判现代社会的独特路径》，《哲学研究》2007年第1期。

关注和偏好马克思资本现代性批判思想。马克思资本现代性批判的辩证法在于探寻劳动现代性的建构。只有从劳动立场和观点解读现代性，才能真正理解马克思现代性批判的积极意义。劳动现代性是马克思学说最基础的概念，是马克思哲学、经济学和科学社会主义的纽带。研究马克思劳动现代性思想的根本目的就是要强化对马克思主义的总体性认识，从而为中国式现代化建设提供理论指南。马克思劳动现代性思想研究的创新点体现在学术观点、内容结构和理论方法创新等方面。

一 马克思劳动现代性思想研究的学术观点创新

马克思劳动现代性思想研究旨在从回答什么是"劳动现代性"出发，阐明劳动构成要素、社会关系、生产过程的现代性内涵；从生存本体论、生产实践论、历史辩证法等方面阐明劳动现代性的哲学基础；从资本逻辑出发，阐明传统社会与现代社会的本质差别及其跨越机制，最后，论证劳动现代性对于通达共产主义的意义。马克思劳动现代性思想研究的创新点大体包括三个方面：首先，阐明了资本与劳动关系的"历史同构"。人类发展史是一部劳动发展史。不同社会历史时代的区分最根本的在于劳动形式的差别。现代资本主义社会与前资本主义时代相比就在于资本成为劳动要素、劳动过程和劳动结果的实际操控者，生产力、生产关系、生产方式完全成为资本的奴婢。资本与劳动"历史同构"的本质是资本压迫和剥削劳动。其次，揭示了资本现代性批判转化为劳动现代性重建的内在机制。资本现代性是现代性社会的本质，现代性社会是资本本质的呈现。马克思揭露了资本压迫和剥削劳动的秘密，为颠覆资本现代性奠定了理论基础。最后，概括总结了研究马克思劳动现代性思想的理论方法，即遵循在批判"旧世界"中发现"新世界"的方法；坚持价值分析与事实分析相结合的方法；坚持"劳动、资本、国家"三元结构的分析方法。

（一）阐明资本与劳动关系的"历史同构"

资本与劳动的"历史同构"是破解现代性之谜的钥匙。现代性的悖论表现为文明与野蛮相伴，它取决于资本的决定性作用和劳动的基础性地位。现代性的野蛮根源于资本，现代性的文明根源于劳动。资本"普照的光"遮蔽了劳动现代性，但劳动现代性中蕴藏着炸毁资本现代性的力量。在现代性的生成发展中，资本的作用是决定性的，劳动的作用是基础性的。马克思曾用"资本来到世间"的短语来揭示资本之于现代社会的决定性开启。现代性是资本主义现代生产的新时代，是由资本操控的现代社会的总体性。

从资本和劳动"历史同构"的历史生成角度看，大体有三个层次的含义：第一层含义是"资本战胜地产"，由此，资本取代了地产在现代生产劳动中的支配地位而成为"现代之子"。资本和地产的差别不是基于事物本质的差别，而是历史的差别。马克思阐明了现代资本的发展经历了地产资本化的过程，现代劳动发展经历了农业工业化过程。所谓"资本战胜地产"主要是指工业资本发展和工业体系建立所产生的一系列连锁效应。在马克思看来，资本和土地、工业和农业之间的差别体现了劳动发展的不同历史阶段。农业是没有完成的工业，地产"是还没有完全摆脱同周围世界的纠结而达到自身的资本，即还没有完成的资本"①。资本和地产、农业和工业的差别是一种历史发展的推动力量。在"资本战胜地产"过程中，地产逐步被纳入资本运动的范畴，农业逐步被纳入工业发展的范畴。第二层含义是"资本雇佣劳动"。现代性是由资本与劳动的关系规定的。现代性的生成表现为劳动现代性的资本逻辑，是资本奴役雇佣劳动的结果。资本和雇佣劳动的关系在本质上是一种剥削关系。马克思的剩余价值学说深刻揭示了资本剥削雇佣劳动的关系，对资本和劳动的关系第一次给予了科学说明。在《1844年经济学哲学手稿》中，马克思把劳动和资本的对立理解为私有财产关系的本质，劳动和资本的对立统一是私有财产运动的内在机制。当然，异化劳动是私有制社会的共同本质。之后，马克思实现了由"异化劳动"

———————
① 《马克思恩格斯全集》第3卷，人民出版社2002年版，第288页。

概念向"雇佣劳动"概念的升华，完成了哲学向经济学的跨越，从而揭示了现代社会的秘密。在资本与雇佣劳动的关系中，资本居于支配地位，发挥主导作用。资本运动既对人的生存发展产生了积极影响，又对人的生存发展产生了消极影响。第三层含义是"资本剥削劳动"。凭借剩余价值学说，马克思对劳动和资本的关系给予了深刻阐明。马克思区分了剩余价值和利润，把剩余价值从利润中剥离出来，这样，"资本和劳动的关系赤裸裸地暴露出来了"①。恩格斯认为，马克思的剩余价值学说"彻底弄清了资本和劳动的关系""揭示了在现代社会内……资本家对工人的剥削是怎样进行的"②。马克思对于剩余价值的研究是从考察资本与雇佣劳动的关系开始的。马克思认为，资本的本质其实就是劳动及其产品的支配权，劳动力商品化是资本剥削劳动的前提。货币与劳动能力交换的结果使资本家拥有了支配劳动及其产品的权力，从而得以按照资本的意志组织生产、交换、分配和消费。

（二）揭示资本现代性批判转向劳动现代性重建的机制

马克思对现代社会的"人体解剖"揭示了现代性的本质内涵、动力机制和历史趋势。马克思的现代性反思包含资本现代性批判和劳动现代性重建两个维度。资本现代性批判向劳动现代性重建的转变根源于资本与劳动关系的历史辩证法。资本现代性批判是马克思现代性思想研究的重中之重。当今时代的现代性批判话语以及后现代主义都与马克思资本现代性批判思想有着学理上的关联。本书是以"劳动现代性"重建为切入点对马克思现代性思想进行系统研究。现代之为现代的本体论依据存在于劳动形式之中。资本虽然开启了现代性但并没有终结现代性，或者说，对于马克思而言，现代性的真正开启者是劳动，现代性社会归根结底是劳动创造的，只不过是资本通过对劳动形式的操控而剽窃了现代性的果实。马克思劳动现代性思想研究旨在揭示资本现代性批判转向

---

① 《马克思恩格斯文集》第7卷，人民出版社2009年版，第56页。
② 《马克思恩格斯选集》第3卷，人民出版社2012年版，第724页。

劳动现代性重建的机制，从资本现代性批判中挖掘出劳动现代性重建的理论资源。

马克思把资本与劳动的关系理解为把握现代社会的钥匙。从资本现代性批判向劳动现代性重建的跨越，根源于马克思在"批判旧世界发现新世界"①的理论方法。"批判"是马克思从"旧世界"向"新世界"跨越的基础和关键。马克思所理解的"批判"，包括理论批判即"批判的武器"和实践批判即"武器的批判"。马克思从现实世界即现代资本主义社会出发，把资本与劳动的关系理解为社会运动的内在机制。颠覆"旧世界"建构"新世界"的关系就是重构资本与劳动的关系，也就是说，从根本上解决资本与劳动的关系颠倒问题，实现由资本力量主导向由劳动力量主导的转化和跃升。资本力量主导是资本现代性的核心内涵，劳动力量主导是劳动现代性的基础内涵。在资本与劳动的矛盾中，谁是矛盾主要方面成为问题的关键。

何谓劳动现代性重建？在马克思现代性批判思想中，"重建"既是一种理论诉求又是一种实践过程。围绕现代性批判这一主题，黑格尔首先以"理性"命名"现代性"，他的"绝对理念"是理性现代性的核心概念。马克思通过对黑格尔哲学和国民经济学的批判，以"资本"概念重新定义"现代性"，将"资本现代性"批判置于历史唯物主义和剩余价值学说基础之上。马克思资本现代性批判从本体论和存在论意义上重建了劳动现代性的规范性基础，赋予重建劳动现代性以开启"新世界"的意义。马克思劳动现代性重建是根基性和总体性的，既挖掘了资本现代性的现实根基又为现代性重建找到了劳动本体论依据，从而为现代性的总体重建指明了现实的路径。对劳动现代性的系统研究，能够为当今时代的中国特色社会主义现代性建构指明正确方向，即中国特色社会主义现代性建构必须坚持劳动社会化主导原则，必须始终保持对资本现代性的扬弃和超越姿态。劳动现代性重建

---

① 《马克思恩格斯全集》第47卷，人民出版社2004年版，第64页。

既体现了一种理论上的雄心壮志又选择了一种马克思现代性思想的出场方式。研究马克思劳动现代性重建思想，既能创新批判资本主义现代性的马克思哲学出场方式，又能够提供中国特色社会主义现代性的理论指南。

（三）概括马克思劳动现代性批判的辩证方法

从现代性问题史角度看，马克思的劳动现代性批判"集中体现在方法论层面的革新上"①，马克思提出了透视和把握现代性的根本思想方法。明确马克思劳动现代性批判的思想方法对于当代现代性问题的讨论是十分必要的。马克思对劳动现代性的诊断和解剖大体从三个层面展开：一是宏观叙事和微观叙事相结合的历史唯物主义方法。在马克思语境中，微观叙事和宏观叙事是辩证统一的。微观叙事和宏观叙事的辩证统一方法有一个形成发展过程。马克思的哲学研究更突出宏观叙事，经济学研究更突出微观叙事。马克思针对"小问题"的微观叙事在早期哲学研究以及在《资本论》及其手稿中表现得都非常充分。也就是说，马克思的微观叙事体现在微观经济学分析和微观历史学分析等方面。马克思"大尺度"的宏观叙事是"双向开放"的，既面向过去，回答了人类社会"从何而来"的问题；又面向未来，回答了人类社会"走向何方"的问题。马克思的历史唯物主义对人类社会发展一般规律的揭示正是对人类社会"从何而来"和"走向何方"的深刻回答。马克思的历史唯物主义是埋葬现代性危机的历史真理。历史唯物主义的叙事方法是宏观叙事和微观叙事的辩证统一。二是人体解剖和猴体解剖相结合的政治经济学方法。马克思反对经验论者和唯理论者对于现代性社会历史的把握方式，开启了真正的"实证科学"，即政治经济学批判。政治经济学是马克思开创的现代性社会的"解剖学"。现代资本主义社会是最发达、最多样的生产组织，但它不是凭空产生的。要透视那些已经覆

---

① 郁戈：《论马克思现代性思想的方法论特征——基于思想史视角》，《山东社会科学》2018 年第 11 期。

灭的种种社会形式的社会结构和生产关系，就必须研究现代社会。马克思是先考察的"人体"后考察的"猴体"。马克思把工作重点放在"人体解剖"，主要是由其"改变世界"的哲学使命决定的。晚年，马克思虽然从"人体解剖"回到了"猴体解剖"，但仍然是为了完善"人体解剖"的问题。人体解剖和猴体解剖相结合的政治经济学方法是马克思劳动现代性批判的重要方法之一。三是理想范畴和现实范畴相结合的科学社会主义方法。马克思的科学社会主义是由理想范畴和现实范畴构成的，存在着从理想范畴出发和从现实范畴出发两种不同的叙事方法。理想范畴的特点是理想性和规范性，它"是对未来某种状况的设想和描述"，规定的"是人在理想的情况下本来应该如何"；"现实范畴是科学性的范畴。它严格地立足于现实，不带任何理想或幻想的成分，是对事物现实本质的深刻揭示"①。科学社会主义是我们实现未来共产主义社会的指南，包含着丰富的理想内涵。但是，科学社会主义是理想不是空想，它基于现实，是从对现实的科学分析中得出的正确结论。只有从现实出发，采用正确的方法、选择正确的道路，才能把理想性变成现实性。马克思的实践唯物主义以"改变世界"为根本旨趣，离开现实，"改变世界"便失去了立足；离开理想，"改变世界"便失去了方向。现实性范畴重在解决现实世界"是什么"的问题，理想范畴重在解决现实世界"应怎样"的问题。

二　马克思劳动现代性思想研究的内容结构创新

马克思对劳动现代性的分析并非只言片语，而是有着丰富的思想内涵。马克思劳动现代性思想研究立足马克思劳动哲学的立场、观点和方法，系统剖析现代性的本质、特征和发展规律，整体呈现劳动现代性的理论体系。劳动现代性和资本现代性是马克思反思现代性问题的一体两面，或者说，劳动与资本的关系是马克思研究现代性的本质内涵及发展

---

① 张奎良：《马克思的哲学历程》，上海人民出版社1993年版，第45页。

规律的核心。劳动与资本之间的斗争贯穿现代性发生发展的全过程。从资本逻辑考察现代性问题有利于彰显马克思现代性思想的批判性维度，从劳动逻辑考察现代性问题有利于彰显马克思现代性思想的建设性维度。马克思更加关注和关心的是劳动现代性建构问题，即"问题在于改变世界"①。旧唯物主义拘泥于为现存世界的合理性辩护，因而属于"解释世界"的哲学，新唯物主义强调为建设一个理想的"新世界"而积极奔走，马克思的目的在于建设一个更适合于人类生活的"新世界"。马克思劳动现代性思想研究的思路是从资本与劳动的关系发生史出发，揭示资本与劳动的相互作用机制和历史发展趋势。按照这一思路，我们试图构建马克思劳动现代性思想体系，它主要包括：劳动现代性思想的历史生成、劳动现代性思想的主要内容；马克思劳动现代性思想的哲学基础；劳动现代性思想的资本逻辑；劳动现代性思想的"新世界"意蕴；劳动现代性思想的重要意义；等等。研究马克思劳动现代性思想最终要确立它在马克思主义学说中的理论地位。应当说，劳动现代性思想是马克思最伟大的理论贡献之一，它汇聚了马克思唯物史观、剩余价值学说和科学社会主义的精髓和灵魂。

（一）明确马克思劳动现代性思想的研究思路

资本与劳动的关系是破解现代性之谜的钥匙。马克思从资本与劳动的关系发生史出发，揭示了资本与劳动的相互作用机制和历史发展趋势，解构了现代性的资本原则，提出了现代性的劳动原则，为现代性的健康发展指明了正确方向。资本因顺应劳动社会化发展趋势而开启现代性之旅，并发挥了伟大的革命作用。劳动社会化发展将炸毁资本主义制度外壳并推动共产主义现代性的历史建构。

在马克思的语境之中，资本与劳动关系的分析框架大体包括两种：一是基于"人—自然—人"关系的分析框架，马克思分析了以"物"（自然）为中介的人与人的关系，揭示了现代社会"以物的依赖性为基

---

① 《马克思恩格斯文集》第 1 卷，人民出版社 2009 年版，第 502 页。

础的人的独立性"特征。在现代社会，"物的依赖性"表现得虽然非常突出，但是"物的依赖性"之"物"都是有主之物，是私有财产，因而"物的依赖性"归根结底是对物的所有者的依赖，是劳动者对资本家的依赖。马克思异化劳动理论深刻揭示了人与自然和人与人的对立，揭示了资本对于劳动的全面宰制。二是基于"劳动—资本—国家"关系的分析框架。马克思在"资本—劳动"二元结构分析基础上，把"国家"纳入分析框架，形成了"三元结构"的现代性分析框架。资本对于劳动的全面宰制不仅依靠资本本身的经济力量而且依靠国家权力的政治力量。资本经济权力与国家政治权力的联盟，使劳动完全臣服于资本，从而创造了以生产剩余价值为根本旨趣的现代资本主义雇佣劳动形式，它构成了劳动现代性的基本范式。

　　马克思立足劳动立场，批判了资本对于劳动的宰制和奴役，揭示了资本现代性的历史暂时性，同时立足劳动立场，探讨了现代性的社会建构问题，完成了现代性思想的革命性变革。马克思是以现代性批判者身份出场和在场的。马克思反思批判现代性并不等同于反对现代性，马克思所反对的是资本对于现代性的任意宰制和奴役，并且试图恢复劳动在现代性建构中的主体地位和主导作用。马克思对现代性的反思经历了由"副本"的意识形态批判到"原本"的政治经济学批判的跨越。马克思对现代性的哲学批判是始于理性主义，当马克思转向"原本"批判之后，并没有因此抛弃理性原则本身。米勒主张，自己"完全站在理性主义一边"，但又反对"过激的理性主义"，"提倡一种承认拥有某种缺陷的谦虚和自我批判的理性主义"。① 马克思对于资本现代性的批判是深刻且激烈的，他对于资本现代性的负面效应深恶痛绝，但是在马克思看来，现代性的资本性质是历史的产物，必然会随着历史的发展而被扬弃。马克思"不希望人们放弃对现代性目标的

---

　　① ［英］戴维·米勒编：《开放的思想和社会——波普尔思想精粹》，张之沧译，江苏人民出版社 2000 年版，第 13 页。

追求"①。马克思所做的是对现代性问题给予病理性诊断并且寻找破解现代性问题的"药方"。一方面，马克思对现代性的文明成果是高度肯定的；另一方面，马克思的理想信念与启蒙传统所倡导的现代性精神气质具有一致性。因此著名社会学家科瑟把马克思誉为"启蒙运动之子"，伯曼则称赞《共产党宣言》是"一部伟大的现代主义作品"②。马克思对现代性的态度是辩证的，也就是说，在批判现代性的同时向人们展现了重建现代性的信念。对现代性批判的实质是重建现代性，以便解决理性即现代性的困境。马克思强调要发现新世界、重写现代性，即"全部问题都在于使现存世界革命化"③。马克思批判"旧世界"、批判"旧现代性"的最终目的是要建构一个"新世界"、建构"新现代性"，批判不是现代性发展的终点而是起点。马克思劳动现代性思想的研究重在把握资本现代性批判向劳动现代性建构的转化，因为马克思资本现代性批判的真正旨趣是建构基于劳动现代性的共产主义理想共同体。

（二）梳理马克思劳动现代性思想的理论体系

马克思劳动现代性思想研究从资本与劳动的关系发生史出发，围绕资本与劳动的相互关系及其历史来展开构建理论体系。过去关于马克思现代性思想的研究主要是以资本现代性批判为主线，马克思现代性思想研究要引入劳动现代性建构这一主线。按照马克思在批判"旧世界"中发现"新世界"的理论旨趣，"资本现代性批判"主要是手段，"劳动现代性重建"才是真正的目的。马克思批判资本主义现代性是为了开启共产主义现代性。按照这一研究思路，劳动现代性思想研究重在构建马克思劳动现代性思想的理论体系。

引言。"现代性"问题是总体性的，高度复杂且形式多样。长期以

---

① 贾英健：《马克思现代性批判的理论旨趣及其变革实质》，《哲学研究》2005 年第 9 期。
② 宓文湛、王晖主编：《马克思主义哲学与现时代》，上海财经大学出版社 2007 年版，第 257 页。
③ 《马克思恩格斯文集》第 1 卷，人民出版社 2009 年版，第 527 页。

来，"何为现代性"的探讨争论不休且悬而未决。20世纪以来，许多著名思想家，如胡塞尔、韦伯、齐美尔、哈贝马斯、福柯、德里达、吉登斯等，都聚焦现代性问题。但马克思作为"对现代性发难的始作俑者"是无法越过的。贝斯特和科尔纳认为，马克思是第一位对于现代性问题形成全面理论观点的社会理论家。

第一章，马克思劳动现代性思想的历史生成。从社会历史背景和理论来源两个方面，系统分析了马克思劳动现代性思想的形成条件、理论观点和立场方法。马克思通过对劳动现代性本质内涵、基本特征和发展机制进行研究，证明一部人类社会发展史就是劳动现代性的发展史。从马克思劳动现代性思想形成的时代背景看，主要包括机器大工业的迅猛发展、世界市场的形成和无产阶级登上历史舞台；从马克思劳动现代性思想的理论来源看，主要包括西方古典哲学的劳动现代性思想、西方古典政治经济学的劳动现代性思想和英法空想社会主义的劳动现代性思想。

第二章，马克思劳动现代性概念及其结构和过程分析。马克思从实践唯物主义立场出发，揭示了"劳动"的社会历史内涵；从劳动存在论立场出发，揭示了"现代"的形态学意义。劳动现代性与资本现代性的关系是一体两面。劳动现代性包括劳动构成要素、劳动社会关系和劳动产品形式的现代性。劳动是主体要素和客体要素的统一，现代化过程是人与物的现代性增长过程。劳动现代性突出人的现代性，具有现代性的人称为现代人。知识技术、管理、信息等是劳动现代性的乘数要素。马克思揭示了异化劳动、雇佣劳动和自由劳动的社会关系现代性，阐明了生产、交换、分配、消费过程的现代性。

第三章，马克思劳动现代性思想的哲学基础。在现代性话语中，马克思劳动哲学始终在场。马克思现代性批判是以其哲学革命为前奏的。从生存本体论看，现代性危机源于人的生存领地失落，现代性的存在秘密是"物与物的关系"遮蔽了"人与人的关系"。从生产实践论看，马克思针对劳动的内在性"出离"，立足实践唯物主义展开现代性批判，抓住了现代社会最根本的生产关系，揭示了现代性的历史逻辑。同时，概括了马克思劳动现代性批判的历史辩证法，具体包括宏观叙事和微观叙事相结合的历史唯物主义方法、人体解剖和猴体解剖相结合的政治经济学方法、理想范畴和现实范畴相结合的科学社会主义方法。

第四章，马克思劳动现代性思想的资本维度。现代性直接表现为传统社会向现代社会的跨越。马克思全面系统地揭示了传统社会与现代社会的本质差别，以及由传统社会向现代社会跨越的必然趋势。马克思认为，怪诞的商品是现代性的逻辑起点，魔性的货币是现代性的中介环节，普照的资本是现代性的主导原则。资本逻辑推动劳动形式发展，物的依赖关系取代了人的依赖关系，交换价值取代使用价值主导生产过程，社会有机体取代了社会结晶体。现代性社会的基础是资本与理性形而上学的"联姻"，"两个彻底决裂"是资本现代性的瓦解逻辑。马克思揭示了资本现代性和劳动现代性的"历史同构"，并且在劳动原则基础上阐明了实现共产主义现代性的途径。

第五章，马克思劳动现代性思想的"新世界"意蕴。马克思劳动现代性思想的根本旨趣是扬弃资本主义现代性而建构共产主义现代性。劳动现代性建构的物质基础是劳动社会化的发展，历史前提是世界历史的发展，社会条件是"自由人联合体"的建立。从实践主体立场出发，马克思把无产阶级确立为劳动现代性重建的历史主体，把社会解放理解为由劳动解放走向人的解放的中间环节和必要条件。马克思揭示了建构一个"新世界"的劳动哲学基础。现实世界的生成发展根源于劳动，马克思所追求的"新世界"建立在自由劳动基础之上。马克思论证了"新世界"取代"旧世界"的历史必然趋势和社会历史条件。

第六章，马克思劳动现代性思想的价值诠释。马克思劳动现代性思想能够助推马克思总体性哲学的出场，能够丰富建构社会主义现代性的理论资源，能够有力回应西方社会对马克思主义的理论挑战；马克思劳动现代性思想能够指导中国劳动现代性建构的实践探索，防范西方资本主义现代性的吞噬，彰显中国式现代化的主体向度。建构劳动现代性是

21 世纪马克思主义必须面对的现实课题。置身于世界百年未有之大变局，中国式的劳动现代性建构受到西方资本现代性发展的纠缠和阻挠。坚持劳动现代性建构的中国道路必须直面现代西方资本主义现代性的际遇和挑战。扬弃资本现代性是发展劳动现代性的历史前提，为此要充分占有资本现代性的肯定性成果，降低劳动现代性建构的历史代价。

结语。劳动现代性建构是一项未竟的事业，马克思将始终"在场"。新时代，应当从理论和实践两个层面激活马克思劳动现代性的理论话语，推动面向实践的劳动现代性思想总体性研究。在劳动现代性的问题域，实现"批判的武器"和"武器的批判"的统一。一方面，积极回应西方现代性批判和后现代主义思潮的挑战；另一方面，大力推进中国特色社会主义现代性建设事业。

（三）确定马克思劳动现代性思想的理论地位

唯物史观和剩余价值学说是马克思的"两个伟大发现"，科学社会主义学说在"两个伟大发现"的基础上实现了从空想到科学的飞跃。恩格斯指出，由于这"两个伟大发现"，"社会主义变成了科学"①。"两个伟大发现"是科学社会主义的两个重要根据，是"科学社会主义大厦不可动摇的两大支柱"②。马克思的劳动哲学是"两个伟大发现"的理论基石。科学社会主义的根本旨趣是实现劳动解放。马克思对于劳动问题的研究，既包括古代社会劳动形式的"猴体解剖"，又包括现代社会雇佣劳动形式的"人体解剖"。但是，马克思的主要精力是放在对现代社会雇佣劳动形式进行研究之上的，劳动现代性思想是马克思劳动思想的核心内容。一是劳动现代性思想对于马克思唯物史观具有决定性的意义。恩格斯指出，人们"首先必须劳动，然后才能争取统治"③。社会历史破天荒地第一次被安置在劳动这一真正的基础之上。劳动是

---

①　《马克思恩格斯文集》第 9 卷，人民出版社 2009 年版，第 30 页。

②　常卫国：《劳动论〈马克思恩格斯全集〉探义》，辽宁人民出版社 2005 年版，第 49 页。

③　《马克思恩格斯全集》第 19 卷，人民出版社 1963 年版，第 123 页。

解释历史的最高权威和最终依据。劳动是人类生成的第一推动力量，在人类形成发展中起决定性作用，决定着人类从无到有的历史性转变。劳动创造了现实的人，而现实的人是唯物史观的出发点。唯物史观也可以说是劳动历史观。劳动从来都是社会性的活动，现代性社会是劳动社会化发展的结果，"这是到现时为止的全部历史的规律"①。劳动现代性思想在唯物史观中居于基础地位，马克思"在劳动发展史中找到了理解全部社会史的锁钥"②。二是马克思劳动现代性思想在政治经济学中具有根基性的地位。剩余价值学说是马克思经济学的核心。剩余价值是剩余劳动的转化形态，是被资本家无偿占有的剩余劳动。马克思的劳动价值论区分了劳动力价值和劳动价值，阐明了具体劳动和抽象劳动之间的关系，为剩余价值理论奠定了基础。区分劳动和劳动力是理解马克思剩余价值学说的关键，没有这种区分就无法理解资本剥削雇佣劳动的秘密。马克思的《资本论》也可以说是雇佣劳动论。雇佣劳动内涵着必要劳动和剩余劳动的对立。未来共产主义社会，自由劳动将取代雇佣劳动，从而最终摒弃资本现代性。马克思的"劳动的政治经济学"③和"资本的政治经济学"是相对立的，劳动现代性的秘密存在于资本现代性之中。三是劳动现代性思想是马克思最伟大的理论贡献之一。唯物史观是劳动历史观，它以整个人类历史为研究对象，而全部历史首先是劳动发展史，因而必须回答劳动在历史中的地位和作用。剩余价值学说是劳动经济观，它以现代资本主义社会为研究对象，或者说，是重点分析现代资本主义社会的雇佣劳动。科学社会主义是劳动世界观，它重点研究未来共产主义社会的自由劳动。科学社会主义阐明了劳动的产生及其劳动的一般过程、奴役劳动的历史形态、劳动解放的历史过程、未来共产主义社会的自由的

① 《马克思恩格斯全集》第 19 卷，人民出版社 1963 年版，第 17 页。
② 《马克思恩格斯选集》第 4 卷，人民出版社 2012 年版，第 265 页。
③ 《马克思恩格斯全集》第 16 卷，人民出版社 1964 年版，第 12 页。

联合的劳动形态等。

三　马克思劳动现代性思想研究的理论方法创新

唯物辩证法是社会科学最先进的研究方法，它坚持逻辑与历史、理想与现实、理论与实践的统一。马克思的理论方法归根结底就是唯物辩证法。在马克思劳动现代性思想研究中，我们要始终坚持和贯穿唯物辩证法，坚持用马克思的方法分析考察劳动现代性思想。马克思遵循了"在批判旧世界中发现新世界"的方法。何谓世界？这是批判"旧世界"预先应当解决的问题，也就是说，方法论要以世界观为前提。如何批判"旧世界"？马克思为我们提供了"批判的武器"和"武器的批判"。如何发现"新世界"？首先是发现新的世界观。要建构"新世界"，必须在实践基础上，借助劳动的同一性力量颠覆资本现代性的统治。马克思坚持了价值分析与事实分析相结合的方法。事实分析主要探讨研究对象"是什么"的问题，它突出强调描述研究对象的实然状态；价值分析主要探讨研究对象"怎么样"的问题，它突出强调描述研究对象的应然状态。马克思始终坚持价值批判与事实批判相统一。马克思坚持了"劳动、资本、国家"三元结构的分析方法。"劳动、资本、国家"三元结构的理论方法是理解资本现代性转化为劳动现代性的钥匙。马克思分析了"劳动、资本、国家"在人类社会发展中的地位和作用，首倡劳动社会化主导人类社会发展，为劳动现代性的建构奠定了理论基础。

（一）遵循"在批判旧世界中发现新世界"的方法

在马克思劳动现代性思想研究中，解决方法论的问题是一个重要方面。马克思劳动现代性思想的重要理论贡献就在于运用了一种正确的理论方法，即在"批判旧世界发现新世界"①。为了发现"新世界"，马克思致力于批判"旧世界"。从马克思的主要著作看，都贯

---

① 《马克思恩格斯全集》第47卷，人民出版社2004年版，第64页。

穿了在"批判旧世界中发现新世界"的方法。如《神圣家庭》《德意
志意识形态》《资本论》等著作中,其中的副标题都是"关于……批
判"。由此,法兰克福学派把马克思的理论指认为"社会批判理论"。
马克思通过对"旧世界"进行批判,揭示了人类社会发展的一般规
律以及资本主义现代性的秘密,论证了共产主义现代性取代资本主义
现代性的历史必然趋势。首先,何谓世界?这是批判"旧世界"预
先应当解决的问题,也就是说,方法论要以世界观为前提。世界之所
以分为新旧,说明世界是变化发展的。"旧世界"和"新世界"虽然
有着本质差别,但它们并不是无关的两个世界,而是同一世界的不同
发展阶段。既然世界是变化发展的,那么,它变化发展的动力、机制
和目的是什么?这些问题是理解"旧世界"转化为"新世界"的关
键环节。世界是人的世界,因而如何理解人成为把握世界的关键。谢
林诊断,自我的本质是"活动",活动的自我必然通过对立面确证自
己。事物的本质必须通过对立面而规定和反映。对此,黑格尔给予了
肯定,因为"永恒的生命即是永恒地产生对立并且永恒地调节对立的
生命"①。马克思则强调,人首先是一种对象性存在物,人在自己所
创造的对象世界中确证自己的本质。这样一来,便产生了人与世界的
关系问题。黑格尔对人与世界的同一性给予了深刻反思。他认为,同
一性的力量是一种神奇的魔力,但他把同一性的力量归结为精神性的
"绝对理念"。马克思则把同一性的力量归结为实践。马克思在实践
唯物主义基础上解决了现实世界的生成发展问题,强调社会生活的本
质是实践的。其次,如何批判"旧世界"?马克思为我们提供了两种
方法,一种是"解释世界"的理论批判,另一种是"改变世界"的
实践批判。"解释世界"的理论批判与"改变世界"的实践批判是有
机统一的。"改变世界"的实践批判具有优先性、至上性、第一性,

---

① [德]黑格尔:《哲学史讲演录》第4卷,贺麟、王太庆译,商务印书馆1978年
版,第377页。

"解释世界"的理论诠释具有派生性、非至上性、第二性。马克思指出："批判的武器当然不能代替武器的批判。"① "批判的武器"是凭借精神性的理论力量展开的批判，"武器的批判"是借助物质性的实践力量展开的批判，前者不能代替后者。德国古典哲学、国民经济学和空想社会主义的局限性都是止于"解释世界"，而马克思则把"解释世界"提升到"改变世界"的高度，从而为无产阶级解放提供了理论指南。马克思认为，一切旧唯物主义的主要缺陷是不理解感性实践活动的意义。国民经济学把私有财产作为最终原因来解释现代社会，因而没有能够揭示资本主义私有财产的本质。空想社会主义和粗陋的共产主义往往僵化地套用别人的现成公式，或缺少理论分析，或仅仅搞一些共产主义实验。然而，没有马克思哲学和经济学的理论基础，科学社会主义便只能是空中楼阁。"改变世界"要运用"武器的批判"，为此，必须建立无产阶级政党，把广大无产阶级动员组织起来，通过无产阶级革命实现无产阶级专政。最后，怎样发现"新世界"？"发现新世界首先是发现新的世界观。"② "新世界"是按照新的世界观而创造的世界。发现新世界观仍然是"解释世界"的任务，它通过批判"旧世界"的理论工作来完成，但是，要把发现的"新世界"变成现实还必须借助实践的力量。马克思认为，整个世界包括自然史和人类史，人类史"是自然史的即自然界生成为人这一过程的一个现实部分"③。人与自然的关系是现实世界最基础的关系。世界的统一性根源于人与自然的统一。因而马克思把理想的共产主义社会理解为自然主义和人道主义的完成，这种完成必须扬弃异化劳动，重建劳动现代性。在黑格尔那里，人与自然的同一性力量是绝对理念。马克思则认为，建构"新世界"的同一性力量根源于物质生产和劳

---

① 《马克思恩格斯文集》第 1 卷，人民出版社 2009 年版，第 11 页。

② 王国坛、高跃：《在批判旧世界中发现新世界——马克思哲学方法论研究》，《北方论丛》2014 年第 6 期。

③ 《马克思恩格斯全集》第 3 卷，人民出版社 2002 年版，第 308 页。

动实践。在现代性社会，资本成为同一性的力量，成为"普照的光"，它规定了资本主义世界历史的性质。要建构一个"新世界"就必须在物质生产基础上，借助劳动的同一性力量颠覆资本的现代性统治。

(二) 坚持价值分析与事实分析相结合的方法

事实分析重在揭示现代性社会历史发展的规律性，价值分析重在把道德的立场、判断和理想建立在"经济事实"基础之上。事实分析主要探讨研究对象"是什么"的问题，它突出强调描述研究对象的实然状态；价值分析主要探讨研究对象"怎么样"的问题，它突出强调描述研究对象的应然状态。通过分析研究、考察反思研究对象的现实状况，追寻研究对象的理想形态，探讨实现从"实然"到"应然"的发展过程和必然趋势，这就是价值分析和事实分析相结合的方法。

"事实—价值"关系的讨论屡见不鲜。科学主义和人本主义作为西方解读马克思主义的两大对立流派，实际上，就是割裂了"事实—价值"关系的理论后果。他们对马克思主义的简单解读助长了"唯意志论和决定论"的紧张关系。[1] 早在大学时期，马克思就在一封写给父亲的信中倾诉自己研究法学遇到了严重障碍，即理想主义固有的"现有之物和应有之物的截然对立"[2]。在康德和费希特的影响下，马克思想搞一个法的形而上学体系，作为"应有之物"却与立足现实的罗马法立法思想而得出的法哲学这一"现有之物"出现了"两张皮"。康德和费希特在太空中飞翔，用"应有"批判"现有"，而马克思却渴望了解现实中的事物。在黑格尔哲学影响下，马克思转向从现实大地探寻事物发展的逻辑。麦克莱伦认为，在黑格尔的影响下，马克思意识到"观

---

① Gouldner, A. W., *The Two Marxisms: Contradictions and Anomalies in the Development of Theory*, New York: The Seabury Press, 1980, p. 15.
② 《马克思恩格斯全集》第47卷，人民出版社2004年版，第7页。

念似乎内在于现实之中了"，本来马克思不喜欢黑格尔哲学的离奇古怪的调子，但是，"现在他不得不转向黑格尔哲学以便解决他的精神危机，这种转向很深刻，也很突然"①。马克思放弃"天上的事物"而关注"地上的事物"，这种转折是马克思走向实践唯物主义的关键一步。无论是康德、费希特还是黑格尔，他们的哲学都是从"天上"到"地上"，用理想性来评判现实性，即一种"价值—事实"相结合的"解释世界"的思维方式。马克思的思想"转变"，首先是坚持从"地上"到"天上"，从现实性分析到理想性诉求，即一种"事实—价值"相结合的"改变世界"的思维方式。不理解这一"转变"便不能理解马克思价值分析与事实分析相结合方法的精髓和实质，也就不能理解马克思在社会历史领域所实现的伟大变革。

马克思价值分析与事实分析相结合方法有一个形成发展过程。早期主要以价值分析为主，突出"价值悬设"；后期主要以事实分析为主，突出科学的社会分析。马克思的哲学方法经历了一个"道德评价方法优先"向"历史评价方法优先"的升华过程，但最终则是走向了价值分析与事实分析的有机结合。事实分析就是从现代社会的"人体解剖"出发，对"现有之物"即资本主义现代性及其发展趋势给予批判，并且引出劳动现代性建构的价值理想。价值分析从"应该如何"出发，探讨从"现有之物"向"应有之物"的飞跃，即"对资本主义政治经济事实展开价值批判"②。

对于马克思来说，他的研究始终坚持价值批判与事实批判相统一，但是，价值分析和事实分析相结合的方法是不断发展、逐步成熟的。早期坚持价值判断主导下的价值判断和事实判断相结合。例如，在《1844 年经济学哲学手稿》中，马克思从异化劳动出发，坚持自然主义

---

① ［英］戴维·麦克莱伦：《马克思传》（第 4 版），王珍译，中国人民大学出版社 2016 年版，第 23 页。

② 黎昔柒：《事实与价值的辩证统一：马克思的研究方法探析》，《湖南社会科学》2018 年第 6 期。

与人道主义相统一。"自然主义是经济事实,人道主义是道德价值。"①
马克思强调的出发点是"当前的经济事实",即"物的世界的增值同人
的世界的贬值成正比"②。马克思的事实判断和价值判断便是从这样的
"经济事实"分析中得出的。马克思认为,劳动作为打开了的人的本质
力量的书,"撰写"的应当是人的本质力量的发展,但反观现实,劳动
者却处于受压迫受奴役的状态。从《德意志意识形态》开始,马克思
转向事实判断主导下的价值判断和事实判断相统一,将"应然"的价
值分析植根于资本主义现代性的真实语境。马克思从生产和交往形式的
发展出发,分析了人类自主活动的实现条件,包括共同占有现有生产力
的总和、无产阶级成为自主活动的主体力量、通过联合与革命的途径
等。马克思把价值分析和事实分析的辩证统一落脚于正确地"解释世
界"和有效地"改变世界",从而开辟了无产阶级走向解放的现实
道路。

(三)坚持"劳动、资本、国家"三元结构分析方法

三元结构分析方法是马克思研究社会共同体的基本方法。从马克思
的早期著作到成熟时期的著作,都贯穿着三元结构分析方法。马克思分
析研究了劳动、资本、国家在人类社会发展中的地位和作用,首倡劳动
社会化主导人类社会发展,为劳动现代性的历史建构,以及阐明共产主
义现代性取代资本主义现代性的必然趋势奠定了理论基础。

马克思"劳动、资本、国家"三元结构分析方法有一个形成过程。
我们知道,为了解决"苦恼的疑问",马克思写作了《黑格尔法哲学批
判》,这部著作从"政治国家"和"市民社会"二元结构出发,批判了
黑格尔对政治国家和市民社会关系的颠倒,把市民社会"理解为整个
历史的基础"③。在马克思看来,"政治国家和法"是从市民社会中生长

---

① 张霄:《马克思理解"事实—价值"关系的辩证法:一个早期视角》,《哲学研究》
2021年第5期。
② 《马克思恩格斯文集》第1卷,人民出版社2009年版,第156页。
③ 《马克思恩格斯文集》第1卷,人民出版社2009年版,第544页。

出来的，是服务于市民社会的，从而，阐明了市民社会和政治国家的关系。马克思在《1844 年经济学哲学手稿》中，把劳动和资本的关系作为理解市民社会的钥匙，强调世界历史是"人通过人的劳动而诞生的"①。虽然马克思把分析重点放在了资本与劳动异化关系方面，但已经注意到资本剥削和压迫劳动，凭借的是资产阶级的国家权力。资产阶级把财产私有权力提升为政治统治权力，使劳动者深陷"物的依赖性"之中。实际上，在这里马克思已经初步形成了"劳动、资本、国家"三元结构的理论方法。马克思在《德意志意识形态》中，把三元结构分析方法升华为历史唯物主义的基本原理，从劳动、资本、国家的关系解构中提炼出了生产力与生产关系、经济基础与上层建筑的矛盾运动，阐明了人类社会发展的一般规律。但马克思并没有因此放弃三元结构分析方法。在马克思看来，劳动在三元结构中起最终的决定性作用，在人类历史发展的不同历史阶段，"劳动、资本、国家"三个要素所起作用不同。国家主体化占据主导地位，意味着国家权力在人类社会形态发展中发挥着决定性的作用，人类社会共同体实践表现为专制霸权主义。前资本主义社会大体都属于这种国家主体化主导的社会共同体。现代资本主义社会，表现为资本垄断化主导，资本绑架国家，资本成为至高无上的主体并借助国家力量宰制劳动而实现自身增殖。共产主义现代性取代资本主义现代性，就在于劳动社会化取代资本垄断化的主导地位，自由联合的劳动取代现代性社会的雇佣劳动，从而为劳动现代性的长足发展开辟道路。

　　"劳动、资本、国家"三元结构理论是马克思研究人类社会形态特别是现代性社会的重要理论成果。马克思把"劳动"归结为劳动力，而劳动力是生产力中最活跃最革命的力量，是推动人类社会发展的根本动力；把"资本"归结为经济基础，即资本主义的生产关系总和。资本之所以成为"普照的光"是因为资产阶级成功地把劳动生产力转化

---

① 《马克思恩格斯全集》第 3 卷，人民出版社 2002 年版，第 310 页。

成了资本生产力。资本主义社会由于"资本"与"国家"的联盟而创新了雇佣劳动形式，最终战胜了封建社会的劳动形式，开启了现代性社会发展的历程。马克思把"国家"归结为上层建筑，在现代性社会的发展中，正是由于资本的经济力量和国家的政治力量有效联合，才使得它们成为劳动现代性的主宰者。马克思运用"劳动、资本、国家"三元结构分析方法，破解了"社会之谜"和"历史之谜"，揭示了劳动现代性取代资本现代性、共产主义现代性取代资本主义现代性的必然趋势，完成了在批判"旧世界"中发现"新世界"的理论夙愿。我们研究马克思劳动现代性思想之所以注重运用"劳动、资本、国家"三元结构分析方法，主要是因为这一理论方法更容易使人们理解资本现代性向劳动现代性转化的动力和机制。

❖ 第 一 章 ❖
马克思劳动现代性思想的历史生成

马克思的著作中虽然没有提出或使用过"现代性""劳动现代性"等概念，但却使用过"现代""现代社会""现代生产"尤其是"现代劳动"等概念。如马克思说"贫困从现代劳动本身的本质中产生出来"①。马克思从现代性高度发达的资本主义社会及其异化劳动的历史和现实出发，系统地阐发了他的现代性思想，为我们留下了弥足珍贵的精神遗产。马克思劳动现代性思想是机器大工业时代的产物，是资本主义世界市场发展的产物，是无产阶级登临世界历史舞台的产物。马克思劳动现代性思想来源于西方古典哲学、西方古典政治经济学和英法空想社会主义的劳动现代性思想。启蒙运动思想家洛克和卢梭，德国古典哲学思想家康德和黑格尔，青年黑格尔派思想家布鲁诺·鲍威尔、费尔巴哈和赫斯等，为马克思劳动现代性思想提供了思想资源。西方古典政治经济学的先驱威廉·配第、布阿吉尔贝尔、魁奈，西方古典政治经济学的奠基者与集成者亚当·斯密、大卫·李嘉图和詹姆斯·穆勒，西方古典政治经济学批判者西斯蒙第和李斯特等，为马克思劳动现代性思想提供了经济理论资源。16—17 世纪空想社会主义者莫尔、闵采尔和康帕内拉，18 世纪法国空想社会主义者摩莱里、马布利和巴贝夫，19 世纪空想社会主义者圣西门、傅立叶和欧文等，为马克思劳动现代性思想提

---

① 《马克思恩格斯文集》第 1 卷，人民出版社 2009 年版，第 124 页。

供了社会主义理论资源。

第一节　马克思劳动现代性思想形成的时代背景

　　时代背景是指马克思劳动现代性思想形成的社会历史条件。马克思劳动现代性思想是机器大工业时代的产物。机器大工业成为社会生产的支配原则，资本主义现代性的发展是建立在机器大工业基础之上的。机器大工业给人类的社会生产和社会生活带来深刻的变革，机器大工业的发展实质是机器的资本主义应用，其结果是劳动主体的自我异化。马克思劳动现代性思想是资本主义世界市场发展的产物。资产阶级是世界市场的开创者。世界市场形成的基本前提是集市的兴起与城市的发展、地理大发现和新航路的开辟。机器大工业、国际分工、交通通信事业的发展是世界市场形成的重要条件。资本扩张的本性是世界市场发展的基本动力。资本逻辑主导的世界市场必然导致经济危机。世界市场的发展为实现共产主义准备了物质基础和阶级条件。马克思劳动现代性思想是无产阶级革命时代的产物。无产阶级是马克思主义的"物质武器"，马克思主义是无产阶级的"精神武器"。无产阶级是资本现代性社会的否定者，是资本主义社会的掘墓人。现代无产阶级是以出卖自己劳动力为生的雇佣劳动者，是资本主义社会被剥削被压迫的阶级。无产阶级肩负着颠覆资本主义现代性而建构共产主义现代性的历史使命。

一　机器大工业的迅猛发展

　　马克思生活的时代是大英帝国的黄金时代（1837—1901 年的维多利亚时代）。这一时代，机器大工业日益成为社会生产的支配原则。以"机械体系"为基本结构的社会化生产为马克思研究劳动现代性提供了社会前提。机器大工业是一个"庞大的机械怪物"，它制造了资本的狂欢和劳动的灾难。机器大工业从根本上改变了社会状况和阶级结构，加剧了劳动与资本的对立。马克思系统阐述了机器大工业给人类生产生活带来的现代性效应。从积极效应看，机器大工业提高了劳动生产力，加剧了资本积累与集中，推动了资本主义世界市场的发展，形塑了"中心—边缘"两极化的社会结构；从消极效应看，机器大工业导致物的世界不断增殖而人的世界不断贬值，资本主义生产方式不断打破工作日的道德和自然界限。机器的资本主义应用使其成为征服自然和压迫工人的工具。资本物日益获得统治地位，劳动者日益丧失主体地位。劳动主体和劳动客体的关系完全颠倒，在雇佣劳动条件下，工人陷入肉体受摧残、精神受折磨的悲惨境地。资产阶级凭借"机械体系"将工人的剩余劳动时间全部窃取。机器大工业借助现代科学技术不断压缩必要劳动时间而扩大剩余劳动时间。机器大工业推动了科技发展和财富增长，为劳动解放创造了物质技术条件。

（一）以"机械体系"为基本结构的社会化生产

机器大工业呈现出来的是一个庞大的"机械怪物"。这个"机械怪物"并不是"单个机器"的堆积，而是按照资本主义剩余价值生产的原则建构的"机械体系"。马克思描绘道：这是一个充满整座厂房的庞大的"机械怪物"，它的"魔力"在其"无数真正工作器官的疯狂的旋转中迸发出来"[①]。马克思之所以把机器大工业比喻为"机械怪物"，是因为它充满了"魔力"，是因为作为没有生命的机械变成了控制人、压迫人的"魔鬼"。"机器怪物"的肢体运动和疯狂旋转奠定了商品"幽灵舞蹈"的基础。一方面，这个"机械怪物"制造了资本的狂欢，创造了"魔幻"的资本主义世界；另一方面，这个"机械怪物"制造了劳动的异化和工人阶级的人间地狱。马克思深刻描绘了"机械怪物"的疯狂旋转和商品"幽灵舞蹈"制造了人间地狱的场景。马克思指出，但丁"所想象的最残酷的地狱也赶不上这种制造业中的情景"[②]。

[①]《马克思恩格斯文集》第 5 卷，人民出版社 2009 年版，第 438 页。

[②]《马克思恩格斯文集》第 5 卷，人民出版社 2009 年版，第 286 页。

马克思曾经从生产工具视角分析社会发展的技术形态。在《哲学的贫困》中，马克思把"手推磨"和"蒸汽磨"作为区别封建社会和资本主义社会的主要标志。马克思在《资本论》中关于庞大的"机械怪物"的描述，仍然是从生产力尤其是生产工具角度对社会发展的技术形态的分析。庞大的"机械怪物"就是以机器大工业为基本特征的社会形式。要把握这个庞大"机械怪物"的社会本质，就必须把机器和工具区分开来。从自然力学角度看，工具的动力来源于人手，机械的动力来源于自然力。但是，从社会经济学角度看，还必须充分考虑从工具生产到机器生产跨越的社会条件，从而对机器生产给予历史考察。工具机的应用是"机器发展史的第一个历史转折点"[1]，是"18世纪工业革命的起点"[2]，是机器生产的基本标志。工具机的意义在于它区别了工具和机器。在这里，"机器和工具之间的区别也是一目了然的"[3]。这种机器的动力机构和传动机构的革命是生产工艺和资本主义生产方式的共同要求。马克思认为，"单一工具"和"机械体系"的差别不是形式的而是实质的。在"单一工具"的工场手工业时期，工人是"活"的机构的"肢体"，是工具的自主使用者，生产资料的运动以工人为起点；在"机械体系"的机器大工业时代，"机械体系"作为"死"的机构独立于工人之外，工人不过是它的"活"的附属物，工人只能跟从生产资料的运动并且服从于机器体系。机器大工业导致劳动主体和工具的关系颠倒，生产资料脱离劳动者变成了一种异己的力量，由此资本主义生产方式最终取得了统治地位。

机器大工业的发展从根本上改变了无产阶级的生产生活方式。他们被"铆合"在机械体系之中，沦为机器生产的器官和附属物。"机器生

---

[1] 韩志伟：《什么是"历史唯物主义"——从马克思的几个比喻谈起》，《长白学刊》2013年第4期。

[2]《马克思恩格斯文集》第5卷，人民出版社2009年版，第429页。

[3]《马克思恩格斯文集》第5卷，人民出版社2009年版，第430页。

产的原则是把生产过程分解为各个组成阶段"①。这一原则使工人屈从于分工，并且只能从事某个阶段的生产。这种生产的片面性从根本上决定了工人的片面发展。在工场手工业的生产中，工人是生产过程的主导者，是生产工具的使用者；在现代工厂中，工人是生产过程的附庸者，是机器的服侍者，工人完全屈从于机械的旋律和节奏，劳动过程日益简单化，由此，妇女和儿童更多地被纳入生产过程，工人被迫从事更廉价的劳动。在机器大工业的发展过程中，一方面，会吸收新的产业工人；另一方面，会淘汰大量的过剩劳动力。随着"机械体系"的发展，越来越多的工人成为多余的人，大量的工人被机械体系抛弃，他们作为产业后备军过着朝不保夕的生活。机器的自我生产不断地使工人成为古董。机器作为过去的死劳动完全地支配着活劳动。马克思揭示了活劳动与死劳动即劳动与资本的尖锐对立。机器大工业发展的结果造成工人与生产资料的完全对立。伴随机器大工业的发展，"第一次发生工人对劳动资料的粗暴的反抗"②。

（二）机器大工业的现代性效应

马克思的机器大工业思想深刻揭示了工业革命对资本主义生产方式和政治经济制度产生的重要影响，系统阐述了机器大工业给人类的社会生产和社会生活带来现代性的双重效应。

从积极效应看，机器大工业极大地提高了劳动生产力，它"把巨大的自然力和自然科学并入生产过程"③，推动了传统社会向现代社会跨越。机器大工业取代工场手工业，使资本主义生产方式获得了"突然地跳跃式地扩展的能力"④，那些率先完成工业革命的国家逐步确立了对世界的统治地位。机器大工业推动了分工与协作的发展，形成了规模经济，从而加速了资本集中。因为只有资本"积累并集聚到一定程

① 《马克思恩格斯文集》第5卷，人民出版社2009年版，第531页。
② 《马克思恩格斯文集》第5卷，人民出版社2009年版，第497页。
③ 《马克思恩格斯文集》第5卷，人民出版社2009年版，第444页。
④ 《马克思恩格斯文集》第5卷，人民出版社2009年版，第519页。

度，才能担负起大规模的工业生产"①。借助机器大工业的廉价商品优势，大资本完成了对小资本的吞并过程。资本集中又加速了生产中心、劳动人口、销售市场等的集中，于是，自然形成的城市日趋没落，现代工商业城市迅速崛起。马克思指出，"现代工业的技术基础是革命的"②，生产技术的革命不断推动着现代产业部门生产方式的变革。现代产业链某一环节率先发生技术革命，就会对上下游产业产生连锁反应，进而引发整个产业体系的技术进步和升级。社会分工的深刻变革不断为资本开辟新的投资领域。劳动力被迫在产业之间不断转移，从而出现了一个特殊的"流浪时期"。劳动力的全面流动、劳动职能的经常变换成为机器大工业的革命性常态。机器大工业造成了生产产品的多样化、奢侈品生产的不断增长以及服务业的迅猛发展。航运、铁路、电报、电话等迅速发展，为开拓世界市场创造了条件。伴随商品交换的迅速发展，交通运输和通信手段革命的迫切性日益突出。机器大工业推动着生产要素在世界市场大规模地快速流动，推动着交通通信技术革命，反过来，交通通信技术的革命又缩短了商品生产、销售、原料供应之间的空间距离，缩短了买卖需要的流通时间和买卖机会的地理位置差异。交通运输业的迅猛发展适应了大工业生产方式，推动了世界市场的形成和发展。率先完成工业革命的西方资本主义国家，凭借坚船利炮和廉价商品的"重炮"，打开了落后国家的大门，摧毁了当地的贸易壁垒。基于机器大工业的国际分工日益形成，它使一部分国家和地区成为工业生产中心，另一部分国家和地区成为农业生产中心。

从消极效应看，机器大工业从根本上改变了社会占主导地位的物质生产条件。机器大工业按照现代工艺技术流程要求，组建机器体系连续且相互衔接地完成各个工序，劳动产品依次在不同生产阶段流转。伴随

① 韩保江、李娜：《马克思机器大工业理论及其现实意义》，《改革与战略》2020 年第6 期。

② 《马克思恩格斯文集》第 5 卷，人民出版社 2009 年版，第 560 页。

工作机向自动的机器体系发展,工人变成机器旁边的照料者,工人必须服从机器运转的连续性、划一性和秩序性。和"机器体系"相比,工人退居生产的次要地位,成为"机器体系"的附属物。因此,与其说是工人使用机器,倒不如说是机器使用工人。工厂的全部运动是从机器出发的,机器体系所决定的劳动过程的连续性并不会因为更换工人而间断。工人越来越依附于整个工厂和资本家。工人的劳动沦为简单化、机械式的操作,身心健康遭受严重伤害。机器大工业深刻变革了生产关系和社会关系,深刻改变了工人阶级的命运。机器的使用降低了男性劳动力的价值,妇女和儿童被卷入生产过程并且成为男性劳动力的替代品和竞争者。为了维持生存,工人的家庭成员全部卷入劳动大军。延长劳动时间和增加劳动强度不仅加深了对工人的剥削程度而且导致工人阶级道德堕落,"即机器消灭了工作日的一切道德界限和自然界限"①。对于工人而言,使用机器意味着用简单劳动代替了复杂劳动,导致劳动力价值下降。机器生产在降低商品成本的同时也导致劳动力贬值。机器成为工人的竞争者,它实际地排挤和替代了工人在生产中的地位和作用,由此造成失业大军迅猛增加。机器生产的产品过剩和工人购买力的削减直接导致资本主义的经济危机。

(三)机器大工业造成劳动主体自我异化

马克思在《资本论》及其手稿中,探讨了基于机器大工业的剩余价值生产,揭示了工人阶级的社会境遇和未来前景。机器大工业的发展是现代科学技术资本主义应用的结果,它表现为机器转化为资本、服务于资本,"机器体系"变成了资本征服自然力和劳动力的工具。机器大工业创造了一个商品堆积如山的"物的世界",它遮蔽了"人的世界","物"的力量获得了统治主体的地位,真正推动社会变革的劳动者丧失了主体性。机器大工业导致劳动主体和劳动工具的关系颠倒。"机器体系"作为剩余价值的生产手段,丝毫没有减轻工人劳动的痛苦。"机器

① 《马克思恩格斯文集》第 5 卷,人民出版社 2009 年版,第 469 页。

体系"运转的原则是资本逻辑，它始终追求资本增殖的最大化。伴随资本主义"机器体系"的形成和发展，工人被固定在流水线的不同位置，不断重复着简单的机械过程，像《荷马史诗》中的息息法斯一样，由于泄密而受到每天在冥界费力将一块巨石推运至山顶，然后巨石滚落山下，他又不得不重新开始。恩格斯把工人在"机器体系"中的劳动，比作"息息法斯的苦刑"①。

　　在《资本论》及其手稿中，马克思曾经多次转引恩格斯关于"息息法斯的苦刑"的论述。在马克思看来，机器大工业造成劳动主体和劳动客体关系颠倒。"机械体系"造成工人劳动强度和时间增加。工人在劳动中，肉体受摧残、精神受折磨。机器大工业使得劳动变得简单且重复，妇女和儿童被迫卷入生产过程，工人被迫将自己和家庭的劳动力全部售卖殆尽。工人们为了生存所需的生活资料而承受着"息息法斯的苦刑"，人们很容易看出工人们的劳动过度，在劳动中工人们耗尽了主体力量、失去了主体意识。劳动主体在资本主义现代性展开中沦为工具，意味着创造历史的主体力量被资本主义生产关系束缚和遮蔽。马克思认为，与奴隶制、农奴制和封建制相比，资本主义制度像一个魔法师一样创造了巨大的生产力，极大丰富的物质财富成为 19 世纪资本主义文明的象征。然而，透过现代雇佣劳动制度的文明"假面"，它实质上不过是强加在劳动主体身上的枷锁。马克思认为，资本主义制度下的雇佣劳动者堪比古印度社会等级最低的首陀罗。在印度的《摩奴法典》中规定，首陀罗是四等种姓中最低的一等，他们被看作天生的劳力者，终生处于被压迫地位，不得拥有任何财产。现代雇佣劳动制度堪比"资本主义的'摩奴法典'"，是"不平等的契约形式"②。马克思把资本比喻为"魔鬼"，驱动现代雇佣劳动运转的正是资本这一"魔鬼"。

------

　　① 《马克思恩格斯全集》第 2 卷，人民出版社 1957 年版，第 464 页。
　　② 杨洪源：《社会变革之主体力量的遮蔽与彰显——〈资本论〉中关于工人阶级及其命运的隐喻叙事》，《理论探讨》2022 年第 2 期。

劳动者与资本家之间劳动力商品的交易是人与"魔鬼"的交易，是与虎谋皮。一方面，资本驾驭着机器大工业的战车，在资本增殖逻辑的支配下推动着社会财富不断积累，驱使劳动超过自己自然需要的界限；另一方面，资本的本能需求就是用生产资料吮吸尽可能多的剩余劳动。

机器大工业本来是人的本质力量打开了的书，但是以一种异化的方式打开的。机器大工业发展的结果是物的力量增长了，人的力量贬值了。无产阶级沦为被束缚的普罗米修斯，资产阶级通过机器大工业确证了自身力量的强大。资本主义社会一切提高劳动生产力的方法都是借助牺牲工人来实现的。机器大工业变成了资本统治和剥削工人的物质力量，工人沦为"机器体系"的附庸，深陷"物的依赖性"，甚至"把工人的妻子儿女都抛到资本的札格纳特车轮下"①。"机械体系"的应用实现了绝对剩余价值生产向相对剩余价值生产的飞跃。马克思认为，资本之所以选择"采用机器"②，从根本上说就在于能够从工人的劳动中获得更多的剩余劳动时间。借助"机械体系"的力量更多地盗窃工人的劳动时间，是资本主义生产的根本旨趣。因而，工人阶级的解放归根结底表现为劳动时间的解放和自由。机器的资本主义应用极大地压缩了必要劳动时间而增加了剩余劳动时间，推动了生产力和世界市场的发展，为劳动解放提供了历史条件。

二　资本主义世界市场的形成

世界历史是资产阶级在开辟世界市场过程中首先开创的，是资产阶级的重大历史贡献，是马克思劳动现代性思想的基本理论立场。劳动现代性思想是马克思基于世界市场考察现代生产的成果。世界市场的形成有其历史前提和社会条件，但从根本上说遵循资本逻辑。资本主义世界市场的基本前提是集市的兴起与城市的发展、新航路的开辟和地理大发

①　《马克思恩格斯文集》第5卷，人民出版社2009年版，第743页。
②　《马克思恩格斯文集》第8卷，人民出版社2009年版，第192页。

现。新航路的开辟和地理大发现带来了工业、商业、航海运输业等的空前高涨，迅速增强了资产阶级的经济实力。世界市场形成的根本动力是机器大工业。世界市场和机器大工业之间相互作用、相互促进，从整体上改变了世界的面貌。机器大工业的发展推动了国际分工的发展，推动了交通工具和通信手段的发展，为世界市场准备了物质技术条件。资本逻辑是世界市场发展的基本动力。世界市场危机是资本主义社会基本矛盾在世界历史空间展开的结果。世界市场推动了生产和交往的普遍发展，为实现共产主义奠定了物质基础和阶级条件。

（一）世界市场形成的基本前提

国内市场的形成是世界市场发展的基础。开辟世界市场以及确立基于世界市场的商品生产是资本主义社会的真正任务。资本主义世界市场的基本前提是集市的兴起与城市的发展、新航路的开辟和地理大发现。新航路的开辟和地理大发现为封建社会内部新兴的革命因素资产阶级获得了新的活动场所。新航路的开辟和地理大发现带来了工业、商业、航海运输业等的空前高涨，迅速增强了资产阶级的经济实力。以农业和传统产业为基础的封建制度日益走向没落。随着资本主义殖民扩张的发展，资产阶级消灭了落后国家和地区的民族工业。正是借助世界市场的力量，资产阶级不仅在整个欧洲而且在整个世界获得了完全的胜利。资产阶级按照自己的样子重新塑造了世界。

首先，集市的兴起与城市的发展为世界市场奠定了社会基础。集市的兴起和城市的发展，开辟了商业活动的新天地，推动了欧洲地区性国际贸易的发展。14 世纪初，以地中海的商路交叉点为中心，出现了巨大的国际市场。那些有利于商品汇集与交换的城市迅速崛起，成为国际经济贸易的中心。在美洲大陆发现之前，以地中海为中心的国际贸易是当时人们所认识的整个世界。集市的兴起和城市的发展体现的是生产力的发展和生产方式的变革。集市和城市在封建社会内部萌芽，它预示着资本主义生产方式的产生。人口的聚集是城市产生的重要社会条件，人口在城市空间的集聚导致了社会结构的变革。城市大量的人口来源于乡村，与城市人口集聚相对应的是农民与土地的分离。农民丧失土地成为一无所有只能靠出卖劳动力才能生存的自由工人，这为雇佣劳动方式的发展提供了重要前提。在欧洲封建社会，集市和城市就已经存在，但是，近现代意义上的工商业城市是随着大工业的发展而迅速产生的。随着工业革命的深入发展，现代工商业城市取代了过去自然形成的城市，从而为世界市场的开辟提供了重要条件。

其次，新航路的开辟是世界市场形成的重要条件。资本的原始积累为新航路开辟后的市场扩张提供了前提。新航路的开辟，推动了工业和商业的耦合互动，撬动了工商业的繁荣，加速了资本积累，因而成为资本主义世界市场形成发展的重要杠杆。美洲和东印度航路的发现，扩大了世界交往、准备了世界市场，为工场手工业向机器大工业跨越提供了前提。从殖民地掠夺的大量财富源源不断流入宗主国，在那里转化为资本，极大地推动了资本主义的发展。新航路的开辟实现了从"地中海时代"向"大西洋时代"的跨越，带动了欧洲与美洲、亚洲的跨洋贸易，世界各国的政治、经济、文化往来日益频繁，封闭的民族交往转化为开放的世界交往，为世界市场的形成提供了重要条件。新航路的开辟，是资产阶级按照自己的面貌为自己创造了一个世界的开始。新航路开辟之后，资产阶级跳出地域空间的狭隘限制，把整个世界拓展为自己的增殖空间。由于资本的自由流动，全球都被纳入资本主义商品经济体系，"世界也成为一个不均衡发展的地理空间"①，即日益成为"中心—边缘"两极化的世界历史空间。

最后，地理大发现为世界市场的形成提供了历史契机。地理大发现始于14—15世纪，最终落幕于19世纪后半叶，其中，最重要的发现是15世纪末16世纪初伟大的航海壮举。经过迪亚士、达·迦马、哥伦布等欧洲冒险家的多次探险航行，开创了绕过非洲好望角到达亚洲的新航路，发现了美洲、澳洲大陆，完成了环绕地球的航行。地理大发现为欧

①　王人骏：《马克思市场理论的时空建构》，《社会科学战线》2020年第2期。

洲商品中心由地中海地区向大西洋沿岸转移奠定了基础，加速了欧洲资本主义制度的发展。地理大发现为民族交往向世界交往的飞跃奠定了基础，随着世界交往的发展，"工场手工业和整个生产运动有了巨大的发展"①。西方资产阶级掠夺的财富源源不断地流入宗主国，在那里转变为资本，从而完成了欧洲国家从封建社会形态向资本主义社会形态的历史转型，由此封建土地所有者和劳动者受到沉重打击，资产阶级迅速崛起。世界市场的开辟根本改变了亚洲、美洲等落后国家和地区的封闭保守状态，整个世界日益纳入统一的资本主义世界市场。新航路的开辟成为世界市场最终形成的关键条件。

（二）世界市场形成的时代条件

世界市场不是从来就有的，而是社会历史发展的产物。世界市场形成的根本动力是机器大工业。世界市场和机器大工业之间相互作用、相互促进，从整体上改变了世界的面貌。现代资产阶级凭借机器大工业创造了世界市场。机器大工业的发展推动了国际分工的发展。当社会分工超越国家界限时便会形成国际分工。世界市场的基础条件在于生产越出了一国界限，形成国际分工体系，于是，商品交换在不同国家之间展开，世界市场随之形成。交通工具和通信手段的发展是世界市场形成的物质技术条件。机器大工业推动了交通工具和通信手段的发展，从而为世界市场准备了不可或缺的物质技术条件。

首先，机器大工业是世界市场形成的根本动力。商品生产从根本上决定着商品交换。机器大工业属于商品生产范畴，世界市场属于商品交换范畴。机器大工业从根本上决定着世界市场的形成与发展。机器大工业的发展不仅需要大量的生产资料而且更加需要广阔的商品市场。在17世纪，工场手工业和商业相对集中所形成的世界市场，极大地刺激了英国工业的发展，推动了工场手工业向机器大工业的跨越，即"采

---

① 《马克思恩格斯文集》第 1 卷，人民出版社 2009 年版，第 562 页。

用机器生产以及实行最广泛的分工"①。机器大工业为世界市场的形成奠定了物质基础，世界市场又反过来推动了机器大工业的发展。机器大工业和世界市场相互作用、相互促进，成为推动资本主义生产方式全球扩张的"双轮"。资本主义生产方式的全球繁殖，从整体上改变了世界面貌，开创了世界历史。凭借着资本主义生产方式和交换方式的革命性变革，现代资产阶级战胜了中世纪遗留下来的一切阶级。现代资产阶级凭借机器大工业和世界市场的力量，实现了资本的集中和垄断，创造了全新的资本主义文明时代。

其次，国际分工是世界市场形成的基础条件。人口的增长和集聚是分工的基础，分工的深化推动着商品经济的发展，推动着经济中心和世界市场的形成。分工造成产业集聚以及生产成本降低，从而形成参与国际商品竞争的优势，使得"分工—中心区—世界市场的演变轨迹也逐步得以显现"②。当社会分工从部门、地区发展到国际范围时，市场联系和贸易关系也会发展到国际之间。随着工场手工业向机器大工业发展，以交换为媒介的分工日益成熟，商品流通逐步发展成为世界市场和国际贸易。大工业加工制造的原料，"来自极其遥远的地区"③，国际分工是世界市场的基础。国际贸易随国际分工的发展而发展。海上贸易和银行金融的繁荣都依赖工业的发展。国际分工"决定着国际贸易的规模、范围、方式和速度"④，当然，国际贸易的扩大能够积极作用于国际分工，或者创新国际分工的形式。商品流通、国际贸易和世界市场是撬动国际分工发展的杠杆。当然，社会分工的发展有利有弊，分工使"劳动力片面化，使它只具有操纵局部工具的特定技能"⑤，同时，落后

---

① 《马克思恩格斯文集》第 1 卷，人民出版社 2009 年版，第 565 页。

② 周建锋：《世界市场形成、劳动力集聚与国际贫富差距扩大——基于新经济地理学与马克思国际价值理论比较的视角》，《当代经济研究》2013 年第 7 期。

③ 《马克思恩格斯文集》第 2 卷，人民出版社 2009 年版，第 35 页。

④ 栾文莲：《马克思主义世界市场理论研究——世界市场的经典叙述与现代特征》，《马克思主义研究》2002 年第 1 期。

⑤ 《马克思恩格斯文集》第 5 卷，人民出版社 2009 年版，第 495 页。

国家在国际分工中往往处于全球产业链的低端，深陷分工陷阱，遭遇沉重的剥削。

最后，交通工具和通信手段的发展是世界市场形成的物质技术条件。机器大工业带来了纺织、采矿、冶金等产业的发展，也促进了交通运输、电报通信等的发展，从而为世界市场最终形成提供了物质技术条件。机器大工业和世界市场相互作用，推动了交通工具和通信手段的发展。恩格斯指出："由于交通工具的惊人发展……第一次真正地形成了世界市场。"① 铁路、海船等在国际范围的应用，创造了以前只是潜在的世界市场。马克思所处的时代正是媒介技术的"电报时代"。马克思认为，电报、轮船、铁路是资产阶级所创造的生产力的主要标志，并且"第一时间意识到电报发明对欧洲乃至世界市场形成的重要作用"②。电报的发明加快了信息传播的速度。"电报已经把整个欧洲变成了一个证券交易所"③。"各种电报象雪片一般飞来"④，"电讯立刻闪电般的传遍整个大不列颠"⑤。电报的应用为世界市场的信息传递提供了便利，电话、无线电技术等通信技术的发明和应用缩短了世界各地的时空距离，真正实现了用时间消灭空间。

（三）世界市场形成的资本逻辑

世界市场是国内市场向国外市场延展的结果，是商品交换扩充到世界范围的结果。世界市场是商品价值实现的平台，某一国家商品的国际价值能否实现，取决于他国是否承认。资本逻辑是世界市场发展的基本动力。世界市场危机是资本主义社会基本矛盾在世界历史空间展开的结果。西方发达资本主义国家借助世界市场把经济危机转嫁给了落后的民

① 《马克思恩格斯文集》第7卷，人民出版社2009年版，第554页。
② 郑保卫、叶俊：《从印刷、电报到互联网——论马克思主义媒介技术观的历史演变》，《新闻大学》2016年第2期。
③ 《马克思恩格斯全集》第10卷，人民出版社1962年版，第653页。
④ 《马克思恩格斯全集》第31卷，人民出版社1972年版，第154页。
⑤ 《马克思恩格斯全集》第15卷，人民出版社1963年版，第408页。

族国家。世界市场推动了生产和交往的普遍发展，为实现共产主义奠定了物质基础。世界市场的发展也为实现共产主义准备了阶级条件。无产阶级作为世界历史性的个人，是资本主义社会的掘墓人。

首先，资本的增殖本性是世界市场形成发展的动力。世界市场的形成是资本逻辑的展开。资本的本性是不断追求自身增殖，因而必然持续地将剩余价值资本化，不断扩大再生产。当国内市场趋于饱和之后，不拓展国外市场，资本主义扩大再生产便无法维系。世界市场是资本主义制度战胜封建制度的必要前提，"是资本主义生产方式的基础和生活环境"①。在奴隶制度和封建制度时期，商品生产和商品流通就已经出现，但由于其生产方式的封闭性且剩余价值主要向消费领域转移，使其商品经济和国际贸易并不发达。资本主义生产方式的根本特点是剩余价值的资本化，因而内含着扩大市场需要的机制。地理大发现、机器大工业、交通通信技术革命等，为资本主义世界市场的形成提供了物质技术条件。借助世界市场，资本主义生产方式完成了全球扩张，并且迫使一切民族都屈从于自己。资本主义的扩大再生产既需要追加原料、厂房和劳动力等，又需要开拓广阔的销售市场。借助世界市场的力量，资产阶级按照自己的面貌重塑了世界。

其次，有限的世界市场与资本主义扩大再生产的矛盾不可避免地造成经济危机。开辟世界市场本身是为了缓解国内市场的危机。世界市场是西方资本主义国家借助国际贸易将本国经济危机转嫁到其他国家的过程。西方资本主义国家通过开辟世界市场，为本国的过剩产品找到了销售途径，从而缓解了本国生产过剩的危机。世界市场的扩大往往能够在一定时期内缓解资本主义生产的危机，当然，这也意味着它将孕育更大的危机。世界市场只是暂时缓解了危机并没有消除危机产生的根源。世界市场危机的根源是生产社会化与资本主义生产资料私人占有的矛盾。因此，不消灭资本主义制度便无法根除世界市场危机。马克思认为，

① 《马克思恩格斯文集》第7卷，人民出版社2009年版，第126页。

"承认市场必须同生产一起扩大"就必须"承认有生产过剩的可能性"。① 生产与市场之间只有保持一定的平衡才能保证经济活动持续运转，当资本主义生产超过世界市场的需求时，便会引发生产相对过剩的经济危机，这样的经济危机首先于 1825 年在工业革命时期世界市场最发达的资本主义国家英国爆发，之后，便开始了周期性的经济危机。

最后，世界市场的发展为实现共产主义准备了物质基础和阶级条件。一方面，世界市场推动了生产和交往的普遍发展，为实现共产主义准备了物质基础。世界市场推动了生产与消费的世界性发展。世界市场从总体上规定了资本主义生产与消费的最大边界。资本本身作为劳动社会化进一步发展的障碍日益显现，"因而驱使人们利用资本本身来消灭资本"②。资本自身蕴含着走向灭亡的趋势，无产阶级可以运用资本主义社会所创造的生产和交往等物质条件战胜资本主义制度。另一方面，世界市场的发展为共产主义社会的实现准备了阶级条件。资本主义生产方式的运动是在资本与劳动的尖锐对立中展开的，并且直接表现为无产阶级和资产阶级的斗争。资本主义生产方式不仅成就了资产阶级而且也造就了它自己的掘墓人。资产阶级是一个无法独立存在的阶级，离开了无产阶级，资产阶级的生命将会走向枯萎。世界市场的发展使无产阶级与资产阶级的斗争从民族国家扩大到整个世界。无产阶级肩负着颠覆资本主义现代性而创建共产主义现代性的历史使命。无产阶级重建劳动现代性必须充分考虑世界历史条件。

三　无产阶级登临世界历史舞台

马克思从不隐瞒自己全部学说的阶级性，公开申明是为无产阶级服务的。法国思想家雷蒙·阿隆认为，马克思创造了一个无产阶级"神话"，试图通过工人的力量创造一个没有任何冲突的理想社会，"把工

---

① 《马克思恩格斯全集》第 26 卷（Ⅱ），人民出版社 1973 年版，第 599 页。
② 《马克思恩格斯文集》第 8 卷，人民出版社 2009 年版，第 91 页。

人看作一种社会理想的载体"①，把理想社会的创建寄望于无产阶级。实际上，在马克思语境中，无产阶级不仅是实现共产主义社会理想的载体，而且是共产主义革命实践的现实主体。马克思对无产阶级的理解是理想性与现实性的统一。如果抛开现实性只谈理想性，无产阶级则只能沦为"神话"。早在《〈黑格尔法哲学批判〉导言》中，马克思就首次提出了无产阶级的世界历史使命，从私有财产制度的消灭者和人类解放的主体担当者角度阐明了无产阶级的历史作用。无产阶级是现代性社会"具有否定性的普遍等级"②。马克思从唯物史观出发，揭示了无产阶级是先进生产力的代表者和消灭现存社会形态的革命者。马克思揭示了共产主义现代性取代资本主义现代性的历史必然趋势，为无产阶级的共产主义革命提供了理论指南。在《资本论》及其手稿中，马克思把现代无产阶级诠释为以出卖劳动力为生的雇佣劳动者。实现无产阶级的解放必须彻底否定现代资本主义制度。

（一）异化劳动主体的出场：私有财产的否定者和人类解放的担当者

无产阶级的发现根源于马克思对现代市民社会的解剖。"无产阶级首先是作为私有财产的否定和人的解放主体出场的。"③ 在现代私有制社会，无产阶级是受压迫最重、受剥削最深的阶级。在《莱茵报》时期，马克思遇到对"物质利益问题"发表意见的难事，初步认识到现实的物质利益关系对于政治国家和法的支配作用，由此成为转向政治经济学研究的最初动因。马克思对物质利益的关注使其触及生产关系的作用，从而立足市民社会展开了黑格尔法哲学的批判，进而为确立共产主义立场和创立无产阶级世界观奠定了基础。为了解决"苦恼的疑问"，

① ［法］雷蒙·阿隆：《介入的旁观者——雷蒙·阿隆访谈录》，杨祖功、海鹰译，吉林出版集团有限责任公司2013年版，第143页。
② 曹丽：《论马克思无产阶级概念的双重含义》，《科学社会主义》2015年第2期。
③ 张夺、罗理章：《马克思"无产阶级发现"的内在逻辑》，《北方论坛》2016年第2期。

马克思开始批判黑格尔法哲学，确立了市民社会决定政治国家和法的原则，第一次把颠覆"旧世界"、创造"新世界"的历史使命赋予无产阶级。《〈黑格尔法哲学批判〉导言》是马克思系统论述无产阶级历史使命的最初文本，是马克思发现人的解放历史主体的真正开始，因而被称为"无产阶级宣言"，它宣称，无产阶级是"一个被戴上彻底的锁链的阶级"①。无产阶级的社会处境表明了人性的完全丧失。马克思以德国解放的现实可能性为根据，实现了无产阶级作为人的解放历史主体的出场。

马克思从历史哲学维度第一次探讨了人的本质完全丧失与完全恢复问题。马克思赋予他的批判以一种费尔巴哈所缺少的社会历史维度。尽管此时马克思还没有完全摆脱抽象的人的羁绊，但是马克思此时所关注的人的解放已经是现代社会之中苦难沉重的无产阶级，并且结合社会现实，初步揭示了无产阶级的内涵。马克思认为，无产阶级的内涵包括两个方面：其一，无产阶级是私有财产的否定者，即"非市民社会阶级的市民社会阶级"②。市民社会的本质是私有财产，无产阶级与私有财产制度是完全对立的。无产阶级对市民社会是一种创造性的积极否定，其本质是实现对全部社会财富的占有，因而扮演着解放整个社会的角色。其二，无产阶级是人类解放的历史主体。马克思把德国革命的主题提升到人类解放的高度。黑格尔的法哲学是德国国家哲学最系统最丰富的表述，因而对它的批判就是对现代国家的批判，就是对与它相关的现实的批判。马克思区别了政治解放和人类解放，认为德国资产阶级的保守性使无产阶级只能超越政治解放而走向人类解放，只有无产阶级才是真正德国革命的物质力量。无产阶级主体的发现使马克思实现了"精神武器"和"物质武器"的统一。麦克莱伦认为，马克思在对德国状况忧郁的分析中得到了乐观的结论，强调德国的革命必须是彻底的，强

---

① 《马克思恩格斯文集》第 1 卷，人民出版社 2009 年版，第 16 页。
② 《马克思恩格斯文集》第 1 卷，人民出版社 2009 年版，第 16—17 页。

调"只有无产阶级,在与哲学的联盟中,才能完成这一革命"[1]。

为了解剖市民社会,马克思转向经济学研究,在市民社会中发现了无产阶级社会本质的丧失,并且探讨了无产阶级社会本质的复归。马克思认识到,理解人类历史发展过程的锁钥存在于黑格尔所蔑视的市民社会。马克思借鉴了费尔巴哈的异化批判理论,但在批判中却超越了费尔巴哈,阐明了异化劳动理论。无产阶级是异化劳动的担当者。马克思从工人和劳动产品的对象性关系的异化出发,把异化劳动理解为无产阶级异己的类本质,理解为"维持他的个人生存的手段"[2]。异化劳动是无产阶级与资产阶级对立的社会根源。马克思对市民社会的考察坚持了人道主义立场,揭露了异化劳动导致无产阶级非人的生存状态,强调异化劳动是无产阶级贫困化的根本原因。同时,马克思坚持从当前的国民经济事实出发,揭露了工人的普遍贫困,把异化劳动归因于资本主义私有财产制度。虽然这一时期,马克思人本主义逻辑占据主导地位,是统摄性的权力话语,但却包含了事实分析和价值分析双重维度,尤其是向事实分析的转向,为马克思创立唯物史观奠定了基础。无产阶级的存在状态取决于他们进行生产的物质条件,从物质生产出发理解历史意味着从主体与客体的辩证统一中来把握历史主体。马克思从生产力和分工发展的角度,阐明了现代社会无产阶级和资产阶级日益分化和尖锐对立的根源。

(二)物质生产主体的出场:先进生产力的代表者和资本主义的掘墓人

马克思、恩格斯在《德意志意识形态》中,阐明了唯物史观,"从直接生活的物质生产出发"[3],把无产阶级理解为物质生产的主体。马克思、恩格斯从生产力和分工的视角揭示了劳动异化的根源,分析了分

---

① [英]戴维·麦克莱伦:《马克思传》第4版,王珍译,中国人民大学出版社2010年版,第88页。

② 《马克思恩格斯文集》第1卷,人民出版社2009年版,第163页。

③ 《马克思恩格斯文集》第1卷,人民出版社2009年版,第544页。

工条件下社会活动的异己性。马克思、恩格斯的分析路径是：生产力决定生产关系（有产者与无产者的对立）。这样，作为私有财产否定者的无产阶级便提升到了唯物史观的科学分析逻辑，对无产阶级的理解实现了主体向度与客体向度的衔接、价值分析和事实分析的融通。马克思围绕生产力和分工的发展程度、所有制形式的变化、阶级分化和阶级斗争的发展等，考察了人类社会形态的历史演变。马克思认为，由于资本的统治，不同民族国家的工人具有了同等地位和共同利益关系，他们"是一个真正同整个旧世界脱离而同时又与之对立的阶级"①。马克思把现实的人放置在社会历史之中，揭示了无产阶级的主体地位和社会性质，创立了关于无产阶级解放条件的历史科学。在马克思看来，无产阶级既是先进生产力的代表者又是消灭现存社会形态的革命者。无产阶级作为机器大工业和现代分工的主体，肩负着人类解放的历史使命。无产阶级作为私有财产的否定者必须诉诸革命，即诉诸"消灭现存状况的现实的运动"②。

马克思、恩格斯运用唯物史观阐明了无产阶级的历史使命，从资本主义内在矛盾出发阐明了无产阶级与资产阶级对立的根源。资产阶级和无产阶级都是机器大工业和资本主义生产方式的直接产物。无产阶级作为雇佣劳动的主体创造了资本，但却物化为劳动工具；资产阶级是资本的化身，资本本质上是剥削雇佣劳动的权力。无产阶级革命就是要消灭雇佣劳动关系，从而消灭"阶级对立的存在条件"③。应当承认，在写作《共产党宣言》时期，由于马克思、恩格斯的政治经济学研究还不深入，特别是还没有系统的剩余价值理论支撑，因而还不能从资本雇佣劳动的内在本质角度深刻揭示无产阶级的本质内涵。后来，由于有了政治经济学的坚实基础，在1888年《共产党宣言》英文版的注释中，恩

---

① 《马克思恩格斯选集》第1卷，人民出版社2012年版，第195页。
② 《马克思恩格斯文集》第1卷，人民出版社2009年版，第539页。
③ 《马克思恩格斯文集》第2卷，人民出版社2009年版，第53页。

格斯才从政治经济学角度重新定义了无产阶级。把无产阶级理解为丧失了生产资料、"不得不靠出卖劳动力来维持生活的现代雇佣工人阶级"①。马克思、恩格斯把无产阶级理解为最先进最革命的阶级，理解为肩负解放人类使命的阶级。无产阶级代表社会化大生产的发展方向，是资本主义制度的掘墓人。无产阶级是大工业的产物，力求使社会化大生产摆脱资本主义的束缚，因而是一个革命的阶级。历史上的其他一切阶级的革命斗争都是为了维护自身的生存条件，因而摇摆于希望与恐惧之间，甚至会走向保守和反动。无产阶级不为自身谋求私利，它只有解放全人类才能解放自己。无产阶级敢于为了实现自己的社会理想而英勇斗争。无产阶级致力于推翻现代资本主义社会，最具有革命性。无产阶级致力于建立一个在全社会范围内直接考虑生产和劳动的社会性的制度，即共产主义社会。

资本主义社会灭亡是资本自我运动的必然结果，资本自我运动不仅创造了自我灭亡的物质力量，而且创造了自我灭亡的社会主体——作为掘墓人和执刑者的无产阶级。马克思把无产阶级比喻为"一个被戴上彻底的锁链"的普罗米修斯。② 无产阶级解放的需要与能力来源于锁链本身的强迫。无产阶级只有用革命的暴力打碎身上的锁链才能获得自由解放。无产阶级革命首先就要实行无产阶级专政，并且建立"一个廉价政府"③，把统治他们的吸血鬼替换成由他们选出对他们负责的人民公仆。马克思指出，资产阶级首先生产了自身的掘墓人，挖掉了自身存续发展的基础。无产阶级作为执刑者已经宣判了资产阶级的死刑。无产阶级肩负着掘墓人与执刑者的历史使命，完成这一使命，不仅需要"批判的武器"，而且需要"武器的批判"。当然，无产阶级革命不是随意爆发的，只有当资本主义社会的内在矛盾尖锐化的时候，"这种革命

---

① 《马克思恩格斯文集》第 2 卷，人民出版社 2009 年版，第 31 页。
② 《马克思恩格斯选集》第 1 卷，人民出版社 2012 年版，第 15 页。
③ 《马克思恩格斯文集》第 3 卷，人民出版社 2009 年版，第 161 页。

才有可能"①。

（三）雇佣劳动主体的出场：剩余价值的创造主体和共产主义的革命主体

马克思对于阶级和阶级斗争的考察坚持了历史解释和经济解释、价值分析和事实分析的统一。马克思的政治经济学研究弥补了唯物史观视域下"经济解释"和"事实分析"的不足。马克思在《雇佣劳动与资本》中，围绕"无产阶级受剥削受奴役的地位及其经济根源"这一主题，揭露了无产阶级深陷资本现代性泥潭的事实。劳动力商品化是无产阶级受剥削、受奴役的前提。劳动力沦为"雇佣工人出卖给资本的一种商品"②。劳动力商品的价格取决于供求关系，供求关系取决于商品的生产费用。对于工人而言，就是保持其始终成为雇佣劳动者所需要的费用。此时马克思还没有区别劳动与劳动力，剩余价值学说处于孕育之中，无产阶级受剥削、受压迫的经济根源尚需进一步揭示。尽管如此，马克思已经弄清资本通过剥削雇佣劳动实现增殖的秘密。马克思认识到，"除劳动能力以外一无所有的阶级的存在是资本的必要前提"③。无产阶级沦为资本保值增殖的手段。资本主义生产本质上是剩余价值生产，是资本雇佣劳动关系的生产和再生产，这样，便从资本主义生产关系视角阐述了无产阶级的内涵。

在《资本论》中，马克思最终完成对无产阶级科学内涵的阐释。马克思借助唯物史观，阐明了无产阶级作为社会发展的历史主体地位，借助剩余价值学说阐明了无产阶级的社会经济内涵。马克思在《资本论》中，明确区别了劳动和劳动力，把劳动价值和劳动力的价值理解为两个不等的量，它们之间的差额就是剩余价值，劳动包括必要劳动时间和剩余劳动时间。剩余价值是物化的剩余劳动时间。资本家在生产过

①《马克思恩格斯文集》第 2 卷，人民出版社 2009 年版，第 176 页。
②《马克思恩格斯选集》第 1 卷，人民出版社 2012 年版，第 331 页。
③《马克思恩格斯选集》第 1 卷，人民出版社 2012 年版，第 342 页。

程中对于劳动力的消费是其价值增殖的根源。马克思还区别了不变资本和可变资本，在生产中，不变资本分一次或多次把价值转移到产品中去，可变资本则会实现价值增殖。可变资本为证明资本家剥削压迫工人提供了科学依据。马克思认为，资本主义生产的决定性目的是剩余价值生产，因而从根本上说，资本和雇佣劳动是截然对立的。恩格斯从现代社会无产阶级和资产阶级尖锐对立的根源角度阐明了剩余价值学说的意义，强调剩余价值规律是"造成我们目前的社会制度及其分为资本家和雇佣工人的巨大阶级划分的规律"①。

借助剩余价值规律，马克思揭露了资本剥削压迫雇佣劳动的隐蔽性。马克思认为，从交换角度看，劳动力商品的交换形式是平等的、自由的，然而，劳动力商品的买卖在交换领域并没有真正完成，它必须通过生产领域才能真正完成这种交换，在生产领域即在资本家消费劳动力商品的过程中，劳动力商品的不等价交换便暴露无遗了。资本家购买劳动力付出的是劳动力价值，得到的是劳动价值。工人劳动创造的价值与劳动力的价值是不等的量，其中的差额便是剩余价值。资本主义生产方式实现了私人劳动和社会劳动的分离，工人由于丧失生产资料、一无所有，因而他们的社会劳动必须借助资本家的生产资料才能实现。工人脱离了封建时代的人身依附关系却深陷对资本物的依赖。由此，资本主义生产方式所创造的物化世界遮蔽了人的价值，遮蔽了劳动的价值。可见，雇佣劳动的秘密就是劳动的异化，就是人的本质的丧失。在雇佣劳动制度下，无产阶级成为丧失一切劳动条件的劳动力。在剩余价值规律作用下，劳动力商品化意味着劳动者贫困化，"工人的状况必然随着资本的积累而恶化"②。资本家的财富积累规律就是劳动者的生活贫困规律。无产阶级贫困化是资本主义剩余价值生产的前提和结果。借助剩余价值规律，马克思揭示了现代无产阶级的本质内涵。无产阶级是剩余价

---

① 《马克思恩格斯全集》第19卷，人民出版社1963年版，第372页。
② 《马克思恩格斯文集》第5卷，人民出版社2009年版，第743页。

值的创造者，是被剥削被压迫的阶级，因而无产阶级必然成为资本主义制度的否定者。由于无产阶级代表着先进生产力的发展方向，因而能够用共产主义公有制取代资本主义私有制。马克思不仅从经济层面阐明了无产阶级必然否定资本主义私有财产制度，而且从政治层面论证了无产阶级的历史使命。

第二节　马克思劳动现代性思想的理论来源

　　理论创新是社会革命的先导。马克思劳动现代性思想是在继承前人精神资源基础上的理论创新成果，它的根本旨趣是通过劳动解放实现人的自由解放和全面发展。马克思劳动现代性思想的巨大理论和社会效应源于它把劳动现代性理解为历史的基础和人性的内容。西方古典哲学、西方古典政治经济学和英法空想社会主义是马克思劳动现代性思想的主要理论来源。从西方古典哲学看，主要包括：启蒙运动思想家，尤其是洛克和卢梭的思想；德国古典哲学思想家，尤其是康德和黑格尔的思想；青年黑格尔派思想家，尤其是布鲁诺·鲍威尔、费尔巴哈和赫斯的思想。从西方古典政治经济学看，主要包括：西方古典政治经济学的先驱，尤其是威廉·配第、布阿吉尔贝尔、魁奈的思想；西方古典政治经济学的奠基者与集成者，尤其是亚当·斯密、大卫·李嘉图和詹姆斯·穆勒的思想；西方古典政治经济学的批判者，尤其是西斯蒙第和李斯特的思想。从英法空想社会主义看，主要包括：16—17世纪空想社会主义者，尤其是莫尔、闵采尔和康帕内拉的思想；18世纪法国空想社会主义者，尤其是摩莱里、马布利和巴贝夫的思想；19世纪空想社会主义者，尤其是圣西门、傅立叶和欧文的思想。

一　西方古典哲学的劳动现代性思想

西方古典哲学的劳动现代性思想是马克思劳动现代性思想的理论来

源之一。具体包括：一是启蒙运动思想家的劳动现代性思想，尤其是17世纪英国启蒙运动思想家洛克关于劳动和私有制关系的思想，以及18世纪法国启蒙运动思想家卢梭的劳动平等思想。二是德国古典哲学的劳动现代性思想，尤其是康德和黑格尔的思想。康德开启了"人是什么"的反思，但他更多地重视"人的使命"，马克思则更多地重视"人的解放"。黑格尔是最早意识到劳动成为时代主题的思想家，马克思批判了黑格尔的"绝对理念"，立足劳动立场开启了现代社会批判，创立了新唯物主义。三是青年黑格尔派的劳动现代性思想，尤其是布鲁诺·鲍威尔、费尔巴哈和赫斯的思想。布鲁诺·鲍威尔用"自我意识"取代了黑格尔的"绝对理念"，对马克思哲学的主体化转向产生了重要影响。费尔巴哈把理论视野从宗教世界转向世俗世界，恢复了唯物主义的权威。马克思沿着费尔巴哈的思路，在世俗世界的批判中找到了"拜物教"的现实根源。赫斯的异化社会批判止于商品交换领域，马克思则提出劳动异化理论并且把它推进到商品生产领域，为完成哲学革命向经济学革命跨越奠定了基础。

（一）启蒙运动思想家的劳动现代性思想

马克思劳动现代性思想与启蒙精神有重要传承关系。现代主义是启蒙运动的成果。马克思劳动现代性思想和启蒙精神有诸多共同点，如自由平等理想、历史进步论、唯物主义原则等，但是马克思与启蒙运动思想家对于"历史本身"和"人本身"的理解根本不同。启蒙运动思想家用理性的"一"来统摄历史的"多"，用普遍性来消解特殊性，因此不可能将现实世界理解为辩证发展过程，他们的理性原则掩盖了历史现实。启蒙运动的理性主义归根结底是为资本主义现代性服务的。马克思劳动现代性思想从历史深处终结了启蒙运动的理性主义。洛克和卢梭是两位著名的启蒙运动思想家，他们对马克思劳动现代性思想的形成发展产生了重要影响。洛克主要分析阐释了劳动和私有财产的内在关系，为马克思揭示劳动和私有财产的本质提供了理论启示。卢梭主要分析了劳动不平等现象，阐释了劳动平等与私有财产占有的关系，把私有制理解

为劳动不平等的根源。卢梭的劳动平等观为马克思劳动解放思想提供了
理论借鉴。

洛克（1632—1704）是 17 世纪英国启蒙运动思想家和近代自由主
义奠基人。洛克的主要代表作有：《人类悟性论》《政府论》《教育所
感》《基督教之合理性》等。洛克较早地阐述了私有制和劳动的关系问
题，对马克思劳动现代性思想的形成有着重要影响。洛克的思想是
"英国政治经济学的一切观念的基础"①。洛克阐发了人的劳动价值，论
证了私有财产神圣不可侵犯。他认为劳动是人类参与世界创造、维持世
界存在的方式，是人类必须服从的、源于上帝造物的命令。劳动是猎
人、渔夫、农民、艺术家等的生活方式。上帝将世界给予人类共有，也
命令人类从事劳动。他基于上帝诫命讨论劳动命题，把劳动理解为人类
改造世界以便满足自身基本需要的手段。他用《圣经》中"上帝说你
必须汗流满面才能糊口"的话语揭示了人类劳动的内涵。他通过赋予
劳动"拨归私用"的作用阐明了劳动与私有财产的关系。洛克认为，
虽然上帝把世界和理性赋予人类共有，土地等是人类用来维持生存的，
但是共有必须通过"拨归私用"方式方能对个人产生用处或好处，而
劳动则是"拨归私用"的方式。他认为一个人把劳动与没有主人的自
然物相结合，就能够创造出属于他自己私有的东西，并且成为他的财
产。在洛克看来，劳动创造了价值，所以劳动是财产获得正当性的基
础。没有掺入人类劳动的土地是荒地。洛克认为，"劳动使一切东西具
有不同的价值"，"在绝大多数的东西中，百分之九十九全然要归之于
劳动"。②劳动者对因劳动而增益的东西享有权利，因而，私有财产权
是神圣不可侵犯的。人是自己的主人，是他劳动创造物的所有者。人必
须通过劳动才能生存与繁衍，这是上帝给人类的旨意。在人的现实世

---

① 《马克思恩格斯全集》第 26 卷（Ⅰ），人民出版社 1972 年版，第 393 页。
② ［英］约翰·洛克：《政府论》（下篇），叶启芳、瞿菊农译，商务印书馆 1964 年版，
第 27 页。

界，劳动者对他的劳动产品拥有排他性的所有权。洛克把劳动理解为上帝的旨意和人类生存繁衍的需要，马克思受此影响，把劳动理解为人类满足生存发展需要的方式，理解为人类历史的前提。洛克的劳动思想是马克思《1844 年经济学哲学手稿》中劳动异化及其扬弃思想的理论支点。私有财产是由劳动创造并且从劳动中剥离出来的，这一基本事实首先是由洛克揭示的。

让·雅克·卢梭（1712—1778）是 18 世纪法国启蒙运动思想家和法国大革命思想先驱。卢梭非常重视劳动问题，他分析了劳动不平等的历史、原因和解决途径，对马克思劳动现代性思想的形成有着重要影响。有学者认为，马克思和卢梭都有"历史人类学观点"，他们都认为劳动出现标志着人类与自然界分离。[1] 卢梭认为，在人类原始状态下，劳动是平等的，劳动不平等是随着生产力和私有制发展而出现的。劳动不平等实际上是财产不平等的体现。财富占有不平等造成人们经济、政治、文化地位的差异。资本对于财富的掠夺导致穷人和富人、弱者和强者社会地位日益悬殊，政府借助法律手段赋予这种不平等合法地位，由此，弱者和穷人受剥削、受压迫的地位最终形成。卢梭把人类社会分为"自然状态"和"文明社会"。"自然状态"是人类自由平等的"黄金时代"。到了"文明社会"，人类跌落到痛苦和邪恶的深渊。"文明社会"是私有制发展的结果，私有制导致社会不平等，这种不平等既是社会的灾难又是文明发展的表现。恩格斯说："卢梭把不平等的产生看做一种进步。"[2] 卢梭认为，"文明社会"是不自由、不平等的，要恢复自由平等，人们就必须让渡自己的私权，组成公意共同体，即以社会契约为基础的国家，让人民行使公共权力。他的这一主张，"在大革命和大革命之后起了一种实际的政治的作用"[3]。马克思从卢梭那里继承

---

① Asher Horowitz, *Rousseau, Nature, and History*, Toronto：University of Toronto Press, 1987, p. 75.
② 《马克思恩格斯文集》第 9 卷，人民出版社 2009 年版，第 147 页。
③ 《马克思恩格斯文集》第 9 卷，人民出版社 2009 年版，第 108 页。

了自由和平等的思想，并且把它"置于一个革命的基础之上"①。不过，卢梭的自由平等主要是政治、法律和道德层面的，马克思则从经济层面出发谈论自由平等问题。卢梭认为，在民主国家，全体公民都应让渡自己的财产，国家成员应当一律平等，全体人民既是统治者又是被统治者，劳动平等不应当集中在少数财富和权力占有者身上，而应当表现为保障劳动主体的权利平等，如果一方面是"绝对的权威"，另一方面是"无限的服从"，这便是"没有意义的、自相矛盾的协议"。② 当然，卢梭所讲的平等不是权利和财富的绝对相等，权利必须依据职位与法律行使，并且反对凭借财富购买他人或因贫穷而出卖自身。卢梭的劳动平等思想为马克思把握劳动问题提供了理论资源。在马克思看来，平等不等于粗暴地拉平，绝对的平等必然造成绝对的贫困。

(二) 德国古典哲学的劳动现代性思想

德国古典哲学实现了从"自然神论"向纯粹思辨理性转变，以人的主体性为理论基石构建了庞大的理性形而上学体系。主体性是现代性最主要的标志之一。与传统哲学尤其是中世纪的宗教哲学相比，德国古典哲学突出强调主体的能动作用，这与现代社会彰显了人的力量，消解了对自然的崇拜有直接关联。由此，德国古典哲学关注人的意识，关注理论与实践的关系，以及人的自由与必然王国等问题。德国古典哲学是马克思哲学的直接理论来源。德国古典哲学从思辨哲学的立场揭示了现代社会劳动问题的历史维度和人文内涵，把劳动问题和人的问题、社会历史问题联系起来考察，具有一定的现实性和时代感。在德国古典哲学中对马克思劳动现代性思想影响较大的是康德和黑格尔。康德是德国古典哲学的创始人，也是启蒙运动的重要思想家。康德开启了"人是什么"的反思，对马克思的哲学革命产生了重要影响，但康德更多地重

---

① [意] 德拉·沃尔佩：《卢梭和马克思》，赵培杰译，重庆出版社1993年版，中译者序第5页。
② [法] 卢梭：《社会契约论》，杨国政译，陕西人民出版社2004年版，第7页。

视"人的使命"，而马克思更多地重视"人的解放"。黑格尔是最早意识到劳动成为时代主题的思想家，他把世界历史理解为因劳动而诞生的过程。黑格尔以"绝对理念"为核心确立了现实社会的规范性基础，马克思批判了黑格尔的"绝对理念"，立足劳动立场开始了现代社会批判，进而实现了哲学的革命。

伊曼努尔·康德（1724—1804）是德国古典哲学的创始人，启蒙运动时期最重要的思想家之一。他的代表作有《纯粹理性批判》《实践理性批判》等。康德开启了主体性哲学传统，这一传统经过费希特、谢林等人的发展，到黑格尔那里达到了新的高峰。康德所开启的主体性哲学，为马克思立足实践主体破解人的本质问题提供了启发。康德所开创的"活动"原则对马克思揭示劳动的本质具有重要影响。康德的前批判时期主要研究自然科学，后批判时期则转向了哲学对人性的集中讨论。康德认为，排除了人就无法解释人的各种现象和人的活动。在休谟和卢梭等人的影响下，康德开始转向"人是什么"的哲学反思，试图以此确立人在自然中的地位。在《纯粹理性批判》《实践理性批判》《判断力批判》等著作中，康德探讨了人的认识能力、欲望能力和情感能力等内容，他的三部著作分别回答了"人能够知道什么""人应该做什么""人可以期望什么"的问题。对"人是什么"的反思是马克思和康德哲学紧密联系的纽带。不过，康德更多地关注"人的使命"，而马克思更多地关注"人的解放"。康德认为，自由的任意性源于人类的感性冲动，它属于人类的动物性感性力量，这种感性力量由于人的任意性才被激发出来，但是，人的自由本质、人的任意性是与动物不同的，人的行动不能受感性的任意性支配，人类背负着超越感性的理性即人性。感性的任意是人与动物共同的，但人的任意性受理性支配因而能够达到真正人的自由的任意性。康德重视道德实践，轻视技术实践，他把道德实践理解为人类主要的实践方式。虽然康德也试图弥合理论哲学与实践哲学的关系，但是却无法填平现象与物自体之间的鸿沟。康德声称，他的哲学最终是为了解决"人是什么"的问题。康德所实现的"哥白尼式的革命"，无非是强调人的理性自由和人的主体能动性。他从二元论出发，把人理解为感性存在和理性存在的统一，主张把人的感性和理性融合起来。他的"活动"原则无非是道德实践理性的运用。

黑格尔（1770—1831）是德国古典哲学家，他的主要代表作有《精神现象学》《法哲学原理》《逻辑学》《哲学全书》等。黑格尔是对马克思影响最大的思想家之一，马克思尊称黑格尔为自己的老师。黑格尔最早意识到劳动成为时代主题，但是他仅在现代理性形而上学范畴内反思"劳动"问题，把"理性"理解为评判社会进步的唯一尺度。黑格尔对传统哲学体系的建构，使理性形而上学达到了极致。由此，"理性的狡计"成为资本主义现代性的思想基础。黑格尔是将现代性把握为哲学问题的第一个哲学家。他把现代性置于西方理性概念系统并加以考察，阐述了现代性和合理性的紧密关系，进而把以主体为中心的理性主义确立为现代社会的基本原则和规范基础。黑格尔觉察到了主体性张扬导致诸多文化价值分裂，他从先验立场出发，把理性提升为"绝对"的一体化力量。启蒙精神推动了理性的张扬但却消解了宗教信仰的力量，黑格尔希望实现两者的和解。黑格尔借助"绝对理念"的绝对性原则"来把握现代性"，他的"目的是要把哲学作为一种一体化的力量，克服由于反思本身所带来的一切实证性——进而克服现代的分裂现象"①。他的现代性嗅觉十分灵敏，"首次突显了现代性、时间性、合理性之间的格局"②。他认为："市民社会是在现代世界中形成的。"③ 他首次区别了市民社会与政治国家，但他对二者关系的理解是颠倒的，他试图从理性国家中寻求现代社会的意义，最终陷入了"理性的狡计"。马克思通过"人体解剖"找到了破解现代性的钥匙，把市民社会理解

① ［德］哈贝马斯：《现代性的哲学话语》，曹卫东等译，译林出版社2004年版，第42页。

② 胡慧远：《马克思现代性批判的三个维度：哲学、资本与文化》，《湖北大学学报》（哲学社会科学版）2016年第5期。

③ ［德］黑格尔：《法哲学原理》，范扬、张企泰译，商务印书馆1961年版，第197页。

为全部历史的"发源地"和"舞台"。马克思从市民社会中劳动与资本的对立出发，揭示了"历史之谜"。黑格尔运用辩证思维揭示了现代性的内在矛盾，"是第一个从世界历史的高度对现代性进行全面反思与批判的思想家"，"马克思、韦伯，乃至尼采和海德格尔，都是他的后来者"。① 然而，马克思与韦伯、尼采和海德格尔不同，他对于现代性的诊断与批判是深刻的、科学的。马克思认为资产阶级革命所建构和发展的市民社会，虽然开启了现代性但并没有终结现代性。现代市民社会充满着劳动与资本的矛盾，解决这一矛盾必须把资产阶级的政治解放推进到无产阶级的人类解放高度。

（三）青年黑格尔派的劳动现代性思想

马克思哲学的创立是通过直接扬弃青年黑格尔派完成的。马克思、恩格斯在《德意志意识形态》序言中，把青年黑格尔派比作一群"被重力思想迷住了"的"好汉"。② 青年黑格尔派的批判从未离开过黑格尔哲学这一基地，但却局限于对宗教观念的批判，最后陷入自我意识的幻想。布鲁诺·鲍威尔、费尔巴哈和赫斯是青年黑格尔派中对马克思劳动现代性思想影响较大的思想家。鲍威尔是大学时代对马克思影响最大的思想家，他用"自我意识"取代了黑格尔的"绝对理念"，把现代社会的生成理解为"自我意识"的创造，对马克思哲学的主体化转向产生了重要影响。当客体进入马克思哲学视野后，鲍威尔便被马克思超越了。费尔巴哈重新使唯物主义登上了王座，他的宗教批判把人们的视野从宗教世界转向世俗世界。马克思沿着费尔巴哈的思路，在世俗世界批判中找到了"拜物教"的根源。马克思在对现代市民社会的"人体解剖"中发现了资本与劳动的对立，开启了在批判"旧世界"中发现"新世界"的革命历程。赫斯的"行动哲学"和他的共产主义思想直接影响了马克思。但是，赫斯的异化社会批判停留于商品交换领域，马克

---

① 张汝伦:《良知与理论》，广西师范大学出版社2003年版，第222页。
② 《马克思恩格斯文集》第1卷，人民出版社2009年版，第510页。

思则把它推进到了商品生产领域，同时，把赫斯的交往异化批判推进到劳动异化批判的高度，从而创立了实践唯物主义和历史唯物主义。

布鲁诺·鲍威尔（1809—1882）是德国著名的哲学家、政论家、无神论者，青年黑格尔派的精神领袖，柏林大学博士俱乐部的领路人。1834年，鲍威尔在柏林大学讲授神学课程，马克思曾经听过他所讲的《以赛亚书》。鲍威尔是马克思大学期间最亲密的朋友，马克思深受鲍威尔的影响，他的博士论文选题听取了鲍威尔的意见，毕业后想去大学从教也是应鲍威尔之邀。鲍威尔对年轻的马克思非常器重，他的第一篇政论文章的大部分内容借助了马克思的思想。随着马克思哲学思想的发展，开始清算鲍威尔对自己的影响。马克思批判鲍威尔把黑格尔哲学歪曲到了神学漫画的顶点，是"思辨的谰言"，是"以漫画形式再现出来的思辨"①。马克思对鲍威尔的批判是彻底的，但这并不是说鲍威尔一无是处。鲍威尔的著作曾经掀起青年黑格尔运动的高潮，作为青年黑格尔派的精神领袖，鲍威尔的思想影响深远。在马克思看来，只有彻底清算鲍威尔的消极影响，才能使共产主义思想得以广泛传播。因此，马克思把鲍威尔的"唯灵论或者说思辨唯心主义"看作最危险的敌人。②鲍威尔以自我意识哲学为武器展开了深入的宗教批判，极大地冲击了人们对福音书的内心尊敬，由此，上帝在人们心目中的地位开始坍塌。鲍威尔鼓吹"自我意识创世说"，在他看来，自我意识是发展的，它在一定实体中得到实现后，这一实体就会成为自我意识进一步发展的障碍，自我意识通过对实体进行批判而推动事物发展。自我意识哲学摧毁了宗教对人的精神统治。由于对自我意识的遵奉和对现存事物的否定，使鲍威尔远离了现实的人和现实的革命。鲍威尔把外部现实和客观关系的链条完全变成了纯粹观念的链条，把现实的斗争变成了纯粹的思想斗争。马克思对劳动异化的批判深受鲍威尔关于人的"自我异化"思想的影响。

---

① 《马克思恩格斯文集》第1卷，人民出版社2009年版，第253页。
② 《马克思恩格斯文集》第1卷，人民出版社2009年版，第253页。

鲍威尔在自我意识的批判中自满自足，最终沉溺于神秘主义。马克思实现了由宗教异化批判向劳动异化批判的转向，并且最终走向实践唯物主义，将鲍威尔以及青年黑格尔派远远甩在后面。

费尔巴哈（1804—1872）是德国旧唯物主义哲学家。他批判了康德的不可知论和黑格尔的唯心主义，重新使唯物主义登上了王座。他的主要代表作有《基督教的本质》《关于哲学改造的临时纲要》《未来哲学原理》《宗教的本质》《幸福论》等。费尔巴哈的类哲学是马克思哲学的重要理论来源之一。始于康德的"人是什么"的反思，一直是从理性范畴探寻人的本质，把人的本质理解为神秘的精神力量。作为马克思哲学的引路人，费尔巴哈实现了人本学唯物主义转向，高呼观察自然、观察人，对人的本质给予了"直观"的理解。费尔巴哈首先实现了对黑格尔关于思维与存在关系的颠倒，坚持存在决定思维的唯物主义原则，把人理解为对象性的存在，强调对象的本质就是人的本质。马克思认为，费尔巴哈揭露了"体系的秘密"，用"人本身"取代了"自我意识"，为解决人的本质问题迈出关键一步。费尔巴哈在哲学中推出了"人"，但他却以"直观"方式把握"人本身"，把人理解为"感性对象"，把人的本质归结为抽象的"类"，即单个人所固有的普遍性。费尔巴哈也谈论生活、实践，但他更重视理论活动，他把实践归结为利己主义的行为或日常生活行为。他止于"感性对象"因而不理解"感性活动"的意义，不理解只有能动的感性活动才能实现对外部世界的改造。马克思在劳动异化批判基础上，在《关于费尔巴哈的提纲》中确立了科学的实践观，从根本上超越了费尔巴哈，创立了实践唯物主义。日本学者柄谷行人认为，马克思的《1844年经济学哲学手稿》是"在费尔巴哈的线索上"① 完成的。英国学者伯尔基则认为，"不仅《1844年经济学哲学手稿》的'异化劳动'应归功于费尔巴哈的灵魂，而且

---

① ［日］柄谷行人：《马克思，其可能性的中心》，［日］中田友美译，中央编译出版社2006年版，第86页。

最能代表马克思本人思想的《资本论》中关于'商品拜物教'的章节也有费尔巴哈的痕迹"①。卢卡奇认为，费尔巴哈"对历史唯物主义的形成起了一种十分重要的作用"②。我国学者吴晓明教授认为，没有费尔巴哈的"以感性对象为基础的现实的人这一本体论定向，就不会有马克思的法哲学批判，从而也不会有其后来所谓新世界观的宏伟创制"③。

赫斯（1812—1875）是德国政论家，空想社会主义者，"真正的社会主义派"代表人物。他的代表作有《行动的哲学》《货币的本质》等。赫斯认为，德国哲学应当成为"行动的哲学"，应当把黑格尔哲学和法国社会主义结合起来，应当把德国争取精神自由的斗争和争取社会自由的斗争结合起来。赫斯认为，生命是人的本质规定，交换活动是人获得内在本质的根本方式，共同活动是人的生命活动方式。生命是"生产性的生命活动"的交换。④ 货币出现后，人们开始以动物方式享有生命，现实世界变成了人类的动物园。现代资本主义社会，货币、商品关系迅速发展，由此，人们以残忍的动物的方式享有生命。赫斯指出："我们劳动挣得的货币，就是我们自己的血肉，这种血肉在其让渡中必定被我们所挣得、夺得并吃掉。我们大家都是——我们用不着隐讳这一点——食人者、食肉兽、吸血鬼。"⑤ 他把现代资本主义社会称为"动物世界的顶点"，生活在这个社会中的人都是社会猛兽和有意识的利己主义者。马克思传承了赫斯的人的本质异化批判思想，把货币异化

---

① 王伟：《马克思早期自然概念研究》，河北人民出版社 2019 年版，第 45 页。

② ［匈］卢卡奇：《历史与阶级意识——关于马克思主义辩证法的研究》，杜章智、任立、燕宏远译，商务印书馆 1992 年版，第 275 页。

③ 吴晓明、陈立新：《马克思主义本体论研究》，北京师范大学出版社 2013 年版，第 165 页。

④ ［德］莫泽斯·赫斯：《赫斯精粹》，邓习议编译，方向红校译，南京大学出版社 2010 年版，第137 页。

⑤ ［德］莫泽斯·赫斯：《赫斯精粹》，邓习议编译，方向红校译，南京大学出版社 2010 年版，第145 页。

批判引申到劳动异化批判。货币异化批判主要关涉商品交换领域，而马克思异化劳动批判把人的本质的异化批判从商品交换领域拓展到商品生产领域。赫斯的经济异化史观对于马克思转向经济学研究产生了重要影响。赫斯认为，资本主义社会是一个异化社会，破解社会异化必须行动起来，他认为费尔巴哈是理论的人道主义而他自己是实践的人道主义。赫斯强调用行动来改造世界的思想直接影响了马克思。马克思在《1844年经济学哲学手稿》中"自由自觉的活动"的思想受到赫斯很大启发。赫斯的人的类本质批判仅仅停留于抽象的哲学层面，而马克思则从哲学批判转向了政治经济学批判，赫斯的"行动"只不过是哲学上的抽象概念，而伴随着马克思经济学研究的深入，赋予了"自由自觉的活动"，即劳动以更多的现实生活内涵，从而为马克思从物质生产出发揭示人类社会发展规律奠定了基础，也使马克思从根本上超越了赫斯。

二　西方古典政治经济学的劳动现代性思想

西方产业革命后，随着财富的积累，劳动地位逐步受到理论家的重视。汉娜·阿伦特认为，劳动地位的提升始于洛克，接着亚当·斯密"断言劳动是一切财富的源头，最后在马克思的'劳动体系'中达到了顶点"[1]。马克思对劳动现代性问题的反思作出了卓越的贡献，马克思第一次科学说明了资本与劳动的关系，开辟了通过劳动现代性建构而走向人的自由全面发展的道路。西方古典政治经济学先驱者、奠基者与集成者、批判者的思想是马克思劳动现代性思想的重要理论来源。西方古典经济学先驱者主要有英国的威廉·配第、法国的布阿吉尔贝尔、魁奈等。威廉·配第和布阿吉尔贝尔是古典经济学创始人，魁奈是重农学派的主要代表之一。西方古典政治经济学奠基者与集成者主要有亚当·斯

---

① ［美］汉娜·阿伦特：《人的境况》，王寅丽译，世纪出版集团、上海人民出版社2009年版，第73—74页。

密、大卫·李嘉图和詹姆斯·穆勒。亚当·斯密是西方古典经济学体系的真正创立者。大卫·李嘉图是西方古典政治经济学的集大成者。詹姆斯·穆勒是英国最早系统叙述李嘉图学说的人。西方古典政治经济学批判者主要有西斯蒙第和李斯特。西斯蒙第是小资产阶级政治经济学的创始人，经济浪漫主义的鼻祖，是第一个确认资本主义生产过剩危机的经济学家。李斯特是德国历史学派的先驱者，他强调发展德国的民族生产力，倡导实行关税保护政策。

（一）西方古典政治经济学先驱的劳动现代性思想

西欧各国所推行的重商主义政策推动了商品经济发展以及工场手工业向机器大工业迈进。随着资本主义生产方式的发展，产业资本取代商业资本的地位，资本主义生产成为社会经济生活的中心。"这样，以流通领域为研究中心的重商主义就逐步让位于以生产领域为研究中心的资产阶级古典政治经济学。"① 威廉·配第、布阿吉尔贝尔、魁奈是17—18世纪英法古典政治经济学先驱者，对马克思劳动现代性思想的形成有着重要影响。威廉·配第是英国古典政治经济学创始人，他较早研究了资本主义的生产规律，探讨了劳动与价值的关系，首次提出"劳动创造价值"，但是他把土地和劳动理解为价值的共同源泉，没有区分价值与价格等。布阿吉尔贝尔是法国古典政治经济学创始人，他以生产领域为研究对象，摆脱了重商主义从流通领域考察问题的思想方法。他认为，农业是一国财富的基础，因而忽视货币与商品生产。他的劳动价值论触及了社会必要劳动问题。魁奈是法国重农学派的主要代表之一。他认为，财富的本质是劳动，并且把人类的抽象劳动提升为财富的一般本质。一国财富是土地和劳动的共同产物。魁奈对后世影响最大的是他的《经济表》。

威廉·配第（1623—1687）是英国古典政治经济学创始人。他的

———————————

① 崔顺伟、张沛东、李慧主编：《西方经济学说史教程》，天津人民出版社2008年版，第27页。

代表作有《货币略论》《赋税论》《政治算术》《爱尔兰政治解剖》等。马克思说："古典政治经济学在英国从威廉·配第开始。"① 威廉·配第较早研究了资本主义的生产规律，探讨了劳动和价值的关系，因而成为劳动价值论的鼻祖。他首次提出"劳动创造价值"，在《赋税论》中重点分析了商品的价值属性、劳动时间的确定以及二者的关系，最终把劳动理解为价值的源泉。威廉·配第的"劳动创造价值"的观点具有里程碑意义，然而在他那里，劳动并不是价值的唯一源泉。他提出"土地为财富之母，劳动为财富之父"，把劳动和土地理解为价值的共同源泉，理解为评定所有物品价值的自然单位。虽然土地和劳动都可以评定价值，但是双重标准是一种非自足不完满的标准。威廉·配第认为，劳动是生产的真正灵魂，但他所指的劳动主要是个人的体力劳动。虽然土地和劳动是创造财富的两大要素，但土地耗费和劳动耗费根本不同。土地肥力的耗费，人类感觉不到任何辛苦，因此用人类的辛苦程度衡量物品价值是更值得的。所以，他更倾向于用人类劳动作为衡量物品价值的尺度。他还进一步探索了物质价值的具体标准，在分析交换价值的决定因素时已经接近提出社会必要劳动的思想。威廉·配第虽然没有提出"剩余价值"概念，但是，他的地租理论实际上是对剩余价值特殊形式的分析。他把地租归结为剩余劳动，土地价值归结为一定年数的地租总额。威廉·配第提供了劳动价值论的雏形，但他还没有区别价值与价格、价值与交换价值。他受重商主义影响较大，更倾向于重商主义"金银货币创造价值"的观点。他距离承认工人和资本家、土地所有者在根本利益上的对立，只有一步之遥。威廉·配第是现代政治经济学的创始者，对于政治经济学的创立做出了不可磨灭的贡献，他"在政治经济学的几乎一切领域"② 做出了最初的勇敢尝试。

比埃尔·布阿吉尔贝尔（1646—1714）是法国重农学派的先驱者。

---

① 《马克思恩格斯全集》第31卷，人民出版社1998年版，第445页。
② 《马克思恩格斯文集》第9卷，人民出版社2009年版，第250页。

他的主要代表作有《法国详情》《法国辩护书》《谷物论》《论财富、货币和赋税的性质》等。马克思指出，古典政治经济学"在法国从布阿吉尔贝尔开始"①。布阿吉尔贝尔是路易十四的经理官，但对被压迫阶级既热情又勇敢，他以生产领域为研究对象，摆脱了重商主义从流通领域考察问题的方法。他认为，流通不是财富的源泉，农业是一国财富的基础，农业比工商业重要，必须大力发展。他把农业和畜牧业比作国家的两个乳头。一个国家只要优先发展农牧业就可以生产更多使用价值，从而不必通过对外贸易追求交换价值的金银财富。布阿吉尔贝尔没有专门研究过价值理论，他在分析农产品价格如何确定时谈到过这一问题。当时法国，由于重商主义的干预，谷物售价不足以补偿生产费用，导致农业衰落，危及整个国民经济。为此，他提出农产品必须按"公平"价格交换，所谓"公平"价格就是以劳动耗费作为比较依据的比例价格即交换价值。为了贯彻"公平"价格原则就必须保持各部门之间特别是农业和其他部门生产之间的平衡。为此要通过自由竞争，调节劳动在各个部门之间的分配比例。他所说的自由竞争是指生产部门之间的竞争，他所说的平衡是指各生产部门之间使用劳动和生产的平衡。他的劳动价值论，"实际上已触及社会必要劳动的第二种含义。他是最早不自觉地涉猎过这个问题的人"②，但他却混淆了具体劳动和抽象劳动、价值和交换价值。在工资问题上，他极力维护资产阶级的利益。在农业资本家和农业工人的利益冲突中，他始终站在资本家一方。他反对农业工人要求增加工资的斗争。在他看来，资本家有剥削的自由，工人有出卖劳动力的自由，凡是违背这一原则的都应当反对。他认为，工人如果得到完全的报酬就不再会愿意做全星期的工作，因而工资只能等同于最低限度的生活资料。他用重农主义反对重商主义，走向了忽视货币与商品生产必然联系的极端。马克思认为，布阿吉尔贝尔"把商

① 《马克思恩格斯全集》第31卷，人民出版社1998年版，第445页。
② 赵崇龄编著：《外国经济思想通史》，云南大学出版社2015年版，第69页。

品的交换价值归结于劳动时间"，但是"他又和配第相反，狂热地反对货币"。①

弗朗斯瓦·魁奈（1694—1774）是法国重农学派的主要代表之一。他的主要代表作有《租地农场主论》《经济表》《经济政府一般格言》等。他熟谙"动物机体"尤其是血液循环，由此设想财富在国家经济中的循环规律，把一国财富理解为土地和劳动的周年出产，一切其他商品的供应从根本上取决于这种周年出产。他认为，财富的本质是劳动。他把人类的抽象劳动提升为财富的一般本质是一个历史的进步。当然，他也认为，一国财富归根到底是土地和劳动的共同产物。土地是自然和上帝合作而给人类劳动的特殊赏赐。财富因土地耕耘、矿石开采而增加，其他经济活动仅仅是运输、交换上苍恩赐或劳动生产的产品。魁奈认为，农业、矿业等是仅有的生产性行业，一切其他行业和产业都是有用的，但是"不结果"。他把在国家经济中的人分为三个阶级：一是地主；二是农民、渔民与矿工等生产阶级；三是工厂主、商人等"不结果"阶级。他最重视三个阶级中的"地主"，他赞成对地主开征单一的直接税。他认为，应当把劳动产品都留给地主，雇佣劳动者只分配最低的生活费用。地主所得份额的合理性，源于他们以及先辈的土地开垦、造房筑路等。他认为，一些社会阶级奢侈过度可能会迅速毁掉一个富裕的国家。生产预付的挥霍可能导致国家财富毁灭性地减少。米拉波等人把魁奈的《经济表》和契据、货币的发明一起称为人类的三大发明，这其实纯属夸大其词。恩格斯认为，魁奈的《经济表》"对整个现代经济学来说，仍然是不可解的斯芬克斯之谜"②，对魁奈的《经济表》给予了高度评价。恩格斯指出，为了解开《经济表》之谜，经济学家和历史编纂学家"绞尽脑汁而毫无结果"③。魁奈的《经济表》试图说明

---

① 《马克思恩格斯全集》第 13 卷，人民出版社 1962 年版，第 43—44 页。
② 《马克思恩格斯文集》第 9 卷，人民出版社 2009 年版，第 17 页。
③ 《马克思恩格斯文集》第 9 卷，人民出版社 2009 年版，第 258 页。

一国总财富的生产和流通规律，但后世的经济学家却感觉一团模糊。魁奈的《经济表》不过是想说明法国"每年的总产品，怎样在这三个阶级之间流通，怎样为每年的再生产服务"①。魁奈以流通为中介对年度再生产作出了天才的说明。马克思、恩格斯对魁奈《经济表》的解说成为后来经济思想史科学研究的典范。

（二）西方古典政治经济学奠基者和集成者的劳动现代性思想

古典经济学反映了近代西欧新兴资产阶级的利益，并且成为资产阶级同封建制度及其残余作斗争的理论武器。西方古典政治经济学的奠基者和集成者主要有亚当·斯密、大卫·李嘉图和詹姆斯·穆勒等。亚当·斯密是古典经济学体系的创立者，他的经济学产生于英国工业革命即将开始的时期，以分工为基础的工场手工业获得了巨大发展。他的思想代表了资产阶级希望扩大生产规模，推动工商业持续发展的要求。他从人的天然的自私自利和市场需求扩大来解释分工结构和市场结构的发展，没有触及创造性的劳动力量，因而未能揭示现代性的产生根源。大卫·李嘉图是西方古典政治经济学的集大成者，他对资本主义社会的内在矛盾有着比较深刻的认识，他从商品的使用价值和交换价值两个方面推进了劳动价值论。他特别强调，决定价值的劳动是生产过程消耗的劳动，劳动量的增加或减少会导致商品价值增加或减少。詹姆斯·穆勒是英国最早系统叙述李嘉图学说的人，是英国古典政治经济学的集大成者。他认为，商品价值取决于生产费用，生产费用包括劳动与资本，二者共同创造价值。他混淆了价值与生产价格，把李嘉图的劳动价值论庸俗化了。

亚当·斯密（1723—1790）是英国古典政治经济学奠基者。他的代表作有《国富论》《道德情操论》等。亚当·斯密把抽象劳动理解为衡量一切商品交换价值的真实尺度，被马克思称为古典政治经济学的完成者。在《国富论》中，亚当·斯密系统分析了劳动价值论，批判了

① 《马克思恩格斯文集》第9卷，人民出版社2009年版，第262页。

重商主义和重农主义，第一次明确提出，所有生产范围的劳动都是财富的源泉。他率先提出一般社会劳动决定商品价值，为马克思的劳动价值论奠定了基础。他还提出了著名的"看不见的手"的理论，即自由竞争下市场机制的作用。他认为，社会分工体系和自由市场制度是"看不见的手"的两个基础，在自由放任政策下，"看不见的手"能够合理有效地安排资源，推进经济发展。人们为了实现自身利益而相互交换劳动，从而推动分工发展。他认为，分工的程度"受市场广狭的限制"①。市场和交换能力往往随着生产和交通工具的发展而发展。据此，从经济动因看，现代资本主义社会的发展与分工结构和交换倾向直接关联，它借助货币化的市场制度而形成和发展。那么，分工结构和市场结构产生的真正动因是什么呢？亚当·斯密只是从人的天然的自私自利和市场需求扩大来解释，没有触及创造性的劳动力量，因而未能真正揭示现代性问题的产生根源。马克思则深入到现代社会内部，从劳动形式的发展中找到了现代资本主义社会产生的物质原因，这个物质原因就是资本逻辑。现代社会和现代性的生成发展是在资本力量驱动下实现的。亚当·斯密认为，劳动是财富的源泉和内在本质，劳动具有创造财富的工具价值，是社会生活的本质规定。但是由于把劳动看作是创造财富的工具性活动，最终导致劳动和人一样被工具化，其结果，以劳动为原则的国民经济学实质上是对人的彻底否定。财富是国民经济学的出发点和归宿点，这种理论预设给社会大多数人带来痛苦和不幸。马克思一针见血地指出："国民经济学的目的也就是社会的不幸。"② 这是因为劳动创造的财富变成了敌视人的力量。

大卫·李嘉图（1772—1823）是西方古典政治经济学集大成者。他从商品的使用价值和交换价值两个方面推进了劳动价值论的研究，使

---

① ［英］亚当·斯密：《国民财富的性质和原因的研究》，郭大力、王亚南译，商务印书馆1972年版，第16页。
② 《马克思恩格斯文集》第1卷，人民出版社2009年版，第122页。

用价值承载交换价值的物质属性，交换价值受制于劳动量和劳动强度，二者具有天然联系。他坚持劳动时间决定商品价值，区分了直接劳动与间接劳动、简单劳动与复杂劳动等。他认为，"体现在商品中的劳动量规定商品的交换价值"①，劳动量的增加或减少会导致商品价值增加或减少。他特别强调，决定价值的劳动是生产过程消耗的劳动。他把价值和价格等同起来，没有分清二者的本质区别。他认为，应当区分决定价值的劳动和劳动的价值，因而否定了斯密把劳动作为价值尺度的做法。他把商品的价值归结为生产商品所必要的劳动量的思想对马克思产生了重要影响。马克思指出，"价值决定于劳动时间是李嘉图理论的基本论点"②。李嘉图突出强调，一种商品如果无法满足人们的需要，那么它无论耗费多少劳动时间也不会具有交换价值。但是，他的论证是非历史性的，他不懂得劳动的二重性，混淆了"表现在使用价值上的劳动同表现在交换价值上的劳动"③。大卫·李嘉图只讨论了劳动量决定价值量的问题，商品交换停留于"物物交换"的形式。马克思认为，他还混淆了价值和生产费用，对价值认识不清，因而无法认清资本的本质；由于不理解个别与一般的关系，他常常把劳动和资本混在一起讲；他不知晓劳动和劳动力的差别，因而没有搞清剩余价值的来源，没有真正揭露出资本家剥削的秘密。马克思指出，古典政治经济学在英国"到李嘉图结束"④。"李嘉图的理论是古典经济学的顶峰"，他的"根本局限性在哲学上"⑤，因而，没有哲学革命便无法推进政治经济学的革命。

詹姆斯·穆勒（1773—1836）是英国古典政治经济学集大成者。他的主要代表作有《政治经济学要义》等。穆勒认为，商品的价值取

---

① ［英］大卫·李嘉图：《政治经济学及赋税原理》，郭大力、王亚南译，商务印书馆1962年版，第9页。

② 《马克思恩格斯全集》第26卷（Ⅱ），人民出版社1973年版，第180页。

③ 《马克思恩格斯全集》第26卷（Ⅲ），人民出版社1974年版，第149页。

④ 《马克思恩格斯全集》第31卷，人民出版社1998年版，第445页。

⑤ 刘乃勇：《马克思劳动二重性学说的理论来源》，《教学与研究》2011年第9期。

决于生产费用，生产费用是劳动和资本的结合。他看到了商品的价值依存于供求关系，但却混淆了价值和价格。他提出，劳动和资本共同创造价值，资本家用工资购买了工人应得的商品，因此，全部商品应归资本家所有。穆勒强调，利润是资本，即"积累劳动"的工资，他混淆了价值与生产价格的关系，否定了劳动价值论。穆勒是第一个系统阐述李嘉图理论的人，他发现，一些产品在生产中要经受自然力的作用，如葡萄酒的窖存导致资本滞流，并且会以高于所耗劳动价值售卖，这无疑是对生产商品所耗劳动量决定价值原则的反证。马克思认为，这种卖价与价值的背离是因为剩余价值以平均利润形式在全体资本家之间分配。穆勒像李嘉图一样，混淆了生产价格与商品价值。在他看来，生产价格与价值的背离是"积累劳动"的报酬。他的"积累劳动"创造价值论是对劳动概念的曲解。他认为，工人和资本家共同生产产品，并且按照对生产的贡献占有产品的份额。工人的工资就是工人把应得份额出卖给资本家得到的价款。这样，他把物化劳动和直接劳动的对立转化为资本家和工人之间的普通交易，这不仅没有解决问题，反而还增加了问题的难度。因为工人的工资如果交换的是他的全部劳动的价值，那么，便无法解释资本家的价值增殖。于是，穆勒只能假定工人以低于价值的水平出卖了他的产品份额，但这又违反"等价交换"的价值规律。马克思在巴黎时期非常关注"人的本质"问题，并且把"人的本质"和生产劳动联系起来。马克思在这一时期写的《穆勒笔记》中强调："我们的生产同样是反映我们本质的镜子。"① 显然，这一发现对于马克思创立唯物史观意义重大。在《穆勒笔记》中，马克思开始探讨现实的人以及他们的生产活动，虽然此时还没有提出物质生产、生产力、生产关系等概念，但却已经在经济领域打开了一片辩证法的空间。马克思在肯定了人的劳动本质后，提出了劳动异化学说，从经济层面考察了现代社会的工业生产。

---

① 《马克思恩格斯全集》第42卷，人民出版社1979年版，第37页。

（三）西方古典政治经济学批判者的劳动现代性思想

大卫·李嘉图的思想是西方古典经济学的顶峰，但是，由于李嘉图体系存在无法解决的内在矛盾，最终走向了解体。由此，西方经济学的发展转向了对古典政治经济学的反思与批判。其中，对马克思劳动现代性思想影响较大的批判者是西斯蒙第和李斯特。西斯蒙第是经济浪漫主义思想的鼻祖。马克思把它看成是法国古典政治经济学的完成者和小资产阶级社会主义学派的首领。西斯蒙第最早确认了资本主义生产过剩的危机，并且从资本主义社会基本矛盾视角揭示了经济危机的必然性，但由于他不能正确认识资本主义社会的基本矛盾，因而使其经济危机理论失去了根基。李斯特是德国历史学派的先驱。他提出和倡导发展国民生产力，强调财富的生产力重于财富本身。他认为，要培育和发展德国的民族生产力，就必须实行保护关税政策，限制国外廉价商品的输入。生产力的发展离不开国家对经济的干预，尤其是关税保护政策。关税保护政策有利于本国生产力发展和保持本国工业的独立性。李斯特的经济思想反映了德国资产阶级与英法资产阶级所处的不同历史地位。他站在德国资产阶级立场，强调贸易保护，但是他的关税保护政策是为本国资本家自由剥削劳动者做辩护的。

西斯蒙第（1773—1842）是法国古典政治经济学的完成者。他的代表作有《政治经济学研究》（两卷集）等。在法国，古典政治经济学"到西斯蒙第结束"①。西斯蒙第作为资产阶级经济学家，第一个确认普遍的生产过剩危机是资本主义的必然现象。他从消费不足视角分析了资本主义生产过剩的危机，试图从资本主义生产方式的矛盾中寻找生产和消费失调的原因。他还从劳动群众贫困化的角度批判了资本主义制度。西斯蒙第表现了政治经济学对自身的怀疑，他把经济危机与资本主义制度关联起来，提出了分析资本主义制度的任务，这是他作为法国古典政治经济学完成者的功绩。他认为，经济危机表现为生产和消费的失调，

---

① 《马克思恩格斯全集》第31卷，人民出版社1998年版，第445页。

这是资本主义经济运行的必然现象。在此之前的古典经济学家大都认为生产和消费的失调是临时的、局部的，这种失调造成的不平等是相对的。西斯蒙第否定了这种思维定式，因为它回避了从资本主义制度内部寻找危机的根源。他认为，消费是政治经济学研究的起点，是生产的目的和动力，消费先于生产，生产服从消费，如果无限度发展生产必然导致生产和消费脱节。在他看来，资本主义的基本矛盾是生产和消费的矛盾。西斯蒙第不懂得剩余价值的生产是资本主义生产的根本目的和决定性的动机。他认为，生产和消费的矛盾在从简单商品生产向资本主义商品生产的发展中加剧了。他认识到资本主义是一种充满内在矛盾的制度，这一矛盾，表现为生产力无限制的发展和财富的增加，也表现为群众的消费局限在生活必需品的范围内。西斯蒙第的功绩在于把资本主义生产和消费的矛盾导致的危机理解为必然的定期的爆发。他看到了资本主义生产形式充满矛盾，并试图化解这一矛盾，由此"在政治经济学上开辟了一个时代"①。但他不了解资本主义社会的基本矛盾，把资本主义经济危机归结为生产和消费的冲突，他虽然看到了劳动群众的消费不足，但这一问题是阶级社会共有的，因而不足以说明资本主义经济危机。

弗里德里希·李斯特（1789—1846）是德国历史学派先驱。他的代表作有《政治经济学的国民体系》等。他的经济理论以推动国内市场形成和德国统一为旨趣，以推动德国资本主义发展为中心。他反对英国古典经济学，因为它忽视民族经济发展而宣扬世界主义。他提出和倡导发展国民生产力，为此，必须实行保护关税政策，限制国外廉价商品的输入。他认为，"财富的生产力比之财富本身，不晓得要重要到多少倍"②，精神生产力要比物质生产力高出很多。他在高扬精神生产力的

---

① 《马克思恩格斯全集》第26卷（Ⅲ），人民出版社1974年版，第285页。
② ［德］弗里德里希·李斯特：《政治经济学的国民体系》，陈万煦译，商务印书馆1961年版，第118页。

同时，把体力劳动者贬低为像马、蒸汽、水等一样的物质和工具。马克思指出，在现代制度下，如果弯腰驼背、四肢畸形使人更有生产能力，那么，这种"片面的肌肉运动，就是一种生产力"①。按照此逻辑，精神空虚也是一种生产力，可见，李斯特的生产力概念"表现为独立的精神本质——幽灵"②，他所理解的生产力是一种精神力量而非物质力量。李斯特认为，生产力的发展离不开国家对经济的干预，尤其是关税保护政策。关税保护政策有利于本国生产力发展和保持本国工业的独立性。他认为，实行关税保护政策可以把国外竞争者堵在国门之外，从而保障本国的经济利益不受损害。他的贸易保护主义是与自由主义经济学相对立的。斯密认为，国家无须干预经济，本国企业只负责生产费用低的商品，其他商品向他国购买，这样通过自由竞争就可以逐步形成合理的国际分工。对此，李斯特坚决反对，他认为，自由主义经济学家忽视了不同国家的发展水平和历史特点，自由贸易最终将导致落后国家对先进国家的屈从和依赖。他的经济思想反映了德国资产阶级与英法资产阶级所处不同历史阶段和地位。这一时期，英国已经成为世界工厂，操纵着世界市场，因而主张贸易自由；德国处于相对落后的地位，李斯特站在德国资产阶级立场，强调实行贸易保护政策，其目的是促进德国工业发展。他的关税保护政策是为本国资本家自由剥削劳动做辩护的。马克思指出，李斯特所要的不是英国人而是"德国资产者自己对同胞进行剥削"③，这种剥削比外国人更厉害，关税保护的结果是让本国的资本家发财而已。

三 英法空想社会主义者的劳动现代性思想

空想社会主义者是最早反思劳动现代性问题的思想家，他们立足空

---

① 《马克思恩格斯全集》第 42 卷，人民出版社 1979 年版，第 261 页。
② 《马克思恩格斯全集》第 42 卷，人民出版社 1979 年版，第 261 页。
③ 《马克思恩格斯全集》第 42 卷，人民出版社 1979 年版，第 250 页。

想社会主义的理论立场，对现代社会的劳动问题进行了深刻反思。空想社会主义者最早从社会主义立场考察了现代社会的劳动问题，他们在描绘未来社会状况时重点讨论了未来社会劳动的地位、作用和特征，他们把劳动理解为推动社会进步的动力，深刻揭露和批判了资本主义雇佣劳动制度，但又撇开劳动主体力量和一定社会条件抽象地否定现代资本主义制度。空想社会主义者对劳动现代性的反思是建立在唯心史观基础上的，他们撇开阶级关系和社会生产，从抽象的人类理性和永恒正义出发去寻找劳动的合理性、正义性和平等性，企图证明劳动是和人的本质完全符合的永恒本性，最终沦为空想。他们的思想虽然包含一定的合理成分和天才预见，但终归是脱离现实基础和缺少实现条件的美丽幻影。他们的思想虽然能够鼓舞人心，但却缺乏生命力和战斗力。马克思、恩格斯吸收了空想社会主义者的思想，深刻反思现代社会的劳动问题，"在劳动发展史中找到了理解全部社会史的锁钥"①。马克思、恩格斯通过对资本主义劳动过程进行解剖，揭示了现代社会的资本逻辑，阐明了共产主义现代性取代资本主义现代性的历史必然趋势。

（一）16—17 世纪空想社会主义者的劳动现代性思想

16—17 世纪，世界历史进入资本主义生产时期。资本主义生产方式的发展造成了新的社会矛盾和阶级对立。这一时期，西欧的英国、德国、意大利等，社会矛盾和阶级斗争日趋尖锐复杂。早期的无产者和劳动群众积极参加了反封建斗争，表达了自己的政治诉求。早期的空想社会主义者的思想反映了这一时期的社会状况和阶级斗争情况。这一时期空想社会主义的主要代表是英国的莫尔、德国的闵采尔和意大利的康帕内拉，他们分析了未来社会的劳动问题，最早提出了未来社会劳动的普遍化和平等性思想，预见了未来社会人类劳动时间的缩短。

托马斯·莫尔（1478—1535）是 16 世纪初的空想社会主义奠基者，英国著名的政治活动家、思想家。莫尔生活在英国资本原始积累时

---

① 《马克思恩格斯选集》第 4 卷，人民出版社 2012 年版，第 265 页。

期，深受欧洲人文主义思潮和柏拉图《理想国》的影响。他目睹了"圈地运动"给劳动人民造成的灾难。在其《乌托邦》一书中，揭露了"圈地运动"的罪恶，表达了劳动人民渴望理想社会和美好生活的愿望。他把"圈地运动"称为"羊吃人"运动，资产阶级为了养羊赚钱不惜强力剥夺农民土地，最终导致社会的贫富分化和阶级对立。莫尔最早指出，私有制是一切社会罪恶的根源，有力抨击了资本主义私有制。他认为，"只要存在私有财产，只要货币是衡量所有其他东西的标准，一个国家就不可能被公正或幸福地统治"①。因此，他的核心主张就是消灭私有制。他所追求的理想社会是"乌托邦"，那里没有剥削和压迫，有计划地组织生产。莫尔的理想社会的基点是共同的生产劳动。他认为，劳动是每个公民的义务，应当在全国范围内组织劳动。在未来的"乌托邦"社会，居民每天只劳动 8 个小时，实行按需分配。他认为，产品的极大丰富和人们的高度自觉是按需分配的前提。然而，在小农和小手工业生产基础上，是不可能达到"按需分配"的条件的。"乌托邦"鼓励社会成员互帮互助，在为自己谋利时不能损害他人利益。莫尔在人类历史上第一次完整描绘了空想社会主义的美好愿景，表达了早期无产者的心声，揭露了资本主义原始积累的罪恶，阐述了以公有制和普遍劳动为基础的"乌托邦"理想，奠定了空想社会主义思想的基础。

托马斯·闵采尔（1489—1525）是空想社会主义的先驱、德国农民战争的伟大领袖。1520 年，闵采尔参加了秘密革命教派"再洗礼派"，汲取了其中的公平社会思想，提出建立财产公有的"千年天国"的社会理想。之后，他深入工人和贫苦群众之中宣传革命思想，号召他们发动武装起义。他的代表作主要有《对诸侯讲道》《致路德的答辩书》以及他和他的战友为各地农民起义军起草的共同纲领《书简》等。闵采尔空想社会主义思想的特点是宗教哲学和政治纲领紧密结合。他从

---

① ［英］托马斯·莫尔：《乌托邦》，李灵燕译，西北大学出版社 2016 年版，第 31 页。

泛神论出发，无情地揭露和控诉了德国现存社会尖锐的贫富对立。他指出，直到现在，城乡贫苦、平凡的人民"承担着宗教贵族、世俗贵族和政府的沉重负担"①，这是违背上帝旨意和正义原则的。在他看来，神父和僧侣们如同恶毒的蛇，世俗领主如同狡猾的鳗，他们欺压百姓、为非作歹，是造成人间贫富对立和人间地狱的主要祸根。他认为，私有财产是劳动人民贫困的主要根源。他对私有制的谴责表达了劳动人民反对剥削、争取解放的愿望和要求。他所追求的"千年天国"是"地上天国"，是一项"上帝的事业"。在未来的"千年天国"，将实现财产共有和共同分配，每个人都有同等的劳动义务，人和人之间完全平等。建立"千年天国"必须借助暴力革命，依靠劳动人民。他首次提出武装夺取政权、变革现存社会的主张，为后继的社会主义思想家所继承和发展。

托马索·康帕内拉（1568—1639）是空想社会主义的先驱。他因反对西班牙占领者而被捕坐牢30多年。莫尔的《乌托邦》对他影响深远。他在狱中完成的《乌托邦》的姊妹篇《太阳城》于1623年出版。在《太阳城》中，康帕内拉描绘了他理想中的未来社会，表达了他的空想社会主义思想。《太阳城》与《乌托邦》的社会理想有许多共同之处，如生产生活资料归全民所有，由社会组织生产，人们共同劳动、共享劳动成果等，但在某些方面却超过了《乌托邦》。比如，太阳城是以生产小组为生产的基层组织，乌托邦是以家庭为生产分配的基本单位，因而太阳城相比乌托邦是一种进步；太阳城更重视科学技术的发展，因而太阳城人的劳动时间短，每天只需劳动4小时。康帕内拉提出了劳动光荣的思想，坚持劳动平等，居民能够坚持教育和生产劳动相结合，普遍消除了劳动等级思想，把劳动视为最光荣的任务。他指出，未来社会"一切因穷人过度劳动、富人游手好闲而产生的肉体和精神上的恶习也

---

① 郭守田主编：《世界通史资料选辑·中古部分》，商务印书馆1981年版，第342页。

会同样地消灭，因为我们在一切人之间平均地分配劳动"①，"完全没有私有财产，大家从事义务劳动，由社会组织生产和分配，对公民进行劳动教育"②。太阳城的统治者"必须是哲学家、历史学家、政治家和物理学家"③，他们有着渊博的知识，能够保障社会管理科学和高效。

（二）18 世纪法国空想社会主义者的劳动现代性思想

18 世纪的法国正处于资产阶级革命的准备与进行时期，资本主义生产方式的蓬勃发展和阶级矛盾的不断激化，使法国成为欧洲资产阶级革命的中心。启蒙运动既为资产阶级准备了思想舆论又为无产阶级准备了革命意识。18 世纪的法国空想社会主义者开始用启蒙运动的理性主义和人性理论论证社会主义的合理性，其中的主要代表摩莱里、马布利和巴贝夫等人的思想为马克思劳动现代性思想提供了重要理论来源。摩莱里是 18 世纪法国空想社会主义者，他最早分析了未来社会的共同劳动以及劳动与享受的同一性。他认为，共同劳动、共同享用是自然界决定的人和自然的本性，理想社会是人们通过共同劳动满足共同需要。巴贝夫是 18 世纪末法国空想共产主义者，他认为，资本主义的自由竞争和无政府状态具有极大的危害性，他把实行普遍劳动的"平等共和国"理解为理想社会，在那里，劳动是人们为社会作出贡献的标志，劳动产品实行绝对的平均分配。马布利是 18 世纪法国空想社会主义者，他揭露了资本主义社会财富分配不均和没有自由。他强调，不平等导致人类堕落，设想未来社会是财产公有、平等自由、人人劳动、按需分配的完美共和国。

摩莱里（1720—1780）是 18 世纪法国空想社会主义者。他的代表

---

① ［意］康帕内拉：《太阳城》，陈大维、黎思复、黎廷弼译，商务印书馆 1980 年版，第 66 页。

② ［意］康帕内拉：《太阳城》，陈大维、黎思复、黎廷弼译，商务印书馆 1980 年版，第 93 页。

③ ［意］康帕内拉：《太阳城》，陈大维、黎思复、黎廷弼译，商务印书馆 1980 年版，第 15 页。

作有《巴齐里阿达》《自然法典——或自然法律的一直被忽视或被否认的真实精神》等。他运用理性论武器，以法律条文形式阐述了空想社会主义思想。摩莱里最早分析了未来社会的共同劳动以及劳动与享受的同一性。他指出，"自然界通过人们感觉和需要的共同性，使他们了解自己地位和权利的平等，了解共同劳动的必要性"①，人们有着为满足共同需要而共同劳动的不倦热情。在未来社会，人们将更加喜欢协作劳动，人类按照自己的本性生活是最幸福的。人们联合起来，互相帮助、共同劳动，以满足共同需要的社会是最理想的社会。他认为，共同劳动、共同享用是自然界决定的人和自然的本性，然而私有制的出现造成了财富不均和贫富对立，违背了理性和自然。私有制是一切罪恶的根源，正是私有制破坏了人类的美好生活，因为私有制造成了社会财富差异和贫富对立。他大声疾呼，私有制是"普遍瘟疫"，是"罪恶之母"，只有消灭私有制建立公有制，才能消灭一切罪恶。"在没有任何私有财产的地方，就不会有任何因私产而引起的恶果。"② 他在《自然法典》中规定了未来理想社会的基本原则，即废除私有制、保证公民的生存权和劳动权、公民有参加社会劳动的义务。他指出，未来幸福社会的生活规则是："任何人都不认为自己不应当劳动。"③ 他反对莫尔把劳动看作惩罚手段和保留奴隶劳动的思想。他认为，劳动不是公民违反社会纪律的惩罚手段。摩莱里对未来社会劳动的阐述，具有一定的进步性和积极性。他所设想的未来社会不需要商品和市场，公民之间不需要商品交换，公民创造的劳动成果交给社会，个人的需要从社会领取。摩莱里幻想在手工劳动基础上实现共产主义，他所设想的理想社会将取消分工，

---

① [法]摩莱里：《自然法典——或自然法律的一直被忽视或被否认的真实精神》，黄建华、姜亚洲译，商务印书馆1982年版，第23页。
② [法]摩莱里：《自然法典——或自然法律的一直被忽视或被否认的真实精神》，黄建华、姜亚洲，商务印书馆1982年版，第26页。
③ [法]摩莱里：《自然法典——或自然法律的一直被忽视或被否认的真实精神》，黄建华、姜亚洲译，商务印书馆1982年版，第164页。

社会成员平均分担体力劳动，平均分配消费品。显然，他的这些设想会压制生产者的积极性，不利于生产力发展。他的空想社会主义表达了小生产者的社会理想，有着禁欲主义和平均主义的思想倾向。

邦诺·德·马布利（1709—1785）是 18 世纪法国空想社会主义思想家。他的代表作有《罗马和法国的比较》《论公民的权利和义务》《哲学家、经济学家对政治社会的自然的和必然的秩序的疑问》《论法制或法律的原则》等。马布利被称为"法国大革命之父"，他的著作影响了法国大革命的不同阶段和不同阶层代表人物。马克思、恩格斯认为，马布利是"第一个批评资本主义制度"的作者，是"模仿斯巴达的苦行共产主义"者。马布利揭露了资本主义社会财富分配不均，没有自由，劳动者从属于资本家，他认为这样的社会制度是与正确的思想和自然规律相矛盾的。他的著作是一个"平等宣言"，其中，论证了私有制是一切灾难的根源，强调不平等导致人类堕落。他认为，人人平等是自然界的规定，财产的不平等导致穷人起义保卫人权，导致内战和革命，导致共和国分裂。他认为，平等是最大福利的源泉，我们如果丧失了它，就要遭受极大的不幸。我们的祖先为了生存得更舒服而劳动，并为共同劳动而把自己的力量联合起来，他们共同劳动，共同收获庄稼。自然界明智地准备一切条件来引导我们实行财产公有，制止我们堕入建立私有制的深渊。私有制是最可恶的怪物，它导致利益对抗、贫富分化、道德颓废和智慧衰退。私有制造成劳动工人和财产占有者的利益冲突。他把阶级斗争与私有制联系起来考察，意识到了阶级斗争的必然性。马布利所设想的未来社会是财产公有、平等自由、人人劳动、按需分配的完美共和国。他希望用法律形式推进社会改革，例如：取消公务人员的特殊报酬；禁止经商，改革税制；限制财产私有权等。他把改造现存社会的最初措施和最终消灭私有制的目标结合起来，从而超过了以往的空想社会主义者。马布利的空想社会主义具有明显的小生产痕迹，具有平均主义和禁欲主义的特点。他推崇古代斯巴达人的节制、贫穷和平等的生活，他倡导朴素生活方式，把禁欲主义推向了顶峰。他运用理性原则论证了公有制的合理性，强调暴力和内战是改造现存社会的必要手段。

巴贝夫（1760—1797）是18世纪末法国空想共产主义思想家，法国大革命时期平等派运动的领袖。巴贝夫喜爱摩莱里、马布利等空想社会主义者的著作，尊他们为老师。法国大革命时期，他投身革命洪流，两次被捕入狱，最后慷慨就义。巴贝夫的空想社会主义思想是他领导劳动人民从事革命运动的直接产物。他从劳动现代性的发展出发，批判了资本主义社会制度和资产阶级国家政权，极力维护无产者和劳动人民的利益。他认为，资本主义实行的是利用饥饿迫使工人出卖劳动、忍受剥削的制度，资本主义的自由竞争和无政府状态具有极大的危害性。他指出，革命后的法国存在着富人、剥削者、压迫者与穷人、被剥削者和被压迫者的对立，"穷人奋起革命反对富人乃是不可避免的历史的必然性"①，穷人革命的目的是实现财产关系的变革。恩格斯指出，巴贝夫提出了建立"平等共和国"的主张，"给平等作出了当时最进步的结论"②。"平等共和国"将在财产公有制基础上实行有计划的生产和分配，实行普遍的劳动制度，技术进步不会造成机器排挤工人现象，劳动产品实行绝对的平均分配。巴贝夫把平等理想的注意力放在分配方面，希望通过平均分配消费品实现平等，在实践中容易导致禁欲主义。他认为，新技术和新机器在生产中运用，不仅会节约劳动时间而且会减轻劳动者的痛苦，因机器使用而溢出的劳动者将转移到其他部门。他最有价值的思想是提出了武装斗争的思想，强调运用暴力手段推翻资产阶级的国家政权，实现劳动者的革命专政。马克思、恩格斯认为，他的思想超出了"整个旧世界秩序的思想范围"③。然而，巴贝夫的空想社会主义毕竟是早期无产阶级运动的产物，他对无产阶级革命的理解是建立为穷

---

① ［法］G. 韦耶德、C. 韦耶德合编：《巴贝夫文选》，梅溪译，商务印书馆1962年版，第58页。
② 《马克思恩格斯全集》第2卷，人民出版社1957年版，第664页。
③ 《马克思恩格斯全集》第2卷，人民出版社1957年版，第152页。

人谋利益的革命专政，还没有完全理解无产阶级的历史使命。在实现理想社会的途径方面，他过高估计了教育和理性的作用。巴贝夫以唯心史观为基础的共产主义学说最终沦为空想。

（三）19世纪空想社会主义者的劳动现代性思想

从18世纪60年代开始，英国逐步完成了从手工业生产向大机器生产的过渡。随后，法国大革命进一步推动了工业革命的进程。工业革命带来了生产力的迅猛发展和社会关系的深刻变革，整个社会日益分裂为资产阶级与无产阶级的直接对立。19世纪初，英法无产阶级和资产阶级的矛盾已经发展成为社会主要矛盾。无产阶级的斗争引起了先进思想家的关注，他们在探讨社会变革途径的过程中发展了空想社会主义思想。其中，对马克思影响较大的有圣西门、傅立叶和欧文。圣西门是法国空想社会主义思想家。他认为，资本主义制度是一个黑白颠倒的世界，必须用理想的"实业制度"来取代它。"实业制度"代表了圣西门对未来社会的构想。傅立叶是19世纪初法国空想社会主义者。他认为，资本主义生产引起了激烈竞争，造成周期性经济危机，即生产过剩的"多血症危机"。雇佣劳动是工人的"社会地狱"。他主张用劳资合作的共产主义"法朗吉"取代资本主义制度。欧文是19世纪初英国空想社会主义者。他考察了私有制的产生和公有制代替私有制的历史必然性，主张用共产主义"劳动公社"取代资本主义社会，在"劳动公社"中，人们联合劳动、联合消费。他还非常重视对"劳动公社"的实践尝试。

克劳德·昂列·圣西门（1760—1825）是法国空想社会主义思想家。他的主要代表作有《论实业体系》《论文学、哲学和实业》等。圣西门曾经参加北美独立战争和法国大革命，由此推动他研究社会问题并且成为民主主义者。他认为，资本主义制度是封建制度和未来社会制度的过渡体系，不是永恒的存在。圣西门对资本主义生产的无政府状态给予了深刻的分析批判，探讨了未来社会的劳动组织方式问题。他认为，资本主义制度是一个黑白颠倒的世界，给人类带来了一系列灾难，因而必须用新的"实业制度"来取代它。这种"实业制度"的宗旨是使一切人得到最大限度的自由和保证社会的最大安宁。"实业制度"代表了圣西门对未来社会的构想。他认为，未来社会的劳动是有计划有组织的，私有者的剥削收入和对劳动的无偿占有将被消灭。未来社会的劳动将更加有保障，社会组织"将找出最可靠和生效最快的手段来保证生产者大众经常有工作"①。人民幸福是社会组织独一无二的目的。他所理想的社会组织就是"实业制度"，在那里，人人平等，共同劳动，游手好闲的寄生现象将告绝迹。劳动者的差别体现为有人用双手劳动、有人用脑子劳动。整个社会将进行有计划有组织的生产，通过制订合理的工作计划以保证生产、科学、艺术以及一切公共事业符合协作的共同目的。圣西门强调劳动收入与劳动者的贡献、才能成正比，其中蕴含着"按劳分配"的思想萌芽。在"实业制度"下，社会的所有措施都是为了多数人的福利，大多数人已经不再敌视现存制度了。圣西门的"实业制度"思想为科学社会主义的创立作出了积极贡献。但是，他错误地把资本家、农场主、商人和银行家等看成是和工人、农民一样的劳动者，混淆了工资和利润的差别，实际上是对资本主义剥削的肯定。他反对暴力，鼓吹和平过渡，否定通过暴力革命进行社会变革，因而他的"实业制度"的理想必然被现实生活粉碎。

沙尔·傅立叶（1772—1837）是 19 世纪初法国杰出的空想社会主义思想家。他的代表作主要有《四种运动论》《宇宙统一论》《新世界》《论商业》等。傅立叶是对未来社会劳动问题论述最多的思想家，他在批判资本主义雇佣劳动制度基础上阐述了未来社会的劳动形式。他认为，资本主义社会的商业组织是撒谎和欺骗的场所，商人为了利润囤积居奇，不顾人民死活。那些不从事生产劳动的人过着寄生生活。他认为，生产的分散性或不协调的劳动引起了激烈竞争，从而造成周期性的经济混乱。他把经济危机称为由生产过剩引起的"多血症危机"。恩格斯称赞他："把第一次危机称为 crise pléthorique［多血症危机］，即由

①　［法］圣西门：《圣西门选集》（下卷），何清新译，商务印书馆 1962 年版，第 207 页。

过剩引起的危机时，就中肯地说明了所有这几次危机的实质。"① 傅立叶认为，雇佣劳动是奴隶制度的恢复，是工人的"社会地狱"，充斥着"欺骗和令人厌恶的劳动"。未来社会的协作劳动是以诚实诱人的劳动为基础的新世界，在这里，"劳动成了比现在看戏和参加舞会还更诱人的事了"②。傅立叶对于劳动现代性思想的突出贡献在于，他把劳动理解为最重要的天赋人权，他在对劳动力分析基础上提出了自由劳动思想。他用"情欲论"来解释劳动的内在动力。他认为，人们追求物质享受以满足生存需要的情欲决定了劳动的必然性；由于人们对友谊、爱情、自尊、血缘关系的情感需要，决定了劳动的自由组合，进而可以实现自由劳动；高尚的情欲能够激发劳动者的工作热情，从而推动劳动竞赛广泛展开。傅立叶把劳动理解为人的天性、爱好，理解为一种能够满足整个社会需要的力量，第一个确立了社会哲学的伟大原理。傅立叶认为，资本主义制度是社会发展的一个阶段，它的自由、平等、文明、博爱都是虚假的，必将为新的社会制度所取代。他主张建立劳资合作的"法朗吉"（即共产主义自治村），在那里，人们按照个人兴趣从事劳动，产品按劳动、资本、才能分配，城乡差别、劳动差别和阶级对立消灭。恩格斯评价说，能够对资本现代性进行如此深刻批判的，"只有傅立叶一人"③。傅立叶的思想是科学社会主义的理论来源之一，马克思称他为社会主义的始祖之一。

罗伯特·欧文（1771—1858）是 19 世纪初英国空想社会主义思想家。欧文生活于英国工业革命蓬勃发展的时代，是英国实业界颇有声望的工厂主。他既为新生产力创造了巨大的社会财富而感到庆幸又因工业革命造成的社会弊病而感到不满，表达了对工人阶级的深切同情。他的主要代表作有《新道德世界书》《新的社会观》等。欧文深受 18 世纪

---

① 《马克思恩格斯文集》第 3 卷，人民出版社 2009 年版，第 556 页。

② ［法］傅立叶：《傅立叶选集》第三卷，汪耀三、庞龙、冀甫译，商务印书馆 1964 年版，第 321、19、44 页。

③ 《马克思恩格斯全集》第 2 卷，人民出版社 1957 年版，第 659 页。

法国启蒙思想家的影响，特别是爱尔维修的唯物主义和无神论思想对他产生了重大影响。与圣西门和傅立叶不同，欧文考察了私有制的产生和公有制代替私有制的历史必然性。欧文探讨了"人的性格形成"问题，发挥了爱尔维修"人是环境的产物"的观点，强调人的性格主要受其后天所处社会环境决定，为了培养人们的良好性格和品格就必须铲除恶的环境，创造美的环境，为此，必须把资本主义社会改造为社会主义社会。他把教育看成是决定性格的环境要素，有时又把环境理解为教育的结果。欧文对未来社会劳动组织的特征进行了深入的分析。他认为，未来社会劳动者在劳动中可以充分发挥自己的才能，未来公社中的成员"将尽其智能彼此团结互助"①，联合劳动使劳动和资本都获得最大限度的节约。恩格斯指出，欧文的联合劳动实现了"劳动力的最大的节省"，表示"赞成英国的社会主义老罗伯特·欧文的一些主张"。② 欧文激烈批判了资本主义私有制，把它理解为最主要的社会祸害。他指出，私有制"在原则上是那样不合乎正义，如同它在实践上不合乎理性一样"③。欧文揭露了贫困的根源，触及了资本主义的剥削秘密。他认为，既然全部产品都是工人创造的，因而工人就有权享有全部的劳动产品。欧文所设想的理想社会是基于公有制的共产主义"劳动公社"，它遵循"联合劳动、联合消费、联合保有财产和特权均等的原则"④。欧文提出，在过渡时期实行"按劳分配"而在未来社会实行"按需分配"。与圣西门和傅立叶相比，欧文的思想更为激进，更具"实践"性质。欧文把自己的共产主义理想付诸实践，为共产主义运动提供了宝贵经验。

---

　　① ［英］欧文：《欧文选集》第二卷，柯象峰、何光来、秦果显译，商务印书馆1965年版，第18页。

　　② 《马克思恩格斯全集》第2卷，人民出版社1957年版，第612页。

　　③ ［英］欧文：《欧文选集》第二卷，柯象峰、何光来、秦果显译，商务印书馆1965年版，第13页。

　　④ ［英］欧文：《欧文选集》第一卷，柯象峰、何光来、秦果显译，商务印书馆1965年版，第327页。

❖ 第 二 章 ❖
马克思劳动现代性概念及其
结构和过程分析

　　劳动现代性问题是马克思学说的核心问题之一。批判和拒斥异化劳动和雇佣劳动，肯定和赞美人的劳动本质，是马克思劳动现代性批判的主要内容。从西方马克思主义者马尔库塞到后现代主义者鲍德里亚，都曾经指责马克思劳动现代性思想。政治哲学家汉娜·阿伦特在谈到"劳动"问题时更是明确地说："卡尔·马克思将遭到批判。"[①] 汉娜·阿伦特"没有看到马克思劳动理论所揭示的人性内涵"[②]，她在马克思对现代性社会事实性把握面前止步不前了。实际上，马克思站在资本主义社会化生产及其历史成就高度，把人的本质生成、人的自由提升和社会发展进步与劳动联系起来，从人类物质生产劳动中看到了改变环境和自由解放的意义。劳动是个体生命持存与社会财富创造的基础，劳动不仅创造现实世界而且创造人的本质。劳动绝不仅仅是创造财富的工具，更是改变自我、改造世界和创造历史的超越性活动。劳动是马克思解构资本主义现代性、阐释个人和社会发展规律的根本理论立场，马克思

　　① ［美］汉娜·阿伦特：《人的境况》，王寅丽译，世纪出版集团、上海人民出版社2009 年版，第 60 页。

　　② 庞立生、聂阳：《马克思劳动理论的现代性批判意蕴——兼回应阿伦特对马克思劳动理论的批评》，《天津大学学报》（社会科学版）2015 年第 3 期。

"在劳动发展史中找到了理解全部社会史的锁钥"①。他对"劳动"和"社会"概念的科学界定为梳理劳动现代性思想奠定了基础。马克思深入到现代社会内部，开启了劳动现代性批判之旅，从劳动的构成要素、劳动的社会关系和劳动的产品形式等方面展开劳动现代性的结构分析；从生产过程现代性、交换过程现代性、分配过程现代性和消费过程现代性等方面展开劳动现代性的过程分析。

第一节　劳动、现代和劳动现代性概念

劳动是唯物史观的核心概念，唯物史观是劳动史观，剩余价值论是劳动政治经济学，科学社会主义是劳动世界观。马克思从实践论立场出发，揭露了"劳动"的四重历史内涵，具体包括：劳动的"感性活动"内涵、劳动的"物质变换"内涵、劳动的"谋生手段"内涵和劳动的"第一需要"内涵。对于"现代"概念的理解离不开现代意识和现代观念的产生。马克思认为，现代观念的产生与人们的现代社会生活过程紧密关联。马克思主要不是从编年史意义上使用"现代"时间概念，主要是从存在论立场的形态学意义上来解读"现代"的含义。"现代"社会、资本主义社会、第二大社会形态等都是建立在资本主义生产方式基础之上的，"资本主义生产方式"范畴为"现代"概念确立了形态学的含义。"现代性"的本质是资本，那么，"劳动现代性"概念能否成立？回答是肯定的。从劳动现代性的本质看，是资本宰制劳动。把握劳动现代性离不开资本现代性，劳动现代性和资本现代性是现代性社会的一体两面。劳动现代性的展开表现为劳动主体客体化和劳动客体主体化过程的分离。这种分离是资本与劳动对立关系的体现，蕴含着现代性的内在矛盾。马克思从"资本—劳动"的关系出发解剖劳动现代性，把"异化劳动"作为劳动现代性

---

① 《马克思恩格斯选集》第4卷，人民出版社2012年版，第265页。

批判的逻辑起点，又进一步把"异化劳动"批判提升到"雇佣劳动"高度，深刻揭示了劳动现代性的本质内涵。

一 "劳动"概念：实践论立场的历史内涵

劳动是使用价值和价值的创造者，劳动创造了人、创造了社会、创造了世界。劳动作为价值创造的源泉是马克思界定劳动概念的重要方面。劳动是马克思学说的核心概念之一，是理解马克思学说的枢纽。唯物史观是劳动史观，剩余价值论是劳动政治经济学，科学社会主义是劳动世界观。劳动概念"蕴含历史本体论、历史批判论和历史目的论意义"[①]。马克思从实践论立场出发，揭露了"劳动"的四重历史内涵。第一是劳动的"感性活动"内涵。劳动、生产和实践具有内在统一性，劳动、生产、实践统一于"感性活动"。"感性活动"概念是马克思与旧唯物主义的根本区别。第二是劳动的"物质变换"内涵。马克思把劳动理解为创造使用价值的"物质变换"过程，理解为以人的活动为中介的人和自然之间的过程。马克思从"物质变换"意义上理解劳动具有重要的思想解放、人类解放、社会解放和自然解放意义。第三是劳动的"谋生手段"内涵。"谋生劳动"直接表现为雇佣劳动，雇佣劳动是以劳动力商品化为前提的剩余价值生产手段。死劳动统治和剥削活劳动是资本主义雇佣劳动制度的基本特征。雇佣劳动相比以往的劳动形式是人类自由的巨大进步，但是，谋生性的雇佣劳动所实现的自由是在资本限度内的自由。第四是劳动的"第一需要"内涵。劳动的"第一需要"内涵是相对于"谋生手段"内涵而言的，是对"谋生手段"内涵的扬弃。劳动的"第一需要"内涵是指劳动以人的能力发展为根本旨趣，是人的自我实现和自我享受过程。

---

① 寇东亮：《马克思的劳动概念与"三个王国"的自由思想》，《上海师范大学学报》（哲学社会科学版）2021年第6期。

（一）劳动的"感性活动"内涵

西方学者对马克思"劳动"概念的误解根源于"劳动"批判真实语境的遮蔽，即他们有意无意地掩盖了资本主义制度下劳动的真实境遇。哈贝马斯把马克思的劳动理论称为"过时的生产范式"①。鲍德里亚要求打破马克思的"生产之镜"。海德格尔则认为马克思"达到了虚无主义的极至"②。为了回应种种对马克思的误解误读，我们必须重新回到马克思对"劳动"概念的深刻理解。哈贝马斯质疑马克思劳动批判的有效性，在他看来，马克思和黑格尔都强调历史的自我发展，黑格尔把历史发展归因于自我意识，马克思把历史发展归因于劳动。"劳动"概念对于"自我意识"概念的替换表明，马克思不过是把批判性的规范偷运到自己的批判理论之中已已。哈贝马斯认为，"在实践哲学看来，构成现代性原则的不是自我意识，而是劳动"③。实际上，哈贝马斯在强调马克思和黑格尔的继承性（即对历史自我发展原则的确认）的同时，从根本上否定了马克思对黑格尔的超越。马克思"劳动"的概念与生产、实践概念具有内在统一性，它们统一于"感性活动"。"感性活动"是马克思与旧唯物主义的根本区别。因为旧唯物主义仅从客体或直观形式去理解对象世界，马克思则立足"感性的人的活动"④去理解对象世界。生产、劳动、实践都是感性活动，具有统一性。感性活动是"整个现存的感性世界的基础"⑤。离开"感性活动"这一基础，整个人类世界和现实生活是无法理解的。

劳动的"感性活动"内涵与马克思把劳动概念提升到实践概念直

---

① ［德］哈贝马斯：《现代性的哲学话语》，曹卫东等译，译林出版社 2004 年版，第 87 页。

② ［法］F. 费迪耶等辑录：《晚期海德格尔的三天讨论班纪要》，丁耘摘译，《哲学译丛》2001 年第 3 期。

③ ［德］哈贝马斯：《现代性的哲学话语》，曹卫东等译，译林出版社 2004 年版，第 73 页。

④ 《马克思恩格斯文集》第 1 卷，人民出版社 2009 年版，第 499 页。

⑤ 《马克思恩格斯文集》第 1 卷，人民出版社 2009 年版，第 529 页。

接关联。这种提升有着特定的理论背景。首先，从哲学角度看，"感性活动"是马克思在批判切什考夫斯基"实践哲学"与赫斯"行动哲学"基础上提出的。切什考夫斯基认为，实践哲学关注实践活动"对生活和社会关系施加直接影响"①。赫斯认为，生活即行动，对资本主义社会进行改造的自由行动是一种自我决定的行动。他认为，自由行动是由内心驱使的，"被迫的劳动"则根源于"外力的驱使"或"穷困"。②赫斯对自由行动的价值预设为马克思《1844年经济学哲学手稿》的人本主义逻辑出场提供了前提。其次，从经济学角度看，劳动概念与生产概念是在政治经济学层面提出来的。由此，生产劳动被理解为人类历史的现实基础。马克思把生产劳动作为人类历史的基础受到了威廉·汤普逊的影响，从1845年"曼彻斯特笔记"看，马克思阅读了威廉·汤普逊的经济学著作。汤普逊认为，劳动是生产最重要的因素，生产劳动是人类社会的唯一基础。如果停止劳动，人们便很难把自然力量保存下来，对于社会财富而言，劳动"什么都做了"③。

哲学和经济学层面的劳动和生产概念相互补充，为马克思提出实践概念奠定了基础。作为"感性活动"的实践内涵至少有两点：一是改造人的自然关系的物质生产，它构成社会历史的基础；二是改造社会关系的物质交往，它直接决定社会历史的现实形态。如果说"劳动"概念更倾向于第一方面，那么，当马克思把劳动提升到实践层面时，它便包含了两个方面，也就是说，实践"既指向历史基础也指向社会关系的调整"④。在马克思看来，社会变革和人的解放是人类物质生产和社

---

① 张一兵：《回到马克思——经济学语境中的哲学话语》，江苏人民出版社2020年版，第107页。

② 张一兵：《回到马克思——经济学语境中的哲学话语》，江苏人民出版社2020年版，第135页。

③ ［英］威廉姆·汤普逊：《最能促进人类幸福的财富分配原理的研究》，何慕李译，商务印书馆1986年版，第34页。

④ 陈胜云：《论马克思"劳动"批判的真实语境》，《上海行政学院学报》2008年第6期。

会交往的结果。实现人的解放必须立足"现实世界",运用"现实手段",按照马克思的观点就是必须借助"武器的批判"才能完成。因而,马克思把"解放"理解为一种历史活动,并且从现实的工业、商业、农业和交往状况中去寻找"解放"的依据。

(二)劳动的"物质变换"内涵

马克思、恩格斯在《德意志意识形态》中,从生存论视角理解劳动,把劳动理解为满足吃喝住穿等生存需要的基础,因此,从生活资料的生产视角把握劳动的内涵,强调劳动直接关涉人的生命存续、直接关涉个人对自然的关系。马克思已经看到,劳动直接关联着人的自然关系和社会关系,并且劳动的自然关系相对于劳动的社会关系具有逻辑在先的意味。在《资本论》中,马克思把劳动理解为创造使用价值的"物质变换"。劳动是"调整和控制人和自然之间的物质变换的过程"①,是人与自然关系的基础,对人与自然的关系发挥着"中介"作用。劳动是一切社会形式共有的创造使用价值以便维持人类存在发展的"自然必然性",因而关联着"必然王国"的自由。汉娜·阿伦特、哈贝马斯、鲍德里亚等把"劳动"看作身体性的生物活动、工具性的技术活动、生产主义的经济活动等,认为马克思的劳动概念是反自由的,这其实是对马克思劳动概念的误读误解。马克思从"物质变换"意义上,阐明了劳动的思想解放、人类解放、社会解放和自然解放的意义。

从思想解放角度看,劳动的"物质变换"内涵是新唯物主义世界观的基质。在马克思之前,唯心史观强调上帝、理性等对历史过程的干预,不理解人与自然的关系,深陷人本主义和自然主义的分裂。劳动的"物质变换"内涵则真正揭示了人与自然的真实关系,从而揭示了社会历史的世俗基础和客观规律,消解了"宿命论""神创论"等唯心史观,实现了从实践唯物主义向历史唯物主义的提升。马克思以劳动实践为基点理解人与自然的关系,确立了人类历史发展的物质生产逻辑。世

① 《马克思恩格斯文集》第5卷,人民出版社2009年版,第208页。

界历史是在劳动基础上诞生的，是"自然界对人来说的生成过程"①。劳动是破解全部人类社会历史的钥匙。马克思在劳动"物质变换"内涵基础上，建构了"自然史—人类史"一体化的唯物史观。

从人类解放角度看，劳动的"物质变换"是现实生活的生产和再生产的具体体现。正是通过人类的生产劳动而实现了人的提升，因而具有人类解放的意义。汉娜·阿伦特认为，马克思的劳动概念囿于生产方式，深陷劳动崇拜而诠释人的自由问题。然而，马克思的劳动概念并非止于作为"谋生手段"的生产活动，汉娜·阿伦特只看到了劳动的生产性、物质性而没有看到劳动的超越性和价值性。马克思认为，从"个人肉体存在的再生产"考察劳动还不能完全把握劳动的意义，必须把劳动理解为个人表现自己生命的方式。"个人怎样表现自己的生命，他们自己就是怎样"②。现实生活的生产包括物质生活、人口、社会关系和精神生产等方面，劳动概念内涵着人的全部现实生产生活。对人的解放的理解应当立足于现实生活的生产和再生产。恩格斯认为，生产可以实现"两个提升"："一般生产"把人从其他物种之中提升出来；"自觉的社会生产"把人从动物之中提升出来。③ 第一个提升使人摆脱了"种"而成为"类"存在物，第二个提升使人超越"类"存在物而成为社会存在物。

从社会解放角度看，劳动的"物质变换"贯穿生产、分配、交换、消费全过程，具有社会解放的意义。生产是决定性环节，直接决定其他三个环节，反过来，分配、交换、消费也会促进或阻碍生产发展。鲍德里亚颠倒了生产和消费的关系，主张消费决定生产。马克思主张，"生产创造消费者"④。消费的客体（对象、方式）和消费的主体都根源于生产。生产、分配、交换、消费是劳动社会化的展开。其间，自然物质

① 《马克思恩格斯文集》第 1 卷，人民出版社 2009 年版，第 196 页。
② 《马克思恩格斯文集》第 1 卷，人民出版社 2009 年版，第 520 页。
③ 《马克思恩格斯文集》第 9 卷，人民出版社 2009 年版，第 422 页。
④ 《马克思恩格斯文集》第 8 卷，人民出版社 2009 年版，第 16 页。

变换的劳动形式承载着社会物质变换的使命，即物与物的关系表征着人与人的关系。自然物质变换（人与自然的关系）出现裂缝引发生态危机，社会物质变换（人与人的关系）出现裂缝引发经济危机。因此，必须坚持"联合起来的生产者"用公共生产资料组织生产，合理调节和共同控制"物质变换"才能破解生态危机和经济危机，从而实现社会解放。

从自然解放角度看，劳动的"物质变换"是"再生产整个自然界"的具体体现，具有自然解放的意义。生态马克思主义者奥康纳认为，在马克思那里，自然只是一个逻辑起点，而在马克思的总体性理论中，自然则隐退了。他认为，自然之中蕴藏着限制和帮助人类劳动的力量，但在马克思那里，自然"越来越被遗忘或者被置于边缘的地位"[1]。奥康纳的理论旨趣在于探讨把文化和自然的主题融合到马克思劳动范畴之中的理论方法。然而，在马克思那里，自然真的隐退了吗？答案是否定的。马克思历来强调自然的先在性和客观性，强调人类劳动必须"像自然本身那样发挥作用""还要经常依靠自然力的帮助"[2] 才能达成劳动的目的。但是，马克思更加重视劳动的建构性和为我性，劳动从根本上决定着人和自然的自由，规定着"自然的人的本质"和"人的自然本质"。在劳动的基础上，自然向人生成，人再生产整个自然界，同时，人融化自然，把自然的丰富特性纳入自身进而丰盈自己的本质力量。

（三）劳动的"谋生手段"内涵

劳动是人类生存发展的根本手段和基本方式，因而从人类生存论意义看，劳动是谋生性的活动。马克思谋生性的"劳动"概念从无产阶级主体立场出发，批判了资本主义雇佣劳动制度，揭示了无产阶级从

---

① ［美］詹姆斯·奥康纳：《自然的理由——生态学马克思主义研究》，唐正东、臧佩洪译，南京大学出版社 2003 年版，第 7 页。

② 《马克思恩格斯文集》第 5 卷，人民出版社 2009 年版，第 56 页。

"偶然王国"获取自由的可能性和条件性。在资本主义现代性展开过程中，作为"谋生手段"的"劳动"直接表现为雇佣劳动，雇佣主体是资本家，雇佣客体是无产者，劳动不过是作为雇佣客体的"谋生手段"。马克思语境中的"雇佣劳动"首先是一种纯粹的经济行为，其次是一个具有社会批判旨趣的历史唯物主义和政治经济学概念。雇佣劳动与过去的"帮工"具有根本不同的性质，它是以劳动力商品化为前提的剩余价值生产手段。雇佣劳动具有异化劳动的本质，它使工人陷入动物一般的存在状态。劳动者作为活劳动在雇佣关系中担负着谋生职能，资本家作为死劳动在雇佣关系中担负着增殖职能。活劳动与死劳动是雇佣劳动关系的双核。活劳动就是劳动本身，就是劳动力的耗费，就是人自身的身心活动或直接劳动。死劳动是劳动的基本要素，包括劳动对象和劳动资料。活劳动在非雇佣劳动中居于主体地位，具有能动作用，但是，雇佣劳动使活劳动沦为"谋生手段"，丧失了作为主体存在的意义。

在资本主义雇佣劳动条件下，由于死劳动对活劳动的支配与控制，活劳动丧失了主体地位和能动作用。资本作为"死劳动"是独立存在的，是"同活劳动相对立"的价值主体。[1] 死劳动和活劳动的关系是剥削压迫关系。"资本是死劳动，它像吸血鬼一样，只有吮吸活劳动才有生命。"[2] 揭露死劳动剥削压迫活劳动的关系是马克思劳动现代性批判的主要贡献。在雇佣劳动制度下，劳动力商品化，活劳动沦为资本增殖的源泉，劳动的目的和手段出现严重分裂。活劳动对于劳动者成为"谋生手段"，对于资本家成为增殖手段。活劳动以丧失灵魂为代价激活了死劳动，把自己"创造的财富变成了他人的财富"[3]。活劳动之所以受到死劳动的剥削压迫，其根源在于劳动者丧失了生产资料，劳动者

---

① 《马克思恩格斯全集》第 30 卷，人民出版社 1995 年版，第 513 页。
② 《马克思恩格斯文集》第 5 卷，人民出版社 2009 年版，第 269 页。
③ 《马克思恩格斯文集》第 8 卷，人民出版社 2009 年版，第 110 页。

不从事雇佣劳动便没有"谋生手段"。实现劳动解放必须消灭生产资料私有制，因为只有在人们共同占有和支配生产资料条件下，劳动才能成为人的现实生活的生产，才能成为财富源泉和人之为人的基础。

雇佣劳动相比以往的劳动形式是人类自由的巨大进步。雇佣劳动虽然以剩余价值生产为根本目的，但是，它也推动了人类自由的发展。雇佣劳动必须以工人的人身自由为前提，它摆脱了奴隶劳动与人身依附关系。雇佣劳动服从资本增殖的目的。雇佣劳动的重要前提是劳动力商品化并且能够自由出卖自己的劳动力，这本身就是自由的实现。这种"自由"包括两个方面：一是法权自由。劳动者"是作为自由的、在法律上平等的人缔结契约的"①，他们能够自由支配和处置自己的劳动力。在劳动力商品的买卖过程中，买卖主要取决于自己的意志。二是竞争自由。自由竞争能够为普遍的社会物质变换创造条件，是价值规律的实现方式。然而，作为"谋生手段"的劳动所获得的自由是极其有限的，它的自由局限在资本增殖的条件和范围之内。在资本主义雇佣劳动条件下，人与人的关系直接表现为物与物的关系，表现为激烈竞争和利益冲突，个人完全屈从于看不见的市场之手的摆布，个人的自然关系受资本的必然性支配因而个人的社会关系具有偶然性。在资本主义社会，劳动者个人"被设想得要比先前更自由些"②。这种自由表现为生活条件选择的偶然性，但是，相对过去而言，工人更加不自由，因为他们更加屈从于资本物的力量，他们只有依赖资本物的中介才能得以存续。这种"资本物的力量"是随时可以离开的，是劳动者不能规定的不可靠的偶然性。在资本主义社会，个人的个性完全屈从于资本物的权力。这种强大的独立的权力就是资本支配一切的经济权力。所以，在谋生性雇佣劳动中，工人处于"偶然王国"，工人的自由是虚假的。劳动力商品化意味着活生生的有感觉有需要的人被贬低为仅仅谋求肉体生存的动物性存

---

① 《马克思恩格斯文集》第5卷，人民出版社2009年版，第204页。
② 《马克思恩格斯文集》第1卷，人民出版社2009年版，第572页。

在。雇佣劳动表面上"以劳动为原则",但实质"是敌视人的"。①

(四)劳动的"第一需要"内涵

劳动的"第一需要"内涵是相对于"谋生手段"内涵而言的,是对"谋生手段"内涵的扬弃与超越。马克思在《哥达纲领批判》中指出,在共产主义社会,劳动将成为"生活的第一需要"②。劳动作为"谋生手段"虽然可以扬弃和超越,但却不是可有可无的。劳动的"第一需要"内涵,借助感性实践活动,实现了对劳动概念的科学诠释。从主体层面来看,"劳动"概念向"实践"概念的提升,实现了劳动主体的一般化、平等化;从内容层面来看,"实践"概念内涵着"劳动"内涵,由此,"实践"融入了物质生产内涵。那么,如何理解作为"第一需要"的劳动概念呢?恩格斯认为,生产劳动是"人类生存的必要条件",因而个人不能把生产劳动的责任"推给别人";生产劳动是个人"全面发展"和"表现自己的全部能力"的机会,因而,不是"奴役人的手段",不是"一种负担",而是"解放人的手段",是"一种快乐"。③雇佣劳动表现为工人的"谋生手段"和"一种负担",表现为工人生存的必要条件。对于资本家而言,雇佣劳动是"奴役手段"和"增殖方式",资本家过着不劳而获的寄生虫一样的生活,劳动者过着劳而不获的牛马一样的生活。资本家凭借发展的垄断权依靠剥削劳动者来满足自己的需要,绝大多数的劳动者丧失了发展的可能性,他们经常为满足最迫切的需要而进行斗争。只有在共产主义社会条件下,劳动才不仅仅是"谋生手段"更是生活的"第一需要"。劳动的"第一需要"内涵突出了劳动的自主性和创造性,突出了人本身的发展。人在生产过程中不仅以"自然形式"出现,而且"作为支配一切自然力的活动出现"④,是以劳动主体、自然主人的形式出现。

---

① 《马克思恩格斯文集》第1卷,人民出版社2009年版,第179页。
② 《马克思恩格斯文集》第3卷,人民出版社2009年版,第435页。
③ 《马克思恩格斯文集》第9卷,人民出版社2009年版,第311页。
④ 《马克思恩格斯文集》第8卷,人民出版社2009年版,第174页。

作为"第一需要"的劳动表现为人的自我实现和自我享受。正是因为劳动以人的自我发展为目的，因而在共产主义社会，个人作为"完整性的人"表现自己的生命，劳动表现为人的内在必然性和本质需要。马克思在《穆勒评注》中指出，人在自己的生产中物化自己的个性特点，因此人通过劳动享受"个人的生命表现"，并在产品中直观自己的本性。人的个性和本质是由生产劳动塑造和规定的，人通过自己的劳动产品直观自己的个性和本质。在《资本论》中，马克思通过"人体解剖"，揭示了劳动的"第一需要"内涵。马克思认为，由于生产力高度发展，劳动不再是"单纯外在自然必然性的外观"，劳动目的是由劳动主体提出的，劳动表现为主体的"自我实现"和"对象化"，这种自由劳动是实实在在的，劳动表现为"自由见之于活动"①。作为"第一需要"的劳动，其根本价值取向是把人类能力的发挥作为目的本身。劳动的"第一需要"内涵着人类对"自由王国"的追求。"自由王国只是在必要性和外在目的规定要做的劳动终止的地方才开始。"② 在自由王国，劳动成为目的本身，表现为追求人类能力的增长与发挥。劳动的"物质变换"内涵关涉着由外在目的所规定的"必然王国"；劳动的"第一需要"内涵关涉着由内在目的所规定的"自由王国"。在"必然王国"，劳动由外在必然性支配；在"自由王国"，劳动由内在必然性规定。劳动从"谋生手段"向"第一需要"提升以劳动者和生产资料直接结合为前提。为此，必须"消灭那种将多数人的劳动变为少数人的财富的阶级所有制"③。到那时，劳动将成为自由自觉的活动，成为生活的"第一需要"。

二　"现代"概念：存在论立场的形态学意义

对于"现代性"概念的理解离不开"现代"观念。现代观念的产

---

① 《马克思恩格斯文集》第 8 卷，人民出版社 2009 年版，第 174 页。
② 《马克思恩格斯文集》第 7 卷，人民出版社 2009 年版，第 928 页。
③ 《马克思恩格斯文集》第 3 卷，人民出版社 2009 年版，第 158 页。

生与人们的现代社会生活紧密关联。人们的现代观念是现代生活过程的反映。马克思立足生产方式的变迁把握社会历史时代。在马克思看来，"生产关系总合起来就构成所谓社会关系，构成所谓社会"①。可见，阐释社会历史时代的基础性范畴是生产关系。现代社会是由资本主义生产关系主导建构的，是资本主义社会关系的总和。马克思在对资本主义社会进行"人体解剖"的基础上完成了现代社会批判，他的"现代"概念具有存在论立场的形态学意义。马克思主要不是从编年史意义上使用"现代"概念的，主要是从存在论立场的形态学意义上来把握"现代"的社会性内涵的。"现代""现代社会""资本主义社会""现代市民社会""以物的依赖性为基础的人的独立性"等具有相同的形态学内涵，它们都是建立在"资本主义生产方式"基础之上的。马克思的"资本主义生产方式"范畴为"现代"概念确立了形态学的现实含义。马克思系统阐释了资本在现代社会生成发展中的关键性作用。资本不仅摧毁了传统的生产方式，而且为现代社会的存续发展奠定了基础。通过资本原则的阐释，我们深刻理解了现代社会的过渡性、暂时性，理解了现代社会的发展表现为断裂与延续的历史辩证法。

（一）"现代"概念的编年史维度和形态学意义

从马克思的著作看，主要不是仅仅从历史时间维度来理解"现代"，不是仅仅从编年史的意义上使用"现代"概念。马克思的"现代"概念主要是从存在论立场出发，揭示"现代"的形态学意义。"现代"概念不仅具有历史时间意义也具有社会空间意义。

首先，是"现代"概念的编年史维度。马克思对"现代"的考察立足点在哪里呢？在《〈黑格尔法哲学批判〉导言》中，马克思指出，自己对于"1843 年德国制度"的否定，"不会处在 1789 年，更不会是处在当代的焦点"②。在马克思看来，对于当时的德国而言，哲学是同

---

① 《马克思恩格斯选集》第 1 卷，人民出版社 2012 年版，第 340 页。
② 《马克思恩格斯文集》第 1 卷，人民出版社 2009 年版，第 5 页。

时代人，但却不是历史的同时代人。马克思所指的"当代"有着内在规定性，并不仅仅是编年史意义上的时间先后。也就是说，同一年代的不同民族、国家可能处于不同时代。虽然马克思对于"现代"的阐释中没有明确的年代规定，但却仍然可以依据马克思对于"现代"的规定性来进行推定。马克思的"现代"概念虽然主要不是从编年史的意义上来使用的，但并不是说，马克思没有从编年史的历史时间意义上使用过"现代"概念。在马克思看来，从现代社会的最初形成看，"现代"可以追溯到 16 世纪；从现代社会的成熟形态看，"现代"应该出现在 18 世纪。《共产党宣言》在阐述现代社会产生时，提到了美洲的发现、绕过非洲航线的开辟等，这些成为封建社会内部的革命因素，而资本取得统治地位的重要标志之一则是法国资产阶级大革命。到 18 世纪，人类大踏步地走向成熟的市民社会，此时，社会联系的形式成为个人达到私人目的的手段。马克思在《资本论》第一卷阐述资本原始积累过程时指出，资本主义生产的最初萌芽出现在 14—15 世纪，但"资本主义时代是从 16 世纪才开始的"[①]。这些论述说明，马克思把 15 世纪末到 16 世纪，理解为西方传统社会向现代社会的过渡年代，而 18 世纪，现代社会的一些典型形态已经出现了，比如英国、法国等。

其次，是"现代"概念的形态学意义。马克思对于现代社会的考察坚持了历史辩证法，既看到了现代社会的历史进步性又看到了现代社会的历史暂时性。在马克思语境中，"现代"具有社会存在的形态学意义，它是指人的特定的生存状态，是人类社会生产方式发展和转换的结果，是与"古典"具有质性差异的全新的人类社会形态。对于"现代"的理解，不同学科有着明显的差异。把握现代社会的起始，要看它定义的依据，也就是说，是使用文化术语还是政治或经济术语来诠释现代社会。马克思对"现代"的反思是总体性的，涉及哲学、政治经济学和科学社会主义等多个领域，但主要是从人类社会发展整体视角以及生产

---

① 《马克思恩格斯文集》第 5 卷，人民出版社 2009 年版，第 823 页。

方式的历史转换维度探讨"现代"问题和使用"现代"概念的。考察"现代"问题，无非包含时间序列的次序性和不同时代的异质性两个维度。马克思认为，前现代社会虽然处于不同发展阶段，但也有共性方面如地域性、手工劳动为主等。前现代社会和现代社会的质性区别是人的生存状态。现代社会与前现代社会相比，人的生存状况发生了根本性变化，从而造就了现代社会特有的生活场景。一方面是社会生产力的迅猛发展，尤其是机器大工业成为占主导地位的生产形式。机器大工业彰显了人类改造自然的巨大能力。另一方面是民族交往发展为世界交往，个人成为世界历史性存在。马克思认为，"现代"社会的形成是人类生产方式和交往方式长期发展的必然结果，生产力、分工、交往是把握现代社会的关键环节。手工劳动向机器生产发展是古代社会转向现代社会的根本标志。现代生产方式形成发展最显著的表现是交往范围的扩大、交往领域的拓展，是世界交往的形成和发展。生产和交往的发展直接表现为分工的发展。生产力发展水平最明显的标志是"该民族分工的发展程度"①。分工引起不同城市之间的生产分工以及城市和乡村之间的分工。从形态学意义上看，"现代"社会的形成发展昭示着历史的进步，"现代"与资本主义生产方式的形成发展紧密关联。当然，"现代"社会同样具有历史暂时性，它"只是通向人类自由而全面发展状态的一个特定阶段"②。

（二）"现代"与资本主义社会

马克思在谈到现代社会的生成发展和典型形态时，都离不开谈论资本主义社会。现代社会"就是存在于一切文明国度中的资本主义社会"③。由此可见，在马克思那里，"现代社会""资本主义社会""资产阶级时代"等，都是建立在资本主义生产方式基础之上的，具有相

---

① 《马克思恩格斯文集》第 1 卷，人民出版社 2009 年版，第 520 页。
② 庄友刚：《论马克思的"现代"观》，《苏州大学学报》（哲学社会科学版）2018 年第 4 期。
③ 《马克思恩格斯选集》第 3 卷，人民出版社 2012 年版，第 373 页。

同的形态学意义。马克思的"资本主义生产方式"范畴为"现代"概念确立了社会形态学的内涵。现代社会最显著的特征是"以市场为标志"的经济社会。① 马克思的"现代"概念是在资本主义社会研究的基础上形成与发展的。资本与市场是资本主义现代性生成发展的显著标志，在资本和市场的支配下，全部现代性社会沦为商品生产和商品交换的环节和手段。在马克思生活的时代，随着资本主义现代性的发展，其结果是社会贫富两极分化、拜物教盛行、道德沦丧、精神失落等，整个社会深陷物质与精神的撕裂状态。"资本"是现代社会的基因，是支配资本主义现代性的"普照的光"，是现代社会的主要支柱和主导原则。因此，"现代性的命运"与"资本的命运"之间存在着本质联系。② 把握马克思的"现代"概念必须研究现代资本主义社会，必须洞悉资本的本质。马克思对于现代性的批判本质上是资本主义社会批判，并在此基础上创立了科学社会主义理论，立足"社会化的人或人类社会"展开了对现代社会的重构。"社会化的人或人类社会"的基础是劳动社会化。只有顺应劳动社会化的发展趋势，人才能真正成为"社会化的人"。马克思在批判"旧世界"中发现"新世界"的论断不是一个抽象的命题，因为，马克思所指的"旧世界"就是现实的"资本主义社会"，马克思所发现的"新世界"就是理想的"共产主义社会"，而对"资本主义社会"的颠覆过程也就是"共产主义社会"的建构过程。到此时，资本真正成为必须铲除的"历史祸害"，劳动真正成为财富和文化的源泉。

当然，马克思对"现代"概念的阐释，抓住了"资本"这一反映现代社会本质内涵的范畴，并且从经济哲学视角展开了对资本现代性批判。但是，"现代"的经济学规定性并不否认马克思对于"现代"的总

---

① 宋艳华：《马克思现代性思想研究的出场语境、主要论域与拓展空间》，《中国矿业大学学报》（社会科学版）2020年第4期。
② 贺来：《马克思哲学与"现代性"课题》，《吉林大学社会科学学报》2000年第3期。

体性把握。马克思对现代社会的批判"都统摄于'资本'范畴",因而,资本是现代性批判的"总体性范畴"。① 马克思之所以把资本主义商品经济作为基本研究对象,是因为它体现了现代社会的本质特征。资本逻辑是现代性发展的主导性原则,现代社会的总特性是由资本原则规定的。资本主义生产关系决定着整个社会关系,资本赋予"物"以社会性质。资本是"现代"的存在方式,是"现代性"的本质内涵。理解了资本的本性就理解了"现代性"的本真内涵。因为在现代社会,资本主义生产方式占据统治地位,资本成为"普照的光"。社会存在的自然形态、社会关系和意识形态都打上了资本的烙印。资本作为现代的本质要素,创造了一个新的社会发展阶段,因而是现代社会形态的标志。基于资本的现代社会,不仅"创造出普遍的产业,即剩余劳动",而且"创造出一个普遍利用自然属性和人的属性的体系"②,创造出一个全新的社会形态和"伟大的文明",由此,世界性的发展和资本崇拜取代了过去的地方性发展和自然崇拜。马克思对于资本创造的现代社会发展阶段及其特征给予了精辟描述。马克思认为,对现代社会的"人体解剖"能够给我们提供"一把理解过去的钥匙",同时,能够"预示着未来的先兆"。③ 考察现代社会,不仅可以与之前的历史发展阶段进行比较,而且这种考察能够为描述未来社会发展阶段提供理论方法。

(三)"现代"的过渡性和暂时性

马克思阐释了资本在现代社会生成发展中的决定性作用以及劳动在现代社会生成发展中的基础性地位。资本的本性是不断增殖自身,随着资本力量日益强大,最终摧毁了一切传统的生产和交往方式。马克思虽然指认了资本现代性的发展为未来共产主义社会奠定了物质基础,但是,未来共产主义社会的物质基础实际上应当归功于劳动现代性的基础

---

① 罗骞:《论马克思的现代性批判及其当代意义》,上海人民出版社 2007 年版,第 21 页。
② 《马克思恩格斯文集》第 8 卷,人民出版社 2009 年版,第 90 页。
③ 《马克思恩格斯文集》第 8 卷,人民出版社 2009 年版,第 109—110 页。

性地位。通过对现代性资本逻辑进行批判，马克思阐明了现代资本主义社会的过渡性和暂时性。对于现代资本主义社会，必须立足断裂与延续的辩证统一来理解。现代社会的断裂根源于资本，现代社会的延续根源于劳动。马克思的劳动存在论超越了传统现代性批判的意识形态话语，实现了现代性批判的话语革命。在马克思看来，现代社会是总体性的，包括资本主义生产方式及其政治法律制度和文化意识形态。观念的历史总是根源于人们现实的生产生活状态，因为生活决定观念而不是观念决定生活。

资本开启了世界历史，形成了以"现代"概念为基础的历史叙事。由此，人类的文明进入了一个全球化时代，一切地缘的民族的界限不断被抹平，世界历史性存在成为经验事实。世界历史是资本空间扩张的必然结果。资本这种无坚不摧的力量取代了上帝在世间的统治地位。马克思把"货币"转化为"资本"比喻为"奴仆"向"上帝"的转化。货币"一跃而成为商品世界中的统治者"①。"货币"转化为"资本"的过程就是它由"奴仆"到登临"上帝"宝座的过程，由此，资本拜物教便产生了。为了巩固自己的"上帝"地位，货币必须不断转化为"资本"并且不断增殖自身，也就是说，必须通过增殖方式来巩固和发展自己的经济权力和统治地位。现代社会是以资本为原则建构的，因而，现代社会的价值观念和精神追求也应当在对资本的揭示中显示出来。马克思认为，黑格尔用"绝对理念"指认"现代"概念，鲍威尔用"自我意识"指认"现代"概念，其本质是现代性的主体性原则，是一种唯灵论。当然，我们并不否认启蒙运动以来，人道主义和理性主义成为现代性的标志，它们构成现代精神的内在规定。然而，马克思则强调，资产阶级的思想观念是其"生产关系和所有制关系的产物"，他们的法律等阶级意志也是由其"物质生活条件来决定的"。② 马克思的

---

① 《马克思恩格斯全集》第30卷，人民出版社1995年版，第173页。
② 《马克思恩格斯选集》第1卷，人民出版社2012年版，第417页。

高明之处就在于，为现代精神原则确立了劳动存在论基础，揭示了现代精神的社会历史内涵。由资本主义生产方式规定的社会经济形态是历史性的，它规定了"现代"在人类历史发展中的位置和意义。马克思站在历史辩证法高度，揭示了现代社会的文明作用和历史限度，探讨了人类社会未来走向及其实现条件。无论是古典政治经济学还是德国古典哲学，他们对于现代社会的批判都囿于资本原则，其结果，必然沦为无批判的理性主义或实证主义，他们的批判没有触及现代性的根基，因而无法真正完成对现代性的批判。马克思把"现代性"置于过去、现在与未来的社会历史框架之中，把"现代"理解为一个社会历史过程，否弃了黑格尔的世界历史终结论。马克思认为，资本主义是人类社会史前时期最后的社会形态，真正的人类历史将在现代性的劳动原则基础上生成与发展。

现代性是现代之所以为现代的内在规定性和总特征。马克思并没有按照启蒙运动所代表的现代精神原则、现代思维方式等，从意识形态批判视角来反思现代性。马克思首先做的是对这种历史唯心主义原则的颠倒，将解剖市民社会而获得的"资本原则"和"劳动原则"作为现代社会历史的基本建制。法国哲学家列斐伏尔指出："马克思经常用'现代'一词来表示资产阶级的兴起、经济的成长、资本主义的确立，它们政治上的表现以及后来——但不是最终对作为一个整体的这些历史事实的批判。"① 马克思语境中的现代性批判主要是对"资本原则"的批判和对"劳动原则"的肯定。现代文明本质是资本主义文明，现代性批判必须围绕资本批判展开。现代性的真正批判就是揭示资本对于现代社会的存在规定，并且通过实践方式消除资本的现实前提和存在基础。

---

① Henri Lefebver, *Hntrkduction to Modernity*, translated by John Moore, Verso, 1995, p. 169.

三　"劳动现代性"概念：与资本现代性的一体两面

应当如何理解马克思的"劳动现代性"概念呢？从劳动现代性的本质看，是资本宰制劳动。把握劳动现代性离不开资本现代性，劳动现代性和资本现代性是现代性社会的一体两面。也就是说，现代性是由"资本—劳动"的关系系统建构的，无论是理解劳动现代性还是理解资本现代性都必须立足于"资本—劳动"的关系。从"资本—劳动"的关系看，劳动现代性归根结底表现为资本宰制劳动。劳动本身成为非自足性概念。现实的劳动离不开劳动主体和劳动客体的相互作用。劳动现代性的展开表现为劳动主体客体化和劳动客体主体化过程的分离。由于资本对劳动主体、劳动关系和劳动过程的支配，劳动主体客体化表现为劳动异化，原来由劳动创造的资本物取得了劳动的主体地位。劳动主体客体化和客体主体化的分离是资本与劳动对立关系的体现，它蕴含着现代性的内在矛盾。马克思从"资本—劳动"的关系出发解剖劳动现代性，首先提出了"异化劳动"概念，把"异化劳动"作为劳动现代性批判的逻辑起点。但"异化劳动"是私有财产制度的产物，并不是现代资本主义社会独有的现象，因此马克思又进一步把"异化劳动"批判提升到"雇佣劳动"的高度，"异化劳动"与"雇佣劳动"相结合，深刻揭示了劳动现代性的本质内涵。

（一）劳动现代性的本质：资本宰制劳动

何谓劳动现代性？劳动现代性指的是资本主导下的劳动形式，它表现为资本主义制度下的异化劳动和雇佣劳动形态。劳动现代性的实质就是资本对劳动的宰制，资本成为劳动关系、劳动过程、劳动结果的决定性力量。从这个意义上说，劳动现代性与资本现代性是现代社会的一体两面，或者说，劳动现代性表现为资本现代性，资本现代性规定了劳动现代性的本质内涵。"资本—劳动"的二元结构是马克思分析现代社会的基本理论范式。在《资本论》中，马克思对"资本—劳动"关系进行了系统性解构。"资本—劳动"的关系是"全部现代社会体系所围绕旋转的轴心"①，是马克思、恩格斯破解现代社会秘密的一把钥匙。马克思在《资本论》中非常透彻和精辟地阐明了"资本—劳动"的关系。"资本—劳动"的关系是现代资本主义社会最基本的生产关系，它们是劳动力商品"购买方"和"出售方"为实现资本增殖而缔结的法权关系。不理解"资本—劳动"的关系便无法破解现代性社会之谜。因为劳动现代性离开资本便无法加以定义。劳动现代性或者资本现代性，其本质都是资本与劳动关系的现代性。

那么，马克思在《资本论》中是如何分析"资本—劳动"关系的呢？马克思在《资本论》中，对现代资本主义社会的解剖是"从分析商品开始"②。"资本—劳动"关系是现代资本主义社会最基本的经济关系。商品虽然是表征财富的基本元素，但却是一定社会关系的承载者，尤其是"资本—劳动"关系的承载者。马克思从商品的"二重性"（价值和使用价值）出发，揭示了劳动的"二重性"，也就是说，商品的"二重性"是由劳动的"二重性"决定的。就一般意义上的劳动而言，它首先是人与自然之间的物质变换过程。劳动直接在人与自然之间展开，同时关涉人与人之间的关系。资本主义社会条件下的现实劳动是活劳动（劳动者）与死劳动（资本物）关系的历史重构。

"资本—劳动"的关系是马克思现代性批判的理论基点。马克思从"资本—劳动"关系出发，分析了现代社会之中人格化的资本家和工人的矛盾、组织化的资产阶级和无产阶级的矛盾。资本与劳动的雇佣关系贯穿现代社会生产全过程。在生产和消费环节，劳动之于资本经历了从"形式从属"向"实质从属"的发展，由此建立了资本对劳动全方位的强迫关系，其结果是贫富地位的两级性和劳资关系的敌对性。在交换环节，劳动力的买卖形式上是自由、平等和公正的，仿佛是天赋人权的"真正伊甸园"，但这种形式平等却掩盖了实质的不平等。由此，马克

---

① 《马克思恩格斯选集》第 2 卷，人民出版社 2012 年版，第 70 页。
② 《马克思恩格斯文集》第 5 卷，人民出版社 2009 年版，第 47 页。

思揭露了"资本—劳动"关系的虚伪性。在分配环节，资本与劳动的对立性质根源是资本家无偿占有工人的剩余劳动。马克思对"资本—劳动"关系进行研究的最大贡献是揭示了资本剥削劳动的秘密。资本宰制劳动的目的是把劳动力作为"活的酵母"，在生产中发挥其价值源泉的特殊作用。活劳动是资本自我增殖的重要手段，这是"资本—劳动"关系建构发展的唯一行为动机。从"资本—劳动"关系的统一性看，资本与劳动合谋推动了生产力的发展和社会历史的进步。资本与劳动是相互依存、互为价值、不可分割的。就资本而言，货币占有者只有购买到劳动力商品时，它才能获得增殖动力，从而实现货币向资本转化。就劳动而言，它丧失了生产资料，一无所有，"他只能作为资本家工场的附属物展开生产活动"①，才能实现价值获得生活资料。资本与劳动的分工协作推动了生产力的巨大发展。资本主导下的协作生产创造了一种新的生产力——集体力。工人在生产中的劳动协作提供了生产的社会化水平和程度，这些为人的自由全面发展提供了必要的准备。在现代性的展开中，"资本—劳动"的关系是由资本主导的，对于广大的劳动者而言，他们与生产资料始终处于分离状态。"资本—劳动"的统一性是相对的，对立性是绝对的。马克思认为，"资本—劳动"关系发展的结果是"生产资料的集中和劳动的社会化"②矛盾的尖锐化，从而为炸毁资本现代性创造条件。

（二）劳动现代性的表现：主体客体化和客体主体化的分离

劳动本身不是自足性概念，现实的劳动离不开劳动主体和劳动客体的相互作用。在现代性批判视域下的劳动主体是现实的个人。马克思之所以强调消灭资本，并不是要消灭劳动的客体条件，而是要消灭劳动"主体客体化和客体主体化的分离"现象。在资本主义生产中，劳动者表现为"主体客体化"，资本家表现为"客体主体化"。劳动者作为劳

---

① 《马克思恩格斯文集》第 5 卷，人民出版社 2009 年版，第 417 页。
② 《马克思恩格斯文集》第 5 卷，人民出版社 2009 年版，第 874 页。

动主体不能支配和控制自己的劳动，劳动从主体中外化出去了。资本物成为支配和控制劳动主体的物质力量，其结果，现实的个人朝着非人性化的自我异化方向发展。在资本主义私有制条件下，劳动的主客体是完全颠倒的，劳动的主体客体化，劳动的客体主体化，"主体客体化和客体主体化的分离"直接表现为资本与劳动的对立，它的现实生活表现便是无产阶级和资产阶级的尖锐对立。马克思在《〈黑格尔法哲学批判〉导言》中，把批判的矛头直指导致人自我异化的社会关系，资本主义生产关系导致劳动者"被侮辱、被奴役、被遗弃和被蔑视"①，因而必须依靠革命实践的物质力量和依靠广大人民群众铲除导致这种异化的社会关系，因为，劳动者在劳动过程中的主体地位是其成为真正的人的前提条件。马克思在《关于费尔巴哈的提纲》中，坚持从"一切社会关系的总和"②把握现实的人。马克思的劳动概念，主要从主体角度，从人的自然关系角度出发诠释人的类本质，当马克思考察人的现实本质的时候，便一下子从人的自然关系跃升到人的社会关系。这种跃升与马克思把劳动概念提升到实践概念直接关联。

马克思现代性批判首先是围绕异化劳动展开的，异化劳动抓住了现代性批判的关键环节，但是，现代性批判最终的主体性依据却不是劳动本身，而是劳动所承载的社会关系，即资本主义生产关系。马克思认为："废除私有财产只有被理解为废除'劳动'……的时候，才能成为现实。"③这里的"废除劳动"显然是要废除资本主义社会的异化劳动。在《1844年经济学哲学手稿》中，马克思对异化劳动从四个方面展开了系统批判，这种批判分析从人与物的异化开始，最终论证了无产阶级与资产阶级的对立。马克思的异化劳动概念突出强调的是劳动的社会关系特征，劳动异化的判断不是主观设定而是对劳动现实关系的实证考察

---

① 《马克思恩格斯文集》第 1 卷，人民出版社 2009 年版，第 11 页。
② 《马克思恩格斯文集》第 1 卷，人民出版社 2009 年版，第 501 页。
③ 《马克思恩格斯全集》第 42 卷，人民出版社 1979 年版，第 255 页。

而得出的结论。在马克思劳动现代性批判的真实语境中，受到批判的是劳动的现实社会关系，即资本主义生产关系，而不是劳动本身。

马克思的劳动概念是面向存在思考的结果，也就是说，马克思试图在劳动存在论基础上把工业化的产物改造为人类的家园。生产劳动是人类历史的第一前提和第一重要的现实因素，人类要生存就必须与自然搏斗，就必须要从事物质生活资料的生产。人类的劳动首先是一种"自然必然性"，它"是不以一切社会形式为转移的人类生存条件"①。没有基于劳动的物质变换，人类便无法从自然中获取生存发展所必需的资料。马克思追求的劳动解放有两层含义：一是从劳动的自然关系中解放出来，也就是提高科学技术水平和劳动生产力，创造更多的物质财富，获得更多的自由时间；二是从劳动的社会关系中解放出来，把对抗性的劳动关系转化为自由联合的劳动关系。

资本雇佣劳动关系的前提条件是劳动力商品化。劳动力商品化意味着人的物化。在资本家看来，在劳动中消费劳动力商品和消费其他商品是一样的，而且他只有把生产资料加诸劳动力才能真正消费劳动力。劳动本身是"活的酵母"，生产资料是"死的要素"②，"活的酵母"只有与"死的要素"相结合才能激活"死的要素"，才能实现资本的增殖。从劳动的结果看，雇佣劳动是资本增殖的手段，它只有担当交换价值的生产工具时才会被资本吸收，它只有创造剩余价值时才能并入生产过程。因而工人被雇佣带有很大的偶然性，因为是否投资生产、生产什么、生产多少、何时生产等完全是资本家的自由，按照马克思的说法，"这是资本所享有的压榨工人的自由"③。资本物本来是劳动者从事劳动的物质条件，但在资本主义生产条件下，劳动者却变成了资本物增殖自身的条件。

---

① 《马克思恩格斯全集》第 44 卷，人民出版社 2001 年版，第 56 页。
② 《马克思恩格斯文集》第 5 卷，人民出版社 2009 年版，第 216 页。
③ 《马克思恩格斯文集》第 1 卷，人民出版社 2009 年版，第 757 页。

（三）劳动现代性的核心：从"异化劳动"到"雇佣劳动"的跃升

"资本—劳动"的二元结构分析方法是马克思在《1844年经济学哲学手稿》中确立的解剖现代社会的理论方法。马克思运用"资本—劳动"的二元结构分析方法，揭示了现代性危机的尖锐性、严重性以及摆脱危机的出路。马克思认为，资本与劳动的矛盾终将达到极端对立，那将是"整个关系的顶点、最高阶段和灭亡"①。"资本—劳动"的关系是全部社会关系的基础，它们的对立根源于资本主义私有制。国民经济学把私有财产看成是天然合理的，而马克思则认为，私有财产是首先应当给予说明的事实。国民经济学没有看到劳动的主客观条件分离对于工人来说是必然的和有害的。"资本—劳动"的统一性是理解资本现代性生成的基础，"资本—劳动"的对立性是理解劳动现代性重建的关键。马克思认为，现代性批判的任务就是弄清现代社会的"全部异化和货币制度之间的本质联系"②。要弄清"资本—劳动"的关系就必须研究现代私有制的起源、本质和运动规律。因此，马克思从现代私有制即这个"当前的国民经济的事实"③出发，提出了"异化劳动"理论，揭露了现代资本主义社会的本质和危机。异化劳动是马克思劳动现代性概念的基石。在马克思看来，现代性问题的核心是人的问题。马克思在探讨资本与劳动的关系及其私有财产的起源时，所发现的"异化劳动"同人类的生存发展有着密切的关系。

私有财产关涉人之外的东西，劳动直接关系到人本身。也就是说，人们把"劳动"问题同"人本身"联系起来，"劳动"是一个关涉到人生存发展和自由解放的关键性问题，"问题的这种新的提法本身就已包含问题的解决"④。什么是"新的提法"？其实就是"异化劳动"的提法，因为"异化劳动"导致人的本质丧失，所以扬弃异化劳动才能

---

① 《马克思恩格斯文集》第1卷，人民出版社2009年版，第172页。
② 《马克思恩格斯文集》第1卷，人民出版社2009年版，第156页。
③ 《马克思恩格斯文集》第1卷，人民出版社2009年版，第156页。
④ 《马克思恩格斯文集》第1卷，人民出版社2009年版，第168页。

实现人的本质的复归。马克思认为，国民经济学无视或混淆了异化劳动和一般劳动的分别，因而无法找准现代性问题的症结所在。什么是"包含问题的解决"？也就是说，解决异化劳动问题就是扬弃异化劳动。马克思的"异化劳动"概念，一方面，关联着"私有财产"这一"事实"，这使马克思找到了劳动现代性危机的致因；另一方面，异化劳动概念直接关系到人本身，这为马克思劳动现代性批判指明了价值方向。解决"异化劳动"这个劳动现代性问题，必须消灭资本主义私有财产制度，其根本目的在于使劳动主体摆脱资本的宰制，消解劳动异化，从而为人的解放开辟广阔的道路。马克思认为，国民经济学现代性批判的最大问题是见物不见人，其思想方法是事实与价值分离。马克思则坚持事实与价值的辩证统一，揭示了"物与物的关系"背后隐藏的"人与人的关系"。马克思认为，由于异化劳动沦为了增加财富的手段，因而"是有害的、招致灾难的"①。唐爱军认为，马克思现代性批判的主题是劳动，马克思"劳动现代性思想"包括三个方面：一是"围绕'异化劳动'展开的人本主义批判"；二是"以雇佣劳动为枢纽的政治经济学批判"；三是"立足于劳动过程的技术合理性批判"②。就"异化劳动"而言，毫无疑问，这是马克思劳动现代性批判的切入点。在资本主义私有制条件下，异化劳动表现得极为突出。但是，异化劳动是私有财产制度的必然结果，只要是私有财产制度就必然导致异化劳动。虽然异化劳动在现代社会表现得最为突出但却不是它独有的现象。马克思通过"人体解剖"，确认现代资本主义社会的劳动形式是雇佣劳动。马克思的《资本论》及其手稿都是围绕"雇佣劳动"批判展开的。据此，我们认为，马克思劳动现代性的核心问题经历了由"异化劳动"向"雇佣劳动"的转化。马克思认为，"雇佣劳动是设定资本即生产资本的劳

---

① 《马克思恩格斯文集》第 1 卷，人民出版社 2009 年版，第 123 页。
② 唐爱军：《从"两军对峙"到"共同的问题域"——韦伯与马克思比较研究》，《中共天津市委党校学报》2013 年第 2 期。

动"①，雇佣劳动是"对象化劳动"的价值保持者（资本家）与"对象化劳动"的使用价值担当者（工人）之间的交换。从"异化劳动"到"雇佣劳动"是马克思劳动现代性批判的跃升。当然，"雇佣劳动"是"异化劳动"的具体形态，因而对它的历史考察，也就是对劳动异化产生的历史条件的考察。"异化劳动"与"雇佣劳动"结合使马克思劳动现代性批判实现了从现象层面到本质层面的纵深发展。

第二节　劳动现代性的结构分析

现代性是在各种复杂的关系和矛盾中生成发展的，现代性的扬弃和超越也是一个复杂过程。马克思抓住了劳动与资本的关系来解剖现代性，从而超越了西方启蒙运动以来理性形而上学对现代社会多样性和复杂性的反思。马克思深入到现代社会内部，开启了劳动现代性批判之旅。马克思从劳动的构成要素、劳动的社会关系和劳动的产品形式三个方面展开了劳动现代性的结构分析，揭示了劳动的主体要素、客体要素和乘数要素的现代性内涵。马克思对劳动现代性的分析从异化劳动入手，然后深入到雇佣劳动内部，最后诉诸自由劳动来探索人的解放问题。异化劳动的发展机制是私有制，从奴隶社会到封建社会再到资本主义社会，异化劳动日益发展到顶点、最高阶段。到资本主义时代，异化劳动直接表现为雇佣劳动，资本与雇佣劳动的关系掩盖了劳动的异化性质。马克思认为，要实现人的解放和全面发展就必须创新劳动形式，用"自由劳动"形式取代"雇佣劳动"形式。人类劳动成果分为"实物形式"和"非实物形式"两类。现代社会，以非实物使用价值为内容的非实物财富的比重不断上升。劳动产品资本化是现代社会的历史起点，是劳动现代性发展的源头。劳动产品资本化解释了资本的本体性来源问题，也解释了死劳动与活劳动的对立问题。把劳动从资本现代性中解放

---

① 《马克思恩格斯全集》第30卷，人民出版社1995年版，第455页。

出来就必须从源头解决问题，即解决劳动产品资本化问题，为此，马克思提出了"消灭私有制""剥夺剥夺者"的历史任务。

一 劳动构成要素的现代性

劳动构成要素的具体内容和作用形式受生产力发展和科技水平制约。劳动构成要素就是进入劳动过程的主体条件、客体条件以及乘数要素，是"具体劳动的各种条件或因素"[1]。从产品的角度看，包括两个方面：作为主体要素的"生产劳动"（劳动本身）和作为客体要素的"生产资料"（劳动资料和劳动对象）。劳动过程的简单要素包括"劳动本身，劳动对象和劳动资料"[2]。劳动过程的简单要素是任何时代、任何劳动的必备要素。没有劳动力发挥作用，生产资料不会自行运动；没有生产资料，劳动力的自身运转也不会成为劳动。在劳动过程的简单要素中，主体要素和客体要素的地位和作用不同。主体要素就是"活劳动"，就是劳动力的使用。主体要素能够引起劳动过程发生且调整和控制劳动过程，是劳动过程的能动性要素。客体要素就是生产资料，包括劳动资料和劳动对象，是劳动过程的受动性要素，是活劳动的吸收器。人类的劳动形式是复杂多样的。马克思主要考察了人类物质生活资料的生产。随着现代科学技术的飞速发展，科学技术知识作为乘数要素内化于劳动本身和生产资料之中，日益发挥着决定性的作用。

（一）劳动主体要素的现代性内涵

马克思对劳动现代性的考察立足点是无产阶级的解放。劳动是无产阶级的主要社会生活内容。无产阶级解放的前提是劳动解放。马克思与启蒙思想家从理性角度反思现代性不同，他抓住了主体的劳动本性来考察现代性，从而真正破解了现代性之谜。

---

① 梁玉秋：《劳动的构成要素及其在现代社会中的扩展——深化马克思关于劳动问题的认识》，《首都经济贸易大学学报》2009 年第 4 期。

② 《马克思恩格斯文集》第 5 卷，人民出版社 2009 年版，第 208 页。

劳动者是劳动的主体要素。"任何社会的现代化，既包括物的现代化，又包括人的现代化。人是社会劳动的主体，所以，现代化的过程是劳动者的现代性不断增长的一个过程，而具有现代性的人被称为现代人。"① 劳动者是现代性的主体性基础。劳动者是由自然性和社会性、受动性和能动性共同构筑的主体。现代性的发展在主体方面有着重要的体现。在劳动社会化发展的基础上，劳动者的贫穷与愚昧、非劳动者的财富与文化也随之发展。马克思认为，青年黑格尔派揭露了"人的自我异化的神圣形象"，接下来，为历史服务的哲学就要肩负起揭露"非神圣形象的自我异化"的任务。② 资本逻辑导致的劳动者自我异化能够为劳动者主体性发展创造条件，无产阶级经受严酷的并能使人百炼成钢的劳动训练而走向成熟。劳动社会化的背反表现为必须通过市民社会的商品化、非人化才能实现劳动主体的存续。现代生产不仅把人当作商品、当作商品人、当作具有商品规定性的东西生产出来，而且当作非人化的存在物生产出来。在资本现代性的展开中，劳动者沿着极度片面化、抽象化的方向发展。造成劳动者畸形发展的直接杠杆是分工。分工虽然是一种"有计划地一起协同劳动"③，但对于劳动者个人而言，他们被分割在生产系统的某一环节，他们变成了分工体系中没有情感联系的"肢体"，因此，他们所能享有和得到的不过是"机器"一般的保养权和"动物"一般的生存权。在从工场手工业向机器大工业的跨越中，分工在更令人讨厌的形式上得到系统巩固，工人则由活劳动的"肢体"蜕变为"机器零件"。科学的进步、技术的发明、分工的发展，其结果，"人"沦为"愚钝的物质力量"，"物"变成"有智慧的生命"。④分工造成个体社会性异化，表现为个体社会关系的普遍发展。大工业的本性决定了工人的全面流动性，由于多样化劳动训练、多种类的职能活

---

① 林勇主编：《劳动社会学》，中国劳动社会保障出版社2006年版，第79页。
② 《马克思恩格斯文集》第1卷，人民出版社2009年版，第4页。
③ 《马克思恩格斯选集》第2卷，人民出版社2012年版，第207页。
④ 《马克思恩格斯选集》第1卷，人民出版社2012年版，第776页。

动，开拓丰富了劳动者的社会关系，发展充实了劳动能力，从而为人的自由全面发展创造了可能和条件。大工业创造了这样一个历史阶段，它创造了新生的人，创造了谋求社会发展的新生力量，即担当着推翻资本主义社会使命的无产阶级。

劳动力属于劳动主体的综合能力，是劳动主体劳动时所"运用的体力和智力的总和"①。劳动主体的体力和智力要素在资本现代性发展的不同阶段所起的作用不同，经历了体力因素主导向智力因素主导的发展过程。在现代生产力发展中，智力因素不断创新着生产力的新水平。劳动力商品化是资本主义现代性展开的历史前提。马克思在《资本论》第一卷第一篇的"商品和货币"之后，对现代性的特殊商品即劳动力商品进行了讨论。马克思重点分析了劳动力商品化的历史前提、社会基础、价值表现形式，以及它所造就的现代人的物化生产关系等问题。劳动力商品化是资本积累发展的必然结果。劳动力商品的买卖直接发生于流通过程，购买方是人格化的资本家。现代资本主义生产方式之所以能够确立，其基本前提就是在商品市场上出现了可以自由出售劳动力的"自由工人"，这样一来，货币占有者便能够在市场上购买到独立的劳动者。也就是说，劳动者首先是"人身的自由所有者"②，而且除了劳动力之外一无所有，他们只有靠出卖劳动力才能生存，即才能获取生产和生活资料。资本主义生产方式得以产生的前提是劳动者同生产劳动的客观条件相分离。这样一来，资本家便可以按照雇佣劳动的方式组织社会生产，于是劳动力商品便成了资本活力的源泉。在马克思看来，资本如同"吸血鬼"，它"只有吮吸活劳动才有生命"③，吮吸得越多，生命力越旺盛。

（二）劳动客体要素的现代性内涵

劳动的简单要素可以分为生产资料即劳动的客体要素和劳动本身即

---

① 《马克思恩格斯文集》第5卷，人民出版社2009年版，第195页。
② 《马克思恩格斯文集》第5卷，人民出版社2009年版，第195页。
③ 《马克思恩格斯文集》第5卷，人民出版社2009年版，第269页。

劳动的主体要素。马克思揭示了劳动的主体要素生成为整体的劳动客体要素的过程。劳动的客体要素根源于劳动的主体要素，即死劳动不过是物化的活劳动。劳动的客体要素包括劳动对象和劳动资料。它们本应受劳动主体支配和操控。现实的劳动必须是劳动的主体要素和客体要素的生产性统一。人类最初的劳动始于劳动的主体要素对劳动的客观条件的占有和使用。劳动者把劳动的客观条件看作自己的财产，劳动的主体要素和客体要素天然统一。劳动主体要素和客体要素分离是传统社会向现代社会跨越的前提条件。劳动者由于丧失了生产资料而成为一无所有的自由工人，他们不出卖自己的劳动力便无法存续和发展。于是，劳动力转化为商品，货币转化为资本，资本家得以按照雇佣劳动形式组织生产。

劳动对象是劳动过程所能加工的一切对象。马克思指出，土地是人类最一般的劳动对象。捕鱼、采矿、伐木等不过是借助劳动使它们"同土地脱离直接联系"[1]，它们属于天然的劳动对象。随着资本现代性的发展，劳动对象的内容日益丰富广泛。马克思认为，只有在共产主义条件下，劳动对象才能够为人的本质力量提供证明，人的本质才能够得到充实；在资本主义条件下，劳动对象变成了货币的抽象物。马克思指出，在共产主义条件下，新生产方式和新生产对象的意义在于使"人的本质力量得到新的证明，人的本质得到新的充实"[2]。但在资本主义私有制条件下，这一切的意义是相反的。在资本主义私有制条件下，货币把任何存在物包括"劳动对象"都归结为它的抽象物，从而变成支配和奴役人的抽象力量。在从工场手工业向机器大工业发展过程中，劳动的机械化程度日益提高，最后人让位于机器，工人和产品的关系日益疏远。机器成为工人与劳动对象之间的中介。人不再用原来的工具作用于"劳动对象"，而是成为一种动力作用于工具，人逐渐被风、水蒸气

---

① 《马克思恩格斯文集》第 5 卷，人民出版社 2009 年版，第 209 页。
② 《马克思恩格斯文集》第 1 卷，人民出版社 2009 年版，第 223 页。

代替。

　　劳动资料是劳动力借以发挥作用的工具或手段。马克思指出，劳动资料是劳动者"用来把自己的活动传导到劳动对象上去的物或物的综合体"①。劳动资料是经济时代区别的尺度，各种经济时代的区别，"在于怎样生产，用什么劳动资料生产"②。现代性是如何出现的呢？要解答这一问题，必须了解由传统社会向现代社会转变的历史发生机制，了解现代社会最初的历史及其变革。这一变革与人类劳动资料的革命直接关联。17—18 世纪，由于近现代科学迅猛发展，人类的生产工具出现重大变革，其主要标志是现代机器的出现。马克思指出，通过延长工作日榨取绝对剩余价值的空间是有限的，而且也会受到工人的强烈反抗，因此，资本竭力"加快发展机器体系来生产相对剩余价值"③。相对剩余价值生产是工场手工业向机器大工业发展的动力。然而，机器体系发展导致工人劳动强度增加。工人要服从机器的连续的、划一的运动，机器运转的规律变成了工作铁的纪律。机器体系对于工人的要求是去技能化。工人传统的技能被肢解，非常片面的专长牺牲了工人完整的劳动能力，机器使工人的劳动变得毫无内容，工人的技艺成为微不足道的附属品，其结果，工人对资本家的依赖程度越来越高，工人的易替换性使其朝不保夕。

　　（三）劳动乘数要素的现代性内涵

　　劳动的乘数要素是指"在劳动过程中通过改变生产函数而增加劳动产品、具有乘数效应的劳动要素"④。它有两种作用于劳动过程的方式：一是间接渗透方式，也就是渗透到基础要素中，通过基础要素发挥作用。简单劳动和复杂劳动的区分主要依据乘数要素的渗透情况。二是直接参与方式，也就是，乘数要素直接成为劳动资料或劳动对象。如信

---

① 《马克思恩格斯文集》第 5 卷，人民出版社 2009 年版，第 209 页。
② 《马克思恩格斯文集》第 5 卷，人民出版社 2009 年版，第 210 页。
③ 《马克思恩格斯文集》第 5 卷，人民出版社 2009 年版，第 471 页。
④ 滕玉成：《劳动与价值创造理论的当代形态》，山东大学出版社 2010 年版，第 89 页。

息加工、科技创新和社会管理等复杂劳动。通常情况下，复杂劳动是倍加或乘方的简单劳动。

首先，在现代社会，知识技术要素被人们第一次自觉地发展并运用于生产生活。历史证明，人类知识技术的每一次飞跃式发展都能够极大地提高劳动总体水平。18 世纪 60 年代英国的产业革命，便是知识技术推动生产力发展的典型。蒸汽机的发明和广泛使用推动了手工工具向机器大工业的跨越，它所创造的生产力成为撬动人类从传统社会进入现代社会的杠杆。培根的"知识就是力量"是对知识技术发展与社会生产力发展关系的最好诠释。马克思强调，在资本现代性发展中，知识技术运用于生产生活的规模"是以往的时代根本想象不到的"，它们"第一次被有意识地和广泛地加以发展、应用并体现在生活中"。① 现代科学技术的乘数效应更是非常明显，往往能够创造超过人们想象的生产效率。社会生产力的大幅度提高最主要是靠科学技术的力量。知识、技术要素的投入是现代服务业中占有相当大的比重的无形产品，或者称之为"软投入"。现代服务业行业要素投入结构的核心就是人才资本、知识资本的投入。

其次，在现代社会，管理要素加入生产活动实现了生产活动的乘数效应。管理就是通过劳动过程的计划、决策、组织、协调、指挥、调控等确保生产活动顺利、高效。管理要素是劳动的组织要素。管理功能的实现方式是对劳动要素的组合、集聚、优化配置，从而产生乘数效应。随着社会化大生产和分工协作的发展，管理要素在资本主义生产中的作用日益突出。资本主义生产管理职能的产生根源于共同劳动的性质。马克思指出，较大规模的共同劳动，为了执行生产总体任务，"或多或少地需要指挥"，正如"一个乐队就需要一个乐队指挥"。② 共同劳动得以实现的必要条件是管理。管理是劳动中人与人、人与物关系的润滑剂和

---

① 《马克思恩格斯文集》第 8 卷，人民出版社 2009 年版，第 359 页。
② 《马克思恩格斯文集》第 5 卷，人民出版社 2009 年版，第 384 页。

催化剂。

　　最后，现代社会，通过信息的抛售、处理和传递，可以为商品生产和经济管理提供重要的参考数据，从而降低劳动成本，提高劳动效率和效益。信息是现代社会极为重要的经济资源，是生产力、竞争力和经济成就的关键因素。马克思生活的时代，人类的信息传播方式已经有了很大进步。比如，报纸已经成为重要的信息传播媒介，马克思把"报纸"看成和面包、肉、啤酒、牛奶一样，是工人每天的必需品。在《共产党宣言》中，马克思、恩格斯把"电报的使用"与轮船行驶、铁路通行并列为资产阶级所创造的巨大生产力的三大标志之一。正是由于轮船、铁路、电报等事业发展，才第一次真正形成了世界市场。由于信息产业的发展，产业结构发生了巨大变化。工人站在了生产过程旁边，机器的作用日益明显，工人"不再是生产过程的主要作用者"①。劳动力结构发生重要变化，智力支出日益超过体力支出，白领工人日益取代蓝领工人成为劳动力的主体力量。马克思看到，知识的扩大是"辅助资本"增加的重要条件之一，或者说，它是剩余价值转化为追加"辅助资本"的重要条件，比如，电报的发明为投入"辅助资本"开辟了全新的范围。工业化、自动化的生产体系成为巨大的"中介"力量，它们在与工人争夺着工作岗位。知识、信息日益成为社会财富增长的重要资源。科学组织和决策日益占据社会的中心位置。在马克思看来，一般智力对于社会生产过程及其条件的控制和改造程度是现代社会进步的重要标志。显然，电报使用、轮船行驶、铁路通行是人类智力融入社会生产过程的结果，它们成为现代社会到来的标志。

二　劳动社会关系的现代性

　　在德国古典哲学中，从康德的"实践理性"到黑格尔的"绝对精神"，由于缺乏足够的经济学背景，他们对现代性的反思难以摆脱理性

---

　　① 《马克思恩格斯全集》第31卷，人民出版社1998年版，第100页。

形而上学的局限。比如，康德在谈论"实践理性"时，完全脱离了社会经济条件和劳动形式。马克思认为，康德的"理论的表达与它所表达的利益割裂开来"①，他没有觉察到自己的资产阶级思想根源于资本主义生产关系。马克思从历史唯物主义出发，强调理性、意志是由物质生产关系决定的，是由劳动的生产关系制约的。马克思深入到现代社会内部，开启了劳动现代性批判之旅。马克思经济学转向受到恩格斯的重要影响，但也与黑格尔哲学有着重要关联。黑格尔在《精神现象学》中指出："劳动是受到限制或节制的欲望。"② 黑格尔是唯一对英国经济学发生兴趣且做了深入研究的哲学家，他的哲学与现实的经济生活保持着密切联系。马克思对劳动现代性的分析从异化劳动入手，然后深入到雇佣劳动内部，最后诉诸自由劳动来探讨人的解放问题。在马克思看来，异化劳动的发展机制是私有制，从奴隶社会到封建社会再到资本主义社会，异化劳动日益发展到顶点、最高阶段。到资本主义时代，异化劳动直接表现为雇佣劳动，资本与雇佣劳动的关系掩盖了劳动的异化性质。马克思认为，要实现人的解放和全面发展就必须创新劳动形式，雇佣劳动开启了现代性但没有终结现代性，解决现代性问题必须用"自由劳动"扬弃"雇佣劳动"。因为只有自由劳动形式才能从根本上解决人类社会的现代性发展问题。

（一）异化劳动关系的现代性

异化劳动批判是马克思劳动现代性思想核心内容之一。马克思劳动现代性理论是一种批判理论。马克思站在终结资本现代性的立场，以劳动概念切入人类社会生活、政治生活和精神生活过程，把资本现代性危机归结为异化劳动，论证了资本现代性的历史暂时性。马克思劳动现代性批判深入到现代社会的存在论根基，从人的存在状态和劳动形式方面

① 《马克思恩格斯全集》第3卷，人民出版社1956年版，第213页。
② ［德］黑格尔：《精神现象学》上卷，贺麟、王玖兴译，商务印书馆1979年版，第130页。

揭示了现代社会的内在矛盾，找到了破解资本现代性问题的钥匙。马克思转向经济学研究的原因与发现劳动在人类社会中的基础作用有关。在马克思看来，生产劳动是"第一个历史活动"①，是人与动物的根本区别。具有生存意义的生产劳动是人们意志自由的前提条件，然而，作为"谋生手段"的生产劳动具有异化特征，现代社会的雇佣劳动主要是承担着"谋生手段"的职能。在《1844年经济学哲学手稿》中，马克思系统阐述了"异化劳动"思想，从劳动产品、劳动行为、劳动主体、劳动关系四个方面揭示了劳动异化的现代性内涵。"异化劳动"概念关联着马克思对劳动的深刻理解，即劳动与人的本质直接关联。马克思把异化劳动指认为一种非人性的活动，从而找到了扬弃资本现代性的根本依据。异化劳动思想的旨趣不仅在于揭示资本主义社会的"经济事实"，而且在于对资本主义内在矛盾的深刻批判。

在资本主义社会，异化劳动表现为维持个人肉体生存的手段和创造社会财富的工具。异化劳动导致人与自然和人与人关系颠倒，导致人性扭曲。人的生命活动降低为资本的增殖手段。作为劳动创造物的资本成为压制现实生活和压制人性发展的野蛮力量。在马克思看来，死劳动并不是为活劳动充当生产手段，资本主义生产的实质是活劳动替死劳动"充当保存并增加其交换价值的手段"②。异化的结果是劳动社会化沦为物化，人与人的关系沦为物与物的交换关系，沦为赤裸裸的利害关系。异化劳动表明，资本现代性的展开造成劳动全面丧失自身本质的人性危机和社会危机。可见，"在马克思那里，启蒙辩证法可以由劳动的辩证法来说明"③。对异化劳动批判和合乎人性的劳动的赞美彰显了马克思劳动现代性思想的独特视阈。

现代社会的劳动关系屈从于资本的统治和操控。在劳动现代性的展

---

① 《马克思恩格斯文集》第1卷，人民出版社2009年版，第531页。
② 《马克思恩格斯文集》第1卷，人民出版社2009年版，第726页。
③ 王晓升：《从异化劳动到实践：马克思对于现代性问题的解答——兼评哈贝马斯对马克思的劳动概念的批评》，《哲学研究》2004年第2期。

开中，资本变成了一种支配生产过程的经济权力和神秘力量。资本的神秘性在于财富本身"好像是从资本自身生长出来的力量"①。资本主义生产方式掩盖了劳动在生产中的价值创造作用，由此，资本变成了一种神秘的自我增殖力量而让人们顶礼膜拜，资本拜物教由此产生。资本拜物教是资本逻辑运动在人们头脑中的呈现。马克思批判道："黑人就是黑人。只有在一定的关系下，他才成为奴隶。"② 资本现代性的发展表明，资本成了劳动关系的主宰者。资本虽然表现为"物"，但本质却是"属于一定历史社会形态的生产关系"③。没有一定的"物"，资本便无法表现出来，但是，"物"的社会性质以及人与物、人与人的关系都是由资本规定的。雇佣劳动的社会性质就是资本主义生产关系。

马克思对于异化劳动关系的现代性考察，坚持了道德评价和历史评价的辩证统一。从道德评价角度看，马克思对于资本主义社会的普遍异化给予了强烈谴责。马克思在创立唯物史观之前，主要是以道德评价为主。马克思创立唯物史观之后，对劳动异化给予了历史性评价。马克思认为，异化劳动是人类社会必要的历史过程，因而对资产阶级的革命作用给予了充分肯定。然而，资本剥削雇佣劳动的关系造成了劳动的极端异化，但是，这种头脚倒置的劳动形式为"个人生产力的全面的、普遍的发展"④ 创造着物质条件。资本雇佣劳动关系的解体有着内在依据，它是资本与劳动关系尖锐化的必然结果，是无产阶级和资产阶级斗争的必然结果。

(二) 雇佣劳动关系的现代性

在《1844 年经济学哲学手稿》中，马克思使用了"雇佣"一词。在分析"工资"问题时，马克思阐明了资本家与工人的"雇佣"关系及其对抗性。雇佣工人的出现标志着现代性劳动形式的出现。马克思看

---

① 《马克思恩格斯文集》第 7 卷，人民出版社 2009 年版，第 937 页。
② 《马克思恩格斯选集》第 1 卷，人民出版社 2012 年版，第 340 页。
③ 《马克思恩格斯文集》第 7 卷，人民出版社 2009 年版，第 922 页。
④ 《马克思恩格斯全集》第 30 卷，人民出版社 1995 年版，第 512 页。

到，资本家是由地主转化而来的，雇佣工人是由"奴隶转化为自由工人"①而来的。马克思在引证斯密的经济学思想时提到，由于工厂经常停工或缩减工作，使雇佣劳动者阶级痛感其害。马克思在《神圣家族》中认为，无产阶级解放必须摆脱雇佣劳动，无产阶级执行着雇佣劳动的职能，他们"为别人生产财富、为自己生产贫困"②。马克思反对批判的批判仅仅想从观念上消除雇佣劳动的想法。在《雇佣劳动与资本》中，马克思从劳动力商品化分析开始，系统分析了资本剥削雇佣劳动的关系。雇佣劳动是"生产资本的劳动"③，它作为活动的实现或者作为劳动能力存在时把不以它为转移的剩余价值生产出来。雇佣劳动是资本增殖的自觉选择，又是劳动者保存劳动力的无奈选择。马克思特意指出，这种"雇佣劳动"和过去"打短工"是完全不同的劳动形式。马克思在《资本论》中更是对"雇佣劳动"进行了系统研究，强调资本主义时代的特点是雇佣劳动。现代资本主义社会的剥削方式是直接从劳动者身上"榨取这种剩余劳动的形式"④。

雇佣劳动出现是历史发展的结果。在资本主义私有制下的异化劳动造成社会两极分化：财富日益集中到少数资本家手里，贫困日益集中到多数工人那里。随着资本积累不断发展，资本家成为"货币占有者"，工人沦为自己"劳动力的占有者"。⑤雇佣劳动形式产生的前提是资本家占有生产资料和劳动力商品化。马克思在劳动"二重性"分析的基础上，阐明了雇佣劳动形式与历史上奴隶劳动形式和农奴劳动形式的根本不同。马克思认为，"劳动力的价值"和"雇佣劳动的价值"具有不同的内涵，"劳动力的价值"归结为"必要劳动时间"，"雇佣劳动的价值"是工人的全部劳动时间，是"必要劳动时间"和"剩余劳动时间"

① 《马克思恩格斯全集》第3卷，人民出版社2002年版，第284页。
② 《马克思恩格斯文集》第1卷，人民出版社2009年版，第261页。
③ 《马克思恩格斯文集》第8卷，人民出版社2009年版，第112页。
④ 《马克思恩格斯文集》第5卷，人民出版社2009年版，第251页。
⑤ 《马克思恩格斯文集》第5卷，人民出版社2009年版，第197页。

之和。无偿占有工人的剩余劳动是资本家发财致富的秘密。马克思认为，资本的目的是追求增殖自身，而一无所有且只能靠出卖劳动力来生存的阶级存在是资本增殖的源泉。对于雇佣工人而言，他出卖劳动力给资本家是为了获得个人及家庭所必需的生活资料。工人和资本家参与生产过程的目的是根本对立的，这种内在对立是终结雇佣劳动制度的动力。

马克思现代性批判的主要任务是解剖雇佣劳动关系。现代社会的劳动关系直接表现为资本和雇佣劳动的关系。雇佣劳动具有现代社会的属性。劳动关系的现代性就是资本与雇佣劳动关系的不断再生产过程。在资本主义商品经济中，商品物、货币物、资本物，它们作为财富的物质要素都是社会关系的承担者，一旦它们具有了社会关系属性，便会从社会关系的产物变成了社会关系的支配者，由此，商品物、货币物、资本物等便具有了支配一切的经济权力。在商品生产中，由于货币资本的统一性力量，一切生产关系和交换关系都转化为金钱关系。本来是"人支配物"，但是在商品生产和货币流通中却变成了"物支配人"，这种拜物教式的"颠倒"是异化劳动的结果。在剩余价值生产中，这种"颠倒的世界"像着了魔一样日益严厉地发展起来。透过资本增殖的神秘外衣，马克思看到了资本对于生产关系的支配，而且随着劳动力商品化，货币转化为资本，资本便成为整个劳动过程的支配力量，其结果，赋予了资本与雇佣劳动关系以现代性质。马克思指出，劳动力是工人的商品形式，工人的劳动"具有雇佣劳动的形式"①，所以现代性的劳动关系就是资本主义生产关系。

（三）自由劳动关系的现代性

马克思的"自由劳动"思想是共产主义现代性建构的理论基石和价值指南。"自由劳动"概念关联人的本质问题。马克思对自由劳动的考察关联着他的现代性理想。在马克思看来，现代性的社会特征是

---

① 《马克思恩格斯文集》第5卷，人民出版社2009年版，第198页。

资本主义，现代社会就是资本主义社会。资本主义生产直接表现为资本与雇佣劳动的结合，雇佣劳动是劳动者自由发展的必然结果。雇佣劳动相对于之前的奴隶劳动、农奴劳动等，劳动者摆脱了人身依附关系，获得了人身自由，劳动者有权处置或出卖自己的劳动力。资本与看似自由的劳动通过契约形式而获得自由劳动力，资本通过生产、销售、消费等经济过程和环节，获得了劳动力所创造的剩余价值，进而实现了自身的保值和增殖。在马克思看来，"劳动"是"自由的有意识的活动"①，具有人的生命活动性质。马克思对"种"和"类"进行了区分，动物属于"种"，人则属于"类"，"种的类特性"和"人的类特性"根本不同。"种的类特性"是人与动物的相同之处，但人却可以按照任何一个种的方式展开生命活动，它是一种"实然"的劳动。作为"人的类特性"的"自由的有意识的活动"则是一种"应然"的劳动。这种"自由的有意识的活动"是马克思"自由劳动"思想的源头。在《德意志意识形态》中，马克思、恩格斯首先从"实然"劳动的立场阐明了物质生产对于人的现实本质的规定。他们认为，个人的现实本质取决于生产，"既和他们生产什么一致，又和他们怎样生产一致"②。而生产时代相区别的关键首要的不是"生产什么"而是"怎样生产"，即用什么生产资料尤其是生产工具进行生产，生产工具是区别不同经济时代的显著标志。马克思、恩格斯强调，人的社会关系这种"实然"本质根源于物质生产力及其生产关系，但是，对于"劳动"不仅应当从"实然"立场去理解，也应当从"应然"角度去理解，否则，便无法实现对劳动现代性的扬弃和超越。"应然"劳动是对"实然"劳动的超越，理想的人是对现实的人的扬弃。马克思、恩格斯认为，实现"应然"劳动和"实然"劳动的具体的历史的统一是千百万无产者所追求的事业。但是，反观

① 《马克思恩格斯文集》第1卷，人民出版社2009年版，第162页。
② 《马克思恩格斯文集》第1卷，人民出版社2009年版，第520页。

由资本现代性所塑造的现代社会和现实生活，无产者的现实存在与他们的本质是完全背离的。因此，无产阶级必须"通过革命使自己的'存在'同自己的'本质'协调一致"①。

在资本现代性的展开中，无产阶级出现了"存在"与"本质"的分裂，这种分裂是资本主义雇佣劳动的必然结果。为了协调"存在"和"本质"的关系，必须把"实然"劳动提升到"应然"劳动的高度，实现"自由劳动"。"实然"劳动是维持人生存发展而不得不进行的必要劳动，它肯定着人的现实性；"应然"劳动是人的自由的有意识的活动，是发展和丰富人的本质内涵的活动。"应然"劳动始终保持着对"实然"劳动的超越姿态，从而使人类不断摆脱原始性和野蛮性而向越来越高级的人性水平发展。因为，"自由劳动"是高于和优于必要劳动的人类劳动形式。马克思批评费尔巴哈仅仅在"实然"劳动层面理解劳动实践，即从"卑污的犹太人活动"去理解，因而不能理解革命性实践的意义。"实然"劳动和"应然"劳动的对立是由人的"二重性"所决定的。马克思认为，人除了作为主体存在之外，还作为客体"存在于自己生存的这些自然无机条件之中"②。从主体来说，人是有意识的存在物，能够通过对象性活动在自己创造的外部世界确证自己和提升出来，人类劳动比蜜蜂活动的高明之处在于，劳动结果在劳动开始的时候在人的头脑之中"已经观念地存在着"③。人是"自由"的而非"他由"的，是自觉的而非本能的存在物。因而，人总是倾向于追求"自由劳动"。从客体来说，人是自然的一部分，必须依赖外部世界才能生存，因而是受动的存在物，为此而从事"必要劳动"。可见，人类的感性实践活动内含着必要劳动和自由劳动的二重性，它们的对立统一是人的本质丰富与发展的动力。

---

① 《马克思恩格斯文集》第 1 卷，人民出版社 2009 年版，第 549 页。
② 《马克思恩格斯全集》第 30 卷，人民出版社 1995 年版，第 484 页。
③ 《马克思恩格斯文集》第 5 卷，人民出版社 2009 年版，第 208 页。

三　劳动产品形式的现代性

"劳动产品"概念与"劳动"概念紧密关联。人类的劳动成果一般包括"实物形式"的劳动成果和"非实物形式"的劳动成果。它们都有满足人们某种物质或精神需要的作用。"非实物形式"的劳动成果包括运动形式的使用价值和信息形式的使用价值。"非实物形式"劳动成果比重不断增加是现代社会发展的趋势。劳动产品资本化是现代社会的历史起点。马克思分析了异化劳动的四个环节：人与劳动产品、人与生命活动、人与类本质、人与人的异化。通过"劳动产品"这一中介诠释了"工人—资本家"之间的异化关系。资本是劳动的结果和凝结，是静态的死劳动，是以活劳动的产品形式出现的。劳动产品的异化造成劳动的工具化、手段化。异化劳动导致劳动目的和手段分裂，导致工人的非人的存在方式，其根源就在于劳动产品的资本化。劳动产品的资本化是理解资本现代性或劳动现代性的起点。劳动产品资本化是资本的社会生产关系得以确立的起点，是劳动现代性发展的源头。劳动产品资本化解释了资本的本体性来源问题，也解释了死劳动与活劳动的对立问题。随着劳动产品资本化的发展，资本对于劳动者、劳动关系和劳动过程的控制越加严格，它使劳动者深陷非人的生存方式，它主宰着现代社会及其与之相适应的制度结构和意识形态建构。把劳动从资本现代性中解放出来就必须从源头解决问题，即解决劳动产品资本化问题，为此，马克思提出了"消灭私有制""剥夺剥夺者"的历史任务。

（一）劳动产品的"实物形式"和"非实物形式"

产品一般包括自然产品和劳动产品。劳动产品概念与劳动概念紧密关联。劳动产品通常都有实物形态，即"实物形式"的劳动产品。但是，在资本主义现代性发展过程中，社会生产结构和消费结构的变化使劳动产品日益突破"实物形式"的范围。人类的劳动成果一般包括"实物形式"的劳动成果和"非实物形式"的劳动成果。无论是"实物产品"还是"非实物产品"，它们都能够满足人们的需要，达到人类劳动的目的。马克思在批判继承斯密思想的基础上对"生产劳动"和"非生产劳动"的区别与关系给予了阐发，进而分辨了劳动产品的"实物形式"和"非实物形式"。斯密认为，生产劳动是直接和资本相交换，非生产劳动是直接和收入相交换，这体现了它们的社会规定性；生产劳动是物品化劳动，非生产劳动是服务性劳动，这体现了它们的物质规定性。马克思认为，斯密对生产劳动与资本交换的分析是非常深刻的，但他把生产物质财富的劳动仅仅理解为生产劳动是片面的，他没有看到，"在精神生产中，表现为生产劳动的是另一种劳动"①。马克思认为，精神性服务性的劳动，即便表现为"非实物形式"的商品，它们以精神财富形式隶属于资本主义生产过程。

随着生产社会化、专业化程度日益提高，科技进步使生产过程的"软件"需要增加，社会需求结构中"非实物产品"的比重不断增大。"非实物产品"的发展日益打破以"实物产品"为中心的生产、交换、分配和消费的生产格局，"非实物产品"的生产、流通、分配和消费成为社会生产投入和产出的重要内容。"非实物产品"包括运动形式和信息形式的使用价值。"运动形式的使用价值是指以各类能源如供电、供热、照明等物质运动形式和人的劳动构成的服务，可以有客体化于实物的和现实的劳务两种形式；信息形式的使用价值则包括以知识为主的存在于人脑中的经验性的潜在部分，也有可以物化的信息知识部分。"② 马克思以缝衣服服务为例，缝衣服提供的使用价值不是实物形式，而是活动形式，他用以交换的"是创造效用即使用价值的活动""现在衣服不仅包含一种特定的赋予形式的劳动，即由劳动的运动赋予衣料的特定效用形式"。③ 也就是说，这种"服务产品"提供的是劳动"运动形

---

① 《马克思恩格斯全集》第 33 卷，人民出版社 2004 年版，第 345 页。
② 马谦杰、于本海编著：《信息资源评价理论与方法》，经济科学出版社 2002 年版，第 56 页。
③ 《马克思恩格斯全集》第 30 卷，人民出版社 1995 年版，第 459 页。

式"的特殊产品。马克思强调："服务就是商品。"① 因为商品生产者提供的"服务"具有一定的使用价值和交换价值，对于"服务"商品购买者而言，他通过消费自己的收入而获得了"服务"的使用价值。比如，演员、音乐家的"非生产劳动"即他们的"服务"，但是，他们的这种"服务"商品并不是固化在某种对象中可以出售的商品，而是一种"运动形式"的一经提供随即消失的特殊商品。他们把这种"服务"商品的使用价值提供给公众，可以为老板补偿工资和提供利润。

对于"非生产劳动"而言，大体可分为两种情形：一种情形是他们的"服务"部分地体现在物质的使用价值之中，以一种"可以出卖的商品"形式出现；另一种情形是他们的"纯粹服务"，即"它不采取实物的形式"②。生产性劳动的产品通常是"实物形式"的产品，非生产性劳动的服务通常是"非实物形式"的服务。不论是"实物形式"的产品还是"非实物形式"的服务，它们首先具有使用价值，即"具有满足人的某种物质或精神需要的功能"③，如此才能通过市场交换转化为商品，实现其交换价值。在商品交换和商品消费过程中，"非实物形式"的服务可以与"实物形式"的商品之间互换互补互引。"非实物形式"的服务作为使用价值虽然具有非实物特征，但却是社会财富的重要内容。在现代社会，非实物财富的比重正在不断增加。

（二）劳动产品的资本化

什么是劳动产品？按照惯常的理解，劳动产品是人们有目的的生产劳动创造的、能够满足人们某种需要的物品。从马克思劳动现代性批判语境来理解，劳动产品应该被并且仅仅被理解为"资本"，即劳动产品的资本化，它是资本现代性的历史起点。马克思认为，在私有制条件下，劳动产品与劳动本身之间是对立的相异的。劳动产品表现为同劳动

---

① 《马克思恩格斯全集》第 26 卷（Ⅰ），人民出版社 1972 年版，第 149 页。
② 《马克思恩格斯全集》第 26 卷（Ⅰ），人民出版社 1972 年版，第 158 页。
③ 李江帆：《劳动、劳动产品与劳动价值论的再认识》，《中国经济问题》2003 年第 3 期。

本身相对立而且不依赖于劳动者的异己存在物，这个异己存在物就是资本物。劳动的实现表现为劳动对象化，但异化劳动的结果却是劳动对象化表现为"对象丧失"且"被对象奴役"。这里，"对象丧失"中的"对象"指的就是劳动者生产的劳动产品；"被对象奴役"中的"对象"指的则是"资本"，因为经由"劳动产品资本化"，"对象"获得了支配劳动的能力和力量。那么，劳动产品如何变成了与劳动者相对立、相异己的不依赖于生产者的力量的呢？因为私有制成为劳动的必要条件。与劳动者相异己的存在物是什么呢？是资本，是一个站在劳动之外支配劳动过程的人即资本家。马克思剖析了异化劳动的四个环节，通过"劳动产品"这一中介阐明了"工人—资本家"之间对立的社会经济根源。劳动产品是"工人—资本家"对立的中介。马克思所关心的不是"对象"（劳动产品）的实体性而是"对象"的异己性。因为劳动产品资本化也使它脱离劳动者并且成为与劳动者对立的存在物。

资本是劳动的结果和凝结，是以活劳动的产品形式出现的死劳动或者说积累的劳动。马克思指出："什么是资本？……资本是积蓄的劳动。"[1]"劳动"是理解"资本"概念的基础和核心，"劳动"为"资本"的内涵提供了本体性、社会性和历史性根据。马克思用劳动与劳动产品的关系诠释劳动与资本的关系，为劳动决定资本提供了合法性依据。资本是相对于活劳动的死劳动，死劳动与活劳动相对立。作为活劳动的产品转而变成了活劳动的统治者，这本身缺乏合理性和合法性。因为工人所受到的统治是"自己的产品即资本的统治"[2]，因为他生产得越多他占有得越少，反而统治他的资本力量越强大。从劳动产品和异化劳动的关系来看，"产品不过是活动、生产的总结"[3]。这种表达意味着生产过程和劳动产品的一致性，但异化劳动却打破了这种一致性。异化

---

① 《马克思恩格斯全集》第 3 卷，人民出版社 2002 年版，第 239 页。
② 《马克思恩格斯文集》第 1 卷，人民出版社 2009 年版，第 157 页。
③ 《马克思恩格斯文集》第 1 卷，人民出版社 2009 年版，第 159 页。

劳动和劳动产品的异化是全部社会关系异化的根源。工人与劳动产品的异化蕴含着"异己的与他敌对的世界——的关系"①。

劳动产品的异化造成劳动的工具化、手段化。劳动的本真内涵是自由的自觉的活动，这种自由性和自觉性根源于劳动主体。劳动本身应受主体支配，劳动过程是主体力量的展现，劳动结果体现主体目的。然而，异化劳动把自由活动贬低为手段。自由的自觉的活动沦为维持人的肉体生存的谋生手段。劳动是人的类本质，是人的类存在方式。然而，异化劳动却导致劳动目的和手段的分裂。劳动产品资本化是异化之源。扬弃异化劳动就要真正实现自主性和自觉性的劳动。扬弃异化劳动必须扬弃私有财产，这样人才能通过占有自己的劳动产品而实现自己本质的真正占有。异化劳动"是作为'劳动产品'的资本对工人劳动本身的统治与奴役"②。异化的劳动产品（资本）带来三种异化，即资本对工人生产活动和自然存在的控制；资本对人本质、人的自由自觉活动的控制和资本对全部社会关系的控制。这三种形式的异化都是劳动产品资本化的结果。劳动产品资本化是资本主义现代性发展的历史起点，也是马克思异化劳动理论的逻辑起点。在马克思看来，人的解放的核心问题是扬弃私有财产对人的本质的侵蚀，私有财产的本质是异化劳动，因而，人的解放问题归结为扬弃异化劳动和实现"自由劳动"，即达到劳动目的和手段统一。只有在"自由劳动"的社会条件下，人类才能真正获得自由和解放。

（三）劳动现代性的源头

对于马克思而言，劳动现代性与资本现代性是一致的，资本与劳动构成现代性的一体两面。劳动产品资本化是理解资本现代性或劳动现代性的逻辑起点。资本虽然直接表现为以物为载体和形态，但实质上，它

---

① 《马克思恩格斯文集》第 1 卷，人民出版社 2009 年版，第 160 页。
② 陶火生：《马克思的"劳动产品"异化观与资本逻辑批判》，《福州大学学报》（哲学社会科学版）2016 年第 6 期。

却是劳动的社会关系承载者和主宰者。资本物虽然有物的形态，但从本质来看，却是"一定历史社会形态的生产关系"①的体现者。劳动产品资本化是劳动现代性沦为资本现代性的前提条件，或者说，资本成为劳动现代性的中介力量，资本造成了劳动异化。劳动产品资本化是资本主义生产关系得以确立的起点，是劳动现代性发展的源头。异化劳动的源头是资本，异化劳动造成敌对的社会力量。劳动者同资本家的对立根源于异化劳动。劳动产品资本化解释了资本的本体性来源问题，也解释了死劳动与活劳动的对立问题。资本主义生产关系的本质是资本家与劳动者的对立，因为资本主义生产关系形成的前提条件是资本家对生产资料的垄断，是劳动者成为一无所有的自由工人。劳动者只有靠出卖劳动力才能获得生存资料，于是，劳动力商品化了。劳动产品资本化是资本主义生产关系的源头，它从根本上改变了人类生产的目的。人类的物质生产直接表现为创造使用价值，满足人类生活需要的活动，然而，劳动产品资本化则意味着人类物质生产的目的变成资本增殖。

随着劳动产品资本化的发展，资本对于劳动者、劳动关系和劳动过程的控制越发严格，它使劳动者深陷非人的生存方式，它主宰着现代社会及其政治法律制度、文化意识形态。资本具有无限扩张的本性和能力，能够主导各种社会资源的配置，决定现代社会的生产方式和交往方式。以资本主义生产方式和交往方式为基础的现代社会建构了一个整体性的掠夺自然力和剥削劳动力的体系。按照资本逻辑所展开的劳动现代性导致了全部的现代性灾难和全球化危机。这种现代性灾难和全球化危机是"资本—劳动"关系的危机。资本主义社会基本矛盾运动是充满矛盾的，资本主义经济经历着周期性变动，"这种变动的顶点就是普遍危机"②。劳动产品资本化是具体劳动转化为抽象劳动的具体表现，劳动产品抽象掉了劳动的具体形态，由此，物的形态转化为生产关系的承

---

① 《马克思恩格斯文集》第 7 卷，人民出版社 2009 年版，第 922 页。
② 《马克思恩格斯文集》第 5 卷，人民出版社 2009 年版，第 23 页。

载者。

劳动产品资本化是现代社会资本霸权的基础。资本作为支配一切的经济权力是通过劳动产品资本化实现的。资本的经济权力、政治权力和文化权力等都是通过劳动产品资本化实现的。没有劳动产品资本化，资本就会变成无法附体的幽灵。资本现代性的本质就是资本对人和世界的控制，劳动现代性的本质就是劳动丧失了主体性、自主性而沦为资本的奴隶。可见，资本现代性的灾难现实地落在了劳动一方，其结果导致劳动者非人的存在方式。因此实现人的解放的关键是劳动解放，只有实现了劳动解放，工人才能真正成为人。马克思指出，现代工人从痛苦的生存境遇中感受到了意识与生活的差别。雇佣劳动是人的自我异化的具体产物，要摆脱异化的生存境遇"必须用实际的和具体的方式来消灭"①造成异化的社会条件。扬弃异化劳动，重建劳动现代性，必须诉诸行动，必须诉诸无产阶级革命。"要扬弃现实的私有财产，则必须有现实的共产主义行动。"② 解决异化劳动的首要问题就是破除劳动产品对劳动本身的统治。为此，就必须从根本上解决劳动产品资本化问题。这一问题是导致整个现实生活世界颠倒的总根源。在现代社会，劳动现代性表现为现代资本主义生产方式的形成发展，表现为资本对劳动的统治。把劳动从资本现代性中解放出来就必须从源头解决问题，即解决劳动产品资本化问题，为此，马克思提出了"消灭私有制""剥夺剥夺者"的历史任务。

第三节　劳动现代性的过程分析

马克思在《〈政治经济学批判〉导言》中分析了现代生产过程的四个环节，即生产、交换、分配和消费。这四个环节在现代生产过程中的

① 《马克思恩格斯文集》第1卷，人民出版社2009年版，第273页。
② 《马克思恩格斯文集》第1卷，人民出版社2009年版，第232页。

作用是不同的。马克思更加重视"生产"和"交换"的研究。由于"生产"和"交换"在现代社会的基础地位，马克思甚至把"生产"和"交换"理解为政治经济学研究的主要对象。但是，生产、交换、分配和消费四个环节是不可分割的，"生产表现为起点，消费表现为终点，分配和交换表现为中间环节"①，其中，"分配"要素的出发点是社会，"交换"要素的出发点是个人。马克思揭示了资本剥削劳动的秘密和工人必须去劳动的制度致因。马克思认为，交换是实现商品生产由自然物质变换过渡到社会物质变换跨越的过程。活劳动（劳动者）与死劳动（资本家）的交换是资本主义商品生产的前提。马克思揭示了劳动力商品交换形式上的平等和实质上的不平等。资本主义的分配关系是由生产方式和交换方式决定的，货币和劳动能力之间的不平等交换是资本主义收入分配非正义的根源。要改变资本主义的分配方式必须铲除私有制。现代资本主义社会的剩余价值生产以资本家阶级的私人消费为根本旨趣。资本主义生产方式和交换方式蕴含着生产力和消费力的内在矛盾，这一矛盾发展直接导致资本主义经济危机。

一 生产过程的现代性

剩余价值生产是资本主义生产的本质。马克思揭露了资本剥削劳动的秘密和工人必须劳动的制度致因。美国社会学家迈克尔·布若威延续了马克思的政治经济学方法，并且在实证研究基础上回答了工人努力工作的原因。因为，资本主义生产行为根源于工人的自发同意和资本的微妙强制两个方面。毫无疑问，马克思是研究现代资本主义劳动过程、生产关系、劳资关系的先行者。马克思在《资本论》第一卷中，不仅阐明了劳动价值理论而且阐明了劳动过程理论。马克思指出，随着资本积累的发展，贫富差距加大，为了获取生存条件，工人之间的竞争更加剧

① 《马克思恩格斯全集》第30卷，人民出版社1995年版，第30页。

烈，他们普遍地"卷入生产过剩的追猎活动"①，对资本的依附越来越高。工人对于工资、福利的"追猎活动"无非"是满足工人阶级在大生产条件下自身活劳动价值的实现"②。劳动者和生产资料的分离是现代生产与传统生产的根本区别。现代生产是由资本控制的剩余价值生产，活劳动被资本购买之后，陷入了被支配地位。资本主义时代开启了以生产性劳动为代表的新劳动形式。在这种劳动形式下，资本是最大的社会性。生产性劳动受资本制约。资本决定着工人社会化的方式，资本成为加在劳动者身上的锁链，极大地束缚着劳动能动性的发挥和工人全面性的发展。马克思劳动现代性批判的根本旨趣就在于实现劳动过程主体能动性和社会制约性有机统一。马克思通过对生产过程现代性的分析，揭示了资本主义直接生产过程是劳动过程和价值增殖过程的辩证统一。

（一）从传统生产到现代生产

现代社会与传统社会的区分根源于生产方式的革命。现代社会取代传统社会是现代生产方式取代传统生产方式的结果。传统生产与现代生产首先在于它们的生产条件不同。生产条件在最初的人类社会中，不是被生产出来的，不是生产活动的产物，而是建立在自然前提或客观自然基础之上的。这一问题涉及财产的非经济起源问题。蒲鲁东认为，可以直接把以资本主义之前各种生产关系的讨论移植到资本主义现代生产的分析之中。在自然经济条件下，土地等自然资源是劳动的客观条件和无机条件，是生产的物质前提。蒲鲁东错误地把这种人类作用于无机条件的活动分析，用在现代资本主义生产分析之中，他没有看到现代性社会人类生产条件的根本性变化，即劳动者和生产资料的分离与劳动和资本的对立。现代生产变成了由资本控制的活动，活劳动被资本购买之后，

---

① 《马克思恩格斯文集》第 1 卷，人民出版社 2009 年版，第 123 页。
② 周霞：《劳动过程理论与劳动主体的重构——布若威与马克思》，《学术研究》2018年第 11 期。

陷入了被支配地位。现在，资本作为劳动的客观条件出现了，它是与工人相分离的力量，工人在资本家面前成为丧失劳动客观条件的无财产的抽象存在。劳动的主体条件和客观条件分离是资本剥削雇佣劳动的前提，资本主义剩余价值生产和再生产不断在深度和广度上巩固着这种"分离"。我们从劳动的主体条件和客观条件的"分离"中可以看到"资本与雇佣劳动的起源史"①。

马克思认为，蒲鲁东把现代生产理解为"劳资统一"模式的活动，理解为劳资平等、劳动主客体条件的自然统一等，其本质是没有看到现代资产阶级社会的生产条件已经发生了质变。劳动者和劳动条件的统一是生产的原始条件，它表现为主体对客体的占有和塑形，即通过劳动"客体转化为主体活动的结果和容器"②。但是，随着私有制的发展，劳动者与他们进行物质变换的自然无机条件的统一被打破了，特别是到了现代社会，劳动者和劳动的客体条件彻底分离了。这种分离是在雇佣劳动与资本关系的发展中实现的。也就是说，资本主义私有制的发展使劳动者和劳动客观条件的分离充分发展，其结果，形成了独占生产资料的资本家和一无所有的工人之间的对立。蒲鲁东没有看到，传统生产的自然统一已经转变为现代生产的社会分离，因而他无法理解雇佣劳动，没有找到现代社会的危机所在。他仍然把私有制当作天然合理的东西加以分析，而且把它当作生产的自然前提，进而把劳动产品资本化看成是天然合理的。马克思举例反驳了把生产的"原始前提"视为私有制的说法，明确指出私有制并不是生产的起点。首先，马克思以古罗马为例指出，在古罗马公民中，他们必须先行承认自己是公社共同体成员，然后他们才能享有属于自己的财产，也就是说，必须在财产共有的前提之下获得满足自身需要的东西。其次，马克思认为，语言也是共同体发展的产物。"把语言看作单个人的产物，这是荒谬绝伦的。同样，财产也是

---

① 《马克思恩格斯全集》第 30 卷，人民出版社 1995 年版，第 481 页。
② 《马克思恩格斯全集》第 30 卷，人民出版社 1995 年版，第 481 页。

如此"①。个体只有先承认属于共同体成员，才会把语言视为自己的。个体成员不能把共同体的语言私有化并排斥他人使用。

资本主义私有制是现代社会的历史起点。资本在现代社会的出场是为了满足自身不断增殖的欲望，它绝不会为了提高大众的生活质量而生产使用价值。资本本性是持续性增殖，资本一旦停歇下来，它的生命就终止了。资本为了实现增殖的目的便会把它的魔掌伸向雇佣工人，因为资本无法自己增殖自身，它必须依靠吸食活劳动的膏血才能保持自身的生命活力。资本增殖的欲望越大，它对雇佣工人的剥削程度越大。现代生产的根本标志是雇佣劳动，雇佣劳动是资本增殖的条件。对于资本而言，不是工人而是他的劳动才是生产条件。资本占有的是工人的劳动，"是通过交换来占有"②。资本关心的不是工人的生命而是他能否提供满足生产需要的劳动能力。在资本家眼中，工人和作为使用价值的劳动对象和劳动资料没有什么不同，工人不过是会说话的机器。

（二）生产过程的主体能动性和社会制约性

劳动过程就是劳动能力的展现过程，是劳动能力的现实化。对劳动过程现代性的考察需要抓住三点：一是"严肃性"，即劳动内在尺度与外在尺度的统一。为了生产理想产品必然严肃对待客观对象的性质，找到利用这些性质的方法。二是"紧张性"，即从劳动主客体相互作用出发，集中精力对待劳动客体的复杂性的要求，保持一定的紧张度以便获得理想产品。三是"科学性"，即劳动过程应当运用科学技术的指导。生产过程表现为主体能动性和社会制约性的统一。③ 劳动者主体能动性的发挥受社会制度的制约。劳动总是在一定社会形式下进行的，奴隶劳动、徭役劳动、雇佣劳动等代表了劳动的历史形式，但它们的共同之处

---

① 《马克思恩格斯全集》第 30 卷，人民出版社 1995 年版，第 482 页。
② 《马克思恩格斯全集》第 30 卷，人民出版社 1995 年版，第 492 页。
③ 刘荣军、李书娜：《马克思劳动解放思想的逻辑意蕴与历史展现》，《东南学术》2019年第 5 期。

在于"劳动始终是令人厌恶的事情"①。之所以人们厌恶劳动,主要是因为劳动不是自觉自愿的而是被迫的受动的。

资本主义时代开启了以生产性劳动为代表的雇佣劳动形式。在雇佣劳动形式下,资本是最大的社会性。生产性劳动与资本直接同一,受资本的制约。雇佣劳动是一种"同劳动能力相对立的"②劳动,它不是发展和确证人的劳动能力而是服从服务于资本的保值和增殖。因此,雇佣劳动不是一种自为的劳动形式而是一种他属的劳动形式,劳动者在雇佣劳动过程中不是以劳动主体身份介入,他不能支配劳动过程和劳动结果,人的劳动不是主体能动性的发挥,而是肉体受折磨、精神受摧残。在劳动过程中,分工协作、运用科技、改良设备等都不过是资本职能的体现。资本职能的发挥遵循资本收益最大化的原则,资本总是力图榨干劳动的最后一滴血。一方面,在劳动过程中,劳动者必须和劳动客体即劳动对象相结合,但是,生产资料归资本家占有,它要求发挥劳动过程的严肃性、紧张性,磨炼劳动过程的科学性,从而为资本增殖服务。为了实现增殖的最大化,资本家总是趋向于挑战劳动者的生命和道德底线。另一方面,从机器、自然力和科学的运用来看,机器的应用是劳动者的劳动过程受机器运转节奏的支配。自然力和科学的应用不是释放劳动过程的自然能动性,而是强化劳动过程的社会制约性,服从于他属的资本增殖目的。总之,雇佣劳动的社会性是由资本赋予的,它如同加在劳动者身上的锁链,极大地束缚了劳动主体能动性的正常发挥。

马克思劳动现代性批判的根本旨趣在于实现劳动过程主体能动性和社会制约性有机统一。任何劳动都必须在一定社会形式中展开,受社会制度的制约。在现代社会,劳动过程的狭隘社会性制约发展到了极致程度。实现劳动解放、重建劳动现代性就必须把劳动过程从狭隘的社会制约中解放出来。一方面,要摆脱劳动过程的"他属"即资本对劳动过

---

① 《马克思恩格斯文集》第 8 卷,人民出版社 2009 年版,第 174 页。
② 《马克思恩格斯选集》第 2 卷,人民出版社 2012 年版,第 856 页。

程的控制。劳动力只要以商品形式存在，劳动过程便无法摆脱"他属"性质。因此，实现劳动解放就必须由劳动者共同占有生产资料，消灭资本家对生产资料的独占，从而使劳动者在"非神圣形象"的社会生产过程中摆脱资本的纠缠。共同占有生产资料基础上的共同劳动能够为劳动主体的全面发展打开无限广阔的空间。这样，劳动过程便成为劳动主体自主自愿地创造美好生活的过程。另一方面，真正的"自由劳动"或者"个性的劳动"才能使劳动者获得社会发展的全面性。"个性的劳动"直接表现为"活动本身的充分发展"①。马克思的"自由劳动"范畴为人类劳动确立了终极价值目标，也为塑造全新形式的社会主体指明了发展方向。因为在自由时间从事自由劳动能够使社会主体获得全面提升。马克思强调，自由时间能够"把占有它的人变为另一主体"②。"自由时间"是从事"自由劳动"的条件。通过"自由劳动"，劳动主体摆脱了劳动过程和劳动结果的"他属"状态，真正成为一种"我属"状态的主体，"他作为这另一主体又加入直接生产过程"③。劳动主体在"自由时间"能够获得技能训练，能够掌握更多的科学文化知识，增强自己的物质和精神创造力。当他再次进入生产过程的时候，他已经脱胎换骨变成了"另一主体"。"另一主体"兼具体力劳动与脑力劳动，从事有益于身心健康的劳动，这种劳动的关键在于它能够使劳动主体得到自由全面发展。"自由劳动"是马克思所预言的在未来共产主义社会高级阶段的劳动形式，"自由劳动"扬弃了狭隘的社会制约性，此时，劳动"本身成了生活的第一需要"④。

（三）资本主义直接生产过程的结果和实质

马克思在《资本论》手稿中揭示了资本主义生产是"具有特殊资

---

① 《马克思恩格斯文集》第 8 卷，人民出版社 2009 年版，第 69 页。
② 《马克思恩格斯文集》第 8 卷，人民出版社 2009 年版，第 204 页。
③ 《马克思恩格斯文集》第 8 卷，人民出版社 2009 年版，第 204 页。
④ 《马克思恩格斯文集》第 3 卷，人民出版社 2009 年版，第 435 页。

本主义特征的整个关系的生产和再生产"①。生产环节是资本流通过程的过渡。从流通环节看，生产是起始环节；从生产环节看，流通是终点环节。作为资本产物的商品和作为资本前提的商品不同，它直接关系着资本价值和剩余价值的实现。商品是资本主义直接生产过程的前提，但从结果看，它又是资本主义直接生产过程的产物。马克思的这种叙述逻辑是"同资本的历史发展相一致的"②。商品生产和商品流通在前资本主义时代就已经存在了，但是，发达的商品交换却只能是资本主义生产方式发展的结果。资本主义生产方式把一切产品都变成了商品。商品是资本主义生产的起点，但是，作为资本主义直接生产过程"结果"的商品获得了全新的规定性，即它是再现预付资本价值加上剩余价值的一定的商品量。作为资本直接生产过程的"结果"，它具有总产品和总价值的特征。这个总产品和总价值的表现就是总价格。马克思认为，从劳动过程的本质规定性来看，资本主义生产过程的决定性目的、驱动性利益和最终性结果就是追求剩余价值的实现。为此，资本"转化为实际劳动过程的各要素"③，即购买生产资料和劳动力是资本家组织生产过程的前提条件。加入生产过程的使用价值包括：一是作为客观生产条件的生产资料；二是作为主观生产条件的活动着的劳动能力。劳动力的作用就在于"把生产资料从其使用价值的最初形式转化为新的产品形式"④。资本家购买劳动力是有目的的，劳动力所能够发挥的作用，他的特殊的劳动能力，必须与资本家所购买的特殊使用价值相适应，他不仅要懂得劳动对象的特殊性质，还要熟练地掌握劳动资料。

资本主义生产过程的实在形态是使用价值的总形态，是"客观要素和主观要素的活的交互作用"⑤。从价值增殖过程的本质规定来看，

---

① 《马克思恩格斯文集》第 8 卷，人民出版社 2009 年版，第 423 页。
② 《马克思恩格斯文集》第 8 卷，人民出版社 2009 年版，第 423 页。
③ 《马克思恩格斯文集》第 8 卷，人民出版社 2009 年版，第 457 页。
④ 《马克思恩格斯文集》第 8 卷，人民出版社 2009 年版，第 459 页。
⑤ 《马克思恩格斯文集》第 8 卷，人民出版社 2009 年版，第 460 页。

一方面，生产资料的价值需要实现转化和保值，为此，进入生产过程的生产资料的价值不能超过不变资本的需要，不变资本得到生产性的消费而不被浪费，当然，这离不开资本家的监督，因而会出现资本家的监督和纪律以保证劳动的秩序性和持续性；另一方面，资本家购买的劳动力商品属于可变资本。在增殖过程中，资本家总是试图让可变资本创造更大增量。为了实现这样的目的，资本家总是力图尽量提高劳动过程的强度和增加劳动过程的长度。资本家总是力图强制工人不断挑战正常劳动强度，尤其是要"延长到超过补偿工资所必要的时间以上"①。为了实现价值增殖，资本家想方设法用既定的生产资料来吸收足够多的必要劳动，以保障必须吸收足够多的剩余价值，因为必要劳动是剩余劳动的限制，没有必要劳动，剩余劳动便成了无源之水。生产资料是活劳动的吸收器，活劳动是资本的增殖手段。在资本主义生产过程中，活劳动不仅不能够通过对象化劳动实现自己的价值，反而受对象化劳动的制约。因为这种对象化劳动是由资本主导的劳动，是为了实现资本增殖而展开的劳动，因而，它"通过吸收活劳动来保存自己和增大自己"②，并且摇身一变成为资本。在资本主义直接生产过程中，工人的劳动对象化转变成了对象化劳动，转变成了资本保值和增殖方式。对于工人而言，资本主义直接生产过程是贫困化的过程，是无酬劳动的对象化过程。

二　交换过程的现代性

在马克思唯物史观视域中，"交换"思想占有极为重要的地位。马克思把生产和交换关系理解为阶级社会的基础。马克思的《资本论》研究是"资本主义生产方式以及和它相适应的生产关系和交换关系"③。马克思之所以重视"交换"，主要是因为它在资本主义生产方式中的关

---

① 《马克思恩格斯文集》第8卷，人民出版社2009年版，第467页。
② 《马克思恩格斯文集》第8卷，人民出版社2009年版，第467页。
③ 《马克思恩格斯文集》第5卷，人民出版社2009年版，第8页。

键性作用。剩余价值产生于资本主义生产，但没有交换，剩余价值便不能现实化。生产、分配、交换、消费的差别是"统一体内部的差别"①。资本主义商品生产蕴藏着总价值和剩余价值。没有商品"交换"环节，生产的自然过程就无法升华为生产的社会过程，资本主义再生产过程便无法继续。商品交换是资本主义再生产的关键环节，商品交换的类型与方式是由生产方式决定的。在现代资本主义社会，最为重要的商品交换是活劳动（劳动者）与死劳动（资本家）的交换，即劳动力商品的买卖。这一交换的不自由、不平等决定了整个商品交换世界的不自由、不平等。现代商品交换包括三个基本要素，即交换主体、客体和中介。劳动者具有交换主体地位但并不意味着他们可以控制商品交换。由于劳动者创造的劳动产品并不归他们所有，所以，他们无权控制能否交换以及交换比例。交换是作为劳动产品的商品交换，因而非劳动产品如人的器官、情感等的交换是非正义的。商品交换的实质是劳动交换，等价交换的实质是等量劳动力耗费的补偿。商品交换双方就买卖讨价还价的本质是围绕劳动付出的讨价还价。当然，等价交换之"价"是指商品的交换价值（社会价值）。

（一）现代商品交换的根本原则和重要条件

什么是交换？交换是"它们的占有者彼此愿意把它们让渡出去的意志行为"②，是以"同意"为前提的互通有无，是不借助任何暴力手段的自觉自愿的交易。商品交换的必要性源于分工导致的"你有我无"。交换的实质是让渡自己相对富余的财富，获取自己所需要的产品，实现"你有我也有"的劳动交换。商品交换经历了直接的物质交换向基于货币媒介的商品交换的发展过程。作为一般等价物的货币的出现和发展为商品交换的发展创造了有利条件。自由是商品交换的原则，平等是商品交换的条件。没有商品占有者的自由与平等，交换便无法顺

---

① 《马克思恩格斯文集》第 8 卷，人民出版社 2009 年版，第 23 页。
② 《马克思恩格斯文集》第 5 卷，人民出版社 2009 年版，第 107 页。

利进行。马克思指出，"作为交换的主体，他们的关系是平等的关系"①。商品是人类劳动创造的产品，自由和平等地交换商品本质上是自由和平等地交换劳动。"劳动正义是商品交换的根本基础。"② 自由和平等交换是劳动正义的表现。不同交换主体之间的交换要想实现自由和平等，就必须每一位交换主体既充当手段又充当目的。"每个人是手段同时又是目的。"③ 商品交换主体要实现自己的交换目的就必须首先充当手段，充当手段是达到目的的必要条件。如果交换主体只是把自己当作目的而把他人当作手段，其结果，不仅会背离交换的自由和平等原则而且会导致交换的中断。

马克思立足劳动正义立场，论证了自由平等之于商品交换的必要性。自由平等的商品交换是人类劳动的自由平等交换，是人的本质的实现方式。然而，在现代资本主义社会，所谓自由平等的商品交换不过是骗人的谎言。马克思的伟大贡献就在于揭露了劳动力商品买卖中的不自由不平等。劳动力商品的买卖，形式上是自由平等的，实质上是不自由不平等的。资本主义商品交换渗透到一切社会关系之中，人与人之间联系的唯一纽带是"冷酷无情的'现金交易'"④。由于无产阶级一无所有的社会地位，使其无法获得商品交换尤其是劳动力商品交换中的平等和自由，因为对于无产阶级而言，除了把自己的劳动力出卖给资本家之外别无生存之路。劳动者自由平等地交换不过表现为换取一定的等价物而已。货币成为一般等价物之后，只有货币拥有者才有交换和购买一切的自由。凡是个人凭借自身本质力量不能做到的事情，"凭借货币都能做到"⑤。可见，只有货币拥有者才有自由平等交换的权利，由此，导

---

① 《马克思恩格斯全集》第 30 卷，人民出版社 1995 年版，第 195 页。
② 贺汉魂、何云峰：《马克思商品交换理论的劳动正义意蕴研究》，《四川大学学报》（哲学社会科学版）2021 年第 4 期。
③ 《马克思恩格斯全集》第 30 卷，人民出版社 1995 年版，第 198 页。
④ 《马克思恩格斯文集》第 2 卷，人民出版社 2009 年版，第 34 页。
⑤ 《马克思恩格斯文集》第 1 卷，人民出版社 2009 年版，第 246 页。

致劳动力商品买卖的扭曲。马克思看到,在现代资本主义社会,最为重要的商品交换是活劳动(劳动者)与死劳动(资本家)的交换,这一交换的不自由不平等决定了整个商品交换世界的不自由不平等。

在马克思之前,亚当·斯密认为,人性之中既有利己的一面又有利他的一面,每个人都会努力为他能支配的资本找到最有利的用途,从而实现利己的目的;同时,每个人有利他的本性,即"把别人的幸福看成是自己的事情"①,只要保障自由和平等地交换,社会便能实现利己和利他统一。马克思则认为,每个人都追求自己的特殊利益,特殊利益与共同利益是对立的;对于个人而言,"共同利益是'异己的'和'不依赖'于他们的"②。商品交换者不会无端地为他人生产使用价值。对于工人而言,他为资本家生产使用价值是为了获取维持自身和家人生活必需的工资。也就是说,工人是为了生存而不得不出卖自己的劳动力,因而劳动力商品的交换不是自由平等的,其结果,必然造成整个社会商品交换的非正义性后果。商品交换有调节彼此"余""缺"的功能,它是人们获取财富的方式但却不能增加社会财富总量。商品交换的类型与方式归根结底是由生产方式决定的,它直接由"生产组织本身的规模及其计划性直接规定"③。随着生产社会化的发展,市场经济的计划性日益增强,于是便出现了国家垄断资本主义。现代资本主义国家为了维护剩余价值生产的正常运转,总是运用政治和经济手段对市场经济进行调控和干预,这足以证明自由和平等的商品交换是虚假的。

(二)现代商品交换的主体与客体

现代商品交换包括三个基本要素,即交换主体、客体和中介。马克思指出,每一个人都是"排他的并占支配地位的"④ 交换主体。交换主

① [英] 亚当·斯密:《道德情操论》,蒋自强、钦北愚、朱钟棣、沈凯璋译,商务印书馆1997年版,第5页。

② 《马克思恩格斯文集》第1卷,人民出版社2009年版,第537页。

③ 陈惠雄:《人本经济学原理》,上海财政大学出版社1999年版,第236页。

④ 《马克思恩格斯全集》第30卷,人民出版社1995年版,第199页。

体通常必须是具有独立人格的财富所有者。交换客体通常是用于交换的劳动产品即商品。交换中介是货币。货币是一般等价物，从本质看，它也属于交换客体。因此，交换主体、客体和中介可以简化为：交换的主体和客体。交换就是交换的主客体的价值转换过程。在交换过程中，主体"表现为交换者"，客体"表现为等价物，相等的东西"。①

那么，谁应当具有商品交换的主体资格呢？按照劳动价值论，劳动是财富的创造者，劳动产品是劳动者耗费生命力创造的，理应成为劳动产品的所有者，并且按照自己的意志把自己的劳动产品与他人的劳动产品进行商品交换，这是劳动正义的原则要求。当掠夺或无偿占有他人的劳动产品并进行商品交换的时候，便导致了非正义性商品交换。早期的商品生产，劳动者是直接的交换主体。随着商品生产的发展，出现了专门从事商品交换活动的代理人和商人，他们作为商品交换主体并不是商品生产的主体。随着交换价值的长足发展，劳动者逐步丧失了对自己劳动产品的私人所有权，并最终导致"劳动和所有权的分离"②，于是，劳动者便丧失了交换主体地位。代理人和商人推动了商品交换的发展，但从实际上看，代理人和商人只是受劳动者的委托而充当交换中介，因而这种交换中介的出现并不能否定劳动者作为交换主体的地位，但是，交换中介的出现和发展却导致商品生产和交换分离，资本家凭借劳动产品所有权而独享商品交换权，工人则失去了交换主体地位。劳动者作为交换主体的地位是由劳动者作为生产主体的地位决定的，劳动者具有交换主体的地位但并不意味着他们可以控制商品交换。一种使用价值的交换价值能否实现既受它想交换的使用价值的影响，又受时间地点的影响，也就是说，每个交换主体的自由都是有限的，不仅受其他交换主体的影响也会受所交换的客体影响。如果个别交换主体享有绝对交换自由，便会妨害多数人的交换自由。资本的无序扩张必然会走向垄断，从

---

① 《马克思恩格斯全集》第 30 卷，人民出版社 1995 年版，第 196 页。
② 《马克思恩格斯全集》第 30 卷，人民出版社 1995 年版，第 192 页。

而妨碍商品交换自由实现。

现代社会商品交换最主要最根本的交换对象是财富，财富在本质上是使用价值。使用价值是"财富的物质的内容"①。劳动产品是财富最基本的形式。任何财富都凝结着一定的人类劳动。商品购买者真正关心的是商品的使用价值。劳动是财富之父。商品要想实现自己的交换价值，就"必须证明自己是使用价值"②。商品的使用价值只有通过商品交换和商品购买者使用才能得到确证。从本质上看，商品交换是劳动者有用劳动的交换，交换的"平等"强调的是同质有用劳动之间的等量交换。商品交换本质是不同劳动产品之间的互换。劳动者创造了劳动产品，理应成为商品交换主体。劳动产品之间的等价交换具有劳动正义的现实诉求。一方面，非劳动产品如人的器官、人的情感、人的肉体等不是劳动产品，因而不能成为交换的商品。当他们用于商品交换时是不正义的不道德的，甚至是违法的。马克思对资本主义社会的商品泛化现象给予了深刻批判。在资本主义社会，一切都变成了可以买卖的商品。对于劳动者而言，只有把自己的一切变成有用的可出卖的东西才能获得生存外观。另一方面，土地等自然资源不是人的劳动产品，因而任何人不是它们的所有者，但人与自然是共生共存的生命有机体，人从自然中获取资源的同时又反哺自然，这既符合人道也符合天道。

（三）现代商品的等价交换及其劳动正义向度

商品交换的本质是出让使用价值以便实现价值。商品价值是凝结在商品中的一般劳动。商品交换的必要性源于商品的非占有者把它理解为使用价值，商品的占有者把它理解为非使用价值。人们为了获得非占有者使用价值就必须出让自己的非使用价值。商品只有通过交换才能从一个人的非使用价值转化为另一个人的使用价值，因此，"商品必须全面

<hr />

① 《马克思恩格斯文集》第5卷，人民出版社2009年版，第49页。
② 《马克思恩格斯文集》第5卷，人民出版社2009年版，第105页。

转手"①。马克思看到，当我们抽象掉商品使用价值时，商品体就只剩下劳动产品这个属性。商品交换遵循等价交换的原则，等价交换从表面上看是价格相等，从实际上看是相等的人类一般劳动的交换。马克思超越了古典政治经济学，从交换价值进入到抽象劳动，又从抽象劳动进入到价值，这样一来，不同商品的量转化为具有同质的单位，因而可以比较和交换。劳动量是价值的尺度。社会必要劳动时间决定商品的价值量。什么是社会必要劳动时间？一是由社会总需求决定的某类商品可以实现的价值量的时间；二是由某一生产部门判断生产商品付出的劳动时间，它取决于平均劳动强度、熟练程度。判断社会必要劳动时间不应当从个体生产出发，而应当从社会生产出发，生产和消费都是在一定的社会空间展开的，因而商品的价值量不以个别交换者的意志、设想和活动为转移。劳动者商品生产的时间直接体现为商品的个体性，商品交换价值的实现直接体现为商品的社会性。个人与社会的统一性是通过商品交换实现的。以价值量为基础的等价交换就是以劳动量为基础的等价交换，这种商品交换是劳动者生命力付出的对等补偿，包含着劳动正义的要求。马克思以此作为立论的根据，深刻批判了现代资本主义社会的不等价交换。现代资本主义社会的不等价交换根源于劳动力商品化，根源于死劳动与活劳动的不等价交换，这种不等价交换包含着现代资本主义生产的剥削秘密。马克思的等价交换思想，既包含着不损害劳动者利益的无产阶级理论立场，也包含着劳动正义的价值取向。

马克思从商品的二因素追溯到劳动的二重性，进而阐明了商品等价交换的真理性。商品体（如铁、金钢石等）使用价值与其耗费的劳动量无关，不同的使用价值若无法实现量的比较便无法实现交换，为了解决此类问题，马克思引入了"社会平均的劳动生产率""社会必要劳动时间"等概念，这样，不同商品使用价值因为具有同质性而可以进行量的比较。商品交换从本质上看是商品之中所含有的等量劳动的交换。

---

① 《马克思恩格斯文集》第5卷，人民出版社2009年版，第104页。

两种商品价值交换的比例实质上是生产前者的必要劳动时间同生产后者的必要劳动时间的比例。如果撇开社会形式对于商品交换的特殊影响，商品流通就只引起等价物的交换。马克思在《资本论》中通过"抽象人类劳动"概念阐明了商品等价交换理论。不同的商品之间要实现交换，就必须找到一个衡量不同商品价值的同一尺度，这个同一尺度就是"抽象人类劳动"。等量的人类劳动相交换即"等价交换"原则具有天然的道义合理性。购买者之所以购买他人的商品是因为自己无法生产或自己生产的代价会更大，购买他人产品可以节约自己的劳动付出因而应当补偿对方的劳动付出。马克思突出强调，商品交换的实质是劳动交换。商品交换双方就买卖的讨价还价，本质是围绕劳动付出的讨价还价。马克思强调的等价交换之"价"是商品的交换价值（社会价值）。当然，马克思的商品等价交换理论也存在一些不足，如没有充分考虑自然资源、社会资源等价值要素对于等价交换的影响，商品等价交换理论与剩余价值理论存在逻辑上的不一致等。

三　分配过程的现代性

马克思在《资本论》中谈及政治经济学研究对象时，虽然没有论及分配关系，但资本主义私有制是资产阶级生产关系的"总和"，资产阶级分配关系是由它的生产关系规定的，与生产关系具有同一性，"是生产关系的反面"①。"反面"的意思是说，生产多少与分配多少是反比例关系，即劳动者多劳而少得，资本家少劳而多得。分配包括生产资料的分配和消费资料的分配。马克思把生产关系的总和分解为生产、交换、分配和消费，其中，生产和交换被恩格斯称为"经济曲线的横坐标和纵坐标"②。相对于分配关系和消费关系而言，交换关系和生产关系一同起支配作用。马克思的分配关系研究是为了揭示剩余价值规律。

---

① 《马克思恩格斯文集》第 7 卷，人民出版社 2009 年版，第 994 页。
② 《马克思恩格斯文集》第 9 卷，人民出版社 2009 年版，第 153 页。

利润、地租等是剩余价值转化形式，属于剩余价值生产的内容，也就是说，分配是生产的内在要素和必要条件。资本家用货币购买工人劳动力之后，为交换价值的生产和积累奠定了基础，也为资本主导分配关系提供了前提。在货币与劳动力的交换之中蕴含着资本主义财富分配的非正义性。财富分配关系不过是货币与劳动力交换关系的全面展开和外在表现。现代资本主义剩余价值生产是建立在私有制基础之上的，因而支配生产过程的资本家自然也支配着财富分配。要改变资本主义分配方式必须铲除资本主义私有制。马克思从生产和交换视域解读分配关系的思想超越了资产阶级国民经济学家，维护了广大劳动人民的根本利益。

（一）以生产为主体的收入分配关系考察

马克思现代性批判的核心是揭露资本主义剩余价值生产的秘密，因此，剩余价值生产是马克思解剖资本主义生产关系及其生产过程诸环节的中心问题。分配和消费虽然与生产和交换同样是生产总过程的环节，但却不能与生产和交换等量齐观。但是，收入分配所导致的贫富两极分化现象却"是理解资本主义发展命运的关键"[①]。马克思与国民经济学的最大区别是把分配领域的工资、利润、地租等，置于生产过程统一考察，从而对反映资本主义生产方式本质的"剩余价值"概念给予了本质规定。马克思通过对现代资本主义主要收入形式利润、地租等进行考察，抽象出"工资""剩余价值"等范畴。利润、地租等是剩余价值转化形式，"工资"是劳动力商品的价值。

劳动价值论是收入分配思想的基础。马克思从收入分配角度揭露了资本家剥削工人的秘密。工人劳动创造的产品是财富分配的前提。资本对于雇佣劳动的剥削导致收入分配两极分化，并且直接引发资本主义经济危机。马克思所论及的分配关系主要是资本家和工人之间的财富分配问题。谈论分配的前提是必须确立劳动产品的价值由谁创造，它决定着

---

① 乔榛、刘晓丽：《马克思收入分配理论的逻辑及现代意义》，《当代经济研究》2021年第2期。

由谁分配和如何分配。马克思之前的经济学家提出两种观点，即"要素价值论"和"劳动价值论"。"要素价值论"的要点是生产资料和工人在商品使用价值生产中都发挥了作用，并由此来确立分配关系。"要素价值论"把生产资料和工人看作是生产过程中的相同"要素"，抹杀了生产资料和工人在剩余价值生产中的不同作用。这样一来，就掩盖了资本家与工人的剥削关系。"劳动价值论"强调产品的价值是由工人劳动创造的，生产资料只是把价值转移到劳动产品之中，然而，工人所分配到的工资只是劳动力的价值，不是劳动的价值，超过劳动力价值的那部分剩余价值被资本家无偿占有了。马克思旗帜鲜明地坚持了"劳动价值论"，他并不否认生产资料在剩余价值生产中的作用，但这种作用表现为工人生产劳动的客观条件，没有生产资料，工人便什么也生产不了。工人劳动的作用与生产资料的作用是根本不同的，工人劳动才是剩余价值的源泉。

马克思的"劳动二重性"思想奠定了劳动价值论的理论基础。通过对劳动力商品进行深入考察，马克思揭露了资本家剥削工人剩余价值的秘密。《资本论》第一卷是围绕剩余价值生产展开的，然而，资本主义生产和再生产过程是不能把分配排除的。比如，要阐明"剩余价值"概念就离不开"工资"概念。资本主义生产的本质和目的是追求剩余价值，其中，资本家支付给工人的"工资"则是剥削雇佣劳动、占有剩余价值的一种手段。《资本论》第二卷是围绕剩余价值流通和实现展开的，资本运动过程中，剩余价值虽然产生于生产过程但如果没有交换便无法实现剩余价值，其中涉及资本主义再生产过程中积累与消费、总产品与总价值的分配问题。《资本论》第三卷集中讨论的是剩余价值分配问题。可见，分配关系研究是服从和服务于"剩余价值"这一核心范畴的。利润、利息、股息、地租等分配收入都可以从资本主义剩余价值生产的分析中得到说明，也就是说，分配是生产的内在要素和必要条件。

以交换价值为目的的资本主义收入分配，并不单纯是消费品的分配。对于资本家而言，他所分配到的剩余价值并不是完全用于消费需求，而是更多地把收入转化为资本，通过扩大生产规模、采用先进技术等使自身处于有利的竞争地位。为此，资本家必然要通过占有更多剩余劳动时间获取更多剩余价值。由于绝对剩余价值生产以延长工作日为前提，会受到自然条件以及政治、社会、文化和道德的限制，因而资本家逐步转向依靠科学技术进步的相对剩余价值生产，其结果，导致机器取代工人现象。雇佣工人相对或绝对地减少导致过剩人口增加，财富和贫困共同积累，引发生产相对过剩的经济危机。

（二）以交换为前提的财富分配关系批判

现代资本主义生产关系取代传统封建主义生产关系的基本标志是以交换价值为生产目的取代了以使用价值为生产目的。这一转变的前提是劳动力商品化，即货币与劳动力的交换。资本家用货币购买工人的劳动能力为资本主义交换价值生产奠定了基础。没有劳动力商品化，没有货币与劳动能力的交换，货币所有者便无法积累财富，资本便无法增殖自身，因而便谈不上收入分配问题。货币与劳动力交换的唯一目的就是使现有价值保存或增大。购买劳动力商品，组织以交换价值为目的的生产，是资本家保值、增殖现有货币以实现财富积累的基本方式。如果货币与劳动能力进行的是等价交换，那么，货币便不会出现增殖。既然货币出现了增殖，就说明劳动力商品的买卖并不是等价的。经过劳动力商品买卖之后，劳动者便丧失了劳动的所有权。劳动过程表现为资本家对劳动力商品的消费。马克思指出，占有是私有财产的基础，但是，只有通过法律赋予其合法占有的时候，它才真正具有私有财产的性质。私有财产经历"事实占有"向"合法占有"的社会提升，从而，占有对象成了具有一定社会形式的私有财产。在简单商品生产和商品交换阶段，所有权表现为通过劳动占有自己的产品、通过交换占有他人的产品。然而，在劳动者劳动能力与劳动客观条件分离的前提下，劳动力商品化便成为必然，劳动能力的交换改变了交换的性质，因为劳动能力购买者支付等价物的是劳动能力，他得到的却是劳动本身，由此，资本家得到了

"支配他人的劳动"① 的权力。劳动力商品的买卖，包含着劳动力对于资本家依附关系以及对他的生产目的的服从，包含着"劳动条件占有者对非占有者的统治"②。可见，资本家正是由于拥有对生产目的、生产过程、生产数量质量等的支配权，因而他便拥有了劳动产品和财富分配的支配权。可见，劳动力商品的买卖之中已经蕴含了资本主义非正义的财富分配方式。

劳动力商品化的前提是劳动主体和劳动客体分离。当然，货币与劳动能力的交换发展成为一种稳定的经济关系经历了一个历史过程，即劳动者对劳动客观条件所有关系的解体过程。在这一历史过程中，产生了"自由工人"和"资本"之间的否定性对抗关系。对于"自由工人"来说，他的劳动能力及其转化为交换价值的可能性是其唯一财产。从表现看，劳动力商品的买卖是自由平等的，但是，劳动力这种特殊的商品交换却无法超出所有权让渡的界限，即劳动能力的所有者仅仅能够获得满足生存所需要的生活资料，而生产资料的占有者则能够实现财富的积累。由此，货币转化为资本，资本逻辑开始主导生产、交换、分配和消费。可见，现代资本主义的财富分配逻辑归根结底隶属于资本增殖逻辑。在马克思看来，资本为劳动的价值创造确立的界限是与它无限扩大劳动的价值创造趋势相矛盾的。资本的本性之中包含着扩大生产的趋势和财富快速积累的趋势，这两种趋势导致劳动者贫困化。由资本逻辑主导的资本主义生产方式，资本家的富足和劳动者的赤贫是"劳动自身"的结果。所谓"劳动自身"是指资本主义条件下的异化劳动，异化劳动表现为劳动者创造了一个与自己对立的财富世界，与劳动者相对立的客观财富世界是"劳动自身"创造的。在现代资本主义社会，由于劳动条件归资本家，劳动力归工人，决定了交换是资本主义生产的前提。

---

① 《马克思恩格斯全集》第 30 卷，人民出版社 1995 年版，第 192 页。
② 张峰、徐如刚：《马克思对资本主义财富分配非正义的前提批判——基于〈政治经济学批判（1857—1858 手稿）〉的考察》，《北京行政学院学报》2019 年第 3 期。

由于工人和资本家对于劳动条件所有权的差异决定了他们财富分配的差异。财富分配关系不过是货币与劳动能力交换关系的全面展开和外在表现。在历史发展中，当货币拥有者既能够"买到劳动的客观条件"又能够从"自由工人"那里"换到活劳动本身"的时候，资本主义生产方式便诞生了。① 由于资本家对劳动主客观条件全面占有和操控使其能够完全独享财富分配权。

（三）资本主义财富分配的非正义性批判

财富分配是否正义应当从分配主体、分配对象和分配结果等方面给予考察。马克思通过对资本主义财富分配关系进行考察，指出了资产阶级所鼓吹的分配正义的虚伪性。因为资产阶级从来不问"剩余产品怎样分配"，也从来不问"谁执行"剩余产品分配职能的问题。② 马克思认为，资本主义的财富分配是否正义，首先要弄清分配主体即"谁来分"的问题，然后要弄清分配客体即"分什么"的问题。"谁来分"和"分什么"是由一定社会的生产方式决定的，取决于人们在生产中的地位。这种生产中的地位又是由分配决定的，即"分配先于生产"。什么是"分配先于生产"呢？因为要分配劳动产品就必须解决劳动产品的创造及其条件问题。劳动产品的创造及其条件是劳动产品分配合理性和合法性的依据。劳动产品分配的前提包括"生产工具的分配"和"社会成员在各类生产之间的分配"。③ 也就是说，生产资料的所有制主导着财富分配，而不是在生产中创造财富的劳动者主导分配。生产方式决定分配方式，异化劳动必然导致财富分配异化。资本主义财富分配非正义性的集中表现就是："工人创造的商品越多，他就越变成廉价的商品。"④ "谁来分"直接决定着"如何分"以及分配的结果是否公平合理。然而，财富分配权根源于财富创造，根源于生产过程。现代资本主

---

① 《马克思恩格斯全集》第 30 卷，人民出版社 1995 年版，第 501 页。
② 《马克思恩格斯文集》第 7 卷，人民出版社 2009 年版，第 994 页。
③ 《马克思恩格斯全集》第 30 卷，人民出版社 1995 年版，第 37 页。
④ 《马克思恩格斯文集》第 1 卷，人民出版社 2009 年版，第 156 页。

义生产是建立在私有制基础之上的，因而支配生产过程的资本家自然也支配着财富分配。现代资产阶级私有制是一些人剥削另一些人最后和最完备的形式。现代生产、占有、交换、分配都是建立在资本主义私有制基础之上的，要改变资本主义分配方式必须铲除私有制。正因如此，马克思、恩格斯提出了"消灭私有制"的社会革命诉求。

在现代社会，政府对于财富分配发挥着重要的管控和调节作用。资本主义国家虽然也存在着清廉的官员但并不能因此而否定资本主义制度性分配的非正义性。虽然腐败也是造成财富分配不平等和财富过度集中的根源，但是，资本主义剩余价值生产和基于资本主义制度的分配方式才是贫富两极分化的根本原因。自由主义经济学家斯密认为，市场能够合理配置资源，追求自身利益是合乎道德、善的，其实质是对资产阶级剥削压迫的辩护。新自由主义经济学家哈耶克认为，"亚当·斯密的决定性贡献，是对一个自发生成的秩序作出了证明"①。资产阶级自由主义经济学家的"普遍做法是以交换正义替代分配正义"②。也就是说，用货币与劳动能力在市场上的等价交换来掩盖资本主义社会财富分配的非正义。斯密认为，财富拥有者的购买力直接表现为对于当时市场上各种劳动的支配权。马克思指出，国民经济学没有给我们说明为什么要"从私有财产的事实出发"③。资产阶级自由主义经济学家把财产私有权对于财富分配权的支配和控制看成是一种天然合理的东西。马克思考察资产阶级财富分配问题的立足点是资本主义剩余价值生产。马克思质问，难道不是"从经济关系中产生出法的关系吗"④？马克思对脱离生产方式抽象地理解财富分配问题的庸俗社会主义思想家给予了批判，因

---

① ［英］弗里德里希·冯·哈耶克：《经济、科学与政治——哈耶克思想精粹》，冯克利译，江苏人民出版社 2000 年版，第 331 页。
② 贺汉魂：《马克思增进人民幸福的财富分配正义思想》，《伦理学研究》2019 年第 3 期。
③ 《马克思恩格斯文集》第 1 卷，人民出版社 2009 年版，第 155 页。
④ 《马克思恩格斯文集》第 3 卷，人民出版社 2009 年版，第 432 页。

为他们"把分配看成并解释成一种不依赖于生产方式的东西"①。自由主义经济学家忽视了生产资料占有者资本家对于劳动力、劳动过程和劳动产品的实际控制。劳动力是不自由的，他不仅不能支配自己创造的劳动产品反而还会受劳动产品的支配。从表面上看，资本主义的统治和以往时代相比，个人获得了更多的自由，生活条件对于他们的偶然性使他们觉得自己比先前更自由一些，其实却截然相反，他们是更加不自由了，"因为他们更加屈从于物的力量"②。"物的力量"不仅与他们完全脱离而且与他们完全对立。资产阶级自由主义者往往反感政府的分配正义，因为他们担心会减损自己的利益。马克思所主张的分配正义和劳动自由始终站在绝大多数劳动人民一边。马克思强调，劳动者只有重新占有和支配"物的力量"，重新占有和支配劳动的客体条件，才能真正拥有财富分配权和实现整个社会的分配正义。

四　消费过程的现代性

消费问题是马克思阐述现代劳动和社会生产过程的一个重要环节，马克思在多部著作中都论及现代社会的消费问题。消费是一种经济行为，更是人的一种能力，是人的实现或现实。生产和消费是辩证统一的，人们的消费能力对生产和消费都有重要的影响。消费不仅是满足生存需要的方式，而且是人的本质的实现和发展方式。现代资本主义社会生产的根本目的是榨取剩余价值，这种剩余价值生产以资产阶级的私人消费为根本旨趣。在资本主义私有制条件下，新的享受方式诱发出来的是人的异己的本质力量，它迫使人走向奴役道路。经济危机的实质就是供求严重失衡，即市场供给超过了消费需求。由资本逻辑主导的社会生产必然导致生产力和消费力矛盾不断积聚，生产力和消费力的矛盾蕴含着颠覆资本现代性的物质力量和主体力量。消费社会中的"虚假消费"

---

① 《马克思恩格斯文集》第 3 卷，人民出版社 2009 年版，第 436 页。
② 《马克思恩格斯文集》第 1 卷，人民出版社 2009 年版，第 572 页。

模式实质是巩固和维护现存资本主义制度的方式，它加剧了现代社会的劳动异化和消费异化。西方马克思主义在对现代消费主义泛滥给予揭露和批判的基础上，试图重建马克思消费理论。在中国特色社会主义现代性建设过程中，出现了消费主义蔓延现象，因而重新解读马克思现代社会消费思想对于破解消费主义问题具有重要的现实意义。

（一）消费的本质：从生存需要到人的发展

消费与生产一样都根源于人的需要，尽管马克思对生产的关注远远超过消费，但是要阐明生产自然离不开消费。消费是一种人的经济行为能力。穆勒认为，消费随着人类生产的发展而不断扩大，消费分为两类：第一类是"生产性消费"，这种"消费"表现为生产手段；第二类是"非生产性消费"，这种"消费"表现为生产目的，即以满足人们的生活需要为旨趣。马克思认为，穆勒对于现代社会消费的分析具有一定的合理性，但问题是他把资本主义私有制理解为消费的前提，没有看到现代社会生产和消费都是与劳动者的需要相背离的，没有看到剩余价值的追逐是现代社会生产和消费的根本目的。在资本主义私有制条件下，工人的生活需要并不是支配自己劳动产品的权力和手段，而是变成了资本家支配工人劳动产品的权力和手段。马克思深刻揭露了现代资本主义社会异化消费的现实。生产的直接目的是满足人的物质精神生活需要，而消费是满足这种需要的手段。离开消费，生产的目的便不能实现。

马克思在《1857—1858 年经济学手稿》中，全面剖析了生产和消费的关系：其一，从生产性消费看，生产是消费劳动对象与劳动资料的过程。反过来说，消费劳动对象和劳动资料的过程就是生产过程。没有生产性消费，劳动对象便转化不成劳动产品。其二，生产与消费直接对立。生产中介消费，没有生产，消费就失去了对象；同时，消费中介生产，"消费替产品创造了主体，产品对这个主体才是产品"①。其三，消费是产品实现自身价值的最后条件，同时创造着新的生产需要，为生产

---

① 《马克思恩格斯全集》第 30 卷，人民出版社 1995 年版，第 32 页。

提供目的和动力。生产决定消费方式与消费内容，即"生产不仅为主体生产对象，而且也为对象生产主体"①。生产在创造消费品的同时也创造着消费者。

人们的消费能力对生产和消费有重要影响。消费能力"是消费的首要手段"②。在马克思看来，消费能力不仅是个人才能，而且是生产力水平的标志。消费能力是由生产能力决定的，生产能力与消费能力是正比例关系，生产能力越高必然消费能力越高，同时，消费能力提高也能够为生产能力的发展提供动力。从生产性消费来说，生产力越发展，生产性消费的时间越少，因而人们从事精神生产的时间就越多。当然，消费能力不仅体现在物质消费方面而且体现在精神消费方面。当生产性消费时间缩短即生产力得以提高之后，劳动者便会拥有越来越多的"非劳动时间"即自由支配时间，这些自由支配时间可以用于精神消费方面。消费方式是人类消费能力、消费手段与生产能力相互作用、不断发展的结果。比如，为了解决饥饿问题，古代人"用手、指甲和牙齿啃生肉"，现代人"用刀叉吃熟肉"。③ 马克思认为，随着劳动现代性的发展，在未来社会，时间主要决定着消费的合理性和全面性。"社会发展、社会享用和社会活动的全面性，都取决于时间的节省。"④ 人类"自由时间"多少是社会发展水平的重要标志。如何高效运用好"自由时间"直接关系着整个人类社会的发展。人的自然存在的直接需要的满足是作为自然必然性的必要劳动时间，而超出人的自然存在直接需要的发展则主要取决于如何高效运用自由时间。马克思所主张的是服务和服从于人的自由全面发展的消费观。也就是说，真正的生产和消费都是围绕实现人的自由全面发展而展开的。生产和消费内在地反映着自然—人—社会的关系。人的消费绝不是仅仅满足于生存的需要，而且更应当

---

① 《马克思恩格斯全集》第30卷，人民出版社1995年版，第33页。
② 《马克思恩格斯全集》第31卷，人民出版社1998年版，第107页。
③ 《马克思恩格斯全集》第30卷，人民出版社1995年版，第33页。
④ 《马克思恩格斯全集》第30卷，人民出版社1995年版，第123页。

不断地使消费需要"同人的本质和自然界的本质的全部丰富性相适应"①，这样一来，人类在满足消费需要的过程中就能够不断丰富人的本质内涵。然而，在现代资本主义社会，消费服从生产，生产服从资本增殖的目的，生产异化导致消费异化，生产和消费脱离了人的本质，其直接后果是"拜物教的消费主义"② 思想泛滥。

（二）现代性社会的消费：以私人消费为旨趣的现代社会生产

马克思在对资本现代性解剖和批判的基础上得出结论——"资本主义生产的真正限制是资本自身"③。因为资本主义剩余价值生产是以资产阶级的私人消费为根本旨趣的。按照马克思的观点，消费是人类生存发展的物质前提和必要条件，是人的本质活动的内在动力。消费的发展是人的本质力量的新证明新充实。在资本主义社会，新的享受方式诱发出来的是人的异己的本质力量，它迫使劳动者在被奴役道路上越陷越深。马克思看到，本来在商品生产和商品交换世界，价值让渡是自我劳动的合理补偿方式，然而，经过资本家这一中介的过滤，劳动者之间天然的固有的劳动交换关系断绝了，最终商品生产和商品交换的本真意义被搁置了，其结果，"物的世界的增值同人的世界的贬值成正比"④。在马克思看来，商品生产和商品交换所处置的不仅是物而且是人，人成为商品体系的牺牲品。现代生产是马克思资本现代性批判的核心问题。资本主导的现代生产带来人类道德价值的沦丧。鲍德里亚认为，生产作为传统价值创造的形式已经死亡，他在抬高消费地位的同时却贬低了生产的意义。他认为，人们已经完全被生产的社会总习性迷惑了，因为"劳动不再是生产性的"，"符号形式征服了劳动，掏空了劳动的任何历史意义或里比多意义，在自身的再生产中吸收了劳动"⑤。在现代社会，

① 《马克思恩格斯全集》第 3 卷，人民出版社 2002 年版，第 306 页。
② 万希平：《马克思消费理论的现代性反思》，《长白学刊》2007 年第 5 期。
③ 《马克思恩格斯文集》第 7 卷，人民出版社 2009 年版，第 278 页。
④ 《马克思恩格斯全集》第 3 卷，人民出版社 2002 年版，第 267 页。
⑤ ［法］鲍德里亚：《象征交换与死亡》，车槿山译，译林出版社 2006 年版，第 11 页。

消费成为最主要的价值实现形式，人被生产活动排斥在外。消费与生产的关系发生了根本性的转变，整个社会是围绕消费、需要和欲望进行运作的，生产在社会生活中的作用让位于消费，其结果，现实世界被分裂，即无生命的生产世界和有生命活力的消费世界之间完全分裂了。

那么，马克思是偏爱生产而忽视消费吗？回答是否定的。因为消费思想"弥漫于马克思全部思想的核心部分"①。生产与消费是不可分割的，凡是马克思论及生产的地方，我们都会看到消费的影子。由于个体需要的复杂性，生产和消费也必然是复杂的丰盈的。马克思指出："在生产中，人客体化，在消费中，物主体化。"② 生产和消费的地位和作用并不是完全等同的。人类具有拒绝生产和接受消费的本性，于是，在生产中，个体生产总是对个体和群体的利益作出贡献且这种利益贡献是正义的；在消费中，个体的任何消费都必须谨慎，因为消费并非永远正义。马克思认为，生产对于消费的影响是全面的、系统的，它生产出消费的对象、方式和动力，相反，消费对生产的影响也是深刻的、持续的，它能够"在生产者身上引起追求一定目的的需要"③。生产和消费之间是相互影响、相互促进的。离开了消费，生产便失去了意义；离开了生产，消费便成为无源之水。在马克思看来，人类劳动的根本目的是自我存在需要和本质属性的外在表达。经济危机是马克思对资本现代性批判的核心范畴，经济危机的实质就是供求严重失衡，即市场供给超过了消费需求。从深刻内涵看，资本主义经济危机是生产力与消费力矛盾的冲突和爆发。资本家为了追求剩余价值而竭力发展生产力，然而，剩余价值的实现必须依赖群众的消费能力，群众的消费能力不足必然影响

---

① 邹广文、王纵横：《马克思的消费社会观初探》，《马克思主义与现实》2009 年第4 期。
② 《马克思恩格斯全集》第30 卷，人民出版社1995 年版，第30 页。
③ 《马克思恩格斯全集》第30 卷，人民出版社1995 年版，第34 页。

资本主义再生产过程。因为资本的生产性投入，主要"依赖于非生产阶级的消费能力"① 来补偿。消费对于资本主义生产的意义在于：一方面，商品的使用价值通过满足消费需求而实现生产的意义；另一方面，消费是资本生产循环的必要条件，因而商品的数量、种类、结构和比例要与社会需要相符合，也就是说，消费力是生产力的限定，是资本现代性的重大考验。在资本主义私有制条件下，由资本逻辑主导的社会生产必然导致生产力和消费力矛盾不断积聚，生产力和消费力的矛盾蕴含着颠覆资本现代性的物质力量。

（三）现代性社会的消费主义批判

消费社会是消费主义泛滥的社会，它表现为商品的消费价值和使用价值的背离。消费社会理论试图重建马克思消费理论，但"却始终没能走出马克思的影子"②。例如，法兰克福学派强调，资本主义制度对于消费个性的压抑导致消费异化。现代文化工业借助技术手段以及经济、行政的集中化，为了大众的消费而按计划制作消费，形成了完全没有裂隙的系统。马尔库塞提出了"虚假需要"概念。他认为，需要是由个体生存状况决定的，然而，在现代资本主义社会，由于技术理性的泛滥，社会成员的需要成为社会管理的重要内容，个人的需要完全受外力操控，源自商品生产者的外界力量支配着需要的产生和满足，在此基础上产生的需要实际上是一种"虚假需要"。马尔库塞认为，虚假需要有效地窒息了那些要求解放的需求，成为对富裕社会破坏力的一种开脱，需要的社会性管理和操控造成了浪费性的生产和消费。发达工业把浪费变成需要，资本主义找到了一种新的控制工人阶级的有效武器，即"虚假需要"的生产和消费。无数工人陷入这种"虚假需要"的生产和消费之中难以自拔。从消费的表面看，出现了阶级"同化"现象，即

---

① 《马克思恩格斯文集》第 7 卷，人民出版社 2009 年版，第 548 页。
② 邹广文、王纵横：《马克思的消费社会观初探》，《马克思主义与现实》2009 年第 4 期。

"工人和他的老板享受同样的电视节目""打字员打扮得同她的雇主的女儿一样漂亮"。① 这种阶级"同化"虽然没有使剥削减少和阶级消失，然而，这种消费模式却使下层人民发挥了巩固和维护现存资本主义制度的功能。"虚假需要"导致劳动异化和消费异化加剧，其结果，迫使人们急功近利甚至疯狂地对自然资源进行掠夺式开采，从而破坏了人与自然和谐共生关系，造成严重的生态环境危机；同时，人们为了满足"虚假需要"而疲于奔命，因而成了"虚假需要"的奴隶。当异化消费成为满足"虚假需要"的唯一手段时，异化消费便发展成为人的主宰力量。占有和消费成了现代人的生存方式。"现代消费者以这样的公式认同自己：我的存在＝我所占有的和消费的东西。"② 鲍德里亚认为，马克思对商品的使用价值和交换价值关注过多而对商品消费问题关注过少，现代消费社会是在商品逻辑支配下的异化社会，"生产和消费——它们是出自同样一个对生产力进行扩大再生产并对其进行控制的巨大逻辑程式的"③。从表面上看，现代生产和消费方式是为了满足人们膨胀的欲望；从实质上看，它是资本主义制度谋求持续生存的手段；从结果上看，它"造成消费主义的盛行和人生存的不自由状态"④。鲍德里亚认为，现代性社会的消费并不是自由主义者所说的个性张扬，消费需要的满足更多是被动地吸收和占有，"被消费的东西，永远不是物品，而是关系本身"⑤。由于资本现代性的世界历史特征，所以，在现代资本主义社会泛滥的消费主义必然会波及整个世界。消费主义"是资本主

① ［美］马尔库塞：《单向度的人——发达工业社会意识形态研究》，刘继译，上海译文出版社 2006 年版，第 9 页。
② ［美］艾里希·弗洛姆：《占有还是存在》，程雪芳译，上海译文出版社 2021 年版，第 32 页。
③ ［法］鲍德里亚：《消费社会》（第 4 版），刘成富、全志钢译，南京大学出版社 2014 年版，第 74 页。
④ 郑红娥：《消费社会理论反思》，《南京社会科学》2006 年第 7 期。
⑤ ［法］鲍德里亚：《物体系》，林志明译，世纪出版集团、上海人民出版社 2001 年版，第 224 页。

义的土壤培养出来的怒放的罂粟花"①。生态马克思主义者对现代资本主义社会的消费主义现象给予了批判。比如，奥康纳认为，"虚假需要"源于资本主义统治者追求利润的动机，然而，这种消费主义导致的生态危机要求在消费领域发生革命。为了克服消费主义，就必须按照需要而不是利润来组织生产。他们还提出一系列扬弃消费主义的方法，但归根结底，必须坚持可持续发展的原则。

作为一种社会意识的消费主义是基于一定社会经济的伦理样态。消费主义关涉个体与集体、人类与自然、善与恶等问题，后马克思主义时代的消费理论家们大都是从这些方面展开对消费主义的批判的。马克思从实践唯物主义出发，为系统诠释人与自然、人与社会的关系奠定了基础。马克思对现代社会的"人体解剖"更是系统分析了消费与生产、交换、分配之间的辩证关系，从而为批判消费主义奠定了理论基础。

---

① 孙玉霞：《消费主义价值观批判》，《浙江学刊》2006 年第 1 期。

❖ 第 三 章 ❖
马克思劳动现代性批判的哲学基础

　　马克思劳动现代性批判是以其哲学革命为前奏的。在劳动现代性批判语境中，马克思哲学始终在场。"马克思把现代性作为一个整体的历史对象加以研究……从而构建了我们今天考察现代性命运时最具洞察力的思想理论。"① 虽然现代性是资本逻辑主导的，但人们似乎忘了资本的本质是"死劳动"，它只有通过吸食"活劳动"的鲜血才能保持其自身的生存。因此，把握现代性必须对劳动现代性问题给予审视和诊断。现代资产阶级社会开启的人类生存方式是以无限追求利润、以需要和生产的超自然发展为前提的。生存本体论和生产实践论是马克思劳动现代性批判的重要理论基础。马克思现代性批判的生产逻辑从劳动现代性的根本处全面展开，为颠覆资本主义现代性、重建社会主义现代性提供了理论指南。从现代性问题史角度看，马克思劳动现代性批判集中体现在方法论层面的革命上，马克思劳动现代性的诊断和解剖运用了宏观叙事和微观叙事相结合的历史唯物主义方法、人体解剖和猴体解剖相结合的政治经济学方法、理想范畴和现实范畴相结合的科学社会主义方法。

---

① 张传开、方敏：《马克思哲学视域下的现代性》，《哲学研究》2007 年第 1 期。

第一节 劳动现代性批判的生存本体论

虽然现代性是资本逻辑主导的，但人们似乎忘了资本的本质是"死劳动"，它只有通过吸食"活劳动"的鲜血才能保持其自身的生存。因此，把握现代性必须对劳动现代性问题给予诊断。马克思是劳动现代性批判的开创者。在现代性研究的诸多领域，马克思始终在场。安托尼奥说："尽管马克思被宣布死了好多次，但是他似乎总能够一再地从灰烬中升起。"① 人们之所以一次又一次地"回到马克思"，主要是因为我们今天仍然身处现代性之中，而马克思则为破解现代性问题提供了基本的哲学思维方式。马克思与其他前辈哲学家的不同在于，他开拓了劳动现代性批判的生存论新方向，从根本上跳出了意识哲学的窠臼。马克思对现代性的流动特征做过经典阐述："一切新形成的关系等不到固定下来就陈旧了。"② 变动迅速、难以捉摸、反对保守、亵渎神圣等是现代社会最突出的特点，这些变动涉及生产交往、社会关系、思想观念等方面。现代社会是以无限追求利润、以需要和生产的超自然发展为前提，它从根本上改变了人类的生存方式。现代性危机直接表现为人的"生存领地"失落，表现为劳动的"有用性方面"和"人的自我实现方面"的严重分裂，表现为"物与物的关系"遮蔽了"人与人的关系"。资本逻辑是现代性危机的总根源。通过对资本现代性进行研究，马克思揭示了劳动现代性对于资本现代性的"内在超越"及其实现路径。

一 人类生存方式的现代境遇

现代性的问题域是一个纷繁复杂的"星丛"，现代性、前现代性和

---

① Robert Antonio, *Marx and Modernity*: *Key Reading and Commentary*, Cambridge: Blackwell Publishers Ltd., 2003, p. 2.

② 《马克思恩格斯文集》第 2 卷，人民出版社 2009 年版，第 34 页。

后现代性交割纠缠在一起。然而，现代性问题域的核心是人的生存方式和生存状态。现代性为人的生存究竟带来了怎样的冲击和影响呢？人的生存方式是马克思考察现代性的基本视域。在马克思看来，劳动是人的根本生存方式，然而，劳动异化导致人的生存危机。马克思从资本现代性批判中发现了劳动现代性的重大价值，资本家经济政治权力的膨胀导致劳动者经济政治权力尽失。马克思从人的劳动生存方式中发现了共产主义现代性取代资本主义现代性的历史必然性。马克思的《1844 年经济学哲学手稿》中蕴藏着现代性思想的"理论因子和思想萌芽"①。马克思通过解剖市民社会，发现异化劳动是现代资本主义社会诸多问题的总根源。资本主义现代性的展开，导致资本与劳动的矛盾尖锐化。劳动异化的发展导致现代资本主义社会普遍异化。马克思对劳动异化的批判敲响了资本主义制度的丧钟。海德格尔认为，"人们可以以各种不同的方式来对待共产主义的学说及其论据，但从存在的历史的意义看来，确定不移的是，一种对有世界历史意义的东西的基本经验在共产主义中自行道出来了"②。毫无疑问，马克思最初是从劳动生存本体论意义上，揭示了共产主义现代性取代资本主义现代性的历史必然趋势。

（一）现代性的危机：人的"生存领地"的失落

现代性的危机首先是人的生存方式的困境和人的"生存领地"的失落。获得"自由"的工人来源于失去土地的农民，他们的"自由"是以丧失"生存领地"为代价的。马克思之前的德国古典哲学，从康德到黑格尔，都是在意识哲学范围探索现代性的危机问题。然而，"意识和外在对象之间的统一性问题"③却是他们无法摆脱的梦魇。在马克思看来，自我意识的外化与回归，只不过是意识在地球上的一次毫无意

① 郗戈：《异化劳动与现代性的"病理学"》，《湖南社会科学》2008 年第 5 期。
② ［德］马丁·海德格尔：《海德格尔选集》（上卷），孙周兴选编，生活·读书·新知三联书店 1996 年版，第 384 页。
③ 张有奎：《马克思生存论与现代性的命运》，《吉林大学社会科学学报》2006 年第 5 期。

义的巡游。"自我意识通过自己的外化所能设定的只是物性……而不是现实的物。"① 为了破解现代性危机，马克思哲学实现了从知识论向生存论的转向。马克思生存论的出发点是现实的个人和现实生活世界。现实的个人、现实生活世界及其二者的关系在其本质上是实践的。马克思从生存论出发，确立了实践唯物主义的理论立场，为破解现代性危机奠定了哲学基础。

人类的生存实践活动是其本质力量的对象化，它涵盖生产、劳动、交往、思维等。人表现自己本质的方式离不开"对象"和"活动"。费尔巴哈确认了人是一种"感性对象"存在，马克思在此基础上确认了人是一种"感性活动"存在。对于人的对象性存在，马克思认为，每一种本质力量的独特性取决于它独特的对象化方式。对于人而言，则是以活动方式完成对象化，即表现自己生命的生产生活方式。

人的生存方式是人的根本存在方式，是人的生存实践活动方式，是人的生产和交往方式。它表征着人与世界的根本关联方式。人的实践活动具有双重意义，在它所创造的对象世界中确证自身和确证现实世界。"人与世界在人的生存方式中相互确认、彼此证成"。② 通过实践活动，人的本质和世界的本质得以历史生成。人的本质、世界的本质和人与世界的关系构成人的生存方式的主要问题域。世界是人置身性的物质基础，它由人的实践活动对象化而获得赋形。人的生存时空在生成与存在的张力之间存续和演变。人的生存世界是以人为主体、为人而存在的属人关系的世界。借助劳动现代性的展开，个人才真正成为现实性的存在。在现实社会，人的现实性存在"与世界历史直接相联系"③。哲学反思的根本问题是人的生存方式。马克思认为，人

---

① 《马克思恩格斯全集》第 3 卷，人民出版社 2002 年版，第 323 页。
② 杨宏祥、庞立生：《"现代性"批判的根本视阈：人的生存方式——开启马克思主义哲学历史唯物主义的微观视阈》，《内蒙古社会科学》（汉文版）2016 年第 4 期。
③ 《马克思恩格斯文集》第 1 卷，人民出版社 2009 年版，第 539 页。

不是存在于"世界之外""人就是人的世界"①，同样，哲学也不是存在于世界之外。

西方哲学对于反思人类生存方式的传统有两种：一是柏拉图开启的"先验本质追问的形而上学传统"；二是亚里士多德开启的"形而上学实存论的超验追问传统"②。这两种传统的共同之处是他们都把人类的生存方式置于至高无上的社会力量统治之下，最终导致人的本质力量的压抑。西方资本主义现代性的开启始于主体性的确立与张扬。笛卡尔的"我思故我在"为主体性形而上学确立了崇高的理论地位，他凭借"主体理性"之剑把世界劈成泾渭分明的主体世界和客体世界，对人类的生存方式以及人与世界的关联方式做出了颠覆性的注解。由此，笛卡尔的主体性形而上学成为劳动现代性批判的绝对开端的时刻。到德国古典哲学时代，主体性形而上学演变成了"理性的神话"，人与世界的关系被解释为基于自由理性的抽象统一性。人类"纯粹的生存都被表达为它所禁止的意义"③。也就是说，现代性的危机归根结底是人的生存方式的危机，是人与世界关系的颠倒。马克思指出，随着人类物质生产力的发展，人类支配控制自然的能力日益增强，然而，物质生产力的发展却造成人与人之间关系的颠倒，对于劳动者而言，他们"愈益成为别人的奴隶或自身的卑劣行为的奴隶"④。物的力量增强了，人的力量减弱了；物的世界增值了，人的世界贬值了。在劳动现代性的展开过程中，"物的生产"取代了"人的生产"，"物义论"生存方式取代了"人义论"生存方式，"物的世界"发展了，"人的世界"萎缩了，人逐渐丧失了属于自身的"生存领地"。

　　① 《马克思恩格斯文集》第 1 卷，人民出版社 2009 年版，第 3 页。

　　② 孙周兴：《后哲学的哲学问题》，商务印书馆 2009 年版，第 34 页。

　　③ ［德］霍克海默、［德］阿道尔诺：《启蒙辩证法——哲学断片》，渠敬东、曹卫东译，世纪出版集团、上海人民出版社 2006 年版，第 21 页。

　　④ 《马克思恩格斯文集》第 2 卷，人民出版社 2009 年版，第 580 页。

（二）现代性的分裂：劳动的"有用性"与"人的自我实现"的冲突

马克思在《1844年经济学哲学手稿》中，提出并坚持了从"当前的经济事实"出发的原则，对现代性的异化状况展开了辩证分析和历史批判。马克思对于异化劳动四个方面的分析实际上就是现代性危机的四种表现，而整个现代性危机就蕴藏在异化劳动之中。因此，对于异化劳动的解剖就是对于资本现代性危机的解秘。马克思劳动异化的预设前提是理想性规范性的"非异化劳动"（自由劳动），立足"自由劳动"反观资本主义社会的现实劳动，概括出了具有批判意义的"异化劳动"概念。由于马克思把劳动理解为人的类本质，因此"异化劳动"必然导致人的自我异化。本来，劳动是一个统一的矛盾体，其二重性内涵彼此交织、相互依存。劳动的实现必须有"人"和"物"两个要素同时存在并且以一定的方式结合在一起。由此使劳动的二重性表现为：其一，劳动服从"物"对"人"的有用性，是满足人的生存需要的手段，人类要想存续发展便一刻也离不开劳动；其二，劳动本身是人的类本质、类生活，劳动是人的生命活动和积极的生存方式，是人自我创造、自我解放的历史展开，因此，劳动本身就是目的。劳动的本质是对象化活动和自我确证的辩证统一。对象化活动是劳动获得"有用性方面"的要求，自我确证是劳动获得"人的自我实现方面"的要求。对象化活动和自我确证本来是劳动过程与劳动结果的统一，但是，由于作为劳动条件的物与人的分离，即劳动的客观条件和活劳动的分离，造成了对象化活动和自我确证的矛盾，其结果，劳动的"有用性方面"和"人的自我实现方面"之间产生了巨大张力。当然，从价值实现的等级秩序看，"人的自我实现方面"是高于"有用性方面"的，它是人类劳动的最高目的。这样，马克思关于劳动的规范性内涵可以理解为："有用性方面"是劳动的基础，"人的自我实现方面"是劳动的目的。

现代私有制是以类的二重化为自己开辟广阔道路的。类的二重化就是劳动的二重化，从现实表现来看，就是无产阶级和资产阶级的尖锐对立；从内在机制来看，就是劳动的"有用性方面"和"人的自我实现方面"的严重分裂，就是目的和手段关系的颠倒。当"有用性方面"成为劳动的唯一目的时，劳动便沦为直接谋生的生存方式，沦为"谋生手段"。劳动目的和劳动手段关系的颠倒表明，人类规范关系和价值秩序是完全颠倒的。人类的自由自主的活动被贬低为"维持人的肉体生存的手段"①。马克思通过异化劳动的解剖和批判，揭示了现代性分裂的基本内涵，即劳动的"有用性方面"和"人的自我实现方面"的分裂、劳动目的和手段的颠倒。一方面，"有用性方面"从劳动统一体中分割出来，也就是资本原则取代劳动原则成为劳动的主宰力量，资本原则以实现自身增殖为根本目的，它遮蔽、压抑和否定了"人的自我实现方面"；另一方面，"人的自我实现方面"虽然受到了遮蔽、压抑和否定，但是它作为劳动之中所蕴藏的本质力量始终并未完全消失，而是继续潜藏在劳动的异化形式之中，并且不断积蓄着人的自我解放的力量，它是劳动之中所蕴藏的"解放内涵"和"解放潜能"②。马克思坚持从主体性视野把握现代性，但是，他对主体性的理解却实现了由"抽象理性"向"具体理性"的提升。马克思从感性活动出发，通过对劳动"二重性"进行解剖，揭示了"有用性方面"和"人的自我实现方面"的关系颠倒和历史裂变，从而为现代性批判奠定了劳动哲学基础。在现代性的劳动原则基础上，马克思构建了一套完整的现代性诊疗病理学。

（三）劳动"二重性"：从商品到人

在马克思看来，资本现代性首先表现为"庞大的商品堆积"，因此，他对资本现代性的研究是"从分析商品开始"③。商品不仅是社会的财富形式，而且是人的存在形式。马克思首先分析了商品的二重性，

---

① 《马克思恩格斯全集》第 3 卷，人民出版社 2002 年版，第 274 页。
② 郗戈：《异化劳动与现代性的"病理学"》，《湖南社会科学》2008 年第 5 期。
③ 《马克思恩格斯全集》第 44 卷，人民出版社 2001 年版，第 47 页。

即价值和使用价值。使用价值是价值的物质承担者，价值表征着不同使用价值的交换比例或量的关系。从使用价值考量，不同的商品具有"质的差别"；从价值考量，不同的商品只有"量的差别"。① 商品二重性的内在根据是劳动的二重性。从劳动二重性把握商品二重性，"是理解政治经济学的枢纽"②。商品的使用价值归结为具体劳动，商品的价值归结为抽象劳动。从商品生产到商品交换的转化是具体劳动提升为抽象劳动的关键环节。在商品交换的环节，劳动的具体形式和有用性质消失了，各种不同的具体劳动全都化为相同的人类劳动。"具体劳动"概念揭示了使用价值的本质，"抽象劳动"概念揭示了价值的本质。马克思通过对资本主义商品生产和商品交换进行细致观察和深入研究，揭示了商品二重性之中内涵的劳动二重性，从而揭示了商品的人性内涵，完成了从商品到人的考察。

　　劳动是人的存在方式。劳动二重性理论切中了人的社会存在方式，是理解现代社会和现代历史的基础。马克思的出发点是"现实的人"，而"现实的人"的社会存在方式是劳动。劳动的二重性是解释人的二重性的基础。人首先是自然存在物，人依靠自然界才能生存。人的自然需要的满足依赖使用价值和商品生产才能实现。商品的使用价值根源于人的自然属性和需要。具体劳动把外部自然变成合目的性的商品。商品的价值根源于人的社会属性和需要。只有通过商品交换，把商品的使用价值转化为交换价值，才能满足人的社会需要。马克思运用劳动二重性理论破解了人的存在秘密。旧哲学的存在论往往把人的自然性从社会历史中排除，进而造成自然与历史的对立。马克思劳动二重性理论暴露了旧哲学对人的存在的理解的非历史性和非现实性。人是自然存在和社会存在的统一体，人的历史的自然性和人的自然的历史性是不可分割的。马克思劳动二重性、商品二重性理论解释了人的存在的二重性。商品的

---

① 《马克思恩格斯全集》第 44 卷，人民出版社 2001 年版，第 50 页。
② 《马克思恩格斯全集》第 44 卷，人民出版社 2001 年版，第 55 页。

交换价值体现了人的社会性，它表明在商品的生产方面"耗费了人类劳动力，积累了人类劳动"①。劳动交换"构成人的全部社会关系的基础"②。人的现实本质是一切社会关系的总和，劳动二重性理论则把人的一切社会关系归结为人的自然关系和社会关系，归结为劳动关系。因而，劳动的二重性是破解人的存在秘密的理论基石。劳动二重性体现的是人对自然和人对人的关系。劳动二重性理论阐明了人作为自然存在物和社会存在物的统一基础。人的自然性和社会性在劳动二重性中实现了统一。马克思把人的存在的二重性归结为劳动二重性，又把劳动的二重性归结为商品二重性，或者说，通过商品二重性破解了劳动二重性的秘密，又通过劳动二重性破解了人的存在秘密。马克思破解存在秘密的基础是劳动，破解劳动秘密的对象是商品。马克思透过"物的世界"发现了一个"人的世界"。通过商品、货币、资本、地租、利润等范畴，马克思解剖了人们的现实生活过程，透过物和物的关系揭示了人与人的关系，揭示了阶级对立的经济根源，揭示了资本现代性的内在否定性。

二　现代性理论的生存论基础

对于现代性的反思事关当代人类存在处境和人类未来命运。马克思劳动现代性思想并非是对传统理性形而上学的简单倒置和颠覆，它的意义在于为现代性的发展指明了正确方向。实际上，马克思实践唯物主义的创立实现了"现代性研究范式上的全方位变革，或者说是一种思维方式的现代性转向"③。马克思实践唯物主义实现了从超验的抽象存在转向感性的具体存在，突出关注人类的现实生活领域。在马克思看来，脱离现实世界、脱离实践活动的抽象的形上的世界是没有意义的。那种

---

① 《马克思恩格斯全集》第 44 卷，人民出版社 2001 年版，第 51 页。
② 孙正聿：《"现实的历史"：〈资本论〉的存在论》，《中国社会科学》2010 年第 2 期。
③ 贾英健：《马克思现代性批判的理论旨趣及其变革实质》，《哲学研究》2005 年第 9 期。

抽象的与人无关的自在自然，"对人来说也是无"①。对于人类而言，超验的神秘的自在自然是没有意义的。现实的感性世界是工业和社会状况的产物，它们不是始终存在的，也不是先验存在的。传统的理性形而上学脱离了历史之根和社会之基。历史是逻辑的现实对应物，对现代性的反思应当立足历史之根和社会之基，应当回到现实生活世界。马克思第一次将历史纳入哲学思考的主题，强调把握现代性要走进历史深处，解剖资本主义社会。马克思用实践唯物主义取代了理性形而上学，把实践唯物主义运用于政治经济学研究，把现代性的资本逻辑连根拔起。

（一）现代性的生存"秘密"："物与物的关系"遮蔽"人与人的关系"

马克思对现代社会"人体解剖"的重要理论贡献就在于透过"物的世界"发现了一个"人的世界"，揭露了"物与物的关系"遮蔽"人与人的关系"的社会图景。马克思立足劳动生存论，揭示了资本主义社会的剥削秘密，为现代性反思提供了一种实践解释学。马克思认为，传统的哲学家们满足于"解释世界"，但是，他们对社会存在的理解是非历史或超历史的，他们在远离"历史的现实"和"现实的历史"的太空飞翔。马克思现代性批判的立足点是人的现实性存在，是人的现实生活过程。那些"独立的哲学"由于脱离现实而失去了生存空间，取而代之的青年黑格尔派的自我意识哲学也仅仅是抽象地考察社会历史，因而，没有任何现实价值。要研究人的存在状态，就不能离开"现实的历史"和"历史的现实"，这是马克思唯物史观的原则立场。

在《哲学的贫困》中，马克思做了个比喻说李嘉图把"人变成帽子"，这是什么意思呢？就是把"人"的关系转化为"物"的关系，把人的社会存在描述为"物的存在"。与李嘉图相反，黑格尔把"帽子变成了观念"②，这是什么意思呢？就是把"物"的关系转化为"观念"

---

① 《马克思恩格斯全集》第3卷，人民出版社2002年版，第335页。
② 《马克思恩格斯选集》第1卷，人民出版社2012年版，第216页。

的关系，把人的社会历史理解为"观念"的自我运动。如果说，李嘉图颠倒了人与物的关系，那么，黑格尔则颠倒了"观念"和"现实"的关系。黑格尔所说的"观念"不仅脱离了"现实的人和现实的人类"，而且成为个人的抽象统治力量。在黑格尔那里，历史屈从于逻辑。马克思在批判李嘉图和黑格尔的基础上，把"物"的关系归结为"人"的关系，把"观念"归结为"现实"，通过对"现实的人"及其历史发展的研究，揭露了资本现代性的本质。马克思认为，对"现实的历史"进行考察不能从"人本身"出发，因为从"人本身"出发不过是从"抽象的人"出发而形成对人的抽象理解。马克思对"现实的历史"进行分析考察的出发点是现实的人，由此才真正破解了社会存在的秘密。马克思的政治经济学研究不仅破解了资本现代性的秘密，而且把这种研究上升到哲学高度，进而破解了社会存在的秘密，在揭露资本主义剩余价值规律的同时，进一步论证了人类历史的一般规律。

"物与物的关系"遮蔽"人与人的关系"具体表现为物与物之间的平等交换关系掩盖了其背后资本家在生产、分配、交换、消费等过程之中对工人的残酷剥削。在马克思看来，商品形式的奥秘在于把劳动的社会性转化成为劳动产品的物性，把工人同劳动的社会关系反映成为它之外的物与物的关系，在这种转化中，商品变成了可感觉又超感觉的"物神"。在资本主义商品生产条件下，工人的私人劳动只能表现物象的关系以及物象间的社会关系。工人的私人劳动之所以不能表现直接的社会关系是因为工人不能把自己的私人劳动转化为社会劳动。工人私人劳动转化为社会劳动的条件是对自己劳动产品的所有权和处置权，然而，工人劳动创造的劳动产品不属于自己。由资本物主导的商品交换表现为物的社会关系呈现社会属性的方式，这种方式被理解为物自身的固有属性，正因如此，整个资本主义社会生产陷入对商品、货币和资本的疯狂崇拜，拜物教意识由此泛滥。资产阶级同样受到"物神"的支配，他们疯狂地扩大再生产，造成生产相对过剩的经济危机。马克思政治经济学批判"所遇到的伪装成'商品拜物教'出现的东西不再是'反映'

现实的一个'幻想'，而是在社会生产的实际过程中心起作用的一个不可思议的谜"①。

（二）现代性的生存论基础：从"意识的内在性"到"劳动的对象性"

历史的主体是现实的人，而彰显人的主体性是现代性的核心问题。现代性发端于主体的发现，现代性的历史是人的解放史，即人从各种外在的监护和压抑中获得解放。西方启蒙运动以来，理性取代上帝的造物主地位成了整个世界的主宰力量，理性形而上学成为现代性的哲学基础。马克思解构了这种对主体性理解的理性主义，强调人的主体性不能脱离主体存在，不能脱离感性实践活动。人的本质具有实践生成性，必须在现实的社会历史存在中把握主体性。马克思实践唯物主义能否为劳动现代性批判提供规范性基础，关键在于是否看到马克思"劳动"概念的生存论根基。马克思"劳动"概念是对黑格尔"劳动"概念的继承与创新。劳动是现代性自我理解和自我批判的规范性概念。为什么说是"现代性的自我理解和自我批判"呢？是因为，在马克思看来，现代性的秘密存在于劳动之中。一部劳动发展史就是现代性的发展史。马克思之所以超越了黑格尔哲学，并不是因为简单的头与脚的颠倒，而是因为马克思不像黑格尔那样把劳动理解为一种理性化的精神活动。在生存论路向上，黑格尔的现代性批判止于"意识的内在性"，马克思的现代性批判始于"劳动的对象性"。马克思颠覆了理性形而上学的现代性批判，超越了"我思"的主体性怪圈，从而在主体内部和主客体之间的分裂中找到了破解现代性问题的出路。马克思基于劳动主题的现代性批判，指出了劳动之感性生存基础作用和对象性的本质力量，从而抓住了现代性的核心问题。马克思与黑格尔在"劳动"概念方面的差异不是字面的，黑格尔是在"形而上学之内"反思劳动，马克思是在"形

---

① ［斯洛文］斯拉沃热·齐泽克等：《图绘意识形态》，方杰译，南京大学出版社2002年版，第39页。

而上学之外"批判劳动。① 马克思指出，黑格尔只知道只承认精神劳动、纯粹活动，他对劳动的理解是抽象的。马克思则把劳动理解为感性活动、对象性活动，正因如此，马克思实践唯物主义从黑格尔哲学中破茧而出。许多西方学者没有看到或有意否认马克思对于黑格尔劳动思想的超越。比如，海德格尔认为："马克思仍然保持在黑格尔的形而上学里。"② 他看到了马克思对黑格尔的继承关系，但却把"生产的真正生产性"理解为思想，把"现实性的生存"理解为"思想的劳动过程"。应当说，是海德格尔深陷黑格尔的"怪圈"而不能自拔，却把马克思说成是深陷黑格尔的理性形而上学"怪圈"。海德格尔根本不理解马克思劳动哲学的革命意义。

黑格尔的"劳动"概念虽然是抽象的但却表达了一种积极的历史活动原则，他把"历史"理解为纯粹思维活动向外设定异己对象及其扬弃对象的过程，所以他基于劳动的现代主体性讨论最终禁锢在现代形而上学的"我思"建制之中。黑格尔现代性批判的困境在于，他的意识主体保持在内在性之中，由于不能把劳动理解为感性的对象性活动，所以黑格尔的现代性反思停留在"意识内在性"的囚笼。马克思跳出了"我思"的现代理性形而上学批判的泥潭，从现实的个人出发，开启了劳动现代性批判的新方向。把劳动理解为感性的对象性活动的意义在于，它突破了现代理性形而上学现代性批判的禁锢，实现了"意识内在性"的出离。马克思认为，像黑格尔所理解的"纯粹的活动"并不能创造对象或设定对象，要理解对象性世界必须立足于劳动立场。黑格尔在现代理性形而上学"我思"的解释路向上高扬主体性，但是，他不过是精神主体的自我设定。马克思在"对象性活动"的劳动生存论语境中重新审视主体性，从对象世界中确证了人的主体力量。马克思

---

① 唐爱军：《劳动主题与马克思的现代性批判思想——兼论哈贝马斯和海德格尔对马克思的批判》，《中共南京市委党校学报》2011 年第 2 期。

② 张祥龙：《海德格尔思想与中国天道——终极视域的开启与交融》，生活·读书·新知三联书店 1996 年版，第 446 页。

在主体之外把握主体，突破了现代主体哲学的汪洋大海，为现代性批判提供了规范基础和价值旨归。马克思劳动主体立场的确立使他突破现代性桎梏，他站在坚实的呈圆形的地球上寻找现代性危机的出路，为人类解放事业做出庄严承诺。劳动现代性重建和资本现代性批判的伟大工程必须从劳动生存论的根基处进行本质性阐明，由此才能在劳动解放基础上实现"人的自然的本质"和"自然的人的本质"的统一。

（三）现代性的资本主义存在方式

马克思把哲学和政治经济学结合起来，对于现代性病症做出了科学诊断，完成了对资本原则的批判，提出了解决现代性危机的现实办法。马克思的"现代性批判直接关乎人类生存的现实问题"[①]。基于私有制的资本原则成为社会发展的控制力量是世界历史进入现代社会的标志。17、18 世纪以来的工业革命、法国大革命和启蒙运动，形成了现代社会在经济、政治、文化方面的基本样式。马克思的《资本论》及其手稿对现代资产阶级社会给予了全面系统的解剖。马克思看到，资本原则作为"普照的光"造就了一个新的时代，它把对人和自然的探索利用推向了极致，科学研究和财富创造都达到了前所未有的高度。资本原则造就了普遍繁荣也带来了种种弊端。马克思资本现代性批判的目的是找到治愈现代性病症的良方，也是为了使人的生存生活摆脱现代性危机的威胁。资本现代性批判是直面人类根本生存发展问题的现实批判，与人的生存生活直接关联。

从欧洲现代社会的起源看，传统社会向现代社会发展，带来人类生存生活质量的提升，然而，现代社会的福祉并不是资产阶级和无产阶级雨露均沾。资本现代性的展开是建立在类的二重化即社会日益分裂为尖锐对立的资产阶级和无产阶级前提下的。少数资产阶级获得生存外观的同时，大多数无产阶级丧失了生存外观，过着牛马不如的生活。从传统

---

① 刘会强、王文臣：《马克思现代性批判理论及其现实意义》，《上海行政学院学报》2019 年第 4 期。

社会向现代社会转型所带来的重大病症之一就是资本垄断造成社会资源占有不平等，其结果是社会贫富差距不断扩大。黑格尔认为，"怎样解决贫困"是一个让他"感到苦恼"的重要问题。[①]揭示现代性病症并提出解决方案，归根结底是对人的生存问题的关注，是生存论意义上的批判。马克思对于现代性的批判，矛头直指资本和现代理性形而上学。资本是现代社会的建构核心和运行枢纽，现代理性形而上学是源于现代生活的意识形态诸形式。马克思的《1844年经济学哲学手稿》是对现代性进行系统批判的首次重要尝试，马克思运用异化劳动理论，深刻剖析了人类被自己的创造物操纵、控制的悲惨生存状况。从人的生存状况出发，挖掉了资本现代性的根基，从而真正完成了资本现代性的批判。在马克思看来，摆脱现代性危机的关键是扬弃私有财产制度，实现人的自我异化的积极扬弃。因为私有财产运动已经成为现代经济运动的核心。马克思看到，思辨唯心主义的批判主义徒有其表，破解现代性问题必须深刻揭示现代性的本质和规律。之后，马克思更加坚定了转向政治经济学研究的信念。

人的生存就是他们的现实生活过程，实现这一过程的劳动是现实性的。一方面，生产劳动是人的根本生存方式，是一切人类生存的第一个前提。那种理性形而上学的现代性批判对于资本原则毫发无损。为此，必须终止这种理性形而上学，建构"描述人们实践活动和实际发展过程的真正的实证科学"[②]。从"思辨哲学"到"实证科学"，意味着马克思劳动现代性批判经历了从"前期的意识形态批判"到"后期的政治经济学批判"的跨越。"前期的意识形态批判"就是理性形而上学的批判，它主要围绕市民社会和政治国家的关系展开，重点揭露了政治国家的虚假性。作为"虚幻的共同体"，政治国家是政治生活的宗教领域。现代虚假的意识形态反映了现代生产关系和政治关系的要求，因而

---

① ［德］黑格尔：《法哲学原理》，范扬、张企泰译，商务印书馆1961年版，第245页。
② 《马克思恩格斯选集》第1卷，人民出版社2012年版，第153页。

用"精神的批判"或者幽灵化的方法是无济于事的。要消灭一切唯心主义谬论,必须推翻它所产生的现实社会关系。显然,这是马克思转向政治经济学,解剖市民社会才得出的正确结论。生产劳动得以完成的基本形式就是生产关系。从事生产活动的现实的个人,彼此之间不是孤立的,他们在生产劳动中总是处于一定的相互联系之中,这是生产劳动得以持续的条件。也就是说,人们在生产劳动中的交往形式是整个历史的基础。

三　现代性的劳动生存本体论诠释

劳动是人的生存方式。马克思在资本现代性批判中发现了异化劳动的生存困境,并且从"现实的个人"出发,实现了由传统意识哲学向劳动生存论的转型。但是,现代性的劳动生存论阐释并不能代替"人的本质"的本体论追问。"人的本质"的本体论追问旨在追往终极,破解人从哪里来又到哪里去的问题,回答"人的存在是什么"以及"人将成为什么"的问题。"人的本质"的本体论追问关联着所有的人生困惑和终极追求,关联着"历史之谜"的解答。马克思看到,资本现代性是围绕着剩余价值生产展开的,交换价值取代使用价值占据生产的主导地位。启蒙运动的理性形而上学通过与资本结盟,成功地使上帝"祛魅",然而,资本现代性却生成了一种抽象化力量,即"货币拜物教"或"资本拜物教",于是,资本取代上帝的地位,并且成功"复魅"。当资本变成抽象化统治力量时,工人则变成了抽象的原子化存在。现代性的劳动生存方式造成"人的本质"的迷失。马克思试图通过劳动现代性重建来扬弃资本现代性的统治,其根本目的在于实现"人的本质"的复归。与现代主义的"不可超越论"和后现代主义的"外在超越论"不同,马克思持一种"内在超越论"思想,即肯定和吸收资本现代性的文明面,否定和舍弃资本现代性的野蛮面。马克思的劳动现代性批判关涉的领域是资本的根基性和整体性,最终实现了对劳动现代性生存方式的超越。

（一）现代性的生存论解释与本体论追问

启蒙运动所高扬的现代性精神向世人展现了一个巨大悖论："既发现与高扬了'人'，又埋没与葬送了'人'。"① 传统的意识哲学仅仅从意识、主体性角度反思现代性，其结果只能是在太空中飞翔。马克思对于现代性的反思首先在于确立了对人与世界的"现实本质"的理解。马克思对于人的本质的认识有两个要点：其一，是"现实性"内涵，马克思在界定人的社会关系本质的时候，特别强调要从"在其现实性上"去理解，这一点是对前辈思想家把人理解为"抽象的人"的否弃和超越，这意味着马克思的现代性研究实现了从"抽象性视角"向"现实性视角"、从"主—客"单向实体逻辑向"主—主"双向关系性逻辑的转换。马克思的"在其现实性上"几个字意义非凡，它意味着马克思对现代性的考察实现了从意识哲学向实践哲学的跨越。其二，是"社会关系"内涵，马克思在《〈黑格尔法哲学批判〉导言》中已经强调："人就是人的世界，就是国家，社会。"② 初步以模糊的方式表达了对"社会关系"的关注，以及表现出试图从社会之中探寻人的本质的尝试。在《1844 年经济学哲学手稿》中，马克思则把批判的目光从"国家"转向"社会"，多次使用"社会交往""社会联系"等，为"社会关系"概念的提出奠定了基础。在马克思看来，"社会关系的含义在这里是指许多个人的共同活动"③，人通过共同活动建构社会关系的过程是以积极方式实现自己本质的过程。由社会关系所规定的人的本质具有生成性和稳定性，同时，社会关系"总和"不仅应当从社会存在的横断面维度去理解而且应当从社会发展的纵断面维度去把握。

马克思把对现代性的反思引向现实、落脚实践，开辟了现代性的劳动生存论视域，克服了传统意识哲学的本体论局限，但是，劳动现代性

---

① 刘洋、李洋：《回到马克思：现代性视域下人的生存困境探究》，《东北大学学报》（社会科学版）2016 年第 5 期。

② 《马克思恩格斯文集》第 1 卷，人民出版社 2009 年版，第 3 页。

③ 《马克思恩格斯文集》第 1 卷，人民出版社 2009 年版，第 532 页。

的生存论诠释能否代替本体论追问呢？回答是否定的。马克思从现实的个人出发，确立了劳动现代性的生存论解释学。马克思对于"人的本质"问题的生存论解释虽然能够阐明人的社会存在特征，但是这种生存论解释并不能代替本体论追问。对"人的本质"的考问关涉现象与本质的差别。现象若与本质相统一，科学就变成了多余的事情。"人的本质"的存在停留于现象学层面，而对"人的本质"的反思则属于本体论问题，就是说"人对人的本质（存在）的'本体论'（存在论）追问是不可替代的"①。

　　人的存在表现为"他们的活动和他们的物质生活条件"②。人的本体论追问需借助生存的现实通道得以表现。海德格尔说："总之此在无论如何总要以某种方式与之相关的那个存在，我们称之为生存。"③ 人的存在也是本体。人不满足于有限的"现有"状态，总是追求无限的"应有"状态。马克思在劳动现代性反思基础上，不仅从存在论维度回答了"人是什么"或"人如何存在"的问题，而且从本体论维度回答了"人的存在是什么"以及"人将成为什么"的问题。"人的本质"的本体论追问旨在追往终极，破解人从哪里来又到哪里去的问题。本体论追问是哲学反思的根本。现实的个人既是给定的又是超越的，生活在现实面向中的人又始终保持着理想面向。本体论追问的意义在于使人类在"历史确定性"和"终极指向性"之间保持必要的张力和微妙的平衡。"人的本质"的本体论追求具有优先性：一方面，从横向社会关系层面看，对于自然、社会和精神的探索归根结底要通过解码人是什么才能获得正确答案，"人的本质"的追问关联着所有的人生困惑和终极追求；另一方面，从纵向历史发展层面看，人是历史的主体，蕴藏着一切

　　① 徐宏霞、左亚文：《生存论解释与本体论追问：从马克思的"现实本质"定义谈起》，《湖北社会科学》2019 年第 2 期。
　　② 《马克思恩格斯文集》第 1 卷，人民出版社 2009 年版，第 519 页。
　　③ ［德］海德格尔：《存在与时间》，陈嘉映、王庆节译，生活·读书·新知三联书店1987 年版，第 16 页。

历史的奥秘。"历史不过是追求着自己目的的人的活动而已"①。"人的本质"的本体论诠释关联着"历史之谜"的破解。

（二）资本现代性社会的抽象化统治

工具理性追求数学化的精确与算计，它契合了资本现代性发展的需要但却导致重视事物的量而忽视事物的质，最终造成世界的抽象化，造成现代性所推崇的个性和独立性被扼杀。工具理性有助于实现劳动的精确性和计算性，符合资本主义剩余价值生产的需要，因而推动了整个世界的抽象化。在马克思看来，现代社会的抽象化源于资本主义商品生产。现代资本主义社会经济活动的目的是获取剩余价值，由此，使用价值生产降至次要地位，交换价值占据首要位置。劳动时间成为交换价值的实体因素。在马克思看来，剩余价值生产中的劳动时间分为必要劳动时间和剩余劳动时间，前者创造劳动力价值，后者创造剩余价值。劳动时间的抽象化掩盖了必要劳动时间和剩余劳动时间的本质差别，掩盖了资本主义的剥削秘密。

交换价值的实现是以个别劳动转化为一般劳动为前提的。"人们互相把他们的劳动看作是相同的、一般的劳动。"② 这样一来，私人劳动才能转化为社会劳动，这种转化是人与人之间社会关系建构的基础。马克思认为，资本主义商品生产以实现剩余价值为根本目的，因而聚焦交换价值，对于使用价值是什么则无关紧要。资本主义生产的目的是数量积累的交换价值而不是质性不同的使用价值。当然，这并不是说资本主义生产不关心使用价值，而是说使用价值要服从于交换价值。以交换价值为导向必然表现为不断追求资本积累的资本主义扩大再生产。按照马克思的观点，生产越是依赖交换价值，那么，实现交换价值的重要条件——通信和交通运输工具的作用就显得更加重要。资本之所以致力于扫除交往的空间障碍并征服世界市场，其旨趣就是用时间换取空间，以

---

① 《马克思恩格斯文集》第1卷，人民出版社2009年版，第295页。
② 《马克思恩格斯全集》第32卷，人民出版社1998年版，第263页。

便实现交换价值，维护资本主义经济的循环。

　　商品使用价值由具体劳动创造，商品的交换价值由抽象劳动创造。抽象劳动把丰富的劳动内容和多样的劳动形式完完全全过滤掉了，在资本家眼中，劳动只有量的差别没有质的不同。这种对于劳动的抽象化、简约化存在于资本主义商品生产和再生产的全过程。这种"用时间来计量"的抽象劳动抹杀了劳动者的主体性，其结果是，劳动者仅仅"表现为这种劳动的简单器官"①。因为劳动的规定性在工人那里是没有差别的，资本家也不关心工人劳动的特殊性质。一方面，资本是诸多具体劳动的抽象和总体，但它和任何具体劳动毫不相干；另一方面，与资本相对立的劳动主体也包含同样的抽象和总体。也就是说，资本家和劳动者都抽象化了。

　　抽象劳动是无差别的人类劳动，它造就的是无差别的个人。因此在世界抽象化的过程中，工人由活生生的生命存在变成了无个性的、本质同一的抽象存在。随着生产过程的机械化发展，工具理性的抽象化愈演愈烈，工人变成了随时可以替换的"零件"。劳动的特殊技巧变成无差别的东西，劳动本身也丧失了特殊形式。世界的抽象化根源于资本吞噬和控制一切的功能，根源于资本的同一性力量，它赋予科学技术在内的一切劳动生产力以资本固有的属性，资本的幽灵把科技变成奴役工人、掠夺财富的工具。技术变成一种方法，变成"对他人劳动的剥削以及资本"②。在资本的操控下，机器变成了"有灵性的怪物"，变成了有生命和智慧的存在，工人却"作为活的孤立的附属品附属于它"③。工人的劳动标准化、程序化了，因而个性特征和品格被完全消解了。工人像一个机轮那样被卷入无灵魂的机械装置，成为生产体系中微不足道的附属品而被合理化、机械化淹没。工人变成了抽象的原子，成为片面化的

---

① 《马克思恩格斯全集》第31卷，人民出版社1998年版，第423页。
② ［德］霍克海默、［德］阿道尔诺：《启蒙辩证法——哲学断片》，渠敬东、曹卫东译，世纪出版集团、上海人民出版社2006年版，第2页。
③ 《马克思恩格斯全集》第30卷，人民出版社1995年版，第464页。

抽象存在，成为马尔库塞所说的"单向度的人"。

（三）现代性的劳动生存方式及其超越

如何摆脱人的劳动生存方式的困境？现代主义给出的答案是"不可超越论"，后现代主义给出的答案是"外在超越论"。他们共同的理论预设是把现代性理解为一种封闭体系，因而只能从理性形而上学的层面探讨怎么摆脱劳动生存方式的困境问题。马克思劳动现代性批判走的是一条内在超越道路，即在批判"旧世界"中发现"新世界"。马克思劳动现代性建构根源于资本现代性批判，是对资本现代性内在矛盾发生、发展和变化规律的深刻认识。

首先，马克思批判劳动现代性生存方式的理论武器是实践唯物主义。现代主义和后现代主义对人的生存困境的反思主要是依靠"理性""主体性"等思想，因此最终陷入意识哲学的窠臼。马克思现代性批判的前提是以实践唯物主义为标志的哲学革命。马克思强调，分析考察现代性，必须从经验可以观察到的、现实的感性实践活动出发，强调实践的首要性，反对纯粹的思辨哲学。思辨哲学的逻辑是"把现实的问题变为思辨的问题"①，并且试图用思辨的方式解决现实的问题，因而只是在"意识的窠臼"中解决问题，他们的做法就是把现实问题思辨化，并做出合理化的解释，因而停留在"解释世界"的层面和水平。马克思则强调实际地解决问题，即通过"改变世界"的方式解决人的生存困境问题。实践是人的生存方式，社会生活的本质是实践。动物是一种消极适应自然的被动生存方式，而人则以自由自觉的实践活动主动和能动地生存。正因为如此，人才从动物中提升出来。因此，分析考察人的生存困境必须着眼于实践活动，在人类实践活动基础上把握人与自然、人与社会和人与自身的辩证关系。

其次，马克思批判劳动现代性生存方式的领域是资本的根基性和整体性。现代主义和后现代主义对现代性生存方式的反思继承了启蒙运动

---

① 《马克思恩格斯全集》第2卷，人民出版社1957年版，第115页。

以来的理性形而上学传统，局限于文化意识形态批判。马克思则更加重视政治经济学批判，实现了"副本"批判向"原本"批判的深化。马克思的现代性批判是根本性和整体性的。马克思从资本主义现代性社会的根基之处找到了问题的原因，同时，寄望于颠覆资本主义社会的整体来超越现代性。因为颠覆了资本主义现代性的经济基础，那么整个上层建筑也将会被颠覆。马克思认为，劳动现代性生存方式的根本问题在于"工人生产的财富越多……他就越贫穷"①。马克思在最初的经济学转向中，从异化劳动中找到了问题根源。通过对资本现代性进行深入剖析，找到了扬弃资本现代性的根本途径。马克思认为，在启蒙运动中，人们把主体性、理性、自我意识等作为对抗"神性"的力量，但是，上帝的威权坍塌后，人的地位并没有确立和凸显，反而另一种抽象存在即资本获得了理性主体地位，变成了"普照的光"和支配一切的经济权力。一方面，增殖自身是资本的本性，为此，资本与雇佣劳动建立生产关系是为了实现增殖；另一方面，由资本主导的商品生产和商品流通体系，始终按照资本原则持续运转。资本主义商品生产创造了丰富的物质财富，特别是供人们享受的商品和服务。人们在资本创造的庞大商品世界中迷失了心性，于是"一切神圣的东西都被亵渎了"②。

最后，马克思批判劳动现代性生存方式的方法是突出扬弃性质的"内在超越"。如何摆脱劳动现代性生存方式的危机？马克思主张扬弃性质的"内在超越"，也就是"通过批判旧世界发现新世界"③。"内在超越"的实质是对资本现代性的积极扬弃。也就是说，必须吸收资本现代性的一切肯定性成果，改变现代性发展的资本原则。资本现代性的"不可超越部分"是劳动过程以及适用于现代性各种形式的"具有普遍意义的积极文明成果"，"可超越部分"是"现代性的特定发展形式的

---

① 《马克思恩格斯文集》第1卷，人民出版社2009年版，第156页。
② 《马克思恩格斯文集》第2卷，人民出版社2009年版，第35页。
③ 《马克思恩格斯全集》第47卷，人民出版社2004年版，第64页。

资本主义"①，以及主导现代性发展的资本原则。马克思认为，资本现代性具有人类社会发展所需要的文明面，它为劳动现代性的生存方式提供了物质条件，但是，资本的野蛮面却是应当被抛弃的。共产主义现代性恰恰是通过"内在超越"资本主义现代性而生长发展起来的。

第二节 劳动现代性批判的生产实践论

马克思的现代社会理论是以生产实践论为基础的。全部社会生活在本质上是实践的。马克思解剖现代资本主义社会的重点是现代生产实践。马克思从劳动哲学向实践哲学的跃升是从生存论致思到本体论致思的发展。马克思实践唯物主义内蕴着反思和超越资本现代性的实践逻辑。马克思以实现劳动者主体地位为目的，以物质生产实践的革命性变革为基础，在生产发展史中找到了颠覆资本现代性的途径。马克思强调，扬弃资本现代性必须对人类的物质生活资料生产方式进行革命性变革，也就是说，消灭资本主义生产方式，通过自由的联合的劳动形式为现代性重建奠基。马克思立足实践唯物主义的劳动现代性反思，坚持了批判与超越、主体和动力、理想与现实的统一。我们虽然与马克思生活在不同历史时期，但却同属"现代社会"。马克思的时代，"现代社会"处于生长发展阶段，当今时代，"现代社会"处于成熟完善阶段。对于现代性的批判，马克思没有从"一般社会"出发而是从"现代社会"出发，并且把资本与劳动的关系作为开启现代社会的钥匙。为了破解资本与劳动的关系，马克思的唯物史观把重点放在了"劳动"的研究方面，并且从生产和交往的关系阐明了现代社会的生成发展，马克思的经济学研究则把重点放在了"资本"的研究方面，并且深刻揭示了现代性的资本原则转化为劳动原则的内在机制。马克思的"劳动""实践"

---

① 刘洋、李洋：《回到马克思：现代性视域下人的生存困境探究》，《东北大学学报》（社会科学版）2016 年第 5 期。

和"生产"概念具有内在同一性，这种同一性就是"感性活动"。从"劳动"概念到"生产"概念，中间经由了"实践"概念的提升。马克思现代性批判的生产逻辑从劳动现代性的根基处全面展开，为颠覆资本主义现代性和建构社会主义现代性提供了理论论证。

一　劳动现代性批判的实践唯物主义基础

全部世界历史都是人基于劳动而生成的，一部社会发展史就是劳动发展史。历史的前提是"从事劳动"①。在马克思看来，人类生存发展的两个基础是"自然形成的基础"和"劳动"基础。每一代人正是通过劳动不断重构社会历史。现代性的生成发展同样也是建立在一定的劳动形式基础之上的，劳动的命运就是现代性的命运。马克思在批判"旧世界"中发现"新世界"的理论方法，实质是在实践基础上实现历史扬弃和现实建构有机统一，即扬弃资本现代性而重建劳动现代性。市民社会出现是现代性确立的标志。通过"人体解剖"，马克思在劳动现代性展开中发现了主体性的秘密。批判市民社会必须诉诸"武器批判"的力量，这种力量便是主体实践的力量。由此，马克思从物质生产实践之中发现了现代社会的秘密。也就是说，扬弃劳动现代性必须对人类物质生活资料的生产和再生产过程实行革命性的变革，从而消灭资本主义私有制，为劳动社会化的发展开辟广阔空间。马克思的实践唯物主义以主体的内在需要和能动性彰显为旨趣，以劳动现代性问题为批判对象，以革命的实践为变革手段，为我们提供了劳动现代性批判的科学方法。马克思立足实践唯物主义的劳动现代性反思坚持了批判与超越、主体和动力、理想与现实的统一。

（一）劳动内在性的"出离"：现代性批判的劳动主题

启蒙运动开启了理性主义传统，把理性理解为人的本质，理解为实现价值理想的最重要最可靠的手段。利奥塔认为，"元叙事"是现代性

①　《马克思恩格斯全集》第30卷，人民出版社1995年版，第490页。

的根本标志，而现代性的"元叙事"则是理性主义。笛卡尔提出"我思故我在"命题的意义就在于为现代性反思确立了主体性向度，这一命题是西方近代理性形而上学的滥觞。康德作为德国古典哲学的创始人，对于理性形而上学给予了集中表述，他把"敢于运用你的理性"规定为启蒙的座右铭，通过"哥白尼式的革命"实现了主体对自然的立法。黑格尔则把理性主义推向了最高峰，他把"理性"和"现实"反思直接勾联起来，为现代性反思规定了理性坐标。他开创了现代性批判的哲学话语，但是，他把现代性理解为主体性原则的确立并且在主体哲学内部解剖现代性问题，因而导致现代性理论陷入无法自我超越的困境。马克思的现代性批判是对黑格尔的继承与发展。马克思以"劳动"为核心创制的实践唯物主义和历史唯物主义为现代性批判提供了哲学方法。

黑格尔以"绝对精神"为核心的现代性批判使其无法走出现代形而上学批判的樊篱，青年黑格尔派立足自我意识哲学的宗教批判仍然没有突破现代理性形而上学的"怪圈"。青年黑格尔派的反宗教斗争最后归结为"自我意识"与"实体"关系的讨论，从而导致青年黑格尔派分化。一批最激进的分子倒向了18、19世纪的英法唯物主义。费尔巴哈更是一马当先，直接使唯物主义重新登上王座。但是，费尔巴哈把现实理解为"感性对象"，不理解实践的意义。马克思则把劳动实践理解为"感性活动""对象性活动"，确立了现代性批判的劳动主题，奠定了现代性批判理论的基本阐释路径。

对于黑格尔而言，"主体性"主要体现在"我思"的解释学范围；对于马克思而言，"主体性"则直接对接的是"对象性活动"的生存实践论语境。黑格尔的"我思"是主体"纯粹活动"的外化，是精神主体对外部世界的人为设定。马克思的"对象性活动"，是通过对象性来表现主体性的本质力量。当马克思把劳动理解为"对象性活动"的时候便从根本上突破了现代理性形而上学的层层"怪圈"。由此，作为主体性与对象性中介的劳动范畴，成为现代性批判的规范基础。现代性批判的价值旨归是共产主义，但是，马克思所追求的共产主义决不是政治学派之修辞，现代性批判视域中的共产主义只有在劳动生存论的根基处才能得到彻底的阐明。

马克思开启的劳动现代性批判超越了"我思故我在"的现代理性形而上学。马克思实践唯物主义奠定了现代性批判的基础并且规定了现代性批判的方向。马克思揭露了"理性王国"的虚幻性，最先洞察和批判了"绝对理性"的专制，指出理性主义的宏大叙事背后是特殊的权力关系，是资产阶级的利益和意志，因而实质是排他性、压制性的专制话语。黑格尔把人的自我生成理解为劳动的结果，抽象且思辨地揭示了历史运动过程，是德国尚在孕育发展着的资产阶级思想原则的充分表达。黑格尔虽然揭示了作为推动和创造原则的劳动辩证法，但他所理解的劳动却是精神活动，他的错误在于用抽象的"绝对理念"遮蔽了感性的现实生活，用"想象主体"遮蔽了"现实历史"。黑格尔虽然也强调了对人的本质的占有，但他占有的方式是抽象的。马克思强调，对人的本质力量的占有，不能仅仅"是那种在意识中、在纯思维中即在抽象中发生的占有"①。黑格尔只看到了劳动的积极方面即劳动对于人的本质之规定，却没有看到劳动的消极方面即异化劳动对于人的本质的否定。马克思对于"劳动"的理解超越了黑格尔，作为对象性活动的劳动充分表明了对内在性的"出离"。马克思指出，异化劳动的结果是人的"对象性的本质力量设定为异己的对象"②，因而它不是对主体的设定，而是人的内在主体性的"出离"。异化劳动使人的本质离开了自身，导致了人的自我异化。马克思最早识破了理性形而上学的抽象和虚假，同时深刻揭露了理性形而上学成为人们尊崇的价值偶像时，现代人迷失了自我。马克思不仅看到了劳动现代性的积极意义而且看到了劳动现代性的历史局限。

---

① 《马克思恩格斯全集》第 3 卷，人民出版社 2002 年版，第 318 页。
② 《马克思恩格斯文集》第 1 卷，人民出版社 2009 年版，第 209 页。

（二）解剖市民社会：走向实践唯物主义的桥梁

市民社会出现是现代性确立的重要标志。马克思青年时期由哲学到经济学的转向就是为了解剖市民社会。这意味着马克思自觉的现代性批判意识的确立。马克思认为，要从"生活本身的直接的生产方式"① 中去寻找市民社会的秘密。现代性批判的根据存在于现代性发展的历史进程中，扬弃资本现代性必须诉诸革命的实践，即"全部问题都在于使现存世界革命化"②。马克思从实践立场出发，对资本现代性持批判与超越相统一的态度。一方面，从实践唯物主义出发把握现代性，既肯定现代性的积极成就又暴露现代性的诸多病症。对现代性的发展造成的人的生存困境给予批判，并借助生产实践的力量来实现现代性的自我扬弃。另一方面，从历史发展的总体趋势之中把握现代性批判的尺度与评价标准。马克思批判资本现代性的旨趣在于消除资本现代性弊端、释放劳动现代性潜能，最终推动人自由解放和全面发展。

马克思通过对市民社会进行解剖，在劳动现代性的展开中发现了主体性的秘密。马克思在批判黑格尔的基础上认识到，批判市民社会要诉诸实践的力量，即"物质力量只能用物质力量来摧毁"③。"物质力量"就是扛起人类最终解决实践活动重任的主体力量和革命斗争的力量。为了从政治经济学中寻找市民社会的秘密，一方面，马克思聚焦于异化劳动，解剖资本主义物质生产，从而形成了物质生产实践的观点。马克思把劳动理解为"维持肉体生存的需要的一种手段"④，从而与黑格尔的抽象劳动概念划清了界限。另一方面，马克思从当前的"经济事实"切入，揭露了私有财产的本质。马克思指出，私有财产概念是"从外化劳动这一概念"⑤ 得出来的。马克思立足生产实践解剖市民社会，抓

---

① 《马克思恩格斯文集》第 1 卷，人民出版社 2009 年版，第 350 页。
② 《马克思恩格斯文集》第 1 卷，人民出版社 2009 年版，第 527 页。
③ 《马克思恩格斯文集》第 1 卷，人民出版社 2009 年版，第 11 页。
④ 《马克思恩格斯文集》第 1 卷，人民出版社 2009 年版，第 162 页。
⑤ 《马克思恩格斯文集》第 1 卷，人民出版社 2009 年版，第 166 页。

住了社会生活的本质内涵，为科学解构现代社会奠定了理论基础。

主体性的确立是现代性得以形成发展的关键。笛卡尔的"我思故我在"确立了"我思"的主体理性立场，康德的"理性为自然立法"，明确了把握自然与社会的理性原则，黑格尔从"绝对精神"的外化行动来解释现实世界，实质是一种变相的神学，鲍威尔的自我意识创世说更是绘制了一幅"神学漫画"。他们的共同之处在于都是把主体性设定为理性意志和自我意识，这种主体性的抽象化导致现代性批判陷入"人学的空场"。作为现代性的主导和驱动者，资产阶级高扬主体性旗帜，把他们的阶级意识描绘成为人类的观念。但是，资本主体性的确立是以绝大多数无产阶级非主体化为前提的，并且以"虚假共同体"的形式掩盖了主体的虚假性和抽象性。资本主体性造成绝大多数的人非主体化，其结果，现代性沦为一种抽象的虚假的主体性，沦为一种"意识形态化"的剥削、征服、压迫的资本逻辑。马克思通过解剖市民社会，确立了实践唯物主义的理论立场，为劳动现代性批判提供了强大的理论武器。在《神圣家族》中，马克思已经提出，历史的发源地在"粗糙的物质生产"之中。在《关于费尔巴哈的提纲》中，马克思高举实践唯物主义的旗帜。在《德意志意识形态》中，马克思、恩格斯把实践唯物主义贯穿于社会历史研究，把物质生产实践理解为人类生存和一切历史的首要前提。马克思的实践唯物主义确立了无产阶级的主体地位。马克思认为，建构共产主义现代性就是要放弃上帝、永恒灵魂等对人类生活的干预，就是要扬弃资本主体的狭隘性、自私性。共产主义现代性的主体是那些从事物质生产实践活动的人，现代社会是"由他们自己的活动创造出来的物质生活条件"①，可见，真实的实践主体是直接从事生产劳动的广大群众。

（三）实践唯物主义的劳动现代性批判

马克思的实践唯物主义"内蕴着反思和超越资本主义现代性的逻

---

① 《马克思恩格斯文集》第 1 卷，人民出版社 2009 年版，第 519 页。

辑特质"①。实践唯物主义以主体的内在需要和能动性彰显为旨趣，以劳动现代性问题为批判对象，以革命的实践为变革手段，为我们提供了劳动现代性批判的科学方法。

立足人类社会的实践唯物主义对劳动现代性的反思坚持了批判与超越的统一。马克思劳动现代性批判始终保持着对资本现代性的超越维度，是基于实践的扬弃与建构的统一。在马克思看来，现代性形成的标志是市民社会的成熟，因而对于市民社会的解剖就是对现代性的解剖。马克思认为，要把握一个历史时代，就必须深入到"生活本身的直接的生产方式"②。要理解现代性就必须深入解剖现代资本主义生产方式。费尔巴哈的人本主义把人理解为抽象的类存在，他看到人作为自然存在物，依赖外部世界而存在，但他却不懂得外部世界是属人的现实世界。马克思考察批判资本主义现代性的旨趣在于"改变世界"，为此，把批判的依据置于现代性的社会基础和历史进程，强调从根本上扬弃资本主义现代性，实现现存世界革命化。一方面，马克思对劳动现代性的态度是现实性的，它不追求描绘现实之上的虚幻的现代图景，而且既肯定其积极成就又揭露其消极病症，力求推动现代性的自我扬弃；另一方面，劳动现代性批判的标准和尺度不是预设的外在的先验的，劳动现代性批判的旨归是探寻现代性的健康发展道路和释放现代性发展的积极潜能。

立足人类社会的劳动现代性反思揭示了主体和动力的统一。基于劳动现代性的共产主义社会图景首先表现为现代性主体的诞生，这就是一无所有的自由劳动者——无产阶级。无产阶级作为劳动现代性的主体力量，与传统主体和资本主体根本不同。传统主体主要是指早期的自然主体、神学主体和近代的理性主体、自我意识等。自笛卡尔确立"我思"的主体性以来，人从自然和神那里夺回了主体地位，但是，康德的

① 李腾凯：《马克思实践的现代性逻辑与中国传统文化现代化》，《湖北社会科学》2017年第6期。
② 《马克思恩格斯文集》第1卷，人民出版社2009年版，第350页。

"理性"、黑格尔的"绝对精神"和鲍威尔的"自我意识"的共同特点是主体性被设定为抽象化的理性，其结果，劳动现代性批判被指责为"人学空场"。实践主体是劳动现代性重构和发展的动力源泉。在马克思之前，黑格尔提出了"动力之动力"的命题，他从现实世界之外的绝对的抽象精神中探寻历史动力，把历史理解为"抽象精神的历史"和"彼岸精神的历史"。① 马克思则认为，历史必然是人的历史，是劳动的发展史，"是追求着自己目的的人的活动"②。马克思发现，劳动现代性的动力机制是生产力与生产关系的张力与调适，并且把人民群众理解为物质生产活动的主体，以及革命或改革的主体。主体的实践性实质上表达了人民群众之于现代性的主体价值和创造功能。主体实践性的指认解决了现代性发展的动力问题。马克思从实践唯物主义出发，从物质生活资料的生产和人民群众的劳动生活之中找到了社会历史发展的根本动力，揭示了社会基本矛盾的动力机制，阐明了人民群众创造历史的观点。

立足人类社会的劳动现代性反思坚持了理想与现实的统一。马克思说："新唯物主义的立脚点则是人类社会。"③ 市民社会是劳动现代性的现实呈现，人类社会是马克思所追求的理想社会，是共产主义现代性的呈现。共产主义现代性取代资本主义现代性是实践的理想性和现实性相统一的逻辑展开。在马克思之前，亚里士多德的实践价值在于追求道德的完满。在康德那里，则以"树立以善良意志为自己最高实践使命的理性"④。黑格尔把实践的价值归结为"绝对精神"的自我发展。费尔巴哈把实践的价值归结为追求外在的物质利益，归结为生产出好的产品，他囿于追求眼前的客体目标而忘记了人自身的终极价值指向。在马

① 《马克思恩格斯文集》第 1 卷，人民出版社 2009 年版，第 292 页。
② 《马克思恩格斯文集》第 1 卷，人民出版社 2009 年版，第 295 页。
③ 《马克思恩格斯文集》第 1 卷，人民出版社 2009 年版，第 502 页。
④ ［德］康德：《道德形而上学原理》，苗力田译，上海人民出版社 1986 年版，第 46 页。

克思那里，实践的价值指向是理想性与现实性的统一。启蒙运动以来，"上帝死了"的命题，宣告了终极价值信仰的陨落，将自然、社会、他人视为"为我而存在"的资产阶级价值追求，使人类陷入了拜物教的泥潭，其结果，物的升值导致人的贬值。马克思实践唯物主义把主体理解为能动改造客体的物质性活动，坚持"人的价值"和"物的价值"协调融合，把共产主义现代性的建构理解为物质财富的极大丰富和一切人的自由全面发展。

二　现代社会的"列宁之问"

我们虽然与马克思生活在不同时期，但却同属于现代社会。现代社会是迄今为止历史上最发达最复杂的社会有机体，但它是从传统社会孕育生长出来的，具有深刻的历史根据。马克思在使用"现代"之时，常常与"资产者""资产阶级""工业""生产""文明""国家""社会""世界"等相联，意在阐明现代社会与传统社会的联系与区别。比如，马克思指出，现代资产阶级"是一个长期发展过程的产物"，是"从封建社会的灭亡中产生出来"。① 资本与劳动的关系是现代社会的基石，是现代经济体系中最根本的关系。马克思对现代社会的解剖之所以围绕"资本"展开而不是围绕"劳动"展开，主要是因为在现代社会，资本是劳动形式的主宰力量。现代社会标志着直接从生产和交往中发展起来的资本主义社会组织。资本现代性批判的意义在于揭示现代社会中起决定作用的生产关系以及由它所决定的一切社会关系，揭示现代社会无产阶级和资产阶级对立的经济根源。马克思的"人体解剖"不是围绕"一般社会"展开的而是围绕现代社会即资本主义社会展开的。在资本和劳动关系分析基础上，马克思确立了现代社会解剖的实践唯物主义立场，揭示了生产方式和交往形式推动现代社会历史演变的规律。

---

① 《马克思恩格斯选集》第 1 卷，人民出版社 2012 年版，第 401—402 页。

（一）从"一般社会"到"现代社会"

马克思不同于以往思想家关于"一般社会"的理论构架，提出了对"现代社会"给予深入解剖问题。那么，马克思所使用的"现代社会"概念与以往思想家的"一般社会"概念有什么区别呢？这一问题是由列宁最早提出来的，被称为"列宁之问"。19世纪末，俄国自由主义民粹派领袖米海洛夫斯基质疑马克思的唯物史观：他断定马克思全部渊博学识和逻辑力量建构的是最狭义的经济理论，而且停留于原有经济学解释框架之内。列宁有针对性地回应和批判了米海洛夫斯基的质疑。列宁认为，《资本论》的写作目的是揭示现代社会的发展规律。米海洛夫斯基的质疑源于对《资本论》的误读。列宁指出："既然马克思以前的所有经济学家都谈论一般社会，为什么马克思却说'现代'（modern）社会呢？他在什么意义上使用'现代'一词？按什么标志来特别划分出这个现代社会呢？"①

这个"列宁之问"不仅由列宁提出而且由列宁作出了回答。"列宁之问"既显现了马克思对所批判对象的辩证考量又体现了马克思对社会分析的方法构思。马克思的"现代社会"概念，不是无人身的理性化抽象化的"一般社会"，也不是止于编年史意义的时间概念，而是标志着哲学问题的实践转向。马克思"现代社会"的话语背景是19世纪德国和欧洲其他工业化先进国家的现实境况。马克思把握和批判"现代社会"的具体范本就是现实生活中的资本主义社会。当然，"现代和前现代之间既有关联、传承，也有断裂、变革"②。但是，只有站在历史时代高度解剖现代社会，才能把握现代社会的本质特征和精神内涵。马克思"人体解剖"的重点是总体性的社会存在。自启蒙运动以来的理性主义传统对现代性的批判是抽象的总体的社会存在。马克思没有背离理性主义而置身现代社会之外，不同的是马克思用实践思维取代了传

---

① 《列宁选集》第1卷，人民出版社2012年版，第4页。

② 刘国胜：《重新理解马克思现代性思想》，《山东社会科学》2016年第3期。

统的理性思维。黑格尔说：　"现代世界是以主观性的自由为其原则的。"① 现代性与前现代性的本质区别在于，它坚持以自由为核心原则的理性主义，这是"划分古代的和近代的转折点和中心点"②。现代性是现代社会理性精神的集中展示，因而历来为理性主义者所追崇。马克思青年时期虽然受到了理性主义的熏染，但是他所生活时代的工业化浪潮无疑对马克思有着更加深刻的影响。马克思关注现代性源于对作为历史前提的"现实的人"的理解，因而作为一个现代主义者，马克思是第一个从直接生活的物质生产出发的哲学家。马克思坚持从资本主义社会的现实出发，把资本主义社会理解为"现代社会"解剖的"原本"，而不是把它作为"一般社会"，把现实资产阶级国家理解为"现代国家"，而不是把它作为"一般国家"。现代性是启蒙运动和工业化的历史产物，是现代社会的内在根据。马克思把现代社会直接标识为现代资本主义社会，揭示了资本主义的本质特征、历史阶段和内在矛盾。在马克思看来，资本现代性的发展是神奇与腐朽的统一，资本逻辑创造了现代文明和神奇的现代性，但是，资本主义社会的无序竞争、阶级对立等造成阶级矛盾、民族矛盾加剧，演绎了现代性的腐朽。马克思从现代社会出发考察资本主义历史与现实，揭示了现代社会的本质和发展规律，再现了现代性的历史辩证法，表达了现代性的唯物史观。在马克思看来，资本虽然发挥了"伟大的文明作用"，但实际上，这种"伟大的文明作用"是资本裹挟着劳动创造的，劳动者才是创造伟大文明的历史主体，资产阶级只不过是窃取了无产阶级的劳动成果。因而只有用劳动现代性扬弃资本现代性，才能保存现代性的神奇并且消灭现代性的腐朽。

（二）现代性批判的实践进路

马克思现代性批判是从现代社会经济关系出发的，由此马克思实现

---

① ［德］黑格尔：《法哲学原理》，范扬、张企泰译，商务印书馆1961年版，第291页。
② ［德］黑格尔：《法哲学原理》，范扬、张企泰译，商务印书馆1961年版，第126—127页。

了对黑格尔现代性思想的颠倒，找到了一条揭示人类文明发展规律的实践进路。黑格尔以颠倒的思维形式揭示了理论与现实的同一性。黑格尔指出："直到现实成熟了，理想的东西才会对实在的东西显现出来。"①这样，"理想的东西"才能把握"实在世界的实体"，进而把它建成"理智王国"。他所谓"实在世界的实体"是现代社会之工业化、市场化的状况，只有它成熟了，现代性的意义才能彰显出来，进而在理性原则基础上建成"理智王国"。与黑格尔从理性原则出发把握现代社会不同，马克思坚持从经济事实出发，对现代社会资本与劳动的关系进行深入解剖，因为，抓住了资本与劳动的关系就找到了破解现代性之谜的钥匙。马克思在解剖资本与劳动关系时坚持了实践唯物主义立场和劳动原则，从而完成了资本现代性的批判并且开启了劳动现代性的重建。

　　资本与劳动的关系是现代经济体系最根本的关系，是现代社会的基石，那么，马克思对现代社会的解剖为什么要从"资本"出发而不是从"劳动"出发呢？因为整个现代社会是按照资本逻辑建构起来的。依据马克思的说法，资本按照自己的样子为自己建造了一个世界。为了说明"资本"概念，马克思坚持"从已经在流通运动中发展起来的交换价值出发"②。因为传统社会和现代社会的根本区别在于，前者以使用价值主导生产过程，后者以交换价值主导生产过程。把握现代社会就必须考察交换价值的历史发展和本质特征。交换价值内在地包含着商品、货币和资本之间的矛盾，交换价值生产与实现的过程就是由商品到货币、由货币到资本的跃升过程。交换价值就是社会形式本身。通过交换价值的历史考察，马克思揭示了"货币转化为资本"的过程及其经济意义。"货币转化为资本"就是货币独立化运动。货币独立化运动推动了由简单商品经济向发达商品经济发展。"货币转化为资本"之后，它便具有了持续增殖的本性，因而能够实现不断的自我超越，并且扬弃

---

① ［德］黑格尔：《法哲学原理》，范扬、张企泰译，商务印书馆1961年版，第14页。
② 《马克思恩格斯全集》第30卷，人民出版社1995年版，第215页。

了纯粹中介的意义。可见，资本是特殊的货币，是"通过流通而使自己永久化和自行增殖（倍增）的货币"①。"货币转化为资本"后，它便有了全新的本质规定，因此，既不能用资本遮蔽货币的意义也不能用货币遮蔽资本的意义。马克思看到，资本作为物化的社会关系，推动了经济关系的人格化，最能体现现代社会本质的是资本。"货币转化为资本"造成现代社会经济关系的复杂化。货币在资本运动中"从一个可以捉摸的东西变成了一个过程"②。

资本现代性批判的意义在于揭示了现代社会中起决定性作用的生产关系以及由它所决定的一切社会经济关系，揭示了现代社会无产阶级和资产阶级对立的经济根源。无论是货币主义者还是现代经济学家都是求助于货币形式来确立现代性的基本理念。然而，根源于货币交换关系的自由平等观念是现代社会彰显主体性、建构现代性的体现，但是这种对现代性的建构不仅脱离了现代经济关系而且没有抓住问题的关键。因为主导现代社会全部经济关系的是资本逻辑而不是货币逻辑。为了阐明资本概念，马克思把货币归为资本，把资本归为劳动，把劳动归为现实的人，从而深刻批判了资本现代性的抽象统治导致的人的生存危机。现代社会是资本逻辑开辟的新时代。资本是全部现代社会经济关系的"缩写"，是支配一切的经济权力。因此，马克思现代性批判聚焦于资本逻辑。马克思看到，在人类历史上，除了上帝之外，任何社会存在物都没有像资本这样从人类劳动中产生后成为主宰人类命运的东西。资本创造历史的"魔力"彰显了"魔术师"的神秘，表现了资产阶级历史性的革命作用，但是，资产阶级的革命性具有明显的阶级局限性。资本逻辑的最大弊端就是造成绝大多数人贫困化和劳动者畸形发展。

（三）现代社会的历史逻辑：生产方式和交往形式的变革

马克思在《哥达纲领批判》中对滥用"现代国家""现代社会"

---

① 《马克思恩格斯全集》第31卷，人民出版社1998年版，第387页。
② 《马克思恩格斯全集》第31卷，人民出版社1998年版，第387页。

的荒谬性给予尖锐的批判，他指出："'现代社会'就是存在于一切文明国度中的资本主义社会……'现代国家'却随国境而异。……现代国家'是一种虚构。"① 马克思认为，在不同的国度可能存在着社会一致性和国家差异性。现代国家虽然形式不同，但都是以现代资本主义社会为基础的，虽然其中的资本主义发展程度存在差别。这说明现代资本主义社会规定了现代国家的根本性质。资产阶级时代的现代国家具有共同特征，因为它们具有共同社会基础。"现代国家、即资产阶级的统治，是建立在劳动的自由之上的。"②

马克思把现代社会理解为"真正的市民社会""标志着直接从生产和交往中发展起来的社会组织""包括该阶段的整个商业生活和工业生活"。③ 马克思认为，只有深入解剖现代社会，才能揭露劳动现代性的本质内涵，然而资本现代性所赖以发展的生产和交往条件对于共产主义现代性而言是"无机的条件"。生产和交往是人类最基本的实践活动。唯物史观就是通过生产和交往形式、生产力和生产关系的对立统一，来解释社会形态生成发展的。马克思依据唯物史观实现了对现代社会的"祛魅"，即揭露了现代社会的世俗性和现代文明的理性特质，解除了现代社会的"意识形态"虚饰。市民社会的崛起源于生产力和交往形式的革命性变化，它是财产关系摆脱古代和中世纪共同体的表征。市民社会应当说是现代社会的初级形式，它的高级形式则是现代市民社会、现代资本主义社会。马克思认为，贵族统治时期的"忠诚正义"和资产阶级统治时代的"自由平等"虽然不同，但它们都是观念形态的统治阶级意志。那些试图获取统治地位的阶级总是把阶级利益说成共同利益，即"赋予自己的思想以普遍性的形式"④。

现代资本主义生产方式是在封建社会内部产生的。在中世纪的西欧

---

① 《马克思恩格斯选集》第 3 卷，人民出版社 2012 年版，第 373 页。
② 《马克思恩格斯全集》第 3 卷，人民出版社 1956 年版，第 223 页。
③ 《马克思恩格斯文集》第 1 卷，人民出版社 2009 年版，第 582—583 页。
④ 《马克思恩格斯文集》第 1 卷，人民出版社 2009 年版，第 552 页。

国家，现代生产方式的各种条件最先形成并获得了发展。马克思在《资本论》中考察了 16、17 世纪的欧洲国家，由于地理大发现推动了工业资本向商业资本发展，商业资本的迅猛发展成为资本主义生产方式诞生的强劲动力。马克思对资本现代性的考察坚持了历史辩证法，把生产方式理解为考察社会形态的基础，他看到，现代社会把阶级对抗发展到了更高程度，而且现代社会不是历史的终结，现代社会作为一个有机体始终处于迅速变化的过程之中。正是由于看到了资本主义的历史规定性和工业性问题，马克思才在肯定现代资本主义社会历史合理性的前提下，揭示了它的历史暂时性以及被更高级共产主义社会代替的历史必然趋势。

交往是人类的一种感性实践活动。意识的生产"直接与人们的物质活动，与人们的物质交往"[①] 相关联。资产阶级在对全部社会关系不断革命的过程中，也对人们的交往形式给予了革命性改造。在资本逻辑推动下，人类由地域性的民族交往发展为全球性的世界交往。资本逻辑的空间化积累扩大了人类的交往领域和交往范围，但也对人类交往活动造成了负面影响。现代资产阶级"是生产方式和交换方式的一系列变革的产物"[②]。"资本的革命性和创造性促进了人们交往的发展"[③]。资本超越各个民族的界限和偏见，打破了民族交往的壁垒，扫除了一切交往和交换的障碍，为生产的进步和需求的扩大创造了条件。正是世界交往普遍发展，历史才真正转变为世界历史，由此，过去那种各个民族国家之间闭关自守的状态便一去不复返了。资本借助调动社会交往力量而创造了伟大的文明。然而，资本的破坏性和贪婪性也导致人类交往的异化。在劳动现代性展开过程中，人们的交往活动是由主体性的资本制约和操控的。在资本逻辑主导下，异化劳动导致人的自我异化，人的社会

---

① 《马克思恩格斯文集》第 1 卷，人民出版社 2009 年版，第 524 页。
② 《马克思恩格斯文集》第 2 卷，人民出版社 2009 年版，第 33 页。
③ 孙民、齐承水：《马克思现代性语境中的"交往"概念》，《山东社会科学》2016 年第 11 期。

交往降低到动物层面的交往，人与人的一切交往关系沦为雇佣劳动关系，沦为赤裸裸的金钱关系。

三 劳动现代性的生产逻辑

从西方各种现代性理论看，大体有两种倾向：一是把现代性指认为以工业化、市场化为特征的社会，忽略了它的历史意蕴。按照这种思维逻辑，有人把"信息化"等理解为后现代社会的特征。二是从现代社会的流变性、开放性出发，把现代性理解为一场无休止的实验。对于现代性的评价，也经历了从"肯定为主"到"否定为主"的转变。随着现代性问题逐渐暴露，后现代主义思潮对自负的现代化理论给予了批判。我们认为，把现代社会纳入历史长河加以辩证把握，才能更清楚更深刻地认识劳动现代性的本质及发展规律。马克思劳动现代性批判的本真含义是什么？生产劳动究竟在马克思现代性批判中占据什么位置？鲍德里亚要求打破"生产之镜"，哈贝马斯则提出"过时的生产范式"①。他们大都不满于马克思的现代性批判。西方资本主义现代性的生成是资本为主导原则的结果。马克思现代性批判的劳动原则为现代性转型和建构提供了重要思想资源。劳动、实践和生产之间具有内在同一性，这种同一性就是"感性活动"。从"劳动"概念到"生产"概念，中间经由了"实践"概念的提升，从而赋予"劳动"概念双重内涵：一是物质生产劳动，它构成社会历史的基础。二是改造社会关系的革命行动。马克思现代性批判的生产逻辑被鲍德里亚误解和歪曲为"生产之镜"，他从需要、劳动和历史唯物主义方法等方面否定了马克思对于劳动现代性的批判，并且把马克思的现代性批判归为资产阶级意识形态范畴，对此，必须给予深刻揭露和批判。马克思对劳动现代性的批判从本体论、经济学、人类学等多个维度展开，不仅揭露了资本主义现代性的问题而

---

① ［德］哈贝马斯：《现代性的哲学话语》，曹卫东等译，译林出版社 2004 年版，第 87 页。

且为共产主义现代性的建构提供了理论指南。

（一）现代性批判的劳动原则

现代性的原则是什么？从发生学意义上讲，西方现代性的生成是资本原则主导直接生活的物质生产的结果。但是，马克思对资本现代性批判所坚持的却是劳动原则。在马克思看来，资产阶级国民经济学坚持以物为本的劳动原则，黑格尔则恪守精神劳动的原则。马克思所持的是一种以人为本的劳动原则，这一原则为资本现代性批判提供了理论立场，也为现代性的重建提供了思想资源。资本原则是现代性弊端的症结，解决现代性问题的根本出路就在于"用劳动原则取代并超越资本原则"①。在现代社会，资本是主导原则，是支配一切的强制力量。资本是资本主义社会决定一切社会关系的生产关系，是一种抽象的统治力量。然而，现代性的资本原则导致人与物关系颠倒，即劳动与资本关系的颠倒，其结果，物的世界增值造成人的世界贬值，这便是现代性问题的症结所在。国民经济学和黑格尔哲学也提出了劳动原则，但是他们的劳动原则是敌视人的。国民经济学认为，劳动是私有财产的主体本质，把劳动确立为唯一原则。国民经济学所承认的劳动是异化劳动，是作为谋生手段的劳动。这种异化劳动诠释了人与自然和人与人关系的对立。异化劳动具有否定劳动主体的性质，是"造孽"的劳动。它表现了现代社会的二律背反：不劳而获和劳而无获。劳动虽然是财富的本质和源泉，但是，它却是以为资本原则服务为前提。黑格尔哲学深刻阐发了精神劳动原则，他把精神劳动理解为历史的推动者和创造者，"把人的自我产生看做一个过程"，把人"理解为人自己的劳动的结果"②。然而，他"只看到劳动的积极的方面，没有看到它的消极的方面"③。所谓"劳动的积极的方面"就是劳动对于人的本质的规定性，所谓"劳动的消极

---

① 陈立新、张婷婷：《现代性从资本到劳动的原则性转变》，《思想战线》2021 年第 5 期。

② 《马克思恩格斯文集》第 1 卷，人民出版社 2009 年版，第 205 页。

③ 《马克思恩格斯文集》第 1 卷，人民出版社 2009 年版，第 205 页。

的方面"就是劳动的异化性质及其影响。国民经济学和黑格尔哲学虽然都触及了劳动原则，但都没能给我们提供关于劳动的真正原理。

现代社会的劳动表现为外在的强制的异化劳动。那么，什么是真正的属人的劳动呢？即摆脱私有财产的直接性，在被扬弃的私有财产中得到确证。扬弃私有财产才能消除异化劳动，这样，人的劳动才能表现为自己的生命占有并借此实现对整个世界的占有，到那时，劳动成为人对自然、人对人的真正关系的合乎必然的实际展开。国民经济学的资产阶级性质使其不可能提出扬弃私有财产的要求。马克思则把扬弃私有财产作为共产主义现代性最根本的社会诉求。在共产主义条件下，劳动对象化将成为人的本质的自我确证。在资本原则主导的资本主义社会，劳动生产力转化为资本生产力，表现为资本的固有属性。在劳动原则主导下，劳动力量摆脱了资本控制，劳动生产力不再表现资本属性，劳动挣脱资本的限制，获得了自由发展的广阔空间。劳动成为人本质力量的展现。个人的充分发展成为生产力发展的最大乘数。在劳动原则主导下，社会个人的需要成为必要劳动时间的尺度。自由时间不断增加，每个人都拥有了充分的发展空间。

（二）现代性批判的实践立场：从劳动到实践的提升

马克思劳动现代性批判在何种程度上超越了黑格尔劳动现代性批判呢？在哈贝马斯看来，对于历史的自我发展原则，黑格尔强调自我意识的主体反思，马克思强调生产主体的实践活动。然而，"马克思的劳动概念与黑格尔的自我意识概念并不存在积极的本质性的内在联系"①。"劳动"是马克思解剖市民社会的核心概念，马克思对人类社会发展规律的阐释却是围绕"生产"概念展开的。从"劳动"概念到"生产"概念，经历了"实践"概念的提升。马克思认为，应当把现实世界

---

① 陈胜云：《论马克思"劳动"批判的真实语境》，《上海行政学院学报》2008 年第 6 期。

"当做感性的人的活动，当做实践去理解"①，这是新唯物主义区别于旧唯物主义的根本原则。劳动、实践和生产之间具有内在同一性，这种同一性就是"感性活动"，同时，这三个概念也可以说构成了马克思哲学和政治经济学之间联系的桥梁。在《德意志意识形态》中，提到生产的时候强调的是"物质"生产，并且把"感性劳动""物质生产"理解为"整个现存的感性世界的基础"②。这样一来，马克思就与把劳动理解为"自我意识"活动和把生产理解为精神生产的黑格尔哲学划清了界限。

经过对"实践"和"生产"概念进行提升，马克思"劳动"概念便摆脱了抽象劳动的羁绊，并且赋予劳动以具体劳动和抽象劳动相统一的内涵。这一提升对于破解现代社会之谜发挥了重要作用。立足哲学视角看，从"劳动"概念到"实践"概念，赋予了劳动实践以改造社会关系的职能。劳动不仅是人与自然关系的中介而且是人与人关系的中介。人与人的关系本质上是劳动交换关系。在切什考夫斯基的《历史哲学引论》出版后，赫斯立即表示赞同，而且提出要以"行动的哲学""恢复在黑格尔哲学中被泯灭的人类主体性，并将其与共产主义（Kommunismus）结合起来"③。赫斯分析了自由的劳动对于建构共产主义的重要意义。他认为，劳动就是"为了人类的生存，对物质进行的任何的一种改变"，"劳动就是生活"。④ 劳动的种类有"自由的活动和被迫的劳动或强制的劳动"。只有在自由劳动的社会，每个人才能充分"发挥自己的全部能力"⑤。赫斯的"自由的活动"思想，为马克思共产主义逻辑的出场提供了依据，马克思"改变世界"的革命活动正是从这

---

① 《马克思恩格斯文集》第 1 卷，人民出版社 2009 年版，第 499 页。

② 《马克思恩格斯文集》第 1 卷，人民出版社 2009 年版，第 529 页。

③ 张一兵：《回到马克思——经济学语境中的哲学话语》第 4 版，江苏人民出版社 2020 年版，第 111 页。

④ ［德］莫泽斯·赫斯：《赫斯精粹》，邓习议编译，南京大学出版社 2010 年版，第 168 页。

⑤ ［德］莫泽斯·赫斯：《赫斯精粹》，邓习议编译，南京大学出版社 2010 年版，第 169—170 页。

种"自由的活动"出发的。立足经济学视角看,从"劳动"概念到"生产"概念,马克思赋予了生产劳动改造物质世界的职能。从1845年写的《曼彻斯特笔记》看,马克思在当时接触了威廉·汤普逊的经济学著作。马克思认为,汤普逊从对李嘉图劳动价值论的肯定出发,把劳动理解为财富之父,理解为社会财富的唯一源泉。汤普逊认为,对于人类财富的创造,大自然"什么也没有做",而人"什么都做了"。①马克思的劳动价值论借鉴了汤普逊的这些思想。

"实践"概念是马克思哲学视角和经济学视角融合的结果。"实践活动既指向历史基础也指向社会关系的调整。"② 生产和交往是人类的两种基本实践形式,其中,生产实践是历史的动力,交往实践是社会的基础。实践是一个总体性概念。正是人类的实践活动推动着社会变革和人的解放。马克思认为,"'解放'是由工业状况、商业状况、农业状况、交往状况促成的"③。革命实践是实现"解放"的途径,但革命实践必须立足现实世界并且运用现实手段。马克思之所以强调用劳动原则取代资本原则,根本原因就在于劳动之中蕴藏着社会变革和人的解放的强大力量。劳动是生产力发展的源泉。在资本原则主导的现代社会,活劳动被强迫纳入资本生产过程,劳动生产力表现为资本生产力,沦为资本增殖的手段。劳动生产力被看成资本属性的观念成为资产阶级的意识形态,因而,科技的运用、机器取代手工劳动等带来的好处统统归资本所有。马克思所追求的劳动现代性重建,就是坚持以劳动原则主导,追求基于劳动社会化长足发展的人的自由解放和全面发展。劳动现代性重建从根本上说就是人与外部世界关系的重构,到那时,机器体系成为联合起来的工人的财产,机器代替部分人的劳动,社会必要劳动时间不断

---

① [英]威廉·汤普逊:《最能促进人类幸福的财富分配原理的研究》,何慕李译,商务印书馆1986年版,第34页。

② 陈胜云:《论马克思"劳动"批判的真实语境》,《上海行政学院学报》2008年第6期。

③ 《马克思恩格斯文集》第1卷,人民出版社2009年版,第527页。

缩减，人们将拥有越来越多的自由时间。

（三）现代性的"生产之镜"及其批判

1975 年，当代法国后马克思思潮代表人物鲍德里亚出版了《生产之镜》一书。他在书中否定了马克思关于"物质生产活动是第一历史活动"的思想，围绕劳动和需要的关系，阐明了自己与马克思截然相反的观点。鲍德里亚认为，马克思的理论"是一种资本主义意识形态"①。马克思资本现代性批判的历史前提是物质生活资料的生产。马克思发现，基于异化劳动的商品生产以资本增殖为根本目的，并不是为了满足生产者的需要。劳动异化的根源在于商品交换价值对于商品使用价值的统治，因而要消灭异化劳动就必须将商品生产的目的颠倒过来，即生产以使用价值为目的。然而，造成这种颠倒的根源在于资本主义私有制，资本所具有的支配一切的经济权力操控了整个过程，其结果，商品生产沦为剩余价值生产。马克思对劳动现代性的批判蕴含着人的解放的社会价值诉求。异化劳动所造成的颠倒归根结底是人与物关系的颠倒，人成了物的奴隶。因此，实现人的解放就必须使劳动者重新驾驭物的力量。

马克思对劳动现代性的批判是围绕劳动和需要的关系展开的，劳动和需要是马克思劳动现代性批判的两个基础性概念。但是，鲍德里亚认为，这些"基础性概念都必须加以质疑"②，马克思把资本主义物质生产指认为是以交换价值为主导的商品生产，但是，马克思批判的立足点是商品使用价值主导并以此批判商品交换价值主导，这种方法仍然属于资本主义政治经济学的意识形态框架。为此，鲍德里亚从三个方面给予了分析：其一，需要是资本主义意识形态的陷阱。他反问马克思："人真有需要吗？人要保证需要的满足吗？"③ 他怀疑人是否有需要，怀疑

---

① 何建津：《需要·劳动·资本主义意识形态——从〈生产之镜〉看鲍德里亚对马克思理论的曲解》，《福建论坛》（人文社会科学版）2012 年第 2 期。

② ［法］鲍德里亚：《生产之镜》，仰海峰译，中央编译出版社 2005 年版，第 1 页。

③ ［法］鲍德里亚：《生产之镜》，仰海峰译，中央编译出版社 2005 年版，第 2 页。

人的需要是否要保证满足，因为需要是资产阶级为了增殖自身而鼓吹的一种消费主义生活方式，是资本追求交换价值的过程中人为繁殖起来的，是资产阶级意识形态引导的结果。马克思把需要理解为人类历史不言自明的前提是落入了资产阶级意识形态的圈套。其二，劳动概念与资本主义意识形态相一致。在马克思语境中，劳动具有多种内涵，比如，劳动创造价值，社会必要劳动时间是衡量商品价值的尺度；劳动具有生命活动的性质；劳动是人成为人的内在依据，人只有在劳动中才能生成为人。鲍德里亚不同意马克思上述对于劳动的理解。他认为，马克思导向了"最纯粹的基督教伦理学"①，因为马克思的劳动本体论和基督教新教伦理学一样具有资本主义意识形态性质。同样，他认为，马克思经济学和人类学视角的劳动概念是围绕反映资产阶级意识形态的"价值"概念展开的。其三，历史唯物主义方法是对资产阶级理性主义的运用。鲍德里亚认为，启蒙运动以来，资产阶级高扬人的解放大旗，充分发挥了理性之历史进步的作用，而马克思的历史唯物主义方法与启蒙思想家的理性主义方法是一样的。比如，马克思的生产力概念便是一个受经济理性支配的概念。他认为，马克思区别劳动力的使用价值和交换价值背后隐藏着资本主义意识形态，因为马克思不过是综合了古典政治经济学和资产阶级重农学派、重商主义的思想而已。

显然，鲍德里亚是一个颇有理论深度和力度的理论家。但是，他对马克思劳动现代性批判理论的理解存在严重误解和刻意歪曲。首先，马克思、恩格斯并没有把人的需要当作不证自明的前提。他们指出："已经得到满足的第一个需要本身、满足需要的活动和已经获得的为满足需要而用的工具又引起新的需要。"② 可以看出，满足需要的活动创造着需要。在马克思生活的时代，物质产品的丰裕与工人的赤贫形成强烈反差，工人有效需求不足，马克思重点在于批判导致工人贫困的资本主义

---

① ［法］鲍德里亚：《生产之镜》，仰海峰译，中央编译出版社 2005 年版，第 17 页。
② 《马克思恩格斯选集》第 1 卷，人民出版社 2012 年版，第 159 页。

生产方式。其次，鲍德里亚否定马克思的生产理论是完全错误的。马克思把生产方式理解为社会形态的基础，生产力和生产关系的矛盾推动着社会发展。鲍德里亚用一种釜底抽薪的办法来否定马克思的生产理论。他认为，创造物质财富的劳动是人类的普遍能力和本质规定，而生产需要和资源匮乏是任何社会的普遍矛盾，这其实是一种资产阶级的政治经济学概念。再次，鲍德里亚不理解马克思哲学革命的意义。他认为，马克思以生产为基础的哲学批判，源于人生存的需要与匮乏的矛盾，而"将生产力的解放混同于人的解放"①。所以，没有走出资产阶级政治经济学意识形态框架的恰恰是鲍德里亚而不是马克思。马克思实践唯物主义实现了存在论意义的革命。物质生产只是实践唯物主义在分析社会历史问题时的具体概念。马克思的劳动、生产、实践概念不仅关联着物质生产活动而且关联着人之为人的内在根据。

第三节　劳动现代性批判的历史辩证法

从现代性问题史角度看，马克思劳动现代性批判"集中体现在方法论层面的革新上"②。马克思的总体辩证法是"透视和把握现代性的根本思想方法"③。明确马克思劳动现代性批判的这一思想方法对于当代现代性问题的讨论是十分必要的。马克思对于劳动现代性的诊断和解剖大体是从三个层面展开的：其一，是以"现实生活世界"为对象的劳动现代性批判。马克思实现了从传统主体意识论向劳动生存论的转变，确立了实践唯物主义立场、观点和方法。马克思分析研究了现实生活世界的历史，形成了宏观叙事和微观叙事相结合的历史唯物主义方

① ［法］鲍德里亚：《生产之镜》，仰海峰译，中央编译出版社2005年版，第2页。

② 郗戈：《论马克思现代性思想的方法论特征——基于思想史视角》，《山东社会科学》2018年第11期。

③ 张曙光：《思入现代社会的本质——马克思哲学思想的当代意义刍议》，《学术研究》2002年第5期。

法。其二，是以"现代市民社会"为对象的劳动现代性批判。在马克思从哲学到经济学转向的基础上，展开现代市民社会和古代社会以及东方社会两大"原本"的解剖。马克思对现代资本主义社会展开根基性和整体性批判，形成了人体解剖和猴体解剖相结合的政治经济学方法。其三，是以"理想人类社会"为指引的劳动现代性建构。马克思秉持在"旧世界"中发现"新世界"的原则，提出了一系列理想范畴和现实范畴，阐明了共产主义现代性取代资本主义现代性的历史必然趋势，形成了理想范畴和现实范畴相结合的科学社会主义方法。

一 宏观叙事和微观叙事相结合的历史唯物主义方法

马克思劳动现代性批判所运用的根本方法是唯物辩证法，但是，马克思唯物辩证法是以历史辩证法的形式呈现给我们的。马克思历史辩证法也就是历史唯物主义。马克思运用历史辩证法解剖现代社会发现，劳动现代性是内在地包含着多元矛盾的社会综合体，其中，资本与劳动的矛盾是现代性生成、发展和演变的根本动力。伊格尔顿指出，对于现代性的分析，"唯独马克思主义鲜明地坚持了辩证法思想"。他认为，马克思既反对"浪漫主义的怀旧思想"，又反对"现代化的自鸣得意"。① 马克思看到，在现代历史中，文明与野蛮不可分离。马克思的历史辩证法对劳动现代性的态度表现为"在对现存事物的肯定的理解中同时包含对现存事物的否定的理解"②。马克思批判蒲鲁东颠倒了"现实"和"原理、范畴"的关系，强调"经济范畴只不过是生产的社会关系的理论表现"③。马克思立足于劳动现代性的社会历史运动，考察了劳动现代性自我扬弃的过程和规律。也就是说，马克思批判劳动现代性的方法是内在的历史的，在这一过程中，马克思创新了历史唯物主义的宏观叙

---

① ［英］伊格尔顿：《历史中的政治、哲学、爱欲》，马海良译，中国社会科学出版社1999年版，第108页。
② 《马克思恩格斯全集》第44卷，人民出版社2001年版，第22页。
③ 《马克思恩格斯选集》第1卷，人民出版社2012年版，第222页。

事和微观叙事相结合的理论方法，由此阐明了埋葬劳动现代性危机的历史真理。

（一）"小问题"的微观叙事：揭示现代社会的生存状况

在马克思语境中，微观叙事和宏观叙事是辩证统一的。对于先有微观叙事还是先有宏观叙事的提问，是一个伪问题。但是，微观叙事和宏观叙事的辩证统一方法有一个形成发展过程。应当说，马克思的哲学研究更突出宏观叙事，马克思的经济学研究更突出微观叙事。马克思的《1844 年经济学哲学手稿》实现了哲学到经济学的转向，实际上也是微观叙事方法的确立。《德意志意识形态》作为马克思哲学形成的标志则意味着宏观叙事方法的确立。当然，微观叙事和宏观叙事是不可分割的。从《1844 年经济学哲学手稿》到《德意志意识形态》，都贯穿着微观叙事和宏观叙事相统一的思想。实际上，马克思从一开始就"在微观叙事的基础上形成了一种总体叙事"①。马克思的政治经济学侧重微观叙事，哲学侧重宏观叙事，哲学和政治经济学的结合使微观叙事和宏观叙事相得益彰。

马克思针对"小问题"的微观叙事在早期哲学研究和《资本论》及其手稿中表现得都非常充分。马克思的微观叙事体现在微观经济学分析和微观历史学分析等方面。

从微观经济学分析看，马克思对于劳动现代性问题的切入特别注重现实的个人、具体现象和对象。这突出表现在两个方面：一方面，是马克思对现代社会工人异化劳动状况的分析研究。马克思围绕现实的个人和具体的现实展开了典型的微观叙事，运用异化劳动理论揭露了资本主义社会剥削和压迫工人的秘密。马克思认为，劳动现代性的"病症"表现为"工人创造的商品越多，他就越变成廉价的商品"②。异化劳动的结果是工人创造的财富越多就越贫穷，因为他所创造的劳动产品变成

---

① 赵福生：《论马克思的微观哲学视域》，《求是学刊》2008 年第 1 期。
② 《马克思恩格斯文集》第 1 卷，人民出版社 2009 年版，第 156 页。

了与他敌对的力量。工人与资本家的对立是共产主义现代性取代资本主义现代性的总依据。另一方面，马克思在《资本论》中对现代社会进行解剖是从"商品"开始的。这其实是一种典型的微观叙事。商品是资本主义经济的最小细胞。马克思不仅揭示了商品的二重性而且论证了商品二重性是由劳动二重性决定的。资本主义商品生产和商品交换隐藏着资本和劳动的社会形式。现代社会的商品生产和商品交换造成全部社会关系的"物化"，"物与物的关系"遮蔽了"人与人的关系"，由此以来，"拜物教"开始盛行。资本物具有了上帝一般的神性，它支配着人们的生存与命运。"拜物教"盛行表明，"旧世界"已经变成"着了魔的、颠倒的、倒立着的世界"①。马克思认为，对于商品形式的研究要比对整个资本主义经济体系的研究更困难，即"已经发育的身体比身体的细胞容易研究些"②，也就是说，微观叙事比宏观叙事更困难但却更重要，因为商品形式的研究是整个资本主义经济体系研究的一把钥匙，微观叙事是宏观叙事的基础。

从微观历史学分析看，马克思对于劳动现代性问题的切入是现实的个人及其实践活动，在此基础上建构了历史唯物主义。马克思在批判传统宏观史学基础上阐明了微观史学叙事的重要性。其一，马克思批判了传统宏观史学的存在论，强调历史的基础是现实的物质生活。传统的历史观忽视了历史的现实基础，把历史发展置于抽象事物之上，即"历史的东西则被看成是某种脱离日常生活的东西"③。其二，马克思批判了传统宏观史学的认识论，强调要从历史事件中去认识历史。传统的宏观史学往往不去认识复杂且丰富的历史事件，而是以文学虚构的方式书写历史，表现为历史观上的本质主义。马克思指出，这种本质主义，往往"以虚构和文学闲篇为根据"④，他们根本不去考察真正的历史事件。

---

① 《马克思恩格斯文集》第7卷，人民出版社2009年版，第940页。
② 《马克思恩格斯文集》第5卷，人民出版社2009年版，第8页。
③ 《马克思恩格斯文集》第1卷，人民出版社2009年版，第545页。
④ 《马克思恩格斯选集》第1卷，人民出版社2012年版，第176页。

其三，马克思批判了传统宏观史学的方法论，强调把实践唯物主义贯穿历史研究始终。传统宏观史学持一种整体主义或还原主义方法。这种方法假定所指涉的时空范畴的全部事件具有同质性，假定历史发展是经济、政治、社会、技术、心理等要素的同步发展。因此传统宏观史学是一种唯心史观。

（二）"大尺度"的宏观叙事：阐明人类社会发展的一般规律

劳动现代性是一个关涉社会发展的重大问题。从传统社会向现代社会转型绝然不是历史的断裂，现代社会与传统社会具有复杂的历史传承和创新关系。马克思的社会发展观坚持历史发展连续性与阶段性的统一。马克思的宏观叙事重在解决人类社会发展的一般规律问题。资产阶级经济学家为了鼓吹资本主义社会的合法性和永恒性，极力宣扬"断裂论"，制造"人为"与"自然"的分野来突出现代社会与传统社会的差别，他们在强调历史阶段性的同时否定历史连续性。在资产阶级经济学家看来，"封建制度是人为的，资产阶级制度是天然的"①。马克思的历史辩证法则坚持历史连续性和阶段性的统一，并且突出历史的连续性，反对割裂历史。在马克思看来，人类社会历史的发展与生物有机体的进化具有某种类似的性质，从"猴体"（传统社会）向"人体"（现代社会）的历史发展并不是根本性的断裂。现代社会是从传统社会生长出来的，现代社会与传统社会相比只不过是更高级、更成熟、更复杂的社会形态而已。资本主义制度绝不是什么"飞来峰"，它从封建制度中生长出来并且继承了它所创造的一切人类文明成果。

劳动现代性是从传统社会之中发端的，这体现了历史发展的连续性。马克思认为，新的生产方式往往是在"现有的生产发展过程内部"和"传统的所有制关系内部"发展起来的。②从传统社会之中孕育产生的现代社会成为主宰世界历史发展的社会形态。要把握现代社会之于传

---

① 《马克思恩格斯选集》第1卷，人民出版社2012年版，第232页。
② 《马克思恩格斯全集》第30卷，人民出版社1995年版，第236页。

统社会的历史连续性和阶段性的辩证统一，必须要有"大尺度"的历史视阈，这就如同法国年鉴学派所说的"长时段"或"超长时段"。马克思历史唯物主义宏观叙事的特点在于把现代社会置于整个历史长河之中去考察，在整个社会历史发展的宏观趋势中把握历史事实的本质以及历史发展的规律。布罗代尔认为，从历史的"长时段"考察社会历史，把握社会发展的模式，是马克思的影响经久不衰的秘密，"现实生活因夹杂着种种小事而显得模糊不清"，但是，"长时段"的历史眼光能够"简化现实生活而揭露其真相，这正是在现实生活的人求之不得的东西"。① 与传统历史学家的"短时段"理论视野以及关注突出重大事件不同。马克思更加注重从宏观视阈把握社会的深层结构和历史发展趋势，注重总体性的社会研究和坚持"大尺度"的宽广视野。

马克思"大尺度"的宏观叙事是双向开放的，既面向过去，回答了人类社会"从何而来"的问题，又面向未来，回答了人类社会"走向何方"的问题。马克思历史唯物主义对人类社会发展一般规律的揭示正是对人类社会"从何而来"和"走向何方"的深刻回答。马克思反对资产阶级经济学家把资本关系永恒化、合法化、自然化的抽象，又反对资产阶级经济学家拘泥于现时的狭隘思维。马克思认为，要从"大尺度"出发揭示人类社会发展的规律就必须抓住生产方式这一关键。要理解资本主义生产方式必须追溯早先的生产方式，从而揭示人类生产过程的历史连续性。这种正确的考察方法表明，现代社会的生产方式同样会被新的生产方式扬弃。现代资本主义的生产条件不过是"为新社会制度创造历史前提的生产条件"②。马克思考察历史的方法是既回溯前资本主义社会的各种社会形式又展望未来社会的发展方向。这种历史唯物主义"宏观叙事"拓宽了马克思劳动现代性批判的理论空间。

---

① ［法］布罗代尔：《资本主义论丛》，顾良、张慧君译，中央编译出版社1997年版，第186页。

② 《马克思恩格斯全集》第30卷，人民出版社1995年版，第453页。

马克思揭示了人类社会历史发展的内在机制，在他看来，社会形态的内在矛盾推动社会历史发展是历史辩证法的核心，因而抓住了社会基本矛盾的辩证运动就把握住了人类社会历史的一般规律和发展走向。

（三）微观叙事与宏观叙事的辩证统一

人们对于马克思劳动现代性的解读是戏剧性的，马克思既被看作现代性的维护者又被看作现代性的批判者。一方面，马克思哲学被一些人认为是现代主义的，因为马克思热衷于"宏大叙事"，主张进化式的历史进步论；另一方面，马克思哲学又被一些人看作是后现代主义的，因为马克思哲学革命的本质是反现代性的。实际上，马克思"对现代性作出了新的实质性的理解"①。马克思劳动现代性思想具有"宏观叙事"的特点，从总体上看，马克思是历史进步论者，但是，马克思并没有因此而忽视无数个体的存在及其差别性、多样性。个体之间不仅密切关联而且关联整体利益。因此，马克思历史唯物主义的叙事方法是微观叙事和宏观叙事的辩证统一。

现代社会是人类在新的生产方式基础上历史重构的结果，但是，人们往往习惯性地把现代社会的历史生成解读为"实践主体决定论和由此导致的历史决定论"②。这种解释模式的前提是人类中心和主体二分法，从类主体出发遮蔽了主体的多样性、差异性和自由个性，以及以实践为"元概念"的宏大叙事导致对个体生存方式的忽视。马克思历史唯物主义的出发点和立足点是"现实的人"及其生存实践活动。对于"现实的人"的研究包括两个方面的理论视阈：一是生存论的"微观叙事"；二是总体性的"宏观叙事"。"微观叙事"和"宏观叙事"都建立在马克思实践唯物主义立场、观点和方法之上。历史唯物主义是一种超越传统理性形而上学的"新世界观"，一方面，包含着"微观叙事"，

①　丰子义：《马克思现代性思想的当代解读》，《中国社会科学》2005 年第 4 期。

②　张曙光：《思入现代社会的本质——马克思哲学思想的当代意义刍议》，《学术研究》2002 年第 5 期。

即深入考察了人的个体性的现实生存发展方式；另一方面，包含着"宏观叙事"，即深刻揭示了人类社会历史的总体运行发展规律。历史唯物主义研究方法的根本特点就是坚持"微观叙事"与"宏观叙事"辩证统一。

"微观叙事"与"宏观叙事"都是以现实意义上的实践生存论为基础的，对现代社会重大时代问题具有深刻的理论洞察力和批判力。比较而言，历史唯物主义的"宏观叙事"要比"微观叙事"更为突出，这是由马克思所面临的重大时代任务决定的。然而，对历史唯物主义"宏观叙事"过度强调和过度解读却一定程度地忽视和弱化了历史唯物主义"微观叙事"，"以致历史唯物主义的微观视阈被长期遮蔽甚至遗忘"①。实际上，历史唯物主义"微观叙事"和"宏观叙事"是相互支撑、相得益彰的，没有"微观叙事"实践生存辩证法的支撑，"宏观叙事"将成为无本之木、无源之水。面对人类现实生存境遇的迅速变化，如果止于"宏观叙事"必将减弱甚至丧失历史唯物主义的理论洞察力和批判力。为更加积极有效地应对当代人类实践生存方式的巨大变化，历史唯物主义必须不断丰富完善自身的研究视角、方式，开启和强化尘封已久的"微观叙事"，将理论目光聚焦当代社会人的现实生存方式，关注历史的具体的个人存在方式。个人存在是"全部人类历史的第一个前提"②，具有历史生成性。历史唯物主义坚持"从物质实践出发来解释各种观念形态"③。个人存在不同于动物存活，因为个人存在表现为"有意识的生命活动"④，这种"有意识的生命活动"就是人的生存实践活动，就是人与世界关系的展开。人的生存实践在构建人与世界关系的过程中，生成和确证着人的本质与世界的本质。因而，理解和把握

---

① 杨宏祥、庞立生：《"现代性"批判的根本视阈：人的生存方式——开启马克思主义哲学历史唯物主义的微观视阈》，《内蒙古社会科学》（汉文版）2016年第4期。
② 《马克思恩格斯文集》第1卷，人民出版社2009年版，第519页。
③ 《马克思恩格斯文集》第1卷，人民出版社2009年版，第544页。
④ 《马克思恩格斯文集》第1卷，人民出版社2009年版，第162页。

人就必须深入到人的生存实践活动之中，追问"如何存在"，即关注和研究人的具体的历史的生存活动。马克思历史唯物主义"微观叙事"侧重于个人的个体性发展，"宏观叙事"侧重于社会的总体性发展。"微观叙事"和"宏观叙事"之间的解释张力能够实现在人的生存实践基础上，对个人的个体性和总体性存在的统一把握。运用历史唯物主义理论方法破解劳动现代性问题，必须坚持"微观叙事"和"宏观叙事"辩证统一。"微观叙事"能够为宏大理论提供合法性依据，"宏观叙事"能够为微观研究提供理论范式和方法原则。面对劳动现代性问题，唯有开启"微观叙事"，深入研究人的生存方式，才能真正破解当代人类遭遇的现代性危机，进而在"宏观叙事"层面找到和建构能够摆脱现代性危机的人类命运共同体存在方式。

二 人体解剖和猴体解剖相结合的政治经济学方法

马克思通过政治经济学批判的开启，旗帜鲜明地反对了经验论者和唯理论者对现代社会的把握方式。在对黑格尔法哲学批判的基础上，马克思确立了"市民社会决定政治国家"的理论原则，开始了对现代市民社会的"人体解剖"，开创了现代社会的"解剖学"研究方法。马克思总体性辩证法的一大优势就是历史思维方法，他从来不把资本主义现代性看作天然的合理之物。现代资本主义社会是最发达、最多样的生产组织。要透视那些已经覆灭的种种社会形式的社会结构和生产关系，就必须理解现代社会。按照传统思维，"人体"是由"猴体"进化而来的，先考察"猴体"再考察"人体"，更容易弄清由"猴体"向"人体"的发展规律。但马克思却是先考察的"人体"后考察的"猴体"。当然，这其中的一个主要原因是19世纪70年代之前，"猴体解剖"的相关考古学、人类学还没有为马克思提供足够的文献资料。但实际上，马克思把工作重点放在"人体解剖"上，主要是由其"改变世界"的哲学使命决定的。晚年，"马克思虽然从'人体'回到了'猴体'，但'猴体解剖'最终是为'人体'服务的，即对历史的考察最终是为资本主义社会批判服务的"①。人体解剖和猴体解剖相结合的政治经济学方法是马克思劳动现代性批判的重要方法之一。

（一）瞄准"经济事实"：现代社会的"解剖学"

"市民社会"是黑格尔哲学一个幽灵般的概念，马克思在《资本论》中开始用"资本主义社会"概念来替代"市民社会"概念，也就是说，马克思语境的"市民社会"概念主要指的是早期的资本主义社会，对于资本主义的成熟发展阶段，马克思则称为"现代市民社会""现代资本主义社会""现代社会"等，它是人类迄今为止最发达最复杂的社会形态。马克思试图通过对现代社会进行"人体解剖"破解资本现代性的秘密，找到劳动现代性取代资本现代性的历史发生机制。

现代性是历史的、流变的，只有在社会历史的视野中才能真正把握现代性的本质。"现代性是一个发展着的'流'，而不是一个终结了的'点'"②。霍克海默、阿多诺等人，从终极性视野考察现代性，试图论证一切理性标准的堕落，其结果，他们对现代性的批判"在自我兜圈子过程中迷失了方向"③。马克思的高明之处就在于，他深入到社会历史的内部，沿着社会历史发展的内在逻辑解剖"经济事实"，确立了分析考察劳动现代性坚持立足"经济事实"的原则，强调从"工人及其生产的异化"④ 这一"经济事实"出发。异化劳动的主体是现实的人，从异化劳动出发就是从现实的人出发。马克思认为，这种考察方法"从现实的前提"出发，"现实的前提"就是"现实的人"，就是可以通过经验观察到的人，是处于一定社会历史条件下发展着的人。"现实的人"的发展过程是一个能动的过程，但是历史发展过程并不是唯心

---

① 郗戈、朱天涛编著：《〈政治经济学批判〉导言与〈政治经济学批判〉序言导读》，江苏人民出版社 2020 年版，第 64 页。

② 丰子义：《发展的反思与探索——马克思社会发展理论的当代阐释》，中国人民大学出版社 2006 年版，第 145 页。

③ ［德］哈贝马斯：《现代性的哲学话语》，曹卫东等译，译林出版社 2004 年版，第 147 页。

④ 《马克思恩格斯选集》第 1 卷，人民出版社 2012 年版，第 58 页。

主义者理解的主体想象活动，也不是经验主义者理解的"一些僵死的事实的汇集"①。经验主义者实际上持一种纯粹实证主义的历史观，唯心主义者实际上持一种思辨唯心主义的历史观，他们都排斥"经济事实"。马克思认为，面对大量的"经济事实"，即现实的实践活动和社会历史关系，仅仅凭感性或者仅仅凭理性都是不够的，必须在占有大量经济事实材料基础上进行正确的抽象。离开"现实的历史"对人类社会历史发展的抽象是没有意义的，充其量是指出历史资料的层次顺序，为人们整理历史资料提供一些方便。马克思反对经验论者和唯理论者对于现代社会历史的把握方式，开启了真正的实证科学，马克思运用社会建构主义的思维方式，与崇尚凝固不变实体的本质主义思维方式相对立。

马克思认为，要理解和把握劳动现代性的社会历史性质，就必须在把握现代社会"经济事实"基础上把握诸种政治和文化现象，就必须聚焦现代社会的整体性解剖与重构。"经济事实"是可感觉的，政治的文化的"事实"具有"超感觉"的特征，可感觉的事实是诸多"超感觉"现象的基础，"超感觉"现象又是可感觉事实的提升。马克思批评费尔巴哈不理解"可感觉"和"超感觉"的辩证法。费尔巴哈已经注意到"感性世界"的意义，但是却不能正确理解"感性世界"，因为费尔巴哈把握"感性世界"的理论方法是错误的，他对"感性世界"的把握拘泥于"单纯的直观"和"单纯的感觉"，从而失去了通达理性的道路。费尔巴哈不理解"感性世界"的历史辩证法，不懂得"感性世界""是工业和社会状况的产物"②。在马克思看来，费尔巴哈和旧唯物主义者一样，归根结底是不理解感性实践活动的意义。马克思的经济学转向实际上是确立了现代社会的"解剖学"。在马克思看来，无论是传统社会还是现代社会都是人类物质生产活动的结果。"这种生产，正是

---

① 《马克思恩格斯选集》第 1 卷，人民出版社 2012 年版，第 153 页。
② 《马克思恩格斯选集》第 1 卷，人民出版社 2012 年版，第 155 页。

整个现存的感性世界的基础。"① 马克思的 "人体解剖" 就是要剖析现代社会的经济基础，揭示劳动现代性 "事实" 的本质及其发展规律；"猴体解剖" 就是剖析传统社会的经济基础，揭示其 "经济事实" 及其历史演变规律。

（二）"人体解剖"：劳动现代性的病理诊断与总体治疗

马克思对现代资本主义社会的 "人体解剖" 是围绕制度层面展开的，即马克思在转向经济学研究之后，通过对市民社会初步解剖，已经把现代性危机的根源归为资本主义私有制。在《1844 年经济学哲学手稿》中把共产主义现代性的实现理解为对资本主义私有制的积极扬弃。马克思对现代性的诊断与批判直指现代性赖以存在的社会基础，即资本主义社会形态。现代性是与资本主义社会形态同生共长的。马克思对现代性的解剖关涉现代社会的基本结构和总体特征。在现代资本主义社会，"一切关系在其中同时存在而又互相依存"②。马克思看到，政治国家（政治领域）和市民社会（经济领域）的分化与纠缠是现代社会与传统社会的本质区别。马克思认为，世俗基础与宗教世界分裂，只能用 "世俗基础的自我分裂和自我矛盾来说明"③。现代社会的世俗基础就是市民社会，它的自我分裂和自我矛盾集中表现为资本与劳动的对立。

马克思把对 "原本" 的经济学批判诠释为 "人体解剖"。在马克思看来，现代社会虽然包含经济、政治、文化等多种复杂的要素，但是，物质基础、经济因素是现代社会组织的 "骨骼"，政治和思想上层建筑则属于依附现代社会组织 "骨骼" 的 "肌肤"。通过从 "副本" 批判到 "原本" 批判不断深化，马克思刨挖到了现代性劳动生存方式陷入困境的根源。马克思对于资本主义社会的病理诊断是一种制度诊断，即运用经济哲学的方法，在对现代社会总体把握基础上审视资本主义经济

① 《马克思恩格斯选集》第 1 卷，人民出版社 2012 年版，第 157 页。
② 《马克思恩格斯选集》第 1 卷，人民出版社 2012 年版，第 223 页。
③ 《马克思恩格斯选集》第 1 卷，人民出版社 2012 年版，第 134 页。

运动的内在矛盾和发展趋势。在马克思看来，资本主义现代性社会的问题是制度性的总体性的，因而对于它的治疗也必须是总体性的系统性的根治，即使"现存世界革命化"①。只有通过革命的实践才能改变不合理的现实生活，才能改变人的悲惨生存境遇。马克思所奉行的现代性问题总体性治疗方案，目标直指现代性社会内部的资本与劳动的分裂、对立和冲突。与马克思不同，哈贝马斯把现代社会的矛盾归结为系统与生活世界的外部对立。马克思的治疗方案是铲除资本主义的生产关系和政治形式，从而为劳动力的发展扫清障碍。哈贝马斯的治疗方案是社会结构的调整，但却不改变"系统"对"生活世界"渗透和侵犯，他没有看到生产力发展和无产阶级革命行动的意义。在马克思看来，现代社会的病因源自资本与劳动的对立，因而只有依靠劳动者重新驾驭资本，才能重建劳动现代性，从根本上解决现代性危机。为了治疗资本现代性问题，必须借助历史运动加以实践层面的整合，其目的在于解决由于资本与劳动对立造成的市民社会的自我分裂、自我矛盾，以及无产阶级和资产阶级的尖锐对立和不同民族国家之间的激烈冲突等问题。资本现代性展开中形成对抗性矛盾是压倒一切的主要矛盾，是各种类型社会分裂的总根源。

马克思对于劳动现代性除了采用上述"'分裂—整合'的诊治模式"外，还在多处采用了"'同一—差异'模式的批判视野"。②资本逻辑对于现代社会的统治，表现为一种抽象力量对于人与自然和人与人之间关系的重塑，是一种抽象力量创造现实世界的同一性趋势，即资本按照自己的样子为自己创造了一个世界。马克思认为，人的活动与活动创造的产品都成为交换价值，劳动形式的差异以及劳动产品的多样性最终都变成了同一性的交换价值，"一切个性，一切特性都已被否定和消

---

① 《马克思恩格斯选集》第 1 卷，人民出版社 2012 年版，第 155 页。
② 郗戈：《论马克思现代性思想的方法论特征——基于思想史视角》，《山东社会科学》2018 年第 11 期。

灭"①。随着资本积累的空间拓展，这种抽象力量的同一性趋势在全球社会空间展开。然而，"万物同一性的代价就是万物不能与自身认同"②。马克思认为，只有在共产主义条件下，通过充分发展人的"自由个性"才能自由地创造万物的多样化特性，从而扬弃资本逻辑的抽象同一性。在共产主义社会，人们被压抑的多样性得以充分释放。共产主义不仅实现了社会的融合而且创造了丰富的多样性。

（三）"猴体解剖"与"人体解剖"的互促互补

马克思的"人体解剖"方法主要是运用于分析和考察现代性问题，即解剖资本主义社会；马克思的"猴体解剖"方法主要是运用于分析和考察前现代性问题，即解剖古代社会和东方社会。马克思在《1857—1858 年经济学手稿》"导言"部分——"3. 政治经济学的方法"中提出："人体解剖对于猴体解剖是一把钥匙。"③ 马克思把现代社会比喻为"高等动物"，把传统社会比喻为"低等动物"，之所以对于现代社会经济结构的解剖能够为古代社会经济结构的解剖提供钥匙，是因为现代社会经济结构内在地包含着古代社会经济结构的元素。"人体解剖"之所以是"猴体解剖"的一把钥匙，就在于处于高级阶段的"人体解剖"充分展现了生物体的一般解剖机理，它为破解低等动物身上表露出来的"高等动物的征兆"，从而把握处于低级阶段的"猴体解剖"对象提供了前提。同时，在 19 世纪 50—60 年代，关于古代社会经济结构的相关史料文献还不具备，相反，现代资本主义社会却已经发育成熟。因而马克思把"人体解剖"置于优先于"猴体解剖"的地位。"人体解剖"是对资本主义现代性的解剖，它不仅能够为人们提供把握后现代性的理论方法而且能够为人们提供把握前现代性的理论方法。马克思认为，"现实的历史过程"是一个"从最简单上升到复杂"的过

---

① 《马克思恩格斯全集》第 30 卷，人民出版社 1995 年版，第 107 页。
② ［德］霍克海默、［德］阿道尔诺：《启蒙辩证法——哲学断片》，渠敬东、曹卫东译，世纪出版集团、上海人民出版社 2006 年版，第 9 页。
③ 《马克思恩格斯全集》第 30 卷，人民出版社 1995 年版，第 47 页。

程，因而"从最简单上升到复杂"的理性反思方式符合"现实的历史过程"。① 但是从"人体解剖"和"猴体解剖"的关系看，理性反思采取了"事后开始"的逆向反思方式，强调"人体解剖"能够为"猴体解剖"提供前提。马克思通过这种对人类生活"从发展过程的完成的结果开始"②的事后思维方式，破解了社会存在的秘密。马克思通过对资本主义社会形态进行解剖，实现了对全部人类现实生活形式的深刻揭示。

马克思从最发达、最复杂的研究对象入手，抽象出现代性的本质规定，再从历史中去寻找这种本质规定的历史前提即"征兆"，从而阐明了"高等动物的征兆"的发生发展过程。马克思认为，要把握低等动物身上的"高等动物的征兆"，必须先对"高等动物"进行解剖与研究。现代资本主义社会如同"高等动物"，因为它是迄今为止人类社会最发达最多样的生产组织。对于现代社会"人体解剖"而获得的理论范式和思维方法能够用来"透视一切已经覆灭的社会形式的结构和生产关系"③。马克思用"猴体"和"人体"的关系表征传统社会与现代社会的关系，也表征历史与现实的关系。从"猴体"到"人体"表征着社会历史是一个不断发展进步的过程。理解了现实的"人体"有助于更加深刻地理解历史。完成了资本现代性的批判，才能更好地"理解封建的、古代的和东方的经济"④。19 世纪 70 年代之前，马克思把主要精力投入到考察资本主义现代性问题，倾心于通过"人体解剖"来证明现代资本主义社会的历史暂时性。马克思不仅重视"人体解剖"，而且按照"人体解剖"的理论范式和方法来理解和把握传统社会。19世纪 70 年代之后，马克思则把主要精力用在了"猴体解剖"上。在《1857—1858 年经济学手稿》"资本章""第二篇 资本的流通过程"

① 《马克思恩格斯选集》第 2 卷，人民出版社 2012 年版，第 702 页。
② 《马克思恩格斯全集》第 44 卷，人民出版社 2001 年版，第 93 页。
③ 《马克思恩格斯选集》第 2 卷，人民出版社 2012 年版，第 705 页。
④ 《马克思恩格斯选集》第 2 卷，人民出版社 2012 年版，第 706 页。

的［资本的原始积累］和［资本主义生产以前的各种形式］两部分内容中，马克思开始系统应用"人体解剖"和"猴体解剖"相结合的方法。在写作《资本论》的时候，马克思"人体解剖"和"猴体解剖"相结合的方法已经形成。"猴体解剖"虽然无须精确还原历史的方方面面，但也离不开对人类历史之经验事实的实证考察。马克思通过对资本主义生产以前的各种形式进行考察，初步解决了资本的原始积累问题，解剖了资本主义生产方式的形成条件问题。"自由劳动以及这种自由劳动同货币相交换"是资本主义生产方式的前提之一。这种"自由劳动"的雇佣是货币获取的使用价值。自由劳动"同劳动资料和劳动材料相分离"是资本主义生产方式的重要前提。①

三 理想范畴和现实范畴相结合的科学社会主义方法

马克思的科学社会主义学说是由理想范畴和现实范畴构成的，存在着从理想范畴出发和现实范畴出发两种不同叙事方法。理想范畴的特点是理想性和规范性，它"是对未来某种状况的设想和描述"，规定的"是人在理想的情况下本来应该如何"；"现实范畴是科学性的范畴。它严格地立足于现实，不带任何理想或幻想的成分，是对事物现实本质的深刻揭示"。② 科学社会主义是我们实现未来共产主义的理论指南，具有理想面向。科学社会主义就是对未来共产主义社会理想的阐述。科学社会主义是基于现实的理想，是从对现实的科学分析中得出的正确结论。只有从现实出发，采用正确的方法、选择正确的道路，才能把理想性变成现实性。马克思实践唯物主义以"改变世界"为根本旨趣，离开现实，"改变世界"便失去了立足；离开理想，"改变世界"便失去了方向。现实范畴重在解决现实世界"是什么"的问题，理想范畴重在解决现实世界"应怎样"的问题。马克思所追求的共产主义是消灭

① 《马克思恩格斯全集》第30卷，人民出版社1995年版，第465页。
② 张奎良：《马克思的哲学历程》，上海人民出版社1993年版，第45页。

现存状况的现实运动。共产主义运动需要完成的任务就是解决现代社会的内在矛盾冲突问题。同时，马克思提出"消灭国家"，建立"自由人联合体"，这样一来无产者才能"作为个性的个人确定下来"①。

（一）理想性与现实性：实践的唯物主义者即共产主义者

理想性与现实性是蕴含在人类实践活动之中的一对重要的矛盾。实践活动的这一矛盾是人类存在矛盾性的体现。因为人既是现实性存在又是理想性存在。人总是有一种否定现实、超越现实，追求美好生活的本性。实践唯物主义的根本旨趣是改变世界，而改变世界就是一个理想性超越现实性的过程。人类实践活动的目的和要求是非现实性的，即作为实践动力和指向的理想性存在。实践活动就是把理想性存在转变为现实性存在的过程。人给自己构成图画并用自己的实践行动来描绘。人类实践活动之前就已经包含着理想性与现实性的矛盾。理想性与现实性的矛盾使人与现实世界之间形成了一种特殊的否定性统一关系。也就是说，理想性追求包含着对现实性的否定。马克思的共产主义现代性理想内在地包含着对资本现代性的否定。

青年时期，马克思更多的是运用理想性范畴来阐发科学社会主义思想，比如人性、人的本质、扬弃异化、自由王国、完整的人等。马克思明确提出"现实的个人"概念之前，对于人的理解就是理想性的。马克思首先预设了理想状态下的人的本性和本质，如"自由自觉的活动"等，然后以此观照现代资本主义社会，把这种本性和本质的泯灭和沦丧称为人的自我异化。实际上，从马克思科学社会主义思想形成看，经历了从理想范畴到现实范畴的飞跃过程。其中的转折点是从理想的人到现实的人的飞跃。在《关于费尔巴哈的提纲》中，马克思在阐述人的本质时，旗帜鲜明地强调把握"一切社会关系的总和"② 必须立足

①　傅长吉、丛大川：《对卡尔·马克思"共产主义"另想的解读》，《广东社会科学》2007 年第 1 期。

②　《马克思恩格斯文集》第 1 卷，人民出版社 2009 年版，第 501 页。

"现实性"。之后，在《德意志意识形态》中，"生产力、生产方式、分工……等现实的科学范畴都已产生"①。这说明，马克思对科学社会主义的阐释，实现了理想范畴和现实范畴的辩证统一，并且把现实范畴作为理想范畴的基础。

马克思从理想的人向现实的人的革命性跨越，大致在 1843—1845 年。马克思从现实的个人出发，确立了实践唯物主义理论立场，运用实践观点分析研究社会生活和人类历史。在《德意志意识形态》中，马克思、恩格斯提出，"实践的唯物主义者即共产主义者"②。在马克思看来，共产主义现代性理想和资本主义现代性现实之间的矛盾，只有通过人类实践活动的发展才能彻底解决。因为人类的实践活动是理想性与现实性对立的根源也是理想性与现实性统一的桥梁。人类的实践活动始终贯穿着理想性与现实性的矛盾。理想范畴与现实范畴统一构成马克思科学社会主义的叙事方法。实践的主体是现实的个人，个人既是一种现实存在又是一种理想的超现实的存在。人类总是通过实践活动不断地否定和超越现实，不断地追求和创造更加理想的美好生活。人的实践活动的目的和要求是一种非现实性的，即作为实践活动指向和动力的理想。人类的实践活动从根本上说就是立足现实、追求理想的过程，就是把理想性的目的、要求转化为现实性存在的过程。

现实性是社会基础，理想性是价值取向。理想性的追求与评价不能脱离特定的社会历史发展阶段，否则，不仅不能推动社会进步而且还会阻碍社会进步。例如，中国特色社会主义的初级阶段，如果不考虑生产力的实际，一味地把人的全面发展作为评价社会发展的优先标准，必然会陷入空想主义和乌托邦牢笼。再如，马克思曾经描述过在未来共产主义社会，人们可以根据自己的兴趣，"今天干这事，明天干那事"③。如

---

① 张奎良：《唯物史观的人学意蕴——兼答徐亦让、唐正东同志》，《哲学研究》1994年第 12 期。
② 《马克思恩格斯文集》第 1 卷，人民出版社 2009 年版，第 527 页。
③ 《马克思恩格斯文集》第 1 卷，人民出版社 2009 年版，第 537 页。

果依据这样的理想性优先的尺度评价当下的社会，并且用以指导改造当下的社会，其结果将把人类社会拖入灾难的深渊。

（二）劳动现代性批判：“物的尺度”和“人的尺度”及其评价

马克思在谈到人类的劳动与动物活动的本质区别时提出了“物的尺度”和“人的尺度”问题。马克思认为，“人也按照美的规律来构造”①。人类的生产要符合“美的规律”，一方面要遵循“物的尺度”，也就是达到“合规律性”的要求，遵守自然规律和社会发展的规律；另一方面要遵循“人的尺度”，也就是契合“合目的性”的要求，满足人类的需要和目的。违背“人的尺度”的劳动实践没有意义，违背“物的尺度”的劳动实践不能成功。为了掌握好“两个尺度”的关系需要掌握“尺度的尺度问题”，也就是要处理好“现实评价与理想评价的关系”和“道德评价与历史评价的关系”。②

首先，关于“现实评价与理想评价的关系”问题。实际上，“物的尺度”与“现实评价”是一致的，“人的尺度”与“理想评价”是一致的。马克思对于资本主义条件下劳动现代性的批判经历了一个从理想性评价到现实性评价的转化发展过程。最终形成的基本观点是坚持“现实评价”优先基础之上的“理想评价与现实评价”的辩证统一。马克思指出，共产主义是“人的自我异化的积极的扬弃”③。马克思这种取代资本主义现代性的共产主义现代性带有明显的费尔巴哈人本主义色彩。费尔巴哈深受法国空想社会主义思潮的影响，把社会冲突理解为利己主义和利他主义的冲突。显然，马克思对于人道主义持一种首肯态度，但也已经意识到费尔巴哈人道主义的空想性，因而立志做一个“真正的人道主义者”。这恰恰是推动马克思实现由理想性评价向现实性评价跨越的内在动力。那么，马克思是如何实现由理想性评价向现实

① 《马克思恩格斯文集》第1卷，人民出版社2009年版，第163页。
② 张雪魁：《社会进步与社会秩序的重建——从马克思的社会发展理论看中国模式的生成逻辑》，《社会科学》2011年第12期。
③ 《马克思恩格斯全集》第3卷，人民出版社2002年版，第297页。

性评价跨越的呢？面对阶级社会直接的利益对立，费尔巴哈的"爱"丧失了"最后一点革命性"，他认为，爱可以把一切人都联合起来，然而，现实的社会关系却是"一些人对另一些人的尽可能的剥削"①，他的道德批判在现实世界面前软弱无力。他从抽象的自然界和人出发，因而找不到从"抽象王国"走向"现实世界"的道路。理想性批判要具有现实力量，必须实现从"抽象的人"向"现实的人"转变，基于此，马克思系统考察了"现实的人"的历史行动，把理想性批判提升到了现实性批判的高度，在实践唯物主义基础上实现了理想性批判与现实性批判的辩证统一。

其次，关于"道德评价优先"与"历史评价优先"问题。俞吾金教授认为，从马克思青年时代共产主义理论框架看，立论基础是异化劳动理论和抽象的人的本质理论。由此可见，"道德评价优先"成为青年马克思考察劳动异化的独特视角。② 马克思从理想性的社会关系出发，揭露了资本主义现代性导致人与人关系的异化现实。在《1844 年经济学哲学手稿》中，马克思立足劳动异化揭示了人的自我异化，虽然他提出了从"经济事实"出发的原则，但此时，由于马克思经济学研究还不深入，总体来看是持一种"道德评价优先"的立场，也就是说，马克思对于异化劳动现象的揭露和批判主要还是依据逻辑力量和道德谴责。异化劳动创造了富人的财富奇迹，也创造了工人的赤贫。马克思深刻揭露了在资本现代性发展中出现的社会怪异现象，即建造辉煌宫殿的工人却居住在棚舍之中，生产面包的工人却忍受着饥饿。马克思谴责资产阶级国民经济学故意掩蔽这种异化现象。国民经济学劝导人们克制自己的一切生活需要，要少吃、少喝、少唱、少画等。因为克制自己的需要，减少生活消费，那么，"你积攒的就越［多］"③。

① 《马克思恩格斯选集》第 4 卷，人民出版社 2012 年版，第 247 页。
② 俞吾金：《从"道德评价优先"到"历史评价优先"——马克思异化理论发展中的视角转换》，《中国社会科学》2003 年第 2 期。
③ 《马克思恩格斯全集》第 3 卷，人民出版社 2002 年版，第 342 页。

（三）"批判的武器"和"武器的批判"的辩证统一

"批判的武器"和"武器的批判"是马克思在批判"旧世界"中发现"新世界"的两大理论武器。通俗点讲，"批判的武器"说的是"笔杆子"，讲究的是以德服人，动口、动脑、动笔；"武器的批判"说的是"枪杆子"，讲究的是以力服人，动手、动脚、动粗。"批判的武器"强调的是理论的意义和力量，没有理论武装的群众是乌合之众，是盲目行动；"武器的批判"强调的是实践的意义和力量，不仅要有理而且要有枪，因为"枪杆子里面出政权"。

马克思"批判的武器"和"武器的批判"相结合的方法是在实践唯物主义基础上形成的。马克思认为，从前的旧唯物主义从抽象的人性论出发，深刻批判了资本现代性，否定了资本主义的道义合理性。但是，由于缺乏历史批判的基础，因此，他们依据人道、公平、正义、平等的道德诉求而对资本主义社会诸多丑陋与罪恶现象进行揭露和批判，只能流于空想。马克思、恩格斯指出，青年黑格尔运动是一种"席卷一切'过去的力量'的世界性骚动"，它导致了黑格尔体系的解体，尤其是1842—1845年，"在德国进行的清洗比过去三个世纪都要彻底得多"①。青年黑格尔派用批判的利己的意识取代人们现在的意识，其实质是换了一种方式解释现实存在的东西，是对现存世界的辩护。他们"绝对不是反对现实的现存世界"②。青年黑格尔派的批判不过是一场"喧嚣吵嚷"，因为他们的批判尽管很热闹、很热烈，但是，德国的现实并没有因此而发生改变，因为他们没有考虑"德国哲学和德国现实之间的联系问题"③。他们的哲学是与德国的现实相脱离的。马克思认为，"批判的武器"不能代替"武器的批判"。道德批判是一种"批判的武器"，但却是一种理论武器。这种批判有两个前提：一是这种精神

① 《马克思恩格斯选集》第1卷，人民出版社2012年版，第142页。
② 《马克思恩格斯选集》第1卷，人民出版社2012年版，第145页。
③ 《马克思恩格斯选集》第1卷，人民出版社2012年版，第145页。

批判必须具有现实必然性；二是这种精神批判并不能代替物质批判。费尔巴哈对资本主义现代性批判的合理性在于：揭露了资本原始积累的黑暗、罪恶和丑陋等不道德现象；质疑了资本现代性存在发展的合理性；为否定资本现代性提供了理由。① 然而，精神批判不同于物质批判，当费尔巴哈把道德批判作为唯一武器展开批判时，便注定了其失败的命运。

当马克思从现实的人出发，揭示资本主义社会诸多丑陋与罪恶现象的制度根源时，便找到了克服和消解现代性危机的现实道路，从而，赋予道德批判以巨大的现实力量。马克思是"从批判以往旧哲学的合理性与资本主义的合法性发轫的"②。他对现代社会展开"形上"的理论批判和"形下"的实践批判，对现代社会"人体解剖"的手术刀是双刃的：一面是"批判的武器"，一面是"武器的批判"。马克思胜人一筹的地方在于：他不满足于对资本主义社会诸多丑陋与罪恶现象空发道义的谴责，而是致力于通过革命打碎"旧世界"，创造更加合理的"新世界"。由此，马克思才确立了实践唯物主义的立场，从无产阶级的根本利益出发，把道德批判与实践批判结合起来，赋予了道德批判以实践品格。实践批判是历史批判之基，道德批判是历史批判之魂。可见，马克思的劳动现代性批判，坚持了道德维度与实践维度的统一，坚持了"批判的武器"和"武器的批判"相结合的历史辩证法。

---

① 高兆明：《马克思的唯物史观与道德观三问》，《道德与文明》2007 年第 3 期。
② 李武装：《资本、实践与自由：马克思哲学变革的深蕴再考察》，《理论学刊》2022 年第 1 期。

❖ 第 四 章 ❖

马克思劳动现代性思想的资本维度

马克思从哲学批判走向经济学批判的过程，本质上是由"副本"批判转向"原本"批判的过程。马克思把哲学的革命任务定位于"改变世界"。为了完成"改变世界"的使命仅仅诉诸"抽象的哲学批判"是远远不够的，也就是说，对于现代性的反思和考量，要"深入到资本统治内部并直接诉诸革命"①。马克思通过对现代社会进行"人体解剖"，揭示了劳动现代性的资本逻辑，把理论视野投向资本主义社会的经济生活，批判的锋芒直指资本现代性问题。美国学者 A. 戈登认为，"发展与现代化是联系在一起的"，但目前人们对"发展和现代化"的理解"显然都是为西方化作伪装"，依据的是"种族中心主义的标准"。② 中国特色社会主义现代化如何在资本逻辑主导的世界体系和全球化浪潮中避免陷入西方化陷阱而彰显社会主义属性呢？如何回应对中国特色社会主义现代化的诸多误解、曲解，如"资本社会主义""国家社会主义"等？对这些问题的思考与破解的关键在于把握马克思对资本主义现代性的诊断与批判，把握现代性的资本逻辑与劳动逻辑的辩证运动，把握劳动现代性对资本现代性的扬弃和超越机制。马克思《资

---

① 胡慧远：《马克思现代性批判的三个维度：哲学、资本与文化》，《湖北大学学报》（哲学社会科学版）2016 年第 5 期。

② A. 戈登：《现代化和发展的神话》，黄育馥译，《国外社会科学》1990 年第 5 期。

本论》及其手稿的贡献不仅揭示了资本的本质、特征、运动过程和发展规律，而且为我们提供了批判资本现代性以及解决中国特色社会主义现代性发展问题的经济哲学方法。

第一节　传统社会向现代社会的跨越

现代性是对现代社会总体特性的概括，由于现代社会既复杂又矛盾、既多样又流变，因此给把握现代性带来诸多困难。现代社会是迄今为止历史上最发达、最复杂的社会，但现代社会不是"飞来峰"，而是从传统社会发育生长而来的。现代社会"赖以形成的生产资料和交换手段，是在封建社会里造成的"①。现代社会与传统社会的不同在于它建立在商品生产基础之上，体现的是物的依赖关系。从人的依赖关系到物的依赖关系再到自由联合关系是人的解放的历史过程。现代社会的特点在于，资本家总是倾向于把社会剩余劳动源源不断地投入物质生产系统，其结果造成了物质生产系统的升级与扩张。马克思全面系统地揭示了传统社会与现代社会的本质差别，揭示了现代社会取代传统社会的历史必然趋势。资本与理性形而上学的"联姻"成为现代社会的本质内涵。马克思的现代性批判打破了资本与理性形而上学的"联姻"，并且找到了从根本上颠覆资本逻辑的现实道路。马克思资本现代性批判的根本旨趣是劳动现代性重建。劳动现代性重建是超越资本逻辑的主要方式。为此，必须同资本现代性实行最彻底的决裂。马克思论证了"超越资本"的历史必然性即资本垄断的结果将使其成为生产力发展的桎梏，揭露了社会主义现代性超越资本主义现代性的社会历史条件。瓦解资本现代性的力量来源于劳动现代性，即资本与劳动的尖锐对立是最终摧毁资本现代性的根本力量。共产主义现代性取代资本主义现代性能够为人的自由解放和全面发展开辟更加广阔的空间。

---

① 《马克思恩格斯选集》第 1 卷，人民出版社 2012 年版，第 405 页。

一　传统社会与现代社会的差别

现代性的本质是一元的，但它的表现形式是多元的。从历史发展维度看，现代性"是指由传统社会向现代社会……的结构转型"①；从社会存在维度看，现代性是多元的，无论西方还是东方，现代性有着不同的表现方式和实现形式。经济关系是社会形态存在发展的基础。现代社会与传统社会不同在于它建立在资本主义商品生产基础之上，体现的是物的依赖关系。资本主义商品生产的发展表明，人与人的关系必须通过人和物、物和物的关系才能得以表现，资本家借助对生产资料的独占支配和统治人的社会关系。从"人的依赖关系"到"物的依赖关系"再到"自由联合关系"是人的解放的历史过程。传统社会的特点在于，统治者总是倾向于把社会剩余劳动剥离生产系统而转入消费系统，其结果往往造成物质生产发展缓慢、经济系统停滞不前、社会等级结构固化等。现代社会的特点在于，资本家总是倾向于把社会剩余劳动源源不断地投入物质生产系统，其结果造成物质生产系统升级与扩张。马克思把传统社会比喻为"结晶体"，把现代社会比喻为"有机体"，揭示了二者的本质差别，揭示了现代社会取代传统社会的历史必然趋势。

（一）劳动形式的发展：从人的依赖走向物的依赖

由传统社会向现代社会的跨越，不仅是思想运动也是人的劳动形式的变化，即从农业劳动形式向工业劳动形式跨越。农业劳动形式和工业劳动形式代表着人类两种不同的社会生存状态：前者是以自然为基础的自然劳动形式，以人的自然存在方式为表征，表现为劳动更多地受到自然的束缚；后者是运用技术创造工艺的过程，是在自然界更多地打上人类意识、意志烙印的过程，是通过改变自然来达成人类自身目的的过程，是人的自我创造、自我实现、自我确证的过程，以人的社会存在方式为表征，表现为人类摆脱自然的控制、发挥自觉能动性的过程。传统

---

① 韩庆祥：《现代性的本质、矛盾及其时空分析》，《中国社会科学》2016 年第 2 期。

社会向现代社会的跨越就是农业劳动形式向工业劳动形式的跨越，就是人从自然性到社会性的历史生成过程。个体的社会性不是天生的，而"是通过劳动形式的变化，在工业的劳动中获得的"①。传统社会向现代社会的发展意味着个体社会化方式的改变。资本主义私有制的阻碍，导致工人劳动贬值，人的物质生产沦为动物一般的生产，个体社会化的"外壳"被资本残忍地剥夺，人降低为动物般存在。资本现代性的发展造成人的社会性的二重化：人的理性存在和人的生命价值的分裂。马克思所追求的共产主义劳动形式则是人的理性和生命价值的统一。

现代性直接表现为社会结构的转型。就西方现代性来说，可以从经济、社会和政治维度的结构转型来解读。从经济结构维度看，现代性直接表现为物化，表现为基于资本和市场为主导的工业化生产方式的确立。从政治结构维度看，现代性表现为以物质利益和人格独立为基础的市民社会的崛起，以及基于市民社会的工具化交往方式、物欲化生活方式。现代性发展的结果是社会生活趋于功利化和工具化。从文化结构维度看，现代性倡导自由、平等、民主的理念，强调平等竞争的市场环境、民众参与和依法治国的治理方式。按照马克思社会结构理论，西方现代性的出场方式是批判和超越以"人的依赖"为特征的社会结构的结果，因而作为一个肯定性概念，具有积极的历史作用。但是，在资本原则基础上建立的现代社会表现为迷恋"物的依赖"而压抑"自由个性"，因而作为一个否定性概念，具有消极的历史作用。马克思深刻揭露了西方资本主义现代性的双重效应。

就现代性积极的历史作用来说，表现为创造物质文明成果、摆脱人身依附、培育独立人格等方面。西方语境的现代性，以批判权力膜拜、摆脱人身依附的束缚而出场，人们由"权力"的迷恋转向资本追逐，这种对资本的追逐、对物质财富的贪婪推动了社会生产力的发展。在

---

① 何萍：《马克思历史辩证法的理性结构》，《南京大学学报》（哲学·人文科学·社会科学版）2012年第3期。

《共产党宣言》中，马克思、恩格斯分析了资本现代性发展的三大历史作用：其一，推动社会生产发展，创造了无比巨大的社会生产力。人类劳动中蕴藏的巨大生产力，由于资本主义生产方式而被激发出来了，这是过去的世纪无法想象的。其二，推动社会结构迅速转型，"把一切封建的、宗法的和田园诗般的关系都破坏了"①，从而为资本主义生产关系的建立和完善开辟了广阔道路。其三，推动世界市场形成及发展。大工业是世界市场的动力，世界市场反过来"使商业、航海业和陆路交通得到了巨大的发展"②。

就现代性的历史限度和消极作用来说，集中表现为社会关系的疏离：一是人与自然关系的疏离。因为人们对于物质财富的无止境追求导致环境污染、生态恶化，表现为人与自然关系的紧张和对立。二是人与社会关系的疏离。"物的依赖性"是资本现代性的基础，是资本主义社会拜物教产生的根源，过度的"物的依赖性"表现为对财富的贪婪，其结果是物统治人，即资本转化为一种抽象的社会力量统治着劳动者。三是人与人关系的疏离。资本对劳动的剥削，资本和市场的主导作用，造成追求财富过程中的贫富差距扩大化，少数人成为统治者，多数人成为少数人的发财工具、增殖手段，其结果导致利己主义大行其道。四是人的身与心疏离。商品拜物教、货币拜物教、资本拜物教盛行，表现为物欲横流、贪欲膨胀，人的身心被物质欲望支配。马克思、恩格斯在《共产党宣言》中揭露了现代性的弊端：人与人的关系完全变成了"赤裸裸的利害关系"和"冷酷无情的'现金交易'"。③

（二）社会剩余劳动的不同占有与使用方式

资本是现代性的深层根源，因为资本赋予了社会剩余劳动新的伟大历史作用，由此创造了现代社会和现代生活。社会剩余劳动出现是人类

---

① 《马克思恩格斯选集》第 1 卷，人民出版社 2012 年版，第 402—403 页。
② 《马克思恩格斯选集》第 1 卷，人民出版社 2012 年版，第 401 页。
③ 《马克思恩格斯选集》第 1 卷，人民出版社 2012 年版，第 403 页。

由野蛮史进入文明史的重要标志。在人类文明发展过程中，社会剩余劳动的分配方式是决定社会结构形式和发展动力的基本因素。传统社会的特点在于，统治者总是倾向于把社会剩余劳动剥离出生产系统而转入消费系统，其结果往往是造成物质生产发展缓慢、经济系统停滞不前。现代社会的特点在于，资本家总是倾向于把社会剩余劳动投入物质生产系统，结果造成物质生产系统升级与扩张，进而推动了整个社会经济系统不断扩张。正是由于社会剩余劳动的不同占有与使用方式把传统社会和现代社会区分开来。传统社会表现为一种自给自足的封闭系统，它较少的与其他外部社会系统展开互动与交流；现代社会则表现为一种非自足自满的开放系统，它总是倾向于与其他外部社会系统展开充分的互动与交流，追求系统的膨胀和发展，或者说，它通过从外部系统吸纳更多的信息、资源等来维持自身的存在和发展。

传统社会是按照人的等级地位分配社会剩余劳动的等级制社会结构。社会剩余劳动的获得主要是统治者借助权力从社会生产系统中榨取，由于缺乏对社会生产系统的持续投入，生产者只能维持现有的生产生活状态。马克思认为，社会劳动的产品，一部分"直接由生产者及其家属用于个人的消费"，另一部分"用来满足一般的社会需要"。① 社会劳动创造的全部剩余价值除去社会必需的公共新产品生产如水利、道路、救灾、国防等，剩下的才是真正可以用于投入生产系统的剩余劳动。在传统社会，统治者权力的本能欲望导致其将社会剩余劳动用于下述方面："首先被用来支付巨大的等级制度成本"，"其次，用于生产统治集团的各个等级所消费的物品"，再次，荫庇子孙，或者建筑豪华陵墓供"死后享乐"，它的总体功能归结为"进行等级制社会结构的再生产"。②

传统社会等级制社会结构对剩余劳动的占有和消费方式造成社会的

---

① 《马克思恩格斯文集》第 7 卷，人民出版社 2009 年版，第 993—994 页。
② 鲁品越、骆祖望：《资本与现代性的生成》，《中国社会科学》2005 年第 3 期。

周期性波动即王朝更替周期律。每当社会生产力达到当时最好水平时，社会剩余劳动也将达到峰值，其结果导致统治集团机构膨胀，追求享受和炫耀地位的欲望也达到最大状态，进而征收和消耗最大量的社会剩余劳动。当天灾人祸导致经济萎缩时，统治集团奢侈享受的本性与等级制度的运行惯性，使其剩余劳动的消耗并未减少，其结果，竭泽而渔式的过度盘剥使社会再生产系统不能持续进行。最终，社会经济崩溃，农民揭竿而起，摧毁由剩余劳动积累而建造的宫殿庭榭等。随着王朝的更替，社会生产重新恢复，进入一个新的发展循环。这就是黄炎培先生提出的"其兴也勃，其亡也忽"的封建社会发展周期律。

与传统社会周期性震荡相伴的往往是封建割据，由此，在局部的权力真空中，劳动力等生产要素得以从等级制社会结构中游离出来，从而推动了剩余劳动的生产性积累。例如，从传统社会中孕育产生的工场手工业等社会化生产力，这样原始资本作为一种具有增殖能力的货币在传统社会中产生了，而商品化的劳动力成为资本增殖的源泉。由此，资本成为一种消解传统等级制社会结构的强大力量，成为现代性的真正根源。资本追求的是自身不断增殖，由此它赋予了社会剩余劳动一个全新的使用方向。资本所承载的增殖意志不仅是资本家的贪婪欲望还是社会关系的力量。资本具有增殖的本能，这是它在市场上生存发展的根本，资本一旦失去增殖能力便丧失了在市场中的生存权利。竞争"作为外在的强制规律支配着每一个资本家"①，从而使资本家不断地把剩余劳动转化为资本并投入扩大再生产。与传统社会剩余劳动的占有和使用方式不同，在现代社会，资本开辟了剩余劳动投入社会物质生产系统的扩大再生产方式，因而形成了不断扩张的社会经济结构，现代性由此生成。

（三）从社会"结晶体"到社会"有机体"

考察传统社会和现代社会的根本区别，应当充分注意马克思社会

---

① 《马克思恩格斯文集》第5卷，人民出版社2009年版，第683页。

"有机体"和"结晶体"的论述。马克思在《哲学的贫困》中，最早提出了社会"有机体"概念。他在书中质问蒲鲁东时提出，社会"有机体"的内涵是"一切关系在其中同时存在而又互相依存"①。描述社会"有机体"，"单凭运动、顺序和时间的唯一逻辑公式"是不行的，必须从构成人类社会诸要素的相互依存、相互作用的关系中去把握。基于解剖现代资本主义社会而写就的《资本论》第一卷序言中指出，现代社会是"能够变化并且经常处于变化过程中的有机体"②，而不是"结晶体"。"结晶体"和"有机体"属于化学与生物学的共有概念。马克思把它们分别比喻为传统社会和现代社会。马克思把传统社会理解为固定的、均质的、重复的、停滞的、缓慢的、毫无意识的"结晶体"，而把现代社会理解为流变的、多样的、复杂的、发展的、自我实现的"有机体"。马克思在这里使用了隐喻的手法，它的妙处就在于本体与喻体是本质上根本不同的事物，但特征却高度相似。马克思运用"结晶体"和"有机体"的隐喻，非常生动形象地揭示了传统社会和现代社会的特点。"有机体"和"结晶体"的不同在于突出现代性的流变与演化，突出现代社会的动态发展和自我建构。人们对于现代性的批判和质疑，往往是源于把现代性理解为一种特定形态和固化模式。然而，在马克思哲学语境中，现代性是流变的发展的。强调现代性的流变性并不是否定它的质的稳定性，现代性是动态和静态的统一。波德莱尔从艺术立场出发，也强调了现代性是瞬间性、流动性和永恒性、不变性的统一。他说："现代性就是过渡、短暂、偶然。"③ 现代社会是迄今为止最发达的社会，但它却不是无中生有，而是从传统社会的土壤中生成出来的，现代社会"赖以形成的生产资料和交换手段，是在封建社会里造

---

① 《马克思恩格斯文集》第 1 卷，人民出版社 2009 年版，第 604 页。
② 《马克思恩格斯文集》第 5 卷，人民出版社 2009 年版，第 10—13 页。
③ ［法］波德莱尔：《1846 年的沙龙 波德莱尔美学论文选》，广西师范大学出版社 2002 年版，第 424 页。

成的"①。从传统社会到现代社会的发展表现为连续性和非连续性的统一。

在《1857—1858 年经济学手稿》中，马克思阐述了现代社会"有机体"的建构与演化。社会"有机体"有自己的诸多前提，作为总体性社会有一个生成发展的过程。现代社会的总体性则表现为资本的同一性逻辑，资本力求使社会的一切要素从属于自己，并且根据自身需要创造出相应的社会"器官"，最终完善总体性的建构。马克思认为，现代社会与传统社会的根本不同在于市民社会与政治国家分离。传统社会，政治国家与市民社会处于混沌状态，政治国家的作用十分鲜明。现代社会，市民社会从政治国家独立出来且成为决定政治国家的力量。现代社会的"有机体"从历史发展的横截面看，社会结构基本包括经济基础和上层建筑两个层面，前者是物质资料生产方式，后者包括社会意识、作为中介的制度、政治法律等。这里，马克思不仅重点揭示了现代社会"有机体"的总体性，而且强调了它的内生性和自组织性。在马克思看来，现代社会"有机体"有两个基本特征：一是现代社会是历史生成的总体性，当然，总体性的生成有其自身的自然前提与历史前提。马克思曾深刻剖析过资本主义产生的前提，强调资本本身就是前提。在传统社会向现代社会的发展中，历史前提逐步取代了自然前提的地位和作用。二是现代社会的生成发展是一个内生性的组织建构过程。现代社会"有机体"从资本的总体性发展需要出发，对生产生活要素给予重组。现代社会的生成过程是资本现代性的展开过程，资本成为了"普照的光"，在资本之光的普照之下，社会"有机体"便按照资本的需要把自己还缺乏的器官从社会中创造出来，这一过程就是资本按照自己的样子建构社会"有机体"和创造世界历史的过程。

---

① 《马克思恩格斯选集》第 1 卷，人民出版社 2012 年版，第 405 页。

二　现代社会的本质内涵：资本与理性形而上学的"联姻"

马克思之前的旧哲学对于现代性的批判属于理性形而上学批判的范畴，理性形而上学虽然也把现代性批判视为一项现代事业，甚至以最生猛的方式对现代性给予了激烈的批判，但是，在马克思看来，传统的理性形而上学止于"解释世界"，最终委身于资本逻辑，而资本逻辑也擅长化敌为友，为己所用。由此，资本与理性形而上学的"联姻"成为现代社会的本质内涵。马克思认为，完成现代性批判必须打破资本与理性形而上学的"联姻"，不仅要针对理性形而上学展开理论批判还要针对资本逻辑的统治展开实践批判。马克思资本现代性批判的根本旨趣是劳动现代性重建。劳动现代性重建是超越资本逻辑的主要方式。社会主义现代性之所以能够超越资本主义现代性，主要是因为它汲取了资本主义现代性的一切肯定性成果，克服了资本主义现代性的固有弊病，为劳动社会化的长足发展提供了更为广阔的社会土壤和市场环境。马克思对资本现代性批判坚持了"批判的武器"和"武器的批判"相结合的方法，"批判的武器"就是通过哲学革命超越了启蒙运动以来的理性形而上学批判传统，"武器的批判"就是马克思把对资本现代性的批判引向了政治经济学领域和生产实践内部，并且运用无产阶级革命手段完成了同传统观念和所有制的彻底决裂。

（一）资本与理性形而上学的"联姻"

马克思对现代性的批判坚持了"批判的武器"和"武器的批判"相结合的方法，"批判的武器"主要靶向"理性形而上学"，"武器的批判"主要靶向"资本逻辑"。马克思"改变世界"的哲学旨趣，不仅要颠覆资本与理性形而上学的"联姻"，而且重在劳动社会化基础上重建现代社会。现代社会的历史是资本之物质力量和形而上学之理性力量的汇流奔腾的历史，它们造就了具有现代性意义的世界交往、世界市场和世界历史。资本与理性形而上学的"联姻""是最具世界历史意义的事件"，它"使历史第一次具有了全球化性质"。① 资本与理性形而上学的"联姻"，推动了社会化大生产的发展，改造了资本和形而上学的基因，使它们发展成为现代性形态。现代资本与传统资本的不同在于，现代资本经过理性形而上学的粉饰和武装，披上了合理性和合法性的外衣。现代理性形而上学和古典理性形而上学的不同在于，古典理性形而上学以追求真理为最高报酬，现代理性形而上学以资本增殖为最高报酬。现代资本和现代理性形而上学已经融为一体，或者说，现代理性形而上学已经成为现代资本的灵魂。西方现代性批判的诸多学者已经觉察到了资本和理性形而上学"联姻"是现代性批判难以攻克的难点，而且他们提出"回归生活世界"的口号，但是，却深陷资产阶级意识形态批判的怪圈难以自拔。他们没有看到，现代资本已经完全占有和蹂躏了理性形而上学的纯洁。理性形而上学已经成为从资本逻辑之中生长出来的"樱花"，它依据资本增殖和扩张的需要繁殖和传播，完全沦为现代资本的意识形态、知识要素和文化产业等。

现代社会是资本与理性形而上学"联姻"的结果，但是，这种"联姻"的双方并不是地位完全平等的。资本是物质力量和生产关系，是理性形而上学的经济基础和社会基础。资本从根本上决定着理性形而上学的内容和形式。理性形而上学是在为资本的服务中成长和发展起来的。"统治阶级的思想在每一时代都是占统治地位的思想。……支配着物质生产资料的阶级，同时也支配着精神生产资料。"② 资本表现为经济基础的力量，理性形而上学表现为上层建筑的力量。资本与理性形而上学"联姻"是资产阶级经济基础和上层建筑关系的哲学表达。海德格尔认为，理性形而上学是思想的最大敌人，它阻碍着思想的发展。理性形而上学是资本最忠实的伴侣。资本把一切价值都抽象为交换价值，把一切生命力都均质化为生产力，把万事万物都客体化为资源。理性形

---

① 王善平：《现代性：资本与理性形而上学的联姻》，《哲学研究》2006 年第 1 期。
② 《马克思恩格斯文集》第 1 卷，人民出版社 2009 年版，第 550 页。

而上学把资产阶级意识形态转化提升为资本主义剩余价值生产的理性力量，表现为资本的自我意识和支配力量，因而具有了资本的性质。它以资本为中心，反映资本的人生价值观，引领资本前进，粉饰资本统治。作为资本主义精神生产方式的理性形而上学，从根本上说，受资本主义物质生产方式的制约。现代社会是资本与理性形而上学的"联姻"。推动现代性发展成为资本家与"知本家"的共同事业，前者从事剩余价值生产，维护资本的经济权力；后者从事知识生产，维护资本的知识产权，两者相互补充、相得益彰，共同赢得了资本家的生存外观。资本家和"知本家"共治成为现代社会治理的精髓。马克思指出，真正的分工始于"物质劳动和精神劳动分离"①。这种分工也是脑力劳动和体力劳动的分工，这种分工使精神劳动具有了一定的相对独立性，它能够使人的意识摆脱世界去构造"纯粹"的哲学、道德和神学等。随着脑力劳动和体力劳动分工的发展，知识世界和生活世界的界分日益明显，但是，逐渐摆脱世界而去构造的理性形而上学为什么会沦为服从和服务于资本统治的工具呢？实际上，并不是所有的形而上学都沦为了服从和服务于资本统治的工具，而仅仅是理性形而上学。这根源于理性形而上学的特点，更根源于资本的选择。由于理性形而上学注重形式化、合理化、抽象化和量化统治，能够转化为资本实现社会统治的意识形态，在资本那里找到了滋长繁盛起来的丰厚土壤，因而便赢得了资本的鼎力支持。

（二）从"现代国家"批判转向"现代社会"批判

马克思在政治经济学研究的基础上，不仅揭示了现代社会的政治经济内涵，而且整体再现了现代社会的结构。1844年，马克思拟订了一个《关于现代国家的著作的计划草稿》，试图对现代国家的起源、国家宪法，国家的立法、执法、司法权力、选举权，民族、人民与政党的关系等问题给予系统的阐述，当然还包括国家和市民社会的关系并且在最

---

① 《马克思恩格斯文集》第1卷，人民出版社2009年版，第534页。

后提出要为消灭国家和市民社会而斗争。1843 年，为了解决"苦恼的疑问"，马克思写作了《黑格尔法哲学批判》，提出了市民社会决定政治国家的思想。为了对这一命题给予深入研究，马克思写作了《1844 年经济学哲学手稿》，其中，实现了由哲学批判到经济学批判、由"副本"批判到"原本"批判的转向。这个转向的标志就是对"市民社会"的第一次深入解剖。1844 年，马克思拟写作的《关于现代国家的著作的计划草稿》，实际上是在"原本"基础上继续完成对"副本"（政治国家）的批判。马克思之所以计划写作一部以"现代国家"为主题的著作，我们猜想应当是从"现代国家"的视角来印证"市民社会决定政治国家"的论题。这个计划之所以没有完成，主要是因为马克思意识到只要刨挖了"政治国家"的根基，完成"市民社会"的批判，资产阶级"政治国家"的虚假性也就不攻自破了。

马克思写于 1843 年 10—12 月的《论犹太人问题》和 1844 年 4—8 月的《1844 年经济学哲学手稿》中，主要是围绕"市民社会"的解剖展开的，但是，1844 年 9—11 月，马克思写作《神圣家族》时，则多次提到"现代社会"概念，指出无产阶级的生活条件"集中表现了现代社会的一切生活条件所达到的非人性的顶点"①。在马克思看来，现代性的奠基是资产阶级革命胜利后建立起来的政治制度，政治国家和市民社会是现代性的两个基本要素。政治国家和市民社会的互构推动了资本主义现代性的发展，资本主义现代性的扩张加剧了国内无产阶级和资产阶级的矛盾，也加剧了民族国家之间的矛盾。为解决资本主义现代性问题，马克思确立了要为废除剥削者国家和整个现存的社会经济关系体系而斗争的革命理想。

马克思 1843—1844 年的写作，主要是为了破解源于《莱茵报》时期遇到的"苦恼的疑问"。《莱茵报》时期，马克思主要是与国家问题打交道，因此，他试图从"现代国家"到"市民社会"的关系之中，

---

① 《马克思恩格斯文集》第 1 卷，人民出版社 2009 年版，第 262 页。

特别是从解剖"市民社会"中寻求"现代国家"之谜。但这一时期，"市民社会"和"现代社会"两个概念是并用的。"市民社会"这个马克思前期文本曾发挥巨大作用而后期文本却消失了的范畴，应当如何理解呢？实际上，马克思"市民社会"概念主要来自黑格尔。在《德意志意识形态》中，马克思、恩格斯对于"市民社会"概念给予了说明。"市民社会"概念是18世纪由于财产关系摆脱传统共同体之后而产生的。马克思、恩格斯指出："真正的市民社会只是随同资产阶级发展起来的。"① 在马克思语境中，市民社会可以分为"真正的市民社会"和"非真正的市民社会"。"真正的市民社会"是指称"从中世纪后期的商业贸易中兴起、经过资产阶级政治革命确定下来、直到19世纪获得典型化表现的市民社会"②。这就是马克思所说的"现代的市民社会"③和发达的市民社会。那么，马克思后来的"现代社会"概念则特指"资产阶级社会"，"市民社会"和"资产阶级社会""现代社会"并不是毫无差别的概念。只不过，随着马克思经济学研究步步深入，马克思把理论研究的重点放在了"现代社会"，一方面，"市民社会"概念带有黑格尔哲学的痕迹，而"现代社会""现代资产阶级社会"则凸显了马克思哲学的时代特征；另一方面，"市民社会"虽然与"现代社会"具有共同的本质特征，但它并不是"现代社会"的典型形态。正因为马克思把理论研究的重点转向了对"现代社会"即"资本主义社会"的解剖，所以导致马克思《关于现代国家的著作的计划草稿》并没有完成。因为在马克思看来，解决政治国家的问题必须深入"市民社会"，即"政治革命是市民社会的革命"④。

---

① 《马克思恩格斯选集》第1卷，人民出版社2012年版，第211页。
② 刘荣军：《马克思市民社会概念的现代社会转型与重要意义》，《马克思主义研究》2017年第8期。
③ 《马克思恩格斯全集》第3卷，人民出版社2002年版，第91页。
④ 《马克思恩格斯全集》第3卷，人民出版社2002年版，第186页。

（三）现代社会的历史形态

考察现代社会必须从人类社会历史发展的高度判定其所处的历史方位。现代社会与传统社会相比较，具有与传统社会质性差异的社会历史形态。加拿大学者大卫·莱昂认为，"现代性"概念看似模糊，然而，它表征着"工业—资本家—技术的发展所带来的翻天覆地的社会变迁"①。可以看出，现代性社会与机器大工业、资产阶级的崛起和科学技术的发展等因素直接关联，这些因素是传统社会中所没有的。"'现代社会'就是存在于一切文明国度中的资本主义社会。"② 马克思说的"现代社会"是加引号的，并且把现实生活中存在的"资本主义社会"直接指认为"现代社会"。从传统的封建社会到现代资本主义社会跨越经历了"资本战胜地产"的过程。传统的封建社会，地产是"普照的光"；现代资本主义社会，资本成为"普照的光"，成为支配一切的经济权力。资本逻辑重新整合了全部社会关系，包括人与人的关系、人与自然的关系、政治国家和市民社会的关系等，"资本一出现，就标志着社会生产过程的一个新时代"③。在传统社会，财富不是生产的直接目的，只有在少数商业民族之中才存在把财富作为生产直接目的的情形。财富虽然表现为物，但它却是人的需要和生产能力的表征。马克思认为，财富体现在主体与客体（物质产品）的关系之中，作为价值，财富"是对他人劳动的单纯支配权"，它是"以私人享受等等为目的"。④在现代社会，劳动沦为资本获取财富的手段。资本主义剩余价值生产直接表现为商品生产或者说财富生产，但从本质看，它是资本主义社会关系的生产和再生产，是服从资本增殖需要的社会政治经济关系的生产和再生产。资本主义生产的全面性表现为它把一切物质关系和精神关系完

① ［加］大卫·莱昂：《后现代性》（第二版），郭为桂译，吉林人民出版社2004年版，第40页。
② 《马克思恩格斯选集》第3卷，人民出版社2012年版，第373页。
③ 《马克思恩格斯文集》第5卷，人民出版社2009年版，第198页。
④ 《马克思恩格斯全集》第30卷，人民出版社1995年版，第479页。

全臣服于自己，并通过物的中介把人与人的关系紧密联结在一起，从而变成资本的同一性力量。于是，人的关系完全"表现为生产关系和交换关系的纯粹产物"①。与传统的血缘共同体和地域共同体不同，现代市民社会的根本特点是"以物的依赖性为基础的人的独立性"②，"物的依赖性"成为个人自主性和独立性的基础，成为人与人关系的纽带。

　　现代市民社会构成政治国家的物质基础，政治国家就是在市民社会的基础上生成出来的。马克思认为，现代性的一切特征都蕴藏在市民社会之中，劳动者对于"物的依赖性"是资本现代性发展的基础，"物的依赖性"是资本现代性的历史定位，是资本主义生产关系的决定性方面。"物的依赖性"是以资产阶级对于生产资料的独占为基础的。对于资本家而言，他的"物的依赖性"表现为凭借对生产资料的独占而剥削和压迫工人。对于工人而言，他的"物的依赖性"表现为丧失了劳动的客体条件，只有出卖劳动力给资本家才能获得劳动的客体条件。所谓"人的独立性"不过是获得了出卖自己劳动力商品的自由。"物的依赖性"是现代性发展的物质条件，资本由于为现代性的发展提供了物质条件而成为现代性发展成果的占有者。"人的独立性"虽然以"物的依赖性"为基础却是现代性发展的根本动力，或者说，是推动劳动现代性扬弃资本现代性的动力源泉。在马克思看来，现代社会的历史形态是由资本本性规定的。以资本为基础的生产创造出普遍的剩余劳动，创造出普遍的有用体系。"只有资本才创造出资产阶级社会。"③以资本规定现代，才能达到"对现代的正确理解"④。马克思所揭示的第二大社会形态即"以物的依赖性为基础的人的独立性"，是具有关键地位的过渡性社会形态，如果不了解资本现代性的作用就无法理解现代社会的过渡性。因为资本摧毁一切传统生产方式和交往方式，同时，为未来的共

---

① 《马克思恩格斯全集》第 30 卷，人民出版社 1995 年版，第 115 页。
② 《马克思恩格斯全集》第 30 卷，人民出版社 1995 年版，第 107 页。
③ 《马克思恩格斯全集》第 30 卷，人民出版社 1995 年版，第 390 页。
④ 《马克思恩格斯全集》第 30 卷，人民出版社 1995 年版，第 453 页。

产主义社会奠定了坚实的物质基础。不理解现代性的资本原则便无法理解现代社会的过渡性。

三　从资本现代性的瓦解到现代社会的未来走向

马克思现代性批判的目的是"超越资本"，即消除资本的现实前提和存在基础。马克思在《资本论》中论证了"超越资本"的历史必然性，即资本垄断的结果将使其成为生产力发展的桎梏。资本现代性既有正面效应又有负面效应。马克思批判资本现代性是为了扬弃资本现代性，进而探索共产主义现代性取代资本主义现代性的必然性和条件性。针对资本与理性形而上学的"联姻"，马克思在对资本现代性批判中坚持把"批判的武器"和"武器的批判"相结合，从而坚持了与资本现代性的彻底决裂，即同传统的资本所有制关系和传统的理性形而上学观念实行最彻底的决裂。瓦解资本现代性的力量来源于劳动现代性，即资本与劳动的尖锐对立是最终摧毁资本现代性的根本力量。共产主义现代性取代资本主义现代性能够为人的自由解放和全面发展开辟更加广阔的空间。科学技术的发展能够为人的全面发展提供技术支撑。社会生产力的大力提高能够为人的全面发展奠定物质基础。"自由人联合体"的建构能够为人的全面发展创造社会条件。

（一）超越资本：马克思现代性批判的根本旨趣

现代性被一些人理解为资本主义社会的别名。诚然，从现代性的生成看，它是资本逻辑的表现、机制和结果。现代性是现代资本兴起和发展的结果，是资本主义生产方式的产物，甚至可以说，"马克思的现代性概念就是资本现代性概念"①。马克思现代性批判的旨趣在于"超越资本"。所谓"超越资本"就是通过实践方式消除资本的现实前提和存在基础。马克思追求的是重建劳动现代性，坚持走以劳动社会化为主导

---

① 陈学明：《中国如何"强起来"——从马克思主义现代性批判理论角度的分析》，《学习与探索》2018 年第 7 期。

的社会主义道路。马克思追求的劳动现代性宣告了西方资本主义现代性的终结,它的根本旨趣是通过克服资本主义固有的弊病而建立超越资本主义的新文明形态。

资本按照自己的样子重新塑造了世界,它将一切固定关系解体,打破一切界限力求在时间和空间方面延长自己的生命。"超越资本"能否实现?马克思认为,资本的限制源于自身,它的普遍性追求将使之遭遇本身的限制。"超越资本"的必要性和必然性源于资本本身。在马克思看来,既然资本本身是其发展的限制,那么要"超越资本"就必须"消灭资本",而"消灭资本"的根本方法则是"利用资本"①。资本存在的合理性和积极性在于它对于劳动的作用,它把劳动者的潜力挖掘出来,但同时占有了劳动者创造的劳动产品。"超越资本"的根本在于劳动者重新驾驭资本物的力量,驾驭和利用资本。马克思对于"超越资本"充满了信心,并且论证了"超越资本"的历史必然,即资本垄断的结果将使其成为生产力的桎梏。生产资料的日益集中成为劳动社会化发展的障碍,劳动社会化的发展将成为炸毁资本主义制度外壳的"地雷",敲响资本主义的丧钟。马克思深入研究和分析了"超越资本"的历史条件。一方面,论证了"两个必然",强调社会主义的胜利和资本主义的灭亡同样是不可避免的;另一方面,论证了"两个决不会",强调:"无论哪一个社会形态,在它所能容纳的全部生产力发挥出来以前,是决不会灭亡的;而新的更高的生产关系,在它的物质存在条件在旧社会的胎胞里成熟以前,是决不会出现的。"② 虽然资本在全球社会空间仍然在疯狂扩张,但这些"不过是劳动对资本的胜利的前阶"③,因为劳动现代性战胜资本现代性的必然性没有改变。

资本的本性是获取最大限度的利润,资本家要想生存发展就必须

---

① 《马克思恩格斯全集》第30卷,人民出版社1995年版,第390页。
② 《马克思恩格斯选集》第2卷,人民出版社2012年版,第3页。
③ 《列宁选集》第2卷,人民出版社2012年版,第313页。

"对全部社会关系不断地进行革命"①。现代性社会的发展直接表现为资本逻辑，现代性的社会状态是由资本逻辑决定的，现代性的发展史是一部资本发展史。马克思既反对"那种怀旧、全盘否定现代性"的浪漫主义，又反对那种"自鸣得意、全盘肯定现代性"的自由主义。② 在马克思那里，"现代性的这种'好的方面'和'坏的方面'，都同现代的资本原则本质相关"③。现代性的存在论基础是资本主义生产方式，这个基础不改变，现代性就无法摆脱资本原则。马克思指出，在资本概念中潜藏着"以后才暴露出来的那些矛盾"④。资本原则是现代社会的根本原则，资本本性决定着现代性的特质。竞争和增殖是资本运动的两大原则，资本运动虽然推动了生产力发展，带来了大规模的财富积累和社会进步，但它的运动机制是不道德的。资本是贪婪和恐惧的化身，资本扩张的本质是一种利益的侵占与掠夺。资本原则对于现代性的建构是整体性的。《共产党宣言》是马克思、恩格斯关于现代性批判的总纲领。在这里，马克思、恩格斯肯定了资本现代性的辉煌："它按照自己的面貌为自己创造出一个世界。"⑤ 资本现代性的展开迫使一切民族采用资产阶级生产方式。资本由此成为现代历史和现代社会的缔造者。

（二）"两个彻底决裂"：资本现代性的瓦解逻辑

要完成对资本现代性的批判就必须打破资本与理性形而上学的"联姻"。为此，马克思选择了"批判的武器"与"武器的批判"相结合的理论方法。因为"批判的武器"可以对付"理性形而上学"却难以对付资本逻辑。对付资本逻辑必须借助实践的力量。因为"物质力量只能用物质力量来摧毁"⑥。由此，马克思实现了由"副本"批判向

---

① 《马克思恩格斯选集》第 1 卷，人民出版社 2012 年版，第 403 页。

② 陈学明：《中国如何"强起来"——从马克思主义现代性批判理论角度的分析》，《学习与探索》2018 年第 7 期。

③ 罗骞：《论马克思的现代性批判及其当代意义》，上海人民出版社 2007 年版，第 182 页。

④ 《马克思恩格斯全集》第 30 卷，人民出版社 1995 年版，第 395 页。

⑤ 《马克思恩格斯文集》第 2 卷，人民出版社 2009 年版，第 36 页。

⑥ 《马克思恩格斯文集》第 1 卷，人民出版社 2009 年版，第 11 页。

"原本"批判的跨越，扬弃意识形态批判的局限转向了政治经济学批判。马克思要摧毁的"物质力量"是由资本逻辑建构的资本主义经济关系体系以及建立在其上的政治国家的力量。20世纪以来的现代性批判由于靶向理性形而上学，最终落入资本现代性的怀抱。理性形而上学批判的错误在于把形而上学纯粹化、独立化，它站在生活世界之上空喊"回归生活世界"，试图用苍白无力的"批判的武器"医治现代性痼疾。这种重理性形而上学批判轻资本批判、一再割裂理性形而上学和资本的做法不仅过于轻巧而且极端危险，因遮蔽了资本统治真相而成为资本的辩护士。马克思运用"批判的武器"与"武器的批判"相结合的理论方法，击破了理性形而上学与资本的"联姻"，最终完成了现代性批判的历史任务。

理性形而上学是资本主义的意识形态、知识要素和文化产业。生产资料和活劳动是资本主义商品生产过程中物的要素与人的要素。资本包含着"价值构成"和"技术构成"。随着资本主义商品生产和商品交换的发展，资本"技术构成"的比例会不断增加，而劳动力要素的重要性不断降低。早在资本发展仍然处于襁褓之中时，马克思就对其进行了科学考察，甚至从历史发展的角度论证了资本现代性走向灭亡的必然趋势。资本与理性形而上学"联姻"是资本逻辑对自然力和劳动力剥削压迫的强化，但是，它也同样孕育了颠覆资本霸权的物质力量和精神力量。资本是"一本打开了的关于人的本质力量的书"①，资本内部蕴含的"人的本质力量"是摧毁资本统治的力量。科学的发展最终会找到它的真正土壤，即服务和服从于人类生存发展的需要。在马克思看来，超越资本现代性的力量来自资本主义社会有机体的内部，资本现代性的发展不仅创造了自我扬弃的物质基础还创造了自我扬弃的社会主体。无产阶级是资本现代性的埋葬者。

马克思、恩格斯非常重视对资产阶级意识形态的批判，他们共同创

---

① 《马克思恩格斯文集》第1卷，人民出版社2009年版，第192页。

作的《德意志意识形态》《共产党宣言》《资本论》等是迄今为止最全面最彻底的理性形而上学批判的重要著作。马克思、恩格斯不仅揭露了资产阶级政治国家和意识形态的虚假性与欺骗性，而且刨挖了它的社会根基，揭露了资本主义社会共同体的内在矛盾以及被共产主义"自由人联合体"取代的历史必然性。马克思、恩格斯携手并肩，清剿了传统的理性形而上学家族，并走向了理性形而上学批判和资本批判的统一逻辑，最终诉诸颠覆资本统治的无产阶级革命实践。马克思所开辟的现代性批判道路是"批判的武器"和"武器的批判"紧密结合，并且瞄准理性形而上学与资本的"联姻"，尤为重要的是只有最终扬弃资本逻辑才能真正实现在劳动社会化基础上的共产主义现代性建构。马克思、恩格斯在《共产党宣言》中提出，同"传统的所有制关系"和"传统的观念"实行最彻底的决裂。① 前者旨在通过无产阶级革命，运用"武器的批判"，颠覆资本逻辑的统治；后者旨在通过意识形态的斗争，运用"批判的武器"，颠覆理性形而上学的统治地位。因此，"两个彻底决裂"构成了资本现代性的瓦解逻辑。

（三）现代社会的未来走向

马克思把自己的《1857—1858 年经济学手稿》视为"第一次科学地表述了关于社会关系的重要观点"和"一生中的黄金时代的研究成果"。② 《1857—1858 年经济学手稿》是"一部马克思关于现代社会思想的总纲"③。这部手稿充分表明，马克思的现代性批判已经从哲学批判深入到政治经济学批判领域。马克思深入解剖了资本现代性，揭示了现代社会无法克服的内在矛盾。资本逻辑推动了劳动社会化的长足发展，因而埋下了炸毁这个社会的"地雷"，准备了共产主义现代性建构的物质条件和精神条件。共产主义现代性取代资本主义现代性是历史发

---

① 《马克思恩格斯文集》第 2 卷，人民出版社 2009 年版，第 52 页。

② 《马克思恩格斯文集》第 10 卷，人民出版社 2009 年版，第 167 页。

③ 刘伟兵：《马克思现代社会思想的总纲——〈1857—1858 年经济学手稿〉研究与启示》，《东南学术》2019 年第 6 期。

展的必然趋势，共产主义现代性的发展能够为人的自由解放和全面发展开辟更加广阔的空间。

首先，生产力的发展能够为人的自由全面发展奠定物质基础。资本的伟大革命作用就是解放和发展了生产力，而全面发展的生产力是未来社会到来的物质前提。马克思指出，资本"是发展社会生产力的重要的关系"①，但是，它发展生产力的方式是把劳动生产力转化为资本生产力。资本追逐的是剩余价值。资本发展生产力的投入一旦超过剩余价值，便会停止投入。"资本的发展程度越高，它就越是成为生产的界限。"② 资本是劳动的客体要素，工人是劳动的主体要素。资本在推动客体发展的过程中却使主体的发展受到了阻碍，即物的世界的增值与人的世界的贬值形成鲜明对照。具体来说，资本现代性的展开牺牲了绝大多数无产阶级的利益而实现了资产阶级的发展。资本是劳动现实化的要素，资本现代性是劳动现代性的过渡点，能够为未来社会提供必要的物质前提。在未来共产主义社会，生产力发展将摆脱资本的操控而成为劳动解放的条件，即"生产力的充分发展成为生产条件"③。生产力从资本的束缚下解放出来，它变成了属于劳动者的生产力，并以人的自由全面发展为旨归。

其次，未来共产主义社会的公有制是人自由全面发展的制度条件。马克思认为，资本现代性的历史贡献在于"创造出社会成员对自然界和社会联系本身的普遍占有"④。然而，资本无法超越自身的限制，也就是说，资本与劳动的矛盾"不断地被克服，但又不断地产生出来"，这种利用资本消灭资本的方法"是使防止危机的手段越来越少的办法"⑤。马克思对资本现代性之所以持批判态度，主要是因为资本主义

---

① 《马克思恩格斯全集》第 30 卷，人民出版社 1995 年版，第 286 页。
② 《马克思恩格斯全集》第 30 卷，人民出版社 1995 年版，第 397 页。
③ 《马克思恩格斯全集》第 30 卷，人民出版社 1995 年版，第 541 页。
④ 《马克思恩格斯全集》第 30 卷，人民出版社 1995 年版，第 390 页。
⑤ 《马克思恩格斯文集》第 2 卷，人民出版社 2009 年版，第 37 页。

私人占有阻碍了劳动社会化的全面发展，而未来建立共产主义社会公有制能够为劳动社会化的全面发展开辟广阔道路。未来社会公有制的特点是：由"社会化的工人"即"联合起来的个人"共同占有和控制生产资料，社会生产能力成为共同财富；个人劳动直接成为社会劳动，人们用自己劳动所购买的"是共同生产中的一定份额"①；社会生产追求满足社会全部需要，人们的生产不以剩余价值为目的，因而能够生产出它的全面性。

最后，科学技术的发展是人自由全面发展的技术支撑。现代社会的开启与科学技术的发展紧密关联。从一定意义上说，现代社会是科学技术在生产领域运用的结果。在资本主义现代性发展中，资本借助机器大工业体系占有了科技力量。机器大工业体系的长足发展是因为它适应了资本主义剩余价值生产的需要。在机器大工业体系中，"人不再从事那种可以让物来替人从事的劳动"②。科学技术在生产领域的运用是造成"物的世界"增值和"人的世界"贬值的直接诱因，因为它把工人的直接劳动"贬低为只是生产过程的一个要素"③。机器生产抢夺了原本属于工人的工作岗位，其结果是，在资本主义社会，科学技术成为一种工人的异己力量。当然，真正与工人相敌对的并不是科学技术也不是机器体系，而是资本主义雇佣劳动制度。马克思认为，在未来共产主义社会，科学技术将得到广泛和普遍的运用，自由的联合劳动主体将支配一切自然力，并且成为生产过程的监督者和调节者。

第二节　资本现代性的历史生成及其批判

马克思对于现代性的认识建立在科学基础之上，即深入解剖现代社

---

① 《马克思恩格斯全集》第30卷，人民出版社1995年版，第122页。
② 《马克思恩格斯全集》第30卷，人民出版社1995年版，第286页。
③ 《马克思恩格斯全集》第31卷，人民出版社1998年版，第94页。

会，找到了人类文明持续发展的实践进路。黑格尔认为："直到现实成熟了，理想的东西才会对实在的东西显现出来。"① 黑格尔以颠倒的方式表达了现代社会的一个真理：只有把握工业化、现代化这一"实在世界的实体"才能揭示现代社会的意义，进而建立一个"理智王国"。马克思将现代性置于"经济事实"基础之上，通过对资本与劳动关系进行解剖，揭示了现代社会体系的秘密。资本主义现代性危机根源于理性形而上学和资本的"联姻"及其统治。马克思的政治经济学批判对资本主义现代性给予了深入解剖，阐明了资本主义现代性的历史辩证法。按照马克思的理解，辩证法的本质是批判和革命的。马克思从商品出发，经过货币进到资本，将理性形而上学批判深入到市民社会批判，否定了资本主义现代性的社会基础。马克思政治经济学的商品、货币、资本等概念是批判资本现代性的有力武器。马克思坚持"批判的武器"与"武器的批判"相结合，在资本主义市民社会的"人体解剖"中找到了颠覆资本统治的物质力量和主体依托。现代资本主义制度蕴藏着现代性的危机，解决现代性问题的真正出路是颠覆现代资本主义制度，推动共产主义现代性不断发展。

一 怪诞的商品：现代性的逻辑起点

马克思把物质生产和经济发展作为现代社会的基础，在对现代社会进行"人体解剖"的过程中，首先抓住了"商品"这一现代社会最基本的财富形式。马克思认为，商品看似简单、平凡，却充满了"形而上学的微妙和神学的怪诞"②。马克思相信，开端对于科学体系建构至关重要，之所以从"商品"开始，是因为"商品"是劳动创造的产品形式，是劳动产品在现代社会最简单最直接的社会形式。"商品"之中不仅蕴藏着现代劳动的秘密还蕴藏着现代社会的秘密。马克思在

---

① ［德］黑格尔：《法哲学原理》，范扬、张企泰译，商务印书馆1961年版，第14页。
② 《马克思恩格斯文集》第5卷，人民出版社2009年版，第88页。

《1857—1858 年经济学手稿》中是以"货币章"开篇的，而在《资本论》中是以"商品"分析开篇的。当然，在前者的最后，马克思又补写了以商品开端的第一章。马克思把商品理解为"表现资产阶级财富的第一个范畴"①。马克思深入分析了商品的价值和使用价值，把商品的二重性归结为劳动的二重性，从交换价值演变中，不仅揭示了商品经济的历史过程和发展规律，还揭示了货币的本质和秘密。马克思深刻揭露了现代人受抽象力量支配的原因，并且把这种抽象力量指认为"狭隘的物质关系""物的依赖关系"以及"商品拜物教"。

（一）商品：资本主义经济形态的"细胞"

商品是现代社会日常生活中最简单、最普遍的存在物，是资本主义经济形态的最小"细胞"，是马克思解剖现代资本主义社会形态的逻辑起点。研究资本主义经济形态的"细胞"是揭露现代社会价值形态秘密的关键。"商品的价值形式，就是经济的细胞形式。"② 商品古已有之，在现代社会具有了"细胞形式"的功能。这里涉及一个历史分期问题，即现代社会与传统社会的根本区别在于商品经济的普遍化。前现代性社会，人们的生产只是在"狭小的范围"和"孤立的地点"展开，商品生产只具有局部意义；现代性社会，使用价值进入到普遍、全面的物质交换过程，交换价值生产取得自由发展形式并且占据生产过程的主导地位，出售商品的目的"是为了用货币形式来代替商品形式"③，只有到此时，商品才真正成为现代性范畴。

在马克思看来，对于"细胞"的研究，需要用"显微解剖学"，而对于"发育的身体"即经济形式的分析"必须用抽象力"。④ 商品是靠自身属性满足人类需要的劳动产品，商品具有使用价值和交换价值，使用价值是基于商品自然存在的可使用性，交换价值是基于商品社会存在

---

① 《马克思恩格斯全集》第 31 卷，人民出版社 1998 年版，第 293 页。
② 《马克思恩格斯选集》第 2 卷，人民出版社 2012 年版，第 82 页。
③ 《马克思恩格斯选集》第 2 卷，人民出版社 2012 年版，第 147 页。
④ 《马克思恩格斯文集》第 5 卷，人民出版社 2009 年版，第 8 页。

的可交换性。马克思为何把"商品"作为对现代社会"人体解剖"的起点呢？这是因为商品是"资本主义生产方式占统治地位的社会的财富"①。商品是现代社会财富的基本形式，对商品的占有和支配就是对财富的占有和支配，因此马克思对资本现代性的批判才从商品分析开始。从宏观来看，资本主义的财富表现为"庞大的商品堆积"；从微观来看，资本主义财富的元素形式直接表现为单个的商品。说"商品"是财富形式容易理解，但并没有回答它为什么会占统治地位。马克思之所以从商品分析开始，是因为在资产阶级社会，"商品成为一种普遍化的存在，成为统摄一切社会生活领域的力量"②，因而占据了统治地位。

商品是马克思从经济学视角诊断资本主义现代性危机的起始范畴。商品看似平凡简单，但却表现为形而上学的微妙和神学的怪诞，因为商品之中蕴藏着资本主义社会生产和社会关系的秘密。商品是劳动者与资本物的中介。商品是工人创造的，却归资本家所有，这是工人与资本家对立的根源。商品交换推动了货币的产生和发展。货币成为一切商品的价值形式。商品本性中潜伏着使用价值与价值的对立，随着商品生产和商品交换的发展，商品使用价值和价值的对立凸显起来。货币由于窃取了一切商品的价值形式而成为一种抽象的统治力量。

通过对商品货币关系的解剖，马克思在商品交换的"物的关系"中看到了"人的关系"，揭开了商品世界的神秘面纱。马克思认为，商品是"一个可感觉而又超感觉的物"③，它自己"用脚站立"，但在与其他商品发生关系时"用头倒立"，于是便产生出许多奇怪的狂想。为什么说商品的关系是"用头倒立"呢？商品本来是作为劳动产品的物，但在与其他商品交换时仿佛变成了会用大脑思考的人的化身。它之所以"用头倒立"是因为商品必须先转化为货币形式，才能换取其他商品，

---

① 《马克思恩格斯文集》第 5 卷，人民出版社 2009 年版，第 47 页。

② 仰海峰：《商品：一个哲学的分析》，《哲学研究》2014 年第 7 期。

③ 《马克思恩格斯文集》第 5 卷，人民出版社 2009 年版，第 88 页。

即重新"用脚站立"。每一个商品都有它的主人，商品关系遮蔽着人与人的关系。劳动者与总劳动的社会关系表现为劳动者之外的物与物的社会关系。马克思劳动现代性批判的旨趣并不是满足于奢谈"世界统一于物质"的抽象命题，他力图通过对现代社会的商品及其拜物教现象的分析考察，揭示现代社会资本家与无产者之间真实的剥削压迫关系。

（二）现代社会的商品生产：使用价值与交换价值的"颠倒"

资本主义生产的本质上是剩余价值生产，剩余价值必须借助商品交换才能实现。所以，资本主义现代性的展开与商品交换的发展正相关。马克思指出，随着商品生产和商品交换的发展，一切东西包括德行、爱情、诚信、知识、科学等都变成了可以交换和交易的商品；一切东西包括物质的和精神的对象，都可以被带到市场上进行评估和交易。由此，马克思对现代社会给予了一个整体性的评价，即"这是个总体衰败和普遍腐朽的时代"①。马克思正确地预见到了消费社会的产生、市场的胜利以及商品偶像崇拜的出现等。资本主义商品生产和商品交换的发展带来人与物关系的颠倒，作为劳动客体的资本物成为统治现代社会的支配力量，作为劳动主体的劳动者成为现代社会的奴隶。商品的增加意味着支配人的异己力量领域的拓展。劳动主体的生命活动被一种异己的客体世界（商品世界）所奴役。工人"生命的活跃表现为生命的牺牲，对象的生产表现为对象的丧失"②。工人被迫以出卖劳动力为生，沦为一种最扭曲的商品。资本主义生产方式导致劳动者生命的虚弱和恶化。马克思生动描绘了劳动者自我异化的悲惨状况："工人生产得越多，他能够消费的越少……工人的产品越完美，工人自己越畸形。"③

劳动异化导致人与物关系的颠倒，商品世界的繁荣遮蔽了人性的光芒。马克思在对资本主义现代性解剖的基础上，揭示了人与物关系颠倒

---

① Karl Marx and Friedrich Engels, *Collected Works*：Vol. 6，New York：International Publishers，1976，pp. 113 – 114.

② 《马克思恩格斯文集》第 1 卷，人民出版社 2009 年版，第 168 页。

③ 《马克思恩格斯文集》第 1 卷，人民出版社 2009 年版，第 158 页。

的根源在于使用价值与交换价值的"颠倒"。这种"颠倒"源于商品生产和商品交换的分裂：工人担当着商品生产的职能，创造着商品的使用价值；资本家窃取了商品交换的权力，致使工人无法通过商品交换来实现劳动社会化。商品与劳动者的需要间接化、偶然化了，商品生产和商品交换沦为了资本积累的媒介符号，沦为了剩余价值生产过程。在马克思看来，传统社会是以使用价值为主导的生产，现代社会是以交换价值为主导的生产。就商品的使用价值而言，它是满足人们某种需要的、可以感触的物，是普通的、可感觉的东西；就商品的价值而言，它是微妙的、怪诞的、超感觉的东西。商品中凝聚的无差别的抽象劳动是超感觉的。马克思认为，商品拜物教的秘密源自商品的交换价值。交换价值是商品之间交换的量的关系或比例。在商品交换过程中，使用价值被遮蔽，交换价值成为最直接的追求。于是，商品便表现出比桌子跳舞还奇怪的神秘性。

商品和货币早已有之，但是，商品成为全部产品采取的共同形式，交换价值统领整个生产过程，这仅仅是资本主义时代才会发生的事情。可见，以交换价值为直接目的的商品生产是现代社会区别于传统社会的显著特点。现代社会构建了一个巨大的商品生产和交换体系。对于劳动者而言，它置身商品生产体系却游离于商品交换体系之外，因而，资本社会化成为劳动社会化的直接表现形式。随着商品、货币和交换价值的发展，家长制的古代社会状态日益走向没落，而现代社会恰恰是伴随这些东西而诞生和发展的。货币形式是在第二次社会大分工（手工业和农业的分离）时期走向成熟的。随着以直接交换为目的的商品生产的发展，"贵金属开始成为占优势的和普遍性的货币商品"[1]。货币作为一般等价物推动了资本主义现代性的生成发展。正因如此，货币的神秘性比一般商品更突出。"货币拜物教的谜就是商品拜物教的谜。"[2] 马克思

---

① 《马克思恩格斯文集》第 4 卷，人民出版社 2009 年版，第 183 页。
② 《马克思恩格斯文集》第 5 卷，人民出版社 2009 年版，第 113 页。

通过对"商品"的解剖，发现现代社会的秘密就是"物的世界"遮蔽了"人的世界"，商品货币关系成为全部社会关系的灵魂。

（三）商品拜物教及其现代性难题

本来简单且平凡的商品却拥有了神学的怪诞。人们越是面对昂贵的商品越是因自身能力不及而产生崇拜心理。然而，商品表现为物的形式，表现为劳动产品，表现为物与物的关系的虚幻形式，但是，它却承载着一定的社会关系。在商品世界里，作为人的劳动对象化产物的商品却变成了一种如同宗教世界的虚幻的神秘力量一样。马克思称这种现象为拜物教。在商品世界，物与物的关系遮蔽了人与人的关系。那么，商品的神秘性是怎么产生的呢？从商品的自然属性或使用价值来看，它并没有什么神秘的，商品的神秘性是由社会的生产关系赋予的。商品世界的拜物教性质根源于资本主义剩余价值的生产。劳动产品作为使用价值生产时，人们只是把它理解为消费品，而当劳动产品作为交换价值的商品生产时，"就带上拜物教性质"①。为什么商品生产具有拜物教性质呢？因为商品生产关注的是交换价值而不是使用价值。对于资本家而言，生产什么并不重要，而出售赚钱才是重要的。虽然各种不同的商品生产的具体劳动千差万别，但最后都简约为交换价值生产，这样，商品的交换价值便成为一种统摄商品世界的抽象力量，支配着人们的生产和生活，因而具有了拜物教性质。商品拜物教是现代社会无法回避的问题。在商品生产中，本来属于劳动产品的商品，由于其神秘的支配力量而成为人们顶礼膜拜的神灵，商品获得了一种幽灵般的对象性，也似乎具有了本体论的规定性，它重塑了社会关系。马克思对商品拜物教的批判，揭露了资本主义社会关系的物化。随着分工的发展和空前的社会组织化，资本主义社会与自然的有机联系消失了。现代资本主义社会通过对商品生产和交换市场的操控，进而支配着整个社会组织和社会生活。

商品拜物教是资本现代性发展过程中的特有现象。商品拜物教有着

---

① 《马克思恩格斯文集》第 5 卷，人民出版社 2009 年版，第 90 页。

自身存在的世俗基础，即人的自然关系和社会关系的异化。现代性的理论硬核是主体理性。主体的自我意识及其自由是现代性的内在要义，是现代性社会从传统性社会"脱域"而出的灵魂。资本现代性的发展经历中，人的主体性经历了一个从"脱域"到"入域"的过程：一方面，"脱域"，即现代性致使人挣脱宗教的禁锢和上帝统治，成为相对独立自由的劳动主体，并且开启了现代文明发展模式；另一方面，"入域"，劳动者从土地的束缚中"脱域"马上又落入了资本的陷阱。现代性的发展导致理性的工具化，使人变成价值缺失、心灵孤独、无家可归的"原子化"存在。现代性生成的现实基础和历史背景是商品拜物教，商品的交换价值抽象化为独立的精神实体统治着劳动主体。商品拜物教成为现代性难题的总根源。商品作为现代社会的抽象总体窃取了上帝的地位。人们膜拜的对象不再是天国的、超验的上帝而是回到了现实，拜物教化的劳动产品取代"上帝"成为整合世间万事万物的神秘力量。马克思通过资本主义商品生产的解剖，揭示了拜物教的抽象神话所内蕴的现代性难题。商品交换价值的抽象同一性遮蔽了人的存在，消融了人对自身价值的理性追求。通过对商品拜物教批判，马克思超越了传统意识形态批判的思维范式。马克思实践唯物主义坚持"批判的武器"和"武器的批判"相结合，在感性实践活动中挖掘了商品拜物教的根源。商品拜物教批判意在表达：物的关系既是对人的社会关系的深层遮蔽又是对人的社会存在的直接"呈现"；它不仅"是一种需要革除的'虚假意识'"[①]，更是一种需要颠覆的物化现实。马克思认为，现代社会的商品拜物教根源于资本主义商品生产。私人劳动转化为社会劳动是通过间接方式实现的，工人创造的劳动产品必须经由资本家的中介才能转化为社会劳动。商品交换关系成为主宰现实社会和人生命运的神秘力量，拜物教由此而生。在资本主义社会，劳动产品作为私有商品来生产，它要

---

① 汪光晔、赵凯荣：《论商品拜物教之现代性意蕴》，《云南社会科学》2018 年第 5 期。

实现自身价值就"必须全面转手"①，于是产生了普遍的交换需要和拥有魔力的货币商品。商品拜物教不过是拜物世界的反映和折射。

二 魔性的货币：现代性的中介环节

资本和劳动的关系是现代社会最根本的经济关系。虽然认识"资本"概念离不开"劳动"概念，但"劳动"概念并不是马克思认识"资本"概念的起点。马克思认为，把握"资本"概念不能从劳动出发，而是应当"从已经在流通运动中发展起来的交换价值出发"②。以交换价值为出发点可以深入到资本的历史关系中把握它的形成过程及其本质特征。交换价值是社会形式本身，它内在地包含商品经济中存在的商品和货币的矛盾。马克思通过研究交换价值，弄清了货币独立化过程及其经济意义。商品生产和流通推动着交换价值的发展，当需要把货币作为完全的、真正的中介时，货币走向独立并且成为一般价值形式，成为现实的经济关系，成为简单商品经济向发达商品经济发展的杠杆。货币是商品的一般等价物，它的等价性使其作为"物的依赖性"而成为"人的独立性"的前提。货币既是一般的财富形式又是独立的交换价值。马克思从劳动二重性出发揭秘了商品的二重性。马克思从商品研究到货币研究再到资本研究，论证了现代社会的经济内涵。通过对资本主义现代性的"元素形式"——商品的价值实现方式的考察，马克思揭露了赤裸裸的金钱关系所遮蔽的人的社会关系，揭露了物化的存在状态。

（一）生活世界货币化

货币是资本主义现代性产生的必要条件，因为资本是由货币转化而来，资本要开辟社会剩余劳动新的使用领域而生成现代性，必须通过货币。货币在不同的人手里有着不同的功能，货币的基本功能就是购买，

---

① 《马克思恩格斯文集》第 5 卷，人民出版社 2009 年版，第 104 页。
② 《马克思恩格斯全集》第 30 卷，人民出版社 1995 年版，第 215 页。

即"把抽象的货币数量变成生活世界的事物以供享用"①。货币在等级制社会的执掌权力者手里或者在一般社会成员手里，通常是充当流通手段的作用，其结果往往是货币物品化。货币在资本家手里，则变成了增殖的手段，资本家用货币购买物品不是为了占有其使用价值而是把它变成增殖的条件，或者说，资本家的"买"是为了"卖"。资本家购买房子不是为了居住，购买劳动力不是为了享受他的服务。现代生活世界中的物品和劳动力，在资本的视野中，都变成了具有增殖能力的"货币符号"，这就是"生活世界货币化"。"生活世界货币化"是现代性得以发生发展的源头。货币资本通过"向内吸收"和"向外扩张"相结合的方式塑造了现代社会生活，最终它挣脱了传统生活方式和历史条件，推动了现代性的历史生成。货币本身并没有形塑现代社会的功能，只有在资本力量支配下，把生活世界的劳动力、生产资料、自然资源和消费资料等普遍货币化才能具备这样的功能。通过生活世界货币化，资本的战车一路高歌猛进。作为资本扩张过程的生活世界货币化贯穿"在整个现代社会的发展史中"②。"生活世界货币化"赋予现代社会以自我扩张的强劲动力，极大地推动了社会生产力的发展，从而使资本表现出了伟大的文明作用。

"生活世界货币化"蕴含着现代社会一切冲突和矛盾的源泉，即资本扩张的三大悖论：一是经济悖论。一方面是生产相对过剩；另一方面是有效需求不足。资本主义生产的本质是剩余价值生产，为此，资本家除了克制自己消费外，更多的是缩减必要劳动时间以减少劳动者消费，但是，资本扩张的直接结果却是消费品的迅速增长。马克思认为，"资本的价值增殖的条件"与"惊人巨大的生产力"之间的矛盾，是经济危机的根源。③ 马克思对资本现代性危机的论证逻辑是"生产过剩"——

---

① 鲁品越、骆祖望：《资本与现代性的生成》，《中国社会科学》2005 年第 3 期。
② 张卓：《资本扩张悖论》，《江汉论坛》2010 年第 5 期。
③ 《马克思恩格斯文集》第 7 卷，人民出版社 2009 年版，第 296 页。

"有效需求不足"—"群众购买力不足"—"劳资收入分配两极化"—"资本主义私有制"。资本主义用"透支消费""提前消费"的方式扩大需要，不过是饮鸩止渴。二是社会悖论。一方面，大量剩余人口是资本扩张的前提；另一方面，资本过剩又造成庞大的失业大军。资本扩张必然带来人口膨胀，同时，由于资本过剩又使大量劳动力从机器体系中溢出。劳动为资本积累财富的同时，也以日益扩大的规模生产出相对过剩的人口。大量失业人口将成为现存社会秩序的否定力量，从而造成社会危机。三是生态悖论。即资本扩张造成生产系统的矛盾。"生活世界货币化"必然把自然资源纳入社会经济系统。资本扩张的物质前提是环境与资源，资本增殖的代价是消耗资源与环境，同时，生产的排泄物、废弃物造成土壤、河流、空气的污染。马克思指出，资本主义生产实际上是一个掠夺体系，是掠夺劳动者和土地技术的进步，资本主义物质生产和科学技术的结合，"破坏了一切财富的源泉——土地和工人"①。

生产系统货币化的结果必然是向整个生活世界渗透。资本主义生产追逐的不是特殊财富而是一种"一般财富"即货币。货币是"财富的一般物质代表"②，是"万物的结晶"③。劳动力、生产资料和自然资源等生产系统要素是最直接货币化的。资本主义生产的是一种特殊价值，即剩余价值。在资本现代性扩张中，从生产资料到生活资料，最终都不再是满足人类自身需要的使用价值。马克思指出，在资本家那里，高档消费"被列入资本的交际费用"④，成为赢取商业信誉的手段。生产系统货币化导致全部生活世界都直接或间接地货币化了。于是，货币转化为资本，成为资本增殖的工具。生活世界货币化的结果是多样化的资本形态出现，是现代性社会的生成，还是现实世界在追求增殖中不断扩张

---

① 《马克思恩格斯文集》第 5 卷，人民出版社 2009 年版，第 580 页。
② 《马克思恩格斯全集》第 30 卷，人民出版社 1995 年版，第 173 页。
③ 《马克思恩格斯全集》第 30 卷，人民出版社 1995 年版，第 172 页。
④ 《马克思恩格斯文集》第 5 卷，人民出版社 2009 年版，第 685 页。

和膨胀。生活世界货币化就是资本扩张的过程，生活世界货币化的程度就是资本扩张的程度。现代社会的发生史就是资本扩张史，就是生活世界货币化的历史。

(二) 货币的魔术

马克思在对"货币"的研究中曾经提出过三个隐喻：一是把货币比喻成"牵线人"，揭示了它的通约功能。作为牵线人，货币把需要和对象，人的生活和生活资料联系在一起，发挥了牵线搭桥的作用。二是把货币的作用比喻成"魔术师"，资本家如同会变魔术的魔术师一般，把资本增殖演绎成了自我增殖的过程，从而巧妙地掩盖了工人创造剩余价值的过程，货币变成了自我增殖的主体。三是把货币比喻成"上帝"，揭示了"人沦为依附货币'上帝'而存在的附属品，遭受货币拜物教的抽象统治"[1]。

货币担当的是价值尺度和流通手段的作用，是商品的特殊表现形式，其目的是实现不同使用价值之间的顺利交换以及最终的消费。地产权力表现为人身奴役和统治关系，与地产权力不同，资本是一种非人身性的奴役和统治权力。马克思用法国谚语阐明了货币权力与地产权力的区别："没有一块土地没有地主"，然而，"货币没有主人"。[2] "货币没有主人"是因为每人手里都拥有货币，每个人都是货币的主人。根据货币的不同使用方式，拥有货币的人可能变成一般消费者，也可能变成资本家。货币一旦转化为资本，它便拥有了魔力，把劳动者和生产资料组合在一起，并按照资本主体的意志展开商品生产和商品交换过程。其结果，在生产劳动中，物的关系开始支配人的关系，人们创造的商品世界变成了支配人们命运的抽象力量。劳动力商品化是货币转化为资本的前提，意味着人沦为与商品同样的地位，丧失了作为主体存在的价值。

---

① 杨睿轩：《马克思关于货币的三个隐喻》，《海南大学学报》（人文社会科学版）2021年第3期。

② 《马克思恩格斯文集》第5卷，人民出版社2009年版，第172页。

商品经济越发达，货币的统治地位越巩固。"一切东西抛到里面去，再出来的时候都成为货币的结晶。"① 人和物的要素抛到货币的海洋之中，再出来的时候就变成了"货币的结晶"——商品。作为一种社会蒸馏器，商品生产和交换把一切东西在货币面前都变成了统一的东西。货币是商品世界的完成形式，一切商品最终都表现为货币。货币掩盖了私人劳动的社会性质和社会关系。

货币的出现和发展给现代社会带来巨大影响。货币作为特殊的商品具有交换一切商品价值的权力。"货币的魔术"是怎么来的呢？这是由于，一切商品要想表现自己的社会价值都离不开货币，货币是商品交换的中介，当商品交换完结之后，货币便会悄然地消失，它没有留下任何痕迹。马克思指出，"货币的魔术就是由此而来的"②。"货币的魔术"虽然直接表现为物与物的商品交换，但是，它的重要功能却是能够掩盖资本主义的社会关系。从直观来看，现代社会表现为由商品、货币所编织的社会关系网，但它却掩盖着人们之间的劳动交换关系以及剥削压迫关系。创造使用价值的具体劳动是一切社会形式共有的，但是，形成交换价值的抽象劳动是不同社会形式的基础。不同的社会历史形态，交换价值的表现形态和实现方式不同。马克思在"人体解剖"基础上，分析了交换方式的发展与人的存在方式的历史关联。交换价值是人们之间社会联系的纽带，个人的相互联系和全面依存的社会联系必然会通过交换价值表现出来。对于每个人而言，他的劳动或产品只有转化为交换价值，才能实现与他人劳动或产品的交换，从而完成个体社会化。只有交换价值的所有者才能拥有支配他人活动的权力。个人"在衣袋里装着自己的社会权力和自己同社会的联系"③。这种装在"衣袋"里的社会权力和社会联系的手段不是别的，就是作为一般等价物的货币。个人的

---

① 《马克思恩格斯文集》第 5 卷，人民出版社 2009 年版，第 155 页。
② 《马克思恩格斯文集》第 5 卷，人民出版社 2009 年版，第 113 页。
③ 《马克思恩格斯全集》第 30 卷，人民出版社 1995 年版，第 106 页。

活动及其产品虽然千差万别，但是，它们的一切特性都被交换价值否定和消灭。货币成为一切商品的共同尺度，货币的秘密就在于它是一切商品的一般等价物，因而它能够行使支配别人活动或社会财富的权力。人与人之间的社会联系，经由"货币的魔术"，异化为物与物的交换关系。黑格尔的"绝对理念"，并非超时代的玄思，而是以思想方式把握到了时代，以最抽象的形式揭露了个人受到"抽象统治"的现实，即"物的依赖性"成为抽象的统治力量，宰制着"人的独立性"。

(三) 货币转化为资本

货币是资本的源泉，资本是由货币转化而来的。货币转化为资本并不神秘，它"每天都在我们眼前重演"①。货币是资本的最初形式，货币在商品、劳动市场经过一定过程就能转化为资本。"作为货币的货币"和"作为资本的货币"的流通形式不同。货币不一定是资本，资本一定是货币。货币转化为资本必然要有一定的条件。在简单商品流通中，买卖关系表现为商品与货币之间的相互转化。这种简单的商品流通有两种形式：第一种是"卖（商品）—买（货币）—卖（商品）"；第二种"买（货币）—卖（商品）—买（货币）"。第一种形式是为了"买"而"卖"，属于货币流通形式。第二种形式是为了"卖"而"买"，属于资本流通形式。在第二种形式中，一旦产出的货币多于起初投入的货币时，就变成了资本流通形式。其中，超出预付价值额的增殖额就是剩余价值。可见，资本是具有增殖本性的货币。货币转化为资本意味着唯有把货币当作纯粹"为他"的存在，它才能真正实现"为我"的存在。货币只有进入生产、流通领域才能真正保值与增殖。马克思把"货币转化为资本"比喻为"化蛹成蝶"："我们那位还只是资本家幼虫的货币占有者，必须按商品的价值购买商品，按商品的价值出卖商品，但他在过程终了时取出的价值必须大于他投入的价值。他变为

---

① 《马克思恩格斯文集》第 5 卷，人民出版社 2009 年版，第 172 页。

蝴蝶，必须在流通领域中，又必须不在流通领域中。"① 也就是说，经过"货币—商品—货币"的过程才能实现价值增殖。"货币—商品"环节是"虫"变"蛹"的过程，是商品生产过程；"商品—货币"环节是"蛹"变"蝶"的过程，是商品流通过程。

那么，剩余价值是在商品生产过程产生的还是在商品流通过程产生的呢？马克思认为，资本只有在运动中才能实现价值增殖，一旦从流通中取出货币，它就不再是资本了。"资本的运动是没有限度的"②，资本只有在流通中才能保存和扩大自己，否则便失去了自身的本性，但是，商品流通并不创造价值，因而不能说明剩余价值的源泉。马克思指出，在"买（货币）—卖（商品）"的购买行为中，货币担负的是购买和支付手段的职能；而在"卖（商品）—买（货币）"的卖出行为中，也"只是使商品从自然形式再转化为货币形式"③。既然价值增殖不是产生于商品的交换价值方面，那么它就应当发生在商品的使用价值方面。也就是说，货币要转化为资本，实现自身增殖，必须要找到劳动力商品，它才是真正的价值源泉。剩余价值由雇佣工人创造却被资本家无偿占有。雇佣工人的剩余劳动是剩余价值的唯一来源。资本产生的先决条件是它必须"在市场上找到出卖自己劳动力的自由工人"④。劳动力之所以转化为商品，是因为劳动者丧失了生产和生活资料，只有靠出卖劳动力来维持自身及其家人的生存，由此，资本家获得了价值增殖的手段。劳动力商品化意味着劳动遭受到资本的压榨，意味着资本家和工人之间变成了剥削和被剥削的关系，意味着资本物对劳动者的抽象统治。"资本显然是关系，而且只能是生产关系。"⑤ 资本创造了一种全新的生产关系，即资本支配和剥削雇佣劳动的关系。在资产阶级社会，资本成

---

① 《马克思恩格斯文集》第 5 卷，人民出版社 2009 年版，第 193—194 页。
② 《马克思恩格斯文集》第 5 卷，人民出版社 2009 年版，第 178 页。
③ 《马克思恩格斯文集》第 5 卷，人民出版社 2009 年版，第 194 页。
④ 《马克思恩格斯文集》第 5 卷，人民出版社 2009 年版，第 198 页。
⑤ 《马克思恩格斯文集》第 8 卷，人民出版社 2009 年版，第 168 页。

为"普照的光"、特殊的"以太",决定和影响着其他一切关系。资本对于劳动的统治表现为：剥削更加公开、无情、直接和无耻，社会出现两极分化，表现为少数资本家与绝大多数劳动者的对立；一切神圣的职业，如教师、医生、律师等都变成了靠出卖劳动力来维生的雇佣劳动者；人与人之间的关系完全地表现为赤裸裸的现金交易和金钱关系。

三　普照的资本：现代性的主导原则

在多年政治经济学批判基础上，1867 年，当马克思正式出版自己的经济学著作时，将其定名为《资本论》（第一卷）。那么，马克思为什么用"资本"命名他一生中最重要的著作呢？这是因为，随着马克思对现代社会考察和政治经济学批判不断深入，日益聚焦"资本"这一现代社会的核心原则和内在灵魂。资本成为"解开现代社会秘密的一把钥匙"[1]。资本具有增殖的本性，资本不断价值增殖是对他人劳动的无偿占有。资本逻辑就是获取最大限度剩余价值的内在必然性。资本实现自我增殖是其唯一动机和根本目的。为了实现自我增殖，资本敢于践踏一切人间的道德和法律。资本是社会生产发展新时代的根本标志，是现代社会之中"普照的光"。现代社会是由资本织就的社会网络，资本统治贯通一切领域，规定着现代社会生产、生活和意识形态。资本凭借"物"来规定社会关系的性质和人的存在方式。现代社会恰恰表现为资本和理性形而上学的共同的抽象统治。共产主义的根本旨趣在于颠覆资本的统治，在劳动解放的基础上实现人的解放。资本是现代社会支配一切的经济权力，资本的经济权力集中表现为经济活动的自由性和最大化。资本的经济权力为自身增殖提供了社会基础。资本经济权力的扩张直接表现为侵蚀和渗透现代社会一切领域，尤其是对政治权力的操控。资产阶级开创世界历史的过程就是资本的经济政治权力空间化的

---

① 俞吾金：《资本诠释学——马克思考察、批判现代社会的独特路径》，《哲学研究》2007 年第 1 期。

过程。

（一）资本的自我增殖本性

在资本增殖运动中，劳动担当着重要的媒介作用，即劳动表现为资本本身的使用价值。从表面上看，资本仿佛是自我增殖，实际上，资本的增殖能力必须建立在对劳动奴役的基础之上。马克思指出，资本的增殖能力根源于"不断地吮吸活劳动作为自己的灵魂"[1]。只有在现实生产劳动中，资本才能实现自我增殖即创造出新的剩余价值。资本的不断价值增殖是对他人劳动的无偿占有，因此，它是现代社会异化劳动的真正导演。正是因为异化劳动是实现资本增殖的劳动形式，因而资本总是想方设法，突破一切可能的界限来加剧劳动异化。资本对于剩余劳动的贪求如同"狼"一般，达到了肉体和道德两个层面的突破——突破工作日的"道德界限"和"纯粹身体的界限"。[2]

什么是资本逻辑？资本逻辑就是资本无限度、无休止的运动逻辑，它"根源于资本主义生产方式的基本矛盾"，是资本"无限度地增殖自身的本性"，是"获取最大限度的剩余价值"的内在必然性，"是资本与雇佣劳动的关系不断再生产的客观历史过程"。[3] 资本逻辑的特点是"以货币为起点和终点""以货币为动机和目的""以货币增殖为内容"，[4] 它没有止境和限度，因为它蕴含着对现代性的自我否定。"作为货币的货币"仅仅具有流通媒介的作用，它是"为买而卖"（"W—G—W"），出发点和归宿点都是商品，货币充当流通的中介；"作为资本的货币"表现为货币增殖形式，它是"为卖而买"（"G—W—G′"），出发点和归宿点都是货币，追求的是货币增殖。当资本运动逻辑占据主导地位的时候，全部社会关系异化为物与物的关系，即冷酷无情的

① 《马克思恩格斯全集》第 31 卷，人民出版社 1998 年版，第 36 页。
② 《马克思恩格斯文集》第 5 卷，人民出版社 2009 年版，第 269 页。
③ 何小勇：《马克思对资本逻辑的批判与中国新现代性的构建》，《社会科学辑刊》2016 年第 3 期。
④ 孙正聿：《"现实的历史"：〈资本论〉的存在论》，《中国社会科学》2010 年第 2 期。

"现金交易"。在"为买而卖"（"W—G—W"）的流通中，商品交换追求的是满足自身需要的使用价值，是劳动者之间使用价值的互换；在"为卖而买"（"G—W—G′"）的循环中，"这一循环的动机和决定目的是交换价值本身"①，这一循环所隐藏的深层秘密是：作为终点的货币与作为起点的货币是一个不等的量。因为作为货币额，它们只有量的差别没有质的不同。"为卖而买"意味着"货币转化为资本"，它的旨趣是最后从流通中取出的货币"G′"，大于最初投入的货币"G"。那么，资本增殖的秘密是什么呢？资本增殖与流通是怎样的关系呢？资本增殖是从哪里产生的呢？马克思指出，资本"必须既在流通中又不在流通中产生"②。在"G—W—G′"的运动中，货币转化为资本发生在"G—W"环节，也就是说，货币占有者必须在市场上发现一种具有价值源泉属性的劳动力商品，才能转化为资本。借助劳动力商品化，马克思揭露了剩余价值生产的秘密，即它"是以劳动者的被剥夺为前提的"③。

资本实现自我增殖是其唯一动机和根本目的，资本获取剩余价值是其"一种生活本能"④。"资本实质上就是资本家"⑤，资本家是资本职能和使命的自觉执行者。资本家身上附着资本的本性和灵魂，因此，资本运动的逻辑就是资本家的行动逻辑。资本家的直接目标是谋取无休止无止境的剩余劳动。失去剩余价值的"滋润"，资本便会失去所有的神秘光环，变成毫无生命力的僵尸。为了揭示资本的趋利本性，马克思在《资本论》中指出，资本害怕没有利润"就像自然界害怕真空一样"，利润越大资本的胆子就越大。为了利润，甚至"敢践踏一切人间法律""敢犯任何罪行""会鼓励动乱和纷争"。⑥

---

① 《马克思恩格斯文集》第 5 卷，人民出版社 2009 年版，第 175 页。
② 《马克思恩格斯文集》第 5 卷，人民出版社 2009 年版，第 193 页。
③ 《马克思恩格斯文集》第 5 卷，人民出版社 2009 年版，第 887 页。
④ 《马克思恩格斯文集》第 5 卷，人民出版社 2009 年版，第 269 页。
⑤ 《马克思恩格斯选集》第 2 卷，人民出版社 2012 年版，第 769 页。
⑥ 《马克思恩格斯文集》第 5 卷，人民出版社 2009 年版，第 871 页。

（二）资本的生产关系本质

由于资本逻辑占据了现代生产的主导地位，推动了由传统社会向现代社会发展。资本是社会生产新时代的根本标志，是现代社会中"普照的光"。现代性是由资本造就的，现代社会生成发展的秘密是资本逻辑。马克思并不满足于启蒙运动以来理性形而上学对现代性的抽象批判，通过批判资本现代性揭示了现代社会的矛盾运动，论证了社会主义现代性取代资本主义现代性的必然趋势。资本主义制度的本质是雇佣劳动制度。马克思指出："没有雇佣劳动就没有剩余价值生产……从而也没有资本，没有资本家！资本和雇佣劳动（我们这样称呼出卖自己本身劳动能力的工人的劳动）只表现为同一关系的两个因素。"① 在资本家眼中，雇佣工人是一种生产性消费品，是资本的活命膏血。雇佣劳动是资本主义生产方式的"通例和基本形式"，而在前资本主义时代，它仅仅是"一种例外和辅助办法"。②

现代社会是由资本织就的社会网络，资本统治贯通一切领域，规定着现代社会生产、生活和意识形态。资本总是以物的形式呈现出来，如地产、商品、货币等均有"物"的形式，因此马克思之前的经济学家往往有意无意地把资本增殖解释为资本物的自然属性和自身作用，其结果，资本物的本质被遮蔽了。马克思批评道："资本被理解为物，而没有被理解为关系。"③ 那么，资本应当被理解为什么"关系"呢？马克思回答说："只能是生产关系。"④ 资本虽然以"物"的形式表现出来，但却是生产关系的承担者，或者说，在现代社会，资本规定了生产关系的性质，进而规定了现代社会的本质特征。马克思在《雇佣劳动与资本》的演讲中指出，生产力和生产资料的变化发展直接影响着生产关

① 《马克思恩格斯文集》第8卷，人民出版社2009年版，第485页。
② 《马克思恩格斯文集》第9卷，人民出版社2009年版，第288页。
③ 《马克思恩格斯全集》第30卷，人民出版社1995年版，第214页。
④ 《马克思恩格斯全集》第30卷，人民出版社1995年版，第510页。

系的变化。社会是由"生产关系总合起来"构成的。① 现代社会就是资本主义生产关系的总和。资产阶级的生产关系虽然开启了现代性，但是，与奴隶社会、封建社会一样，它仍然是对抗形式的生产关系，却是"社会生产过程的最后一个对抗形式"，因为资本现代性所发展的社会生产力"创造着解决这种对抗的物质条件"。②

资本是"一种以物为中介的人和人之间的社会关系"③。资本凭借"物"来规定社会关系的性质和人的存在方式。现代社会恰恰表现为资本和理性形而上学的共同的抽象统治。资本的物化形式通过人与人、人与物及物与物的关系呈现出来，资本家和雇佣工人同样是资本的人格化。资本家和工人都沦为资本物的奴隶，但是，资本家在这种物化中感到满足和充实，感到自己力量强大，工人却在这种物化中感到无力和空虚，感到自己的无助和被剥削。以资本为核心的现代社会，一切感性光环都被遮蔽，资本"表现为人们之间的物的关系和物之间的社会关系"④。生命活动的丰富性和全面性沦为赤裸裸的金钱关系，人与物的关系颠倒了，人与人的关系异化了。

资本的本性是获取更大的交换价值，追求自身的增殖，为此，它积极地推动社会生产力发展。在资本主义生产中，资本家处于资本统治的能动性地位，劳动者处于资本统治的受动性地位。然而，随着生产力的发展，商品经济将为产品经济所取代，到那时，生产力将否定交换价值的存在、消解资本的增殖本性。马克思追求的共产主义是克服资本主义现代性危机的选择。共产主义的根本旨趣在于颠覆资本统治，把资本颠倒的人与物、人与人的关系重新颠倒过来，达到"人和自然界之间、人和人之间的矛盾的真正解决"⑤。

---

① 《马克思恩格斯文集》第 1 卷，人民出版社 2009 年版，第 724 页。
② 《马克思恩格斯选集》第 2 卷，人民出版社 2012 年版，第 3 页。
③ 《马克思恩格斯文集》第 5 卷，人民出版社 2009 年版，第 878 页。
④ 《马克思恩格斯文集》第 5 卷，人民出版社 2009 年版，第 90 页。
⑤ 《马克思恩格斯文集》第 1 卷，人民出版社 2009 年版，第 185 页。

（三）资本的经济权力及其扩张

在《1844 年经济学哲学手稿》中对市民社会第一次解剖时，马克思就已经把资本与劳动的矛盾作为解剖现代资本主义社会的切入点。资本为什么能够操控和支配劳动呢？马克思认为，资本家是资本的所有者，他拥有一种不可抗拒的购买权力，购买了劳动力商品，因而拥有了劳动力商品的使用权，其中蕴藏着劳动过程支配权和劳动产品所有权。资本作为"资产阶级社会的支配一切的经济权力"①是如何拥有和实现的呢？马克思认为，资本行使经济权力的起点是生产劳动，通过生产劳动，资本得以吸吮活劳动的膏血，得以剥削工人的剩余价值而实现自身的积累。资本行使经济权力体现在发展技术、细化分工、开辟市场、改善交通等方面，当然，这一切都是为实现资本增殖服务的。资本支配一切的经济权力直接表现为支配劳动过程和劳动产品的权力，它的旨趣是使资本致富，使"资本的生产力增长"②。资本主义文明进步的狭隘性在于只会增大支配劳动的客体的权力，而劳动本身的权力却无法保障。

资本的经济权力集中表现为经济活动的自由性和最大化。资本的本性就是剩余价值生产，没有资本的经济权力就不会有剩余价值，也不会有社会生产力的提高和社会财富的增长，其结果，"只会有贫穷、极端贫困的普遍化"③。资本的经济权力实际上是实现经济发展的重要手段，资本正是凭借支配一切的经济权力提高了社会生产力，使人类真正摆脱了对自然的崇拜。然而，资本的经济权力是自私的、狭隘的，如果失去了制约，将会丧失社会良知并导致社会畸形发展和人类精神家园迷失。马克思指出："不要一听到自由这个抽象字眼就深受感动！"因为所谓的自由贸易不过是"资本所享有的压榨工人的自由"④。资本家拥有的这种经济权力表现为对于劳动本身和劳动产品的支配权力，这种经济权

① 《马克思恩格斯全集》第 30 卷，人民出版社 1995 年版，第 49 页。
② 《马克思恩格斯全集》第 30 卷，人民出版社 1995 年版，第 267 页。
③ 《马克思恩格斯选集》第 1 卷，人民出版社 2012 年版，第 166 页。
④ 《马克思恩格斯文集》第 1 卷，人民出版社 2009 年版，第 757 页。

力根源于资本家对生产资料的独占，根源于"资本的那种不可抗拒的购买的权力"①。

资本的经济权力一般是通过转化为政治权力来实现的。只有把资本的经济权力转化为政治权力，才能够把个人力量转化为社会力量。资本本质上是一种社会力量。资本的经济权力具有客观权力的表征，因而资本积累越是扩大，它的客观权力就越发膨胀。资本经济权力的扩张直接表现为侵蚀和渗透到现代社会的一切领域，尤其是对政治权力的操控。资本的经济与政治权力的联盟，推动了资本的空间扩张。世界市场的开创本质是资本的经济政治权力空间化的过程。凭借自己的经济权力和政治权力，资本按照自己的样子塑造了一个世界。马克思、恩格斯在《共产党宣言》中对这一过程做了生动的描述，资产阶级"把一切民族甚至最野蛮的民族都卷到文明中来了"②。马克思深刻揭示了经济全球化的真正主体和灵魂，人类整体的世界历史性发展是资本实现自身经济政治权力过程中所创造的。马克思把资本理解为支配现代社会一切的经济、政治和文化发展的权力，全面揭示了现代劳动的异化景象和现代社会的内在矛盾。资本的经济权力不是资本家生理和心理特征造成的。人类的劳动力和生产资料并不是天然资本，资本的出现及其发展是社会历史发展的产物。资本的存在方式和运作方式是历史事件和社会现实。

第三节 现代性的资本原则与劳动原则

什么是现代性？现代性是"现代社会发展过程的基本特征与表现"③。马克思没有明确提出"现代性"概念，但在对现代社会"人体解剖"中，深刻揭示了现代性的本质内涵、动力机制和历史趋势。马

---

① 《马克思恩格斯文集》第 1 卷，人民出版社 2009 年版，第 130 页。
② 《马克思恩格斯文集》第 2 卷，人民出版社 2009 年版，第 35 页。
③ 丰子义：《马克思现代性思想的当代解读》，《中国社会科学》2005 年第 4 期。

克思在唯物史观基础上，阐明了现代社会的总特征。马克思对现代性的审视，具有资本现代性批判和劳动现代性重构两个维度。扬弃资本主义现代性而建构共产主义现代性是实现人自由解放和全面发展的根本要求。劳动是现代社会和世界历史的坚实基础，然而，资本现代性的展开导致劳动丧失了主体性和自为性，其结果导致劳动现代性淹没在资本现代性的汪洋之中。然而，劳动现代性是孕育现代社会的内在动力和坚实基础。现代社会是一种新的社会有机体，是一个包含经济、政治、文化诸要素以及它们之间普遍联系且相互作用的总体性结构。这种总体性结构根源于资本的一体化力量，资本在向总体发展过程中趋于使社会一切要素臣服于自己，资本所建构的现代社会"是一个能够变化并且经常处于变化过程中的有机体"①。现代社会是总体性的，是资本逻辑的内生过程和自组织过程。

一　资本现代性与劳动现代性的历史同构

在现代性的生成发展中，资本的作用是决定性的，劳动的作用是基础性的。马克思曾用"资本来到世间"的短语，来揭示资本对现代社会的决定性开启。资本作为"普照的光"成为支配一切的经济权力和普遍力量。马克思深刻阐明了资本开启现代性的条件，即劳动力商品化。"这一历史条件就包含着一部世界史。"② 现代性是资本主义现代生产的新时代，是由资本操控的现代社会总体性，是以资本为原则的人类社会文明发展形态。资本作为"现代之子"，经历了"资本战胜地产"而成为现代性的合法嫡子。马克思认为，资本和地产的差别是"历史差别"。所谓的"历史差别"，包括时间维度的阶段性、过程性和空间维度的依存性、交叉性，资本和地产的主导地位表明它们属于不同的社会历史时代。马克思认为，现代资本的发展经历了地产资本化过程，现

---

① 《马克思恩格斯选集》第 2 卷，人民出版社 2012 年版，第 84 页。
② 《马克思恩格斯文集》第 5 卷，人民出版社 2009 年版，第 198 页。

代劳动发展经历了农业工业化过程。现代性是由资本与劳动的关系规定的。现代性的生成表现为劳动现代性的资本逻辑，是资本奴役雇佣劳动的结果。资本和雇佣劳动的关系在本质上是一种剥削关系。马克思的剩余价值学说对资本和劳动的关系第一次给予了科学说明。

（一）"资本战胜地产"：资本成为现代性的合法嫡子

马克思通过对"资本战胜地产"历史过程进行分析，揭示了资本取代地产成为"现代之子，现代的合法的嫡子"① 的必然趋势。马克思认为，通过资本与地产"主奴关系辩证法"的颠倒，资本成为现代性生成的支配原则和普遍力量，成为真正的财富之父。劳动作为财富之母则沦为资本的奴仆。马克思追问："资本，即对他人劳动产品的私有权，是建立在什么基础上的呢？"② 马克思对此做出了明确回答，"由于他是资本的所有者"③，他的权力源于资本不可抗拒的购买力。私有财产的真正本质是劳动，资本对于私有财产的独占就是对劳动本身及其产品的占有权、支配权和处置权。资本家对于私有财产的独占是资本雇佣劳动关系的基础。因此，实现劳动现代性的重建必须以废除资本家对私有财产的独占为前提，必须以通过批判而扬弃资本现代性为前提。马克思资本现代性批判的真正理论指向是劳动现代性重建。既然资本建构的现代性是总体性的，那么劳动现代性的重建也必然是总体性的。

在《1844 年经济学哲学手稿》中，马克思大量使用资本、劳动、地产、工业、农业等现代性范畴，考察了劳动现代性的发展，阐明了"资本战胜地产"的原因。资本运动的历史只不过是劳动发展史的一个阶段。资本现代性不过是劳动现代性的特殊表现形式。马克思认为，"资本战胜地产"意味着"发达的私有财产对不发达的、不完全的私有财产的胜利"④。"资本"之所以能够战胜地产，是因为它所代表的私有

① 《马克思恩格斯文集》第 1 卷，人民出版社 2009 年版，第 175 页。
② 《马克思恩格斯文集》第 1 卷，人民出版社 2009 年版，第 129 页。
③ 《马克思恩格斯文集》第 1 卷，人民出版社 2009 年版，第 130 页。
④ 《马克思恩格斯全集》第 3 卷，人民出版社 2002 年版，第 287 页。

财产占有者更加的老于世故，他们是精明、机敏、开明的利己主义者，他们的行为更加公开和自觉、卑鄙和贪婪。从私有财产的形式来看，货币作为私有财产的形式比其他东西具有更多的优越性。马克思指出，在蒲鲁东那里，劳动反对资本的运动，是具有"工业资本的规定的劳动"反对"不是以工业方式来消费的资本的运动"。① 然而，资本规定的劳动正沿着资本胜利的道路发展。马克思认为，要想弄清资本胜利的秘密就必须把劳动理解为私有财产的本质。"资本战胜地产"是因为一种新的劳动形式扬弃了旧的劳动形式。资本和工业代表的历史力量是推动近代以来西方从农业文明向工业文明跨越的内在动力，充分肯定了劳动现代性的社会历史作用。

什么是"资本战胜地产"？主要是指工业资本发展和工业体系建立的系统效应："土地所有者和资本家日益趋同、农业按照工业的逻辑经营、农民转变为工业人口、资本和工业最终确立了对劳动和地产的统治。"② 土地代表封建社会最主要的劳动客观条件，资本代表现代社会最主要的劳动客观条件。资本和土地在本质上都是生产资料，它们之间是历史的差别。在马克思看来，资本和土地、工业和农业之间的差别体现了劳动发展的不同历史阶段，它们之间本质是一致的，也就是说，农业是没有完成的工业，地产是"还没有完成的资本"③。地产作为资本还没有完全摆脱同周围世界的纠缠，当它从周围世界中抽离出来的时候，就变成了资本。资本和地产、农业和工业的差别是历史发展的推动力量，从其发展趋势来看，是现代资本扬弃传统资本的历史运动，这一运动的必然趋势是工业资本的胜利。也就是说，在这一运动中，地产将逐步纳入资本运动的范畴，农业将纳入工业发展的范畴。资本从地产中分离并外化出来，形成地产与资本的分工与对立，工业从农业中分离并

① 《马克思恩格斯全集》第 3 卷，人民出版社 2002 年版，第 352 页。
② 屈婷：《马克思城市化思想的演进历程及其方法论特征》，《南开学报》（哲学社会科学版）2019 年第 1 期。
③ 《马克思恩格斯全集》第 3 卷，人民出版社 2002 年版，第 288 页。

外化出来，形成工农业的分工与对立。资本从地产中分离的结果"是劳动的必然发展"①。一方面，资本由此获得了自由发展的空间；另一方面，工业战胜农业获得长足的发展。马克思"资本战胜地产"思想具有重要的方法论意义。如马克思所说，"资本战胜地产"不是"基于事物本质的差别"，意思是说，从抽象本质演绎来规定事物属性的方法是一种形而上学的静态、孤立的设定。如马克思所说，"资本战胜地产"是"历史的差别"，意思是说，要结合历史因素阐明事物属性的发展，包括时间维度的阶段性、过程性和空间维度的依存性、交叉性。由此出发，马克思阐明了现代资本的发展经历了地产资本化过程，现代劳动发展经历了农业工业化过程。

（二）"资本雇佣劳动"：资本成为劳动现代性的支配力量

现代性是"现代世界（现代社会或现代文明）的实质、基础、核心"和"全部现代世界围绕着旋转的那个枢轴"。② 现代性是由资本与劳动的关系规定的。现代性的生成表现为劳动现代性的资本逻辑，是资本奴役雇佣劳动的结果。马克思把现代性的生成归结为资本逻辑，然而，资本逻辑却是过度劳动的文明暴行。资本逻辑是人类生存实践内在矛盾的展开，终将被劳动的力量所扬弃。在马克思看来，"自我异化的扬弃同自我异化走的是同一条道路"③。什么是"同一条道路"呢？我们认为，马克思这里的"同一条道路"就是指劳动现代性的发展道路。劳动现代性直接表现为劳动异化，而劳动异化直接导致人的自我异化。劳动异化创造了资本，资本反过来主宰劳动。在马克思看来，人的自我异化不过是劳动现代性发展过程中的一个环节，通过扬弃劳动异化才能为劳动现代性的发展开辟更加广阔的道路，从而推动人的本质的发展。

资本和劳动的关系就是私有财产的关系，它们的对立统一是私有财

---

① 《马克思恩格斯全集》第 3 卷，人民出版社 2002 年版，第 284 页。
② 吴晓明：《论马克思对现代性的双重批判》，《学术月刊》2006 年第 2 期。
③ 《马克思恩格斯文集》第 1 卷，人民出版社 2009 年版，第 182 页。

产运动的内在机制。资本和劳动关系的发展历经三个阶段：第一阶段，是资本和劳动直接或间接统一，它们的最初分离作为积极条件而互相促进、互相推动；第二阶段，是资本和劳动的对立，工人和资本家之间都把对立视为自己的非存在，都试图通过否定和剥夺对方以获得自己的存在；第三阶段，是资本和劳动各自同自身对立。对于工人而言，只有在例外的情况之下才能成为资本家。资本是与劳动相敌对的，具有分离和对立的趋势，但是，资本的劳动本质决定了它始终不能离开劳动，正是活劳动赋予资本以生命。资本由劳动现代性的物的要素独立出来，成为决定劳动过程的要素。资本的增殖本性决定了它始终是与劳动相对立的，而资本和劳动的对立一旦达到顶点、最高阶段，便预示着私有财产制度灭亡。

如果撇开资本雇佣劳动，或者说劳动摆脱资本的钳制，那么，劳动将成为人类自觉性创造性的生命活动。马克思强调，世界历史是人通过人的劳动而诞生的过程，而劳动创造世界历史的作用具体体现在三个方面：一是"劳动创造了人本身"①。人作为自为生成的存在物，劳动起了关键性作用。二是劳动创造了人类社会。"整个历史也无非是人类本性的不断改变而已。"② 三是劳动创造了自然史和人类史。自然史和人类史的统一只有归结为劳动才能做出合理的解释。马克思从劳动发展史中找到了全部人类社会发展史的钥匙。在现代社会，随着资本积累的发展，劳动开启了现代性的发展历程。在资本操控下的劳动失去了自由自觉的生命活动意义，劳动蜕变成为"肉体受折磨、精神遭摧残"的异化劳动。马克思认为，当人类的祖先亚当被贬到人间之后，他受到了上帝的诅咒："你必须汗流满面地劳动!"经济学家斯密也"把劳动看做诅咒"，认为"不劳动却是'自由和幸福'"。③ 在雇佣劳动条件下，资

---

① 《马克思恩格斯文集》第9卷，人民出版社2009年版，第550页。
② 《马克思恩格斯文集》第1卷，人民出版社2009年版，第632页。
③ 《马克思恩格斯文集》第8卷，人民出版社2009年版，第173—174页。

本增殖成为劳动的唯一目的，劳动的目的是满足资本家的发财欲，劳动者完全沦为资本增殖的手段。劳动表现为外在强制，表现为"肉体受折磨、精神遭摧残"，因而人们会像逃避瘟疫一样逃避劳动。马克思认为，资本逻辑具有双重作用：一方面，资本全面打开了人的本质力量，把人类潜在的能力激发出来，破坏了一切阻碍人的发展的社会关系；另一方面，资本贪婪地吮吸活劳动，而"对现实的个人活动漠不关心"①。资本逻辑所创造的现代社会生活图景表现为"物的世界的增值同人的世界的贬值成正比"②。"增值"的是资产阶级的财富；"贬值"的是无产阶级自身。马克思从劳动现代性立场出发，通过对资本与劳动关系进行研究，论证了社会历史的本质和人的本质，并由此超越了以往的历史学家。

（三）"资本剥削劳动"：揭秘资本主义剩余价值生产

唯物史观和剩余价值学说是马克思最重要的两个伟大发现。剩余价值学说是马克思花费一生心血研究政治经济学的主要成果。通过"人体解剖"，马克思全方位考察了资本与劳动关系的发展史。马克思指出："在剩余价值中，资本和劳动的关系赤裸裸地暴露出来了。"③ 正是由于榨取剩余价值的目的，资本和劳动才纠缠在一起。马克思提出了这样一个公式："资本＝积累的劳动＝劳动"④，这一公式深刻说明了资本的劳动本质。恩格斯对此高度评价，马克思"彻底弄清了资本和劳动的关系"⑤。这意味着马克思向世人揭示了现代社会资本家剥削工人的秘密。在《资本论》中，资本与劳动的关系第一次得到了科学的说明。恩格斯认为，对于资本与劳动关系做出如此透彻和精辟说明的也只有马克思一人能够做到。虽然不可否认三大空想社会主义者欧文、圣西门、

---

① 《马克思恩格斯文集》第 1 卷，人民出版社 2009 年版，第 119 页。
② 《马克思恩格斯文集》第 1 卷，人民出版社 2009 年版，第 156 页。
③ 《马克思恩格斯文集》第 7 卷，人民出版社 2009 年版，第 56 页。
④ 《马克思恩格斯全集》第 3 卷，人民出版社 2002 年版，第 288 页。
⑤ 《马克思恩格斯选集》第 3 卷，人民出版社 2012 年版，第 724 页。

傅立叶著作的重要价值，但是，他们并没有攀登到社会主义思想的巅峰。只有马克思"像一个观察者站在高山之巅俯视下面的山景一样"①，把现代社会的内部结构和全部领域看得清清楚楚、明明白白。

马克思实现哲学向经济学转向的最初就抓住了资本与劳动的关系来解剖现代社会，并且把资本理解为对劳动及其产品的支配权。马克思认为，由于资本剥削劳动，整个现代社会分裂为有产者和无产者，无产者降低为最贱的商品。在《神圣家族》中，马克思首次提出"雇佣劳动"范畴，认为无产阶级是"雇佣劳动"的执行者，他们"替别人生产财富、替自己生产穷困"②。在《德意志意识形态》中，马克思、恩格斯首次使用"劳动力"范畴，从而为诠释资本与劳动之间的雇佣关系奠定了基础，因为资本雇佣劳动始于劳动力商品化。在《哲学的贫困》中，马克思首次阐述剩余价值学说，强调劳动力商品化是资本剥削劳动的前提。在这里，马克思论战性却科学地第一次概述了"我们见解中有决定意义的论点"③。《资本论》是马克思专门阐述剩余价值学说的著作。他认为，资本主义经济是商品经济，商品是它的最小"细胞"，商品的二重性即价值和使用价值是由劳动的二重性决定的。商品交换遵循等价交换的原则。商品的价值量由生产商品的社会必要劳动时间决定。然而，劳动力商品买卖却是形式等价而实质不等价。从形式上看，资本家为了购买劳动力商品而支付了工资，但是劳动力是一种特殊的商品，资本家对这一商品的消费表现为工人劳动，而工人劳动创造的价值与劳动力的价值是一个不相等的量。资本家支付的工资是劳动力的价值，但资本家得到的是工人劳动创造的价值，二者的差额就是剩余价值。资本家发财致富的秘密就是无偿占有工人的剩余劳动。资本主义生产的前提是生产资料的私人占有，以及劳动主体条件和客体条件分离，其结

---

① 《马克思恩格斯选集》第 2 卷，人民出版社 2012 年版，第 70 页。
② 《马克思恩格斯全集》第 2 卷，人民出版社 1957 年版，第 44 页。
③ 《马克思恩格斯选集》第 2 卷，人民出版社 2012 年版，第 4 页。

果，生活资料和生产资料被少数资本家垄断，转化为资本，成为他们剥削压迫工人的经济权力，而"直接生产者转化为雇佣工人"①，沦为资本的奴隶。对于工人而言，他必须出卖劳动力给资本家才能获得劳动和生存的条件；对于资本家而言，只有无偿占有工人的剩余劳动才能发财致富。资本之间的残酷竞争是生产力发展的内在动力。资本的灵魂决定了资本家的灵魂。资本的本性是自身增殖，它决定了资本家的本性。资本家凭借生产资料的独占而最大限度地吮吸剩余劳动、占有剩余价值。

二　现代性的文明与野蛮：资本与劳动的矛盾运动

资本主导原则是西方资本主义现代性的基石。资本现代性在创造巨大物质生产力的同时，也把"物的依赖"变成了普遍的、抽象的统治力量。马克思把资本与劳动的对立统一理解为现代性的内在机制。如果说"旧世界"根源于资本主导原则，那么"新世界"便根源于劳动主导原则。重建现代性的根本是劳动原则取代资本原则主导社会发展。劳动是"私有财产的主体本质"，资本是"客体化的劳动"。② 资本从劳动中独立出来并变成劳动的统治力量，只有通过资本回归劳动才能化解它们之间的矛盾。基于资本主导原则的现代性表现为文明面与野蛮面的统一。资本的野蛮面更能体现它的本质，因为资本虽然发挥了"伟大的文明作用"，但这种"伟大的文明作用"应当归功于"活劳动"，"活劳动"是资本文明的真正源泉。在资本现代性批判中重建现代性必须"阐明用劳动原则替代资本原则的历史必然性"③，揭示重建新型劳动现代性的历史条件和理想愿景。现代性是资本降世的产物。现代性延展是资本增殖本性的体现。现代性的悖论根源于资本的二重性。现代性

① 《马克思恩格斯选集》第 2 卷，人民出版社 2012 年版，第 291 页。
② 《马克思恩格斯文集》第 1 卷，人民出版社 2009 年版，第 182 页。
③ 陈立新、张婷婷：《现代性从资本到劳动的原则性转变》，《思想战线》2021 年第 5 期。

的终结根源于资本的自反性。现代性的文明与野蛮共同发展的内在机制是资本与劳动的矛盾运动。这一运动的必然结果是劳动主导原则取代资本主导原则，是共产主义现代性取代资本主义现代性。

（一）现代性的本质规定和核心命名

马克思语境中的"现代"概念是从生产方式的根本基础给予历史存在论的本质规定和批判揭示的。资本的出现，"标志着社会生产过程的一个新时代"①。抓住了"资本"的本质就抓住了现代性和现代社会的本质。

首先，现代性生成是资本降世的产物。现代性与资本降世具有直接的关系。马克思用"资本来到世间"的语句论证了现代性的出场。因此，对现代性的考察就意味着对资本降世的考察。在马克思看来，资本作为现代社会生产关系并不是与生俱来、永恒存在的东西。资本的起源表现为直接生产者的被剥夺。资本的降世伴随着血腥与刀剑，它"是用血和火的文字载入人类编年史的"②。资本是由货币羽化而来的，是能够带来货币的货币。劳动力商品化是资本主义生产方式的前提。劳动力商品化的过程表现为劳动者和劳动资料的痛苦分离，表现为资本在少数人那里迅速集中。马克思所讲的资本时代、资本社会就是现代社会。在资本时代，"一切封建的、宗法的和田园诗般的关系都破坏了""一切新形成的关系等不到固定下来就陈旧了"。③ 资本降世揭示了现代性的本质及其成因。

其次，现代性延展是资本增殖本性的体现。资本现代性产生于欧洲，然后延伸到北美、东亚，逐渐拓展到整个世界。资本现代性由地方性存在转变为世界性存在，其内在动力是资本增殖本性。资产阶级为了最大限度实现交换价值、获得剩余价值，奔走于世界各地，到处落户、

---

① 《马克思恩格斯文集》第5卷，人民出版社2009年版，第198页。
② 《马克思恩格斯文集》第5卷，人民出版社2009年版，第822页。
③ 《马克思恩格斯文集》第2卷，人民出版社2009年版，第33—34页。

开发、联系，把一切民族都席卷到资本主义经济体系。资本现代性延展打破了落后民族的闭关自守状态，形成了普遍的互相往来、互相依赖。可见，资本逻辑是作为世界历史性存在的现代性生成的根本动力和深刻根源。

再次，现代性的悖论根源于资本的二重性。从传统社会向现代社会发展表现为现代性的"断裂"。现代性的展开使人的主体性得以张扬和释放，现代文明表现为心智启蒙、物质富足、交往便捷等，与此同时，在现代社会，文明与野蛮交织、光明与阴暗同现。马克思对于现代性的悖论有着深刻揭示，即"每一种事物好像都包含有自己的反面"①。比如，机器代替人力，带来了更有成效的劳动，却造成了过度疲劳和普遍饥饿；技术的胜利带来道德的败坏；财富的新源泉变成了贫困的新源泉；等等。马克思认为，现代性的悖论根源于资本的二重性：一是资本具有促进生产、扩大交往、创造财富、传播文明的作用；二是资本自我增殖本性表现为无限贪婪、无视尊严、无序扩张、极限压榨、强制进步等，由此引发经济、政治、生态和意义危机等。

最后，现代性的终结根源于资本的自反性。现代性是现代社会的缩略语。有人认为，资本主义所开创的现代性是"历史的终结"。也有人认为，现代性是一项"未竟的事业"。还有人认为，现代性罪恶多端，不可饶恕。马克思曾以辩证眼光和历史态度揭示现代性危机及其消解途径。资本现代性既有其存在的合理性又有其存在的限度和边界。资本现代性的终结根源于资本的自我否定，社会主义现代性取代资本主义现代性是资本自反性的必然结果。资本现代性的"真正限制是资本自身"②。资本自反性是终结资本现代性的根本力量，将为资本现代性的扬弃创造物质前提和培育主体力量。

---

① 《马克思恩格斯文集》第 2 卷，人民出版社 2009 年版，第 580 页。
② 《马克思恩格斯文集》第 7 卷，人民出版社 2009 年版，第 278 页。

（二）资本主义现代性发展的内在机制

现代性是随着现代社会的发展而逐步生成的。现代性的发展史是一部社会矛盾裂变史，是一部文明与野蛮的斗争史。一方面，资本现代性的展开，使人类摆脱愚昧状态，迎来了现代文明。资本增殖逻辑驱使资本家不停变革、不断创新。它"使很大一部分居民脱离了农村生活的愚昧状态"①。资本现代性的文明成果归根结底是把劳动生产力成功转化为资本生产力，使社会生产力得以空前释放。马克思、恩格斯慨叹道："过去哪一个世纪料想到在社会劳动里蕴藏有这样的生产力呢？"②现代性危机并不意味着其失去了发展潜力，也不意味着其价值承诺的破灭。究其根源，是由于资本的霸权地位以及资本主义制度体系窒息了现代性的活力。现代的历史是文明和野蛮不可分离的历史。马克思对现代性采取的是扬弃态度，积极主张立足劳动社会化立场重建现代性。另一方面，马克思对于以资本为核心、以理性形而上学为基础的现代性持批判态度。资本现代性的展开，造成劳动异化，劳动主体成为抽象存在，自由个性被彻底泯灭。工具理性大行其道，劳动主体沦为资本增殖的手段。资本现代性的展开给落后的民族国家带来了沉重灾难。资产阶级形塑了以"主导—从属""中心—边缘"为特征的民族国家关系。无论从资产阶级国家内部的城乡对立看，还是从资本全球化造成的不平衡地理发展看，资本现代性的宏大叙事并非具有普遍性。社会发展的两极分化，无产阶级不公正的生存状况等，充分证明了资本现代性方案的虚假性、欺骗性。同时，资本现代性的展开使社会道德价值"虚无化"，"一切神圣的东西都被亵渎了"，人与人的关系仅剩冷酷无情的"现金交易"。③

那么，现代性的文明与野蛮共同发展的内在机制是什么呢？在马

① 《马克思恩格斯选集》第 1 卷，人民出版社 2012 年版，第 405 页。
② 《马克思恩格斯选集》第 1 卷，人民出版社 2012 年版，第 405 页。
③ 《马克思恩格斯选集》第 1 卷，人民出版社 2012 年版，第 403 页。

克思看来，现代性是资本与劳动矛盾运动的必然结果。在现代性的展开中，资本成为矛盾的主要方面，劳动成为矛盾的次要方面。资本成为雇佣劳动发展的决定性力量。恩格斯认为，"土地和人的活动"的对立是私有制最直接的结果，而人的活动又"分解为劳动和资本"①，它们最初是一个东西，随着私有制的发展，造成"资本和劳动的分裂"，②其实质是劳动的内在分裂，也就是说，劳动通过自我分裂为自己开辟了发展空间。马克思认为，劳动和资本的对立是资本现代性无法克服的内在矛盾，这一矛盾的尖锐化，"必然是整个关系的顶点、最高阶段和灭亡"③。

　　资本与劳动的分裂根源于生产力的发展，尤其是分工的发展。"分工从最初起就包含着劳动条件——劳动工具和材料——的分配……包含着资本和劳动之间的分裂以及所有制本身的各种不同的形式。"④资本与劳动的分裂既然是私有制发展的结果，那么它必然体现着私有财产占有者的利益。资本对于劳动的物力和人力条件的占有和支配的生产关系推动了生产力发展。资本凭借支配一切的经济权力成为劳动力发展的催化剂和吸纳器。马克思认为，资本具有一种生产性功能，之所以能够实现剩余价值的生产，之所以能够自身增殖，是因为它是一种"剩余劳动的强迫力量"和劳动生产力的"吸收者和占有者"。⑤当然，资本与劳动虽然是相互对立的冤家，但是，不是冤家不聚头，现实的生产过程必须是资本与劳动的结合。资本和劳动的矛盾是现代性发展的内在机制。资本现代性和劳动现代性是现代性不可分割的两个方面。现代性的文明方面根源于劳动，而其野蛮方面根源于资本。扬弃资本主义现代性而实现共产主义现代性必须颠覆资本逻辑、实现

① 《马克思恩格斯选集》第1卷，人民出版社2012年版，第34页。
② 《马克思恩格斯选集》第1卷，人民出版社2012年版，第32页。
③ 《马克思恩格斯文集》第1卷，人民出版社2009年版，第172页。
④ 《马克思恩格斯文集》第1卷，人民出版社2009年版，第579页。
⑤ 《马克思恩格斯选集》第2卷，人民出版社2012年版，第852页。

劳动解放。

（三）劳动原则取代资本原则的历史必然性

资本原则追求的是利润最大化而且收入归资本主体所有、支配和独享。劳动原则追求的是收入最大化而且收入归劳动主体所有、支配和共享。马克思认为，资本和劳动的对立是现代性的生成条件，资本和劳动对立产生于资本和土地、利润和地租、工业和农业、私有不动产和私有动产之间的历史差别。现代性的生成与发展遵循资本主导物质生活资料生产和再生产的原则。资本原则的实质是劳动原则的抽象化，或者说是抽象的劳动原则。抽象的劳动原则是由资本操纵劳动的原则，它导致了劳动异化，其结果，人的现实的感性的生命活动被资本物无情地抽象和肢解。传统社会"人的依赖"到现代社会"物的依赖"是一个历史性的进步。"物的依赖"表现为物质生活资料的发展与丰富，表现为"人的独立性"的先决条件。"人的独立性"为资本现代性扩张准备了能动的劳动主体。它虽然为人的自由解放和全面发展提供了前提，但是，由于资本主导原则的普遍统治，它始终无法摆脱资本原则的牢笼。

现代性的弊端根源于资本与劳动的关系。在现代社会，资本与劳动的关系具体表现为"物的依赖性"与"人的独立性"的内在冲突。"物的依赖性"属于资本，是对资本物的依赖；"人的独立性"属于劳动，是劳动者所拥有的对于自身劳动力商品的处置权。实现对资本现代性的超越就必须用"人的独立性"来扬弃"物的依赖性"，即劳动者重新驾驭资本物的力量，由此，必须实现劳动原则对资本原则的扬弃。资本降临世间，"促使人进入'劳动的社会'"①，即创造更多的剩余劳动。马克思、恩格斯看到，资本现代性发挥了伟大的革命作用，其中，最根本的就是激发了人类劳动的巨大潜能，确证了人类劳动的伟大成就，表现

---

① 陈立新、张婷婷：《现代性从资本到劳动的原则性转变》，《思想战线》2021 年第 5 期。

了人类劳动的社会力量。"资本一出现，就标志着社会生产过程的一个新时代。"① 这个"新时代"的特点就是剩余价值生产。但是，生产剩余价值的劳动对于劳动主体而言是一种满足谋生需要、创造使用价值的"有用性劳动"，它偏离了人的自我实现轨道。马克思认为，劳动原则取代资本原则的必要性在于，劳动原则主导的社会，将始终朝向人的全面发展的目标。随着生产力的高度发展，资本原则的历史使命也就完成了，因为资本原则由劳动社会化的形式变成了劳动社会化的桎梏，届时，资本原则的统治也就结束了。

资本原则不仅创造了社会成员对自然与社会联系的普遍占有，而且破坏了生产力发展的地方性和生产生活方式的自闭性。资本为了实现自身增殖，摧毁了一切阻碍"利用和交换自然力量和精神力量的限制"②，推动了生产生活的革命化发展。然而，以资本原则为主导的生产有着自身的"界限"：一是"必要劳动是活劳动能力的交换价值的界限"，工人的劳动力商品能否售卖关键在于能否为资本家提供必要劳动。二是"剩余价值是剩余劳动和生产力发展的界限"，剩余价值是由剩余劳动创造，资本家榨取剩余劳动就是为了获得剩余价值。剩余劳动受生产力发展水平的制约，资本家竭力发展生产力就是为了获得更多的剩余劳动。三是"货币是生产的界限"，资本主义剩余价值生产是"为卖而买"，资本家手中的"货币"直接制约着"买"的多少，直接影响着生产的规模、质量。四是"使用价值的生产受交换价值的限制"，商品生产出来之后，只有售卖出去，社会再生产才能持续。③ 以上四个"界限"是由资本本性规定的。资本在追求普遍性的过程中，必然遭遇资本本身性质的限制，"因而驱使人们利用资本本身来消灭资本"④。资本是劳动创造的，但是却成为统治劳动的物

① 《马克思恩格斯文集》第5卷，人民出版社2009年版，第198页。
② 《马克思恩格斯文集》第8卷，人民出版社2009年版，第91页。
③ 《马克思恩格斯全集》第30卷，人民出版社1995年版，第397页。
④ 《马克思恩格斯选集》第2卷，人民出版社2012年版，第716页。

化力量。在资本原则主导下，劳动现实化的结果把自己变成了"同自身相对立的他物的存在"，而不是"自为的存在"。① 资本主导原则把自由劳动变成了异化劳动，因此，在现代社会，劳动越发展，劳动生产的越多，劳动主体与客体的矛盾越尖锐。这一矛盾作为历史动力，推动着劳动原则对资本原则的扬弃。

三 劳动原则与"新现代性"构想

"劳动"概念的发现为马克思现代性批判奠定了理论基础，马克思由此开辟了现代性批判的新方向，即论证了共产主义现代性取代资本主义现代性的历史必然性。马克思从劳动社会化立场出发，坚持在批判"旧现代性"中去发现"新现代性"，在资本现代性批判中探求劳动现代性重建。现代性批判是马克思哲学的总问题。马克思的现代性批判包括现代性的"原本"批判和"副本"批判两个方面："原本"批判主要是指对现代性的存在论基础与状况的批判，包括对现代人的异化生存状况的揭露与批判和资本的现代性现象学批判，由此揭露了现代性的资本逻辑及其总特征；"副本"批判主要是指对资产阶级政治国家和法的批判，以及"现代性的观念论的批判"②。马克思现代性批判的立足点是劳动存在论，他在从哲学向经济学转向过程中，对于劳动的理解实现了从"异化劳动"到"雇佣劳动"的跨越。异化劳动反映了一切私有制社会下的劳动本质，雇佣劳动反映了资本主义社会的劳动本质。现代性批判是联结"旧世界"和"新世界"的桥梁。现代性从"旧世界"中脱胎而出，又为"新世界"创造着必要条件。扬弃"旧现代性"而建构"新现代性"必须实现劳动解放，劳动解放是实现人的解放的必要条件。

---

① 《马克思恩格斯文集》第 8 卷，人民出版社 2009 年版，第 102 页。
② 刘祥乐：《马克思对现代性的双重批判及其总体性特征——〈巴黎手稿〉新诠》，《学术论坛》2016 年第 7 期。

（一）现代性批判语境的"劳动"概念：异化劳动与雇佣劳动

按照时间先后顺序，马克思著作中对于"劳动"概念的使用大体有"异化劳动""物质劳动""雇佣劳动""自由劳动"等。在此之前，我们在对"劳动"概念的分析中从"异化劳动""谋生手段""物质变换""自由劳动"四个方面分析了劳动的内涵。从现代性视角看，"异化劳动""雇佣劳动"属于资本现代性批判范畴；"谋生手段""物质变换""自由劳动"属于劳动现代性建构范畴。

从现代性批判出发，马克思"劳动"概念大体有两种解释模式："哲学的解释模式"和"经济学的解释模式"。[①]"哲学的解释模式"表现为"自由劳动"扬弃"异化劳动"，从而破解现代性问题。从哲学视角看，劳动是人的社会存在和自我实现方式；"经济学的解释模式"表现为"物质劳动"扬弃"雇佣劳动"，从而实现现代性重建。从经济学视角看，劳动者是生产过程的主体，劳动关联着人的自由全面发展。马克思始终坚持对"劳动"概念两种阐述模式的统一，他并没有因"经济学的解释模式"而放弃"哲学的解释模式"。当然"哲学的解释模式"与"经济学的解释模式"的划分是相对的，马克思对于现代性的解释往往是这两种解释模式的统一体。

马克思的"异化劳动"理论是批判资本现代性、重建劳动现代性的重要依据。"异化劳动"批判既是哲学意义上的又是经济学意义上的，是马克思对现代社会劳动状况的理论概括。在现代社会，劳动是"作为外化的人的自为的生成"[②]。马克思从自由的自觉的活动即自由劳动的视角考察"异化劳动"，揭示了现代资本主义社会之中人性的扭曲。马克思"感性劳动""物质生产"等概念的立论依据是物质性对象性的"劳动"。物质性对象性的"劳动"概念，从人类的存续发展角度揭露了劳动与人之间的历史生成。马克思认为，所谓物质性对象性的

---

① 唐爱军：《马克思劳动观及其现实意义》，《毛泽东邓小平理论研究》2014 年第 3 期。
② 《马克思恩格斯文集》第 1 卷，人民出版社 2009 年版，第 205 页。

"劳动"就是"生产物质生活本身"，它是人类社会的"第一个历史活动"。① 物质性对象性的"劳动"是随着生产力和分工的发展而发展起来的。从"异化劳动"概念向物质性对象性"劳动"概念的转化，还没有完全摆脱"一般劳动"的羁绊。为了解剖现代资本主义社会的具体劳动形式，马克思提出了"雇佣劳动"概念。在《哲学的贫困》《共产党宣言》等著作中，马克思开始从经济学视角解剖雇佣劳动，揭示了资本与雇佣劳动的关系。马克思认为，雇佣劳动是"生产资本的劳动"，从"活劳动"角度看，它是"作为劳动能力存在"和"作为活动来实现"。资本则是雇佣劳动生产出来的一种"异己的权力"。② 雇佣劳动是生产和再生产资本经济权力和政治权力的劳动，它服从于资本增殖的需要。

劳动者与劳动客体条件的分离是现代性生成的前提条件。工人丧失了劳动资料和劳动对象，成为一无所有的自由劳动者，由此丧失了对于劳动过程的支配权和控制权。这一过程有四点表现："第一，工人的客体化……第二，资本家对工人实行直接的专制式控制。第三……工人日益机械化和去技能化……第四，现代官僚化管理导致工人的非人格化和原子化。"③ 劳动过程资本论涉及劳动的组织管理和技术应用问题。从资本主义现代性的生成发展看，资产阶级借助组织管理和技术进步实现剩余价值生产，管理和技术成了资本的帮凶。资本无限增殖的本性推动着扩大再生产持续发展，由此劳动社会化与资本主义私人占有的矛盾不断加剧。资本增殖的前提条件是吮吸活劳动的膏血。随着分工协作的发展，社会财富日益表现为人类共同劳动的成果，但是由于资本家独占生产资料因而获得了操控生产过程和占有劳动产品的合法性，其结果，导致资本主义现代性的固有矛盾——生产不断社会化的趋势和财产的资本

---

① 《马克思恩格斯文集》第1卷，人民出版社2009年版，第531页。
② 《马克思恩格斯全集》第30卷，人民出版社1995年版，第456页。
③ 唐爱军：《马克思劳动观及其现实意义》，《毛泽东邓小平理论研究》2014年第3期。

主义私人占有的矛盾尖锐化。

（二）现代性的扬弃：在批判"旧世界"中发现"新世界"

马克思的批判"旧世界"是手段，发现"新世界"是目的。批判"旧世界"就是要摆脱现代性危机，发现"新世界"就是要重建现代性。"新世界"只有通过"改变世界"的革命实践才可能达成。马克思发现和建构的"新世界"是真正的人类社会或社会化的人类。马克思认为，摆脱现代性危机并非采取整体颠覆和彻底解构的方式，因为现代性还没有走到尽头。因此，真正可行的办法是实现现代性的"内在超越"，即通过合理地解决现代性的内在矛盾而推动现代性发展，实现现代社会向人类社会跃升。现代性之所以能够实现"内在超越"是因为它根源于资本与劳动的矛盾。在这一矛盾中，当资本成为矛盾的主要方面便是资本现代性的展开，当劳动成为矛盾的主要方面便是劳动现代性的展开。因此现代性的发展是劳动现代性对于资本现代性的"内在超越"。马克思认为，解决现代性的危机就必须使人类摆脱资本普遍力量的支配，从而使那些盲目奴役人的力量转变为人类自觉控制的为人类服务的力量。

现代性是联结"旧世界"和"新世界"的桥梁。现代性从"旧世界"中脱胎而出，又为"新世界"创造着必要条件。只有站在现代性的地平线上，才能看到"新世界"那冉冉升起的太阳。把握现代性的本质就必须揭示现代性的起源，阐述现代性的发生学。对马克思现代性起源问题的阐释，大体有三种观点：第一种是强调现代性的资本逻辑。这种观点认为，现代性起源于社会世俗化即资本化、市场化、物化，尤其是马克思的《资本论》更是深刻揭示了现代性的资本逻辑，阐明了传统社会转向现代社会、农业社会转向工业社会的根源。这实质是研究马克思资本现代性批判产生的思维惯性。第二种是强调现代性的劳动逻辑。这种观点认为，现代性的最终根源是现代生产，现代性起源的决定性因素是现代生产。另外，唐爱军在《劳动主题与马克思的现代性批判思想》等文章中更是系统地阐述了现代性的"劳动主题"①。第三种是强调现代性的人本逻辑。这种观点强调从个人发展维度界定现代社会的本质特征。例如，韩庆祥认为，马克思的社会发展"三形态"理论是我们解释现代性起源的重要依据。"三形态"理论概括了从"人的依赖"到"物的依赖"再到"自由个性"三个历史发展阶段。资本主义开启的现代性是从"人的依赖"向"物的依赖"的跨越。因此，"现代性在根本上源于'社会结构转型'"②。现代性的社会结构是资本物的垄断和"个人独立"为主导的社会结构。

现代性批判是马克思政治经济学批判的核心。"马克思是现代性思想发展史上绕不过去的一座'高峰'。"③ 马克思对现代性的研究抓住了资本和劳动的矛盾，破解了现代性的"历史之谜"。马克思转向现代性研究深受恩格斯影响。在《国民经济学批判大纲》中，恩格斯指出，"私有制的最直接的结果是生产分裂为……土地和人的活动"④，人的活动又分裂为彼此敌视的资本和劳动。资本从人的活动即劳动中独立出来是私有制发展的结果。资本与劳动分裂意味着劳动主体与劳动条件分离，这种分离为现代性的生成提供了前提。把握劳动现代性离不开资本现代性，资本和劳动是现代性生成的正反面。通过现代社会的"人体解剖"，马克思确证了资本之于现代性的主导作用和劳动之于现代性的基础地位，坚持从劳动主体立场出发，揭示了共产主义现代性取代资本主义现代性的历史必然趋势。重建劳动现代性必须颠覆资本现代性的统治地位。现代性是资本与劳动矛盾运动的展开。马克思资本现代性批判的根本目的在于重建劳动现代性，马克思预见了共产主义现代性的必然

---

① 唐爱军：《劳动主题与马克思的现代性批判思想——兼论哈贝马斯和海德格尔对马克思的批判》，《中共南京市委党校学报》2011 年第 2 期。

② 韩庆祥：《现代性的本质、矛盾及其时空分析》，《中国社会科学》2016 年第 2 期。

③ 刘家俊：《〈共产党宣言〉新解：马克思"现代性"思想的"宣言"——基于现代性四个基本向度的学理性分析》，《宁夏社会科学》2017 年第 5 期。

④ 《马克思恩格斯选集》第 1 卷，人民出版社 2012 年版，第 33—34 页。

诞生。

（三）建构"新现代性"：从劳动解放到人的解放

马克思对现代性起源和本质的分析考察表明，他反思现代性问题的主题是人的自由解放和全面发展，为此，他揭示了资本在现代性生成过程中的决定性作用，但是，从现代性的本质来看却体现了劳动逻辑。因为劳动形式是社会形态的基础，从传统社会向现代社会跨越归根结底是人类劳动形式的革命。马克思对现代性生成发展逻辑的分析经历了从资本逻辑向劳动逻辑的发展过程。资本逻辑彰显了马克思批判"旧世界"的价值向度，劳动逻辑彰显了马克思建构"新世界"的价值追求。在现代性的发展中，资本与劳动的矛盾关系不断被克服又不断被生产出来，从而给现代社会的发展造成了双重效应，即资本的文明与野蛮。文明的一面表现为资产阶级的成果，即极大地发展了资本生产力，创造了社会成员之间普遍的社会联系和价值体系，克服了一切民族的界限和偏见，以及把自然神化的现象；野蛮的一面表现为劳动者阶级的灾难，劳动者作为"活动着的个人却没有独立性和个性"①，或者说，劳动者的独立性和个性是以对资本物的依赖性为前提的，劳动者只能在为资本家创造财富的领域和范围内表现自己的独立性和个性。随着全球化的深入发展，资本的文明面与野蛮面在世界历史空间展开，不仅规定了资本主义现代性的阈值，也为劳动者的解放创造了条件。全球化形成发展的主要动力源于资本逻辑，因此，在全球化过程中，资产者得到了前所未有的联合。然而，颠覆资本现代性的统治，需要劳动者阶级的联合，因此马克思、恩格斯呼吁："全世界无产者，联合起来！"②

马克思围绕劳动主题的经济学研究旨在探寻劳动解放的路径。马克思之所以重视劳动解放，是因为劳动解放关联着人的解放。"劳动现代

① 《马克思恩格斯选集》第1卷，人民出版社2012年版，第415页。
② 《马克思恩格斯文集》第2卷，人民出版社2009年版，第66页。

性思想是马克思劳动观的基本内容。"① 资本主义现代性危机是社会经济和个人生存的共同危机。马克思资本现代性批判从两个方面展开：一方面，是立足异化劳动的批判，揭露了资本主义社会人的本质的迷失。资本主义现代性的展开导致人的本质丧失，其结果是人性遭遇巨大灾难。马克思对异化劳动的分析从四个环节展开：前三个环节是指人与劳动产品、劳动本身、类本质的异化，它们最终论证了第四个环节：人与人关系的异化。马克思认为，用共产主义现代性取代资本主义现代性的根本旨趣就是"通过人并且为了人而对人的本质的真正占有"②。扬弃自我异化，必须扬弃异化劳动，实现劳动解放，这样才能从根本上摆脱资本主义现代性危机。另一方面，是立足雇佣劳动批判，揭露了资本主义社会人剥削人的秘密。马克思剩余价值论揭露了资本自行增殖的现代性"谎言"。马克思看到，劳动力商品化是资本增殖的先决条件，劳动力是资本增殖所必需的"活的酵母"。资本家支付的工资是劳动力价值，但是，他所得到的却是劳动价值。剩余价值论深刻揭示了资本家对工人剩余劳动的无偿占有，揭示了资本增殖的真正源泉。马克思指出，现代工人用"追加超额的劳动时间来为生产资料的所有者生产生活资料"③。剩余价值正是在这种追加的超额的劳动时间即剩余劳动时间创造的。可见，现代性的"秘密"就是劳而不获、获而不劳，就是资本对"无酬劳动的支配权"④。资本"随着吮吸每一滴劳动吮吸一定比例的剩余劳动"⑤。在资本主义生产过程中，与其说工人使用生产资料，不如说是生产资料使用工人，生产资料成为吮吸工人劳动的"吸纳器"。

---

① 唐爱军：《马克思劳动观及其现实意义》，《毛泽东邓小平理论研究》2014 年第 3 期。
② 《马克思恩格斯文集》第 1 卷，人民出版社 2009 年版，第 185 页。
③ 《马克思恩格斯文集》第 5 卷，人民出版社 2009 年版，第 272 页。
④ 《马克思恩格斯文集》第 5 卷，人民出版社 2009 年版，第 611 页。
⑤ 《马克思恩格斯文集》第 5 卷，人民出版社 2009 年版，第 297 页。

❖ 第 五 章 ❖

马克思劳动现代性思想的
"新世界" 意蕴

　　建立一个"新世界"是马克思青年时期确立的崇高理想。马克思在大学时代写给燕妮的诗中提到:"因为所有的墙垣和殿堂,都会在时光飞逝中倾圮,它们一旦化为废墟,一个新世界便会崛起。"[①] "那时旧世界便在我们身边消失,但是更美好、更绚丽多彩的新世界却在我们面前升起。"[②] "那天我挣脱了锁链,匆忙启程,'你去哪里?''我要把新世界找寻!'"[③] 马克思对"新世界"的探求始于资本现代性批判。马克思在对现代社会进行"人体解剖"的基础上,揭示了现代性的本质内涵、动力机制和历史趋势。马克思一生都在为建立一个"新世界"而奋斗。建构一个"新世界"必须要在"新世界观"的指导下从事"改变世界"的革命实践。从建构"新世界"的劳动哲学基础看,马克思确立了现实世界生成变化的劳动本体论,围绕"异化劳动"这一核心展开了"旧世界"批判,以自由劳动为基础探索了"新世界"的理想图景。从建构"新世界"的历史必然趋势看,劳动社会化、世界历史和自由人联合体是建构"新世界"的物质基础、历史前提和社会条

---

① 《马克思恩格斯全集》第 1 卷,人民出版社 1995 年版,第 562 页。
② 《马克思恩格斯全集》第 1 卷,人民出版社 1995 年版,第 659 页。
③ 《马克思恩格斯全集》第 1 卷,人民出版社 1995 年版,第 792 页。

件。从建构"新世界"的实践主体向度看，马克思新唯物主义世界观为建构"新世界"确定了实践主体立场，阶级斗争学说阐明了无产阶级创建"新世界"的使命。

第一节　建构"新世界"的劳动哲学基础

马克思资本现代性批判的旨趣在于劳动现代性重建，进而探求基于劳动社会化的人的解放道路。劳动作为人的对象性活动是建构现代性的基石。"劳动现代性思想是马克思劳动观的基本内容。"① 马克思对现代性的研究和诊断，旨在摆脱资本现代性危机，重建劳动现代性。马克思对资本现代性批判的特点表现为："不是停留于文化批判，而是侧重于根基性批判和整体性批判""不是停留于自反、内省，而是突出现实的批判与改造""不是外在超越，而是内在超越"。② 劳动现代性重建以劳动社会化为物质基础。劳动社会化的长足发展终将冲破资本主义的制度外壳，共产主义现代性取代资本主义现代性是历史必然趋势。资本现代性的展开创造了世界历史。世界历史既彰显了资本现代性的特征又规定了资本现代性的界限。共产主义是世界历史性事业，世界历史的发展为劳动现代性重建提供了历史前提。资本主义"虚幻的共同体"彰显了资本现代性的社会力量，重建劳动现代性必须用"自由人联合体"取代"虚幻的共同体"，从而推动人自由解放和全面发展。

一　现实世界生成变化的劳动本体论

马克思劳动现代性反思旨在批判"旧世界"中发展"新世界"。劳动思想为马克思的"新世界"提供了本体论依据。马克思的新唯物主义超越了旧唯物主义，实现了从"解释世界"到"改变世界"的提升。

---

① 唐爱军：《马克思劳动观及其现实意义》，《毛泽东邓小平理论研究》2014 年第 3 期。
② 丰子义：《马克思现代性思想的当代解读》，《中国社会科学》2005 年第 4 期。

实现"旧世界"向"新世界"的跨越，必须找到现实世界实现质的飞跃的动力和机制。人类探求"新世界"的旨趣需要在实践活动之前预先在头脑中建构出来。在马克思看来，建构"新世界"必须创新劳动形式，因为现实世界是"通过人的劳动而诞生的"①。劳动的社会形式不同，现实的社会形态便不同。人类社会形态发展的历史表现为劳动形式的发展史。"旧世界"根源于异化劳动，"新世界"奠基于"自由劳动"。只有用自由劳动扬弃异化劳动，才能完成现代性的救赎和"新世界"的奠基。马克思的劳动哲学实现了从传统理性形而上学本体论向劳动本体论的跨越。劳动本体论为马克思"改变世界"提供了理论支撑。马克思从劳动本体论出发，阐明了劳动是世界的本体和本原。马克思劳动本体论为劳动现代性批判以及为探索"新世界"奠定了本体论基础。劳动作为人类生存和人类历史的本体、本原，对于"新世界"具有奠基性、始基性作用。

（一）马克思的哲学革命：从理性本体论到劳动本体论

哲学的根本目的是探究现实世界存在的根本。海德格尔指出："没有根据便一无所有，或者，没有原因就没有结果。"② 哲学的本体论就是对世界存在之本体、本原、始基的反思。本体就是"整个世界的出发点和存在变化的根据"③。所谓哲学"解释世界"的使命就是追问和解答世界存在和变化的最为根本的原因。古希腊哲学作为本体论哲学虽然把世界本原指认为水、气、火、原子等，但却是一种缺乏对本体何以为本体的论证。近代哲学的奠基者笛卡尔，从怀疑一切出发，提出了著名的"我思故我在"命题。对于"我思故我在"，不能简单地将之归为主观唯心主义命题，而是要深入挖掘它的哲学批判的重大意义。"我思故我在"第一次确立了主体性"我思"的地位和作用。黑格尔的"绝

---

① 《马克思恩格斯全集》第 3 卷，人民出版社 2002 年版，第 310 页。

② ［德］海德格尔：《路标》，孙周兴译，商务印书馆 2017 年版，第 152 页。

③ 徐海红、曹孟勤：《论劳动对新世界的开启——基于马克思主义哲学视角》，《东南大学学报》（哲学社会科学版）2019 年第 6 期。

对理念"把主体理解为本体的思想发展到了高级阶段。马克思的劳动现代性思想完成了对这种理性本体论的扬弃。马克思认为，破解资本现代性的危机问题，必须"在现实的世界中并使用现实的手段"①，坚持"批判的武器"和"武器的批判"的统一。

理性本体论颠倒了"天国"和"人间"的关系，属于"从天国降到人间"，即从理性到感性、从理想到现实。马克思则坚持"从人间升到天国"，即从感性到理性、从现实到理想。马克思认为，最新的本体论哲学的出发点是从事实际活动的人以及他们的现实生活过程，意识形态不过是这一生活过程的反射和反响。马克思虽然否定和放弃了从笛卡尔到黑格尔的理性本体论立场，但是并没有放弃对哲学出发点的探索。马克思在《1844年经济学哲学手稿》中通过对市民社会进行解剖，初步阐发了劳动本体论思想。马克思通过对异化劳动进行分析批判，从八个方面确立了劳动的本体论地位：一是"关于劳动是人的存在方式的观点"；二是"关于劳动是人的类本质的观点"；三是"关于劳动是人与动物的本质区别的观点"；四是"关于劳动在广度和深度上映现人的发展水平的观点"；五是"关于劳动是人的自我创造的观点"；六是"关于劳动证明了人是类存在物的观点"；七是"关于劳动使人二重化的观点"；八是"关于资本就是积累的劳动的观点"。② 由此可见，马克思的政治经济学研究是以劳动本体论为基础的，马克思在《资本论》中，系统阐述了劳动本体论。马克思劳动本体论是社会意义的本体论，是现代社会诞生和形成的本原论。

马克思哲学的出发点是现实的人。马克思认为，人类生存的"第一个前提"是解决吃喝住穿问题，"第一个历史活动就是生产满足这些需要的资料"③。人类的历史活动就是"生产物质生活本身"，它是

---

① 《马克思恩格斯文集》第1卷，人民出版社2009年版，第527页。
② 高惠珠、徐文越：《论马克思的劳动本体论——基于马克思早期著作的研究》，《上海师范大学学报》（哲学社会科学版）2016年第4期。
③ 《马克思恩格斯文集》第1卷，人民出版社2009年版，第531页。

"人类生存"和"一切历史"的第一个前提，"第一个前提"就是绝对的出发点，具有本体性和本原性。可见，劳动是现实世界存在和变化的本原，现实世界是劳动创造出来的。现在和几千年前都一样，无论过去、现在和未来，劳动都是世界的本体和本原，是整个世界生成发展的根本动力。

马克思把劳动指认为现实世界的本体和本原，是对现实世界历史发展的正确反映。人类一开始从事劳动便把自己和动物区分开来。人类祖先从打造出第一块石器工具开始，便和猿揖首相别了。由此，人类改变了以往的自然进化史而开启了社会进化史和人类发展史。马克思认为，对于劳动不能抽象地加以考察，不然的话，我们只能看到劳动的两个因素：人和自然（劳动和劳动的自然物质）。只有人类学会了制造生产工具的时候，"哪怕只是一块击杀动物的石头"获得劳动产品的时候，"真正的劳动过程才开始"。①劳动改变了世界的原生状态，将世界从生物进化的历史提升到社会发展的历史，由此才创造了人类文明。所以，马克思哲学首先确认，生产劳动是"整个现存的感性世界的基础"②，是现实世界存在和发展的动力，没有劳动便没有整个人类世界的历史。

（二）劳动创造世界

现实世界是属人的世界。自从人类劳动参与世界进化以来，现实世界发生了翻天覆地的变化。劳动是人类从野蛮状态发展到文明状态的真正动力。劳动是财富的源泉。世界历史"是人通过人的劳动而诞生的过程"③。在资本现代性展开中，由于劳动异化使其丧失了自主活动的意义，劳动变成了被动的受奴役的活动，丧失了本体和本原地位。马克思的劳动本体论解决了哲学出发点问题。生产劳动是人类生存和人类历史的首要前提，具有本体和本原意义。劳动是社会形态和世界历史存在

---

① 《马克思恩格斯全集》第32卷，人民出版社1998年版，第109页。
② 《马克思恩格斯文集》第1卷，人民出版社2009年版，第529页。
③ 《马克思恩格斯文集》第1卷，人民出版社2009年版，第196页。

发展的基础。没有劳动，便没有世界的开启，便无法超越原生状态，便无法从生物学进步跨越到人类文明和社会进化。没有劳动便没有现实世界。在现代社会，劳动受到了资本的钳制，劳动通过类的二重化为自己开辟了道路。资本取代了劳动的本体、本原和始基地位。马克思认为，只有摆脱私有制的宰制，劳动才能呈现本真状态，才能真正确立劳动的本体和本原地位，劳动创造人本身、劳动创造人类社会、劳动创造人类历史的本体论意义才能充分彰显。

首先，劳动创造人本身。在马克思看来，劳动首先是人与自然之间物质变换的过程，人通过调动他的"肢体"作为工具，在对自身生活有用性的意义上占有自然物质，他在改变自然的同时也改变了自身。恩格斯晚年运用人类学研究的最新成果，分析了人类的进化过程。他指出，猿类祖先在结束原始森林生活方式后，为了维持地面上的生存而开始了劳动，为此开始制造和使用工具，学会了独立行走和语言。于是，猿手逐步转变为人手，猿脑逐步转变为人脑。因此，人是一种自为生成的存在物，劳动使人实现了从自然存在物向社会存在物提升。劳动是人类生活的第一个基本条件。"劳动创造了人本身"①。从动物群居生活到人类社会生活跨越，劳动是最基础、最重要的推动力量。

其次，劳动创造人类社会。只有当人从自然存在物提升到社会存在物的高度时，人才真正从动物界提升出来。所以，劳动之于人总是在一定的社会形式中进行的。个人离开社会之外的劳动是不可思议的。个人的存在必须以一定的社会关系为前提，才能从事真正的劳动。劳动一开始便会同时发生人与自然和人与人的关系。前者构成社会的生产力系统，后者构成社会的生产关系系统。在一定生产力基础上的生产关系总和构成社会的经济基础，在它之上树立着政治和思想上层建筑。劳动是整个人类社会诞生的基础。基于劳动的社会关系总和反过来规定着社会中人的本质。马克思认为，由劳动形式和社会关系总和所决定的人的本

---

① 《马克思恩格斯文集》第9卷，人民出版社2009年版，第550页。

质和本性不是一成不变的，而是复杂多变的。"整个历史也无非是人类本性的不断改变而已。"① 因此，对人的本质和本性的考察必须深入到一定时代的劳动形式和社会关系之中。

最后，劳动创造人类历史。马克思对于人类社会历史的考察始终坚持从劳动发展史中探索人类思想的发展史。马克思与一切唯心主义历史学家不同，他认为，思想、理性不是人与动物最根本的区别，人类历史的第一个前提和第一个历史活动是生产劳动，人通过劳动来解决自身生存发展所需要的生活资料，从而与动物区别开来。人类为了自身和他人的生存发展，必须始终坚持不懈地劳动，但人类并不止于已经满足的需要，恰恰相反，已经满足的需要会产生更多更高的新需要，新需要又成为新的劳动形式创新发展的动力。劳动是"理解全部社会史的锁钥"②。对现代社会的研究，同样离不开劳动本体论这把锁钥。

（三）从劳动本体论到实践唯物主义

马克思的"劳动"概念内涵非常丰富，包括劳动目的、劳动对象、劳动资料和劳动主体等，是人类有目的地加工改造自然的物质生产活动。马克思劳动本体论，实现了传统哲学本体论的革命性变革，即实现了传统的以"解释世界"为旨趣的理性本体论向现代的以"改变世界"为旨趣的劳动本体论的跨越。马克思正是在劳动发展史中找到了理解全部人类社会史的钥匙。汉娜·阿伦特虽然批评过马克思的劳动思想，但对马克思关于劳动基础性地位的思想还是给予了肯定。她指出，在洛克、亚当·斯密和马克思三个人当中，"只有马克思以极大的勇气，坚持不懈地认为，劳动是人类创造世界的最高能力"③。为什么说马克思指出劳动创造世界的作用需要"极大的勇气"呢？这是因为，它否定了资本创造世界的作用，因而必然面临着资产阶级的扼杀。马克思的劳

① 《马克思恩格斯文集》第 1 卷，人民出版社 2009 年版，第 632 页。
② 《马克思恩格斯选集》第 4 卷，人民出版社 2012 年版，第 265 页。
③ ［美］汉娜·阿伦特：《人的境况》，王寅丽译，世纪出版集团、上海人民出版社 2009 年版，第 74 页。

动本体论为批判资本现代性以及为探索"新世界"奠定了理论基础。

马克思为什么要从劳动本体论转向实践唯物主义呢？这是因为，劳动本体论虽然取代了理性本体论，但仍然没有摆脱"解释世界"的思维方式。劳动本体论对于劳动创造世界的理解还具有一定的抽象性。此时，马克思对劳动主体的认识还是抽象的。马克思在《关于费尔巴哈的提纲》中转向实践唯物主义，源于从抽象的人向现实的人的转变。马克思终结了传统的理性形而上学，实现了哲学的实践转向。马克思通过对传统理性本体论的颠覆，实现了从劳动本体论向实践唯物主义的跨越，由此，不仅开辟了哲学发展的新方向，还为无产阶级革命提供了坚实的理论武器。那么，实践唯物主义是否具有本体论意义呢？回答是肯定的。在马克思语境中，实践是一种感性的活动，人的思想的客观真理性"是一个实践的问题"①。劳动是实践最主要的形式，但却不是唯一形式。实践的基本形式包括：一是人类最基本的实践，即改造自然的生产劳动；二是人类处理社会关系的活动，如革命和改革等；三是人类探索世界规律的科学实验活动。确认马克思的劳动本体论与强调实践在人类认识和改造世界中的基础作用并不冲突。哲学上的"本体"概念旨在阐明世界存在的现实基础和根本原因。亚里士多德认为，形而上学是"研究第一原理和原因的知识"②。海德格尔则认为，本体、本原是万物存在的根据，"存在是作为存在而起根据作用的"③。亚里士多德和海德格尔虽然进行了深刻的本体论思考，但始终没有摆脱理性本体论的羁绊。马克思的劳动本体论真正解决了世界存在和人存在的第一原因和根本问题，为劳动现代性批判和重建奠定了理论基础。马克思从劳动本体论出发，认定资本主义雇佣劳动是异化劳动，而由异化劳动所建构的世界则是颠倒的世界，在这个异化世界中生活的是自我异化的人。那么，

---

① 《马克思恩格斯文集》第 1 卷，人民出版社 2009 年版，第 500 页。
② [古希腊]亚里士多德：《形而上学》，李真译，中国民艺出版社 2005 年版，第 19 页。
③ [德]海德格尔：《根据律》，张柯译，商务印书馆 2016 年版，第 107 页。

如何超越资本主义现代性而建构共产主义现代性呢？问题的关键就是改造异化劳动形式，或者说扬弃劳动的异化性质，创造自由的联合的劳动形式，到那时，劳动才真正具有正当性和合理性。在自由劳动基础上，人类能够按照"美的规律"建设一个"新世界"。劳动本体对于"新世界"具有奠基性、始基性作用。宫敬才教授认为，马克思的哲学本体论，不是物质本体论和实践本体论，而是"劳动哲学本体论"①。高惠珠教授认为，"用'劳动本体论'较'实践本体论'更为符合原著文本的表述"②。因为马克思在《1844 年经济学哲学手稿》中主要用的是"劳动"概念，在《德意志意识形态》中也主要用的是"劳动""生产"等概念。在这些著作中，马克思揭示了生产劳动是人类社会历史的基本条件，揭示了生产力的革命性作用，揭示了以生产关系为核心的社会演变史。其实，"劳动本体论"比"实践本体论"之所以能够更深刻地揭示世界的本体意义，关键在于"劳动"概念直接关涉人与自然的关系，虽然劳动创造世界表现为建构人与自然和人与人关系的过程，但是，人与自然的关系相对于人与人的关系具有逻辑在先的意味。

二　以异化劳动为核心的批判"旧世界"

　　马克思哲学肩负着在批判"旧世界"中发现"新世界"的使命。以异化劳动为核心的批判"旧世界"是马克思哲学批判向经济学批判转向的标志，是马克思"动词性"哲学观对"'名词性'哲学观"的扬弃。③ 通过"批判旧世界发现新世界"是马克思新唯物主义的最大优点，它的出发点就是"对现存的一切进行无情的批判"④。马克思反对

---

　　① 宫敬才：《谀论马克思的劳动哲学本体论（上）》，《河北学刊》2012 年第 5 期。

　　② 高惠珠、徐文越：《论马克思的劳动本体论——基于马克思早期著作的研究》，《上海师范大学学报》（哲学社会科学版）2016 年第 4 期。

　　③ 贺来：《"在批判旧世界中发现新世界"与哲学的当代合法性——马克思的"动词性"哲学观及其当代意义》，《吉林大学社会科学学报》2002 年第 6 期。

　　④ 《马克思恩格斯全集》第 47 卷，人民出版社 2004 年版，第 64 页。

先验哲学的处世之道，把哲学使命定位于批判现实世界，否认"一切谜底"的现成答案，追求"新世界"对于"旧世界"的内在超越。"新世界"对"旧世界"的内在超越是内源性、内生性的，哲学家的使命就是揭示"新世界"超越"旧世界"的内在机制和发展规律，即通过确立"此岸世界的真理"而终结"彼岸世界的真理"。马克思认为，最新哲学的迫切任务是"揭露具有非神圣形象的自我异化"①，即揭露市民社会之中人的自我异化。现代性危机的根源在于"旧世界"是由异化劳动创造的，异化劳动肩负着资本增殖的社会职能。"旧世界"一切罪恶的根源是资本逻辑，完成"新世界"对"旧世界"的内在超越就必须实现劳动逻辑对于资本逻辑的扬弃。

（一）现代性危机：由异化劳动主导的"旧世界"

世界存在的本体论依据是劳动，现实世界是劳动创造的。那么，我们势必追问：劳动如何创造世界？劳动创造了怎样的世界？世界历史发展的机制是什么？资产阶级如何开创的新的社会历史时代？资本主义社会创造了一个繁华的商品世界，但是却表现为"物的增值"与"人的贬值"的背反。马克思在称赞资本主义社会劳动形式的丰功伟绩时，却宣告了资本主义社会是人类的"史前史"。马克思批判"旧世界"的使命就是要解蔽"旧世界"，发现"新世界"的使命就是要在解蔽"旧世界"的同时显现"新世界"的美好愿景，从而为无产阶级革命事业指明前进的方向。异化劳动形式创造了"颠倒的世界"，这是一个充满剥削与压迫的悲惨世界。这个"颠倒的世界"仍然属于"旧世界"范畴，它所蕴含的资本与劳动的矛盾将在共产主义社会面前宣告终结。摆脱资本操控的自由劳动形式将为共产主义现代性的发展开辟无限广阔的空间。

西方马克思主义的创始人卢卡奇根据马克思的拜物教理论进一步确认了资本现代性的"物化"现实，这种"物化"现实已经内化为一种

---

① 《马克思恩格斯文集》第1卷，人民出版社2009年版，第4页。

"物化"意识，这就是无产阶级意识的"物化"，它削弱了无产阶级的斗争精神。资本物占据着资本主义社会的主导地位而成为资本主义时代的新神。马尔库塞认为，资本现代性具有世界一体化功能，这种世界一体化功能消解着人们对于现代社会的否定性，其结果，人与社会都变成了"单向度"的存在，丧失了批判精神。科西克认为，现代资本主义社会是一个"伪具体的世界"，意思是说，假象遮蔽了真实的世界，人们看到的是一个表面具有坚实性和功效性的世界，然而，它是一个僵化的历史环境在主体意识中的投射，是一个不真实的相形世界。他认为，"唯物主义者既为摧毁观念的伪具体也为摧毁环境的伪具体准备了基础，因而他可以对时代与观念之间的内在联系作出合理解释"①。

鲍德里亚认为，随着消费社会的到来，"生产主人翁"的主导地位让位于"消费主人翁"，"我消费故我在"成为大众的人生格言，这种"过度消费"变成了资本续命的稻草。德波认为，资本主义社会演变成为一种"景观社会"，人们生活在光怪陆离的虚幻"景观"之中，人们通过"景观"把"全部社会生活认同为纯粹表象的肯定"②。可见，资本现代性已经走向了自身的反面，即文明走向了野蛮。

西方生态马克思主义者福斯特认为，资本主义生产受"利润之神"支配和操控，社会的最高目的是以资本的形式积累财富，"把追求利润增长作为首要目的"，为此不择手段，"包括剥削和牺牲世界上绝大多数人的利益"③。这种"强制进步"的发展方式以迅速消耗材料和能源为前提，以倾倒废弃物为条件，必然造成环境恶化。奥康纳认为，资本主义制度存在着内在危机，这种危机是由其双重矛盾决定的：一是马克思所揭示的社会基本矛盾，这一矛盾表现为大众由于购买力不足导致生

---

① ［捷］卡莱尔·科西克：《具体的辩证法——关于人与世界问题的研究》，傅小平译，社会科学文献出版社1989年版，第8页。

② ［法］居伊·德波：《景观社会》，王昭凤译，南京大学出版社2006年版，第4页。

③ ［美］福斯特：《生态危机与资本主义》，耿建新、宋兴无译，上海译文出版社2006年版，第2—3页。

产相对过剩的经济危机；二是生产力与自然条件的矛盾，这一矛盾必然造成环境破坏而引发生态危机。

综上可以看出，不仅马克思，而且后续的西方马克思主义学者都注重对基于异化劳动的资本主义现代性批判。马克思首开立足异化劳动的资本现代性批判之先河。资本主义社会的雇佣劳动是异化劳动的最高形式。异化劳动使劳动沦为"谋生活动的形式"[1]，劳动者沦为动物般存在，导致人与自然和人与人关系的根本对立。"国民经济学把工人只当做劳动的动物。"[2] 异化劳动把人的类生活贬低为肉体生存手段。劳动本来是世界生成的基础和人生成的根本，异化劳动却使人失去了社会存在的意义。

（二）异化劳动的资本职能

作为自由自觉活动的劳动为什么会沦为异化劳动呢？这是因为异化劳动肩负着资本职能。具体而言，资本的本质是获取剩余价值，实现其自身的保值和增殖，但是，资本自身增殖不过是资本家骗人的鬼话，因为只有异化劳动才能实现资本增殖，异化劳动担负着资本增殖的职能。恩格斯在《英国工人阶级状况》中初步揭露了剩余价值的来源，工人为了获得一定数量的日工资而出卖劳动力给资本家，在他投入工作几小时后应能把这笔工资的价值生产出来，这几小时的劳动属于"必要劳动"。然而，按照劳动合同，工人必须完成一个工作日的劳动，其中，"必要劳动"之外的附加劳动时间属于剩余劳动，它所创造的是剩余价值。

马克思在《1844 年经济学哲学手稿》中，第一次用"资本"来命名"现代"社会，并且用"异化劳动"揭示了现代社会的生产生活状况。马克思把资本与劳动的关系作为现代社会研究的中心问题，从而找到了破解"历史之谜"的密码。资本是私有制的完成形式，是现代社

---

① 《马克思恩格斯文集》第 1 卷，人民出版社 2009 年版，第 124 页。
② 《马克思恩格斯文集》第 1 卷，人民出版社 2009 年版，第 125 页。

会的本质规定。死劳动在与活劳动的斗争中确立了在现代社会的统治地位。只有到这时，私有财产作为异化劳动后果的秘密才暴露出来，抽象劳动对具体劳动的统治、积累的劳动对人的统治才显现出来。在资本原则主导下，异化劳动成为现代社会的普遍现象。异化劳动不仅支配着工人，同样也支配着资本家。当异化劳动把工人创造为"非人"的存在时，它把资本家也创造为"非人"的存在。异化劳动生产着"具有商品规定的人"，同时也生产着"既在精神上又在肉体上非人化的存在物"①。由此，人成为商品化的存在，商品具有了人的灵魂，商品关系成为人和人的基本关系，于是一种非人的物化的抽象力量统治了一切。商品、货币、资本取代了上帝在人间的地位，拜物教由此开始盛行。马克思、恩格斯在《神圣家族》中指出，虽然"有产阶级和无产阶级同是人的自我异化"，但有产阶级获得的是被满足和被巩固的生存外观，无产阶级获得的却是"被毁灭的"和"非人的生存的现实"。② 在马克思看来，在异化劳动基础上，资本家只是获得了"人的生存的外观"，从本质上看，仍然是一种非人的生存状态。资本家过着寄生虫一样的生活，而无产阶级却过着悲惨的牛马一样的生活。

马克思在《资本论》中深刻揭示了异化劳动是资本家榨取工人剩余价值的手段。异化劳动在维系和巩固资本主义制度的同时也导致工人阶级的贫困化。马克思通过对资本主义社会进行"人体解剖"，阐明了资本主义剩余价值生产的秘密。资本的生活本能"是增殖自身，创造剩余价值"③。马克思通过经济学研究，把异化劳动的批判直指资本剥削工人的秘密，可见，异化劳动问题抓住了资本现代性批判的核心，由此，马克思从"旧世界"的根基处展开了深入的批判。异化劳动导致劳动与资本对立，以及人与世界分裂。在资本操控下的异化劳动颠覆了

① 《马克思恩格斯全集》第3卷，人民出版社2002年版，第282页。
② 《马克思恩格斯全集》第2卷，人民出版社1957年版，第44页。
③ 《马克思恩格斯文集》第5卷，人民出版社2009年版，第269页。

劳动本体论的地位。异化劳动形塑的社会沦为"虚假的共同体"。原始社会共同体解体以来,建立在私有制基础上的奴隶社会、封建社会和资本主义社会,尽管劳动地位和劳动形式发生了根本变化,但是,它们的共同点却是把劳动降低为手段,于是,劳动与人的关系陷入了混乱。马克思第一次对劳动与人、劳动与世界的关系给予了澄清,揭示了劳动对于世界之为世界、人之为人的重大意义。"大工业的历史和大工业创造的巨大物质文明"①,是人的本质力量打开的书。马克思批判资本现代性的目的在于改变劳动的异化职能,使劳动成为发展和完善生命本质的活动。马克思资本现代性批判旨在重构资本与劳动的关系,使劳动者成为资本与劳动关系的主导性力量,因为只有劳动主体重新驾驭物的力量,才能真正确立劳动的本体论地位且发挥作用。

(三)异化劳动:现代性批判的奠基

异化劳动是私有财产的本质。那么,人是如何使他的劳动异化的呢?扬弃劳动异化的基本依据是什么?马克思指出,当从异化劳动视角考察人类社会历史发展进程的时候,我们便找到了"私有财产的起源"。"私有财产"变成了"人之外的东西","劳动"则属于"人本身"的东西。② 也就是说,马克思把劳动与人的本质、生存问题联系起来考察,抓住了关键。马克思对市民社会的解剖,就在于指出了其根基的异化。这种异化直接表现为:一是物与人自身相对立;二是他人与自我相对立。马克思关于异化劳动的四种规定就是围绕这两个方面展开的,或者说,马克思从"物与人自身相对立"(劳动产品和劳动的对立)出发,最终论证了"他人与自我相对立"(资本家和工人之间的对立)。在现代性批判的母题之中,实现现代性观念论的"副本"与现代性存在论的"原本"的结合,是马克思现代性批判独具特色的方面。

---

① 杨金洲、刘耘姝:《马克思劳动思想及其新时代价值》,《中南民族大学学报》(人文社会科学版)2022年第2期。

② 《马克思恩格斯全集》第3卷,人民出版社2002年版,第279页。

在现代性存在论的"原本"解剖中,马克思从劳动与人的生存发展的关系出发,阐明了异化劳动造成劳动本体论意义的丧失。国民经济学把私有财产作为本原性的东西,没有认识到劳动的本原性地位,没有阐明"劳动和资本分离以及资本和土地分离的原因"①。劳动与资本分离隐藏着私有财产的秘密,而资本和土地分离则隐藏着资本主义私有财产的秘密和资本现代性的秘密。国民经济学由于没有看清劳动与资本关系的颠倒,因而无法认清现代资本的本质,也就不能揭示资本统治下异化劳动是可以并且必然被扬弃的历史趋势。国民经济学仅仅在私有制的范围内揭示财富的主体本质,其实不过是表面上承认而实质上却是对人的彻底否定。在马克思看来,自斯密之后,国民经济学在否定和排斥人方面越走越远。当然,国民经济学认识到了财富的普遍本质,把抽象劳动提高为原则,是一个必要的进步。马克思认为,真正的共产主义者,对于资本主义私有财产不能采取一种抽象否定态度。因为,整个革命运动必然在私有财产的运动中为自己找到经验和理论基础。对于现代社会的批判,仅仅停留于政治批判是不够的,必须深入到经济批判,实现政治批判和经济批判有机结合。政治批判关涉政治解放,经济批判关涉经济解放。经济解放就是从市民社会的物质关系中解放出来。未来的共产主义社会,是要在政治解放和经济解放,即社会解放的基础上实现人的解放。

从异化劳动理论出发,马克思批判了黑格尔的观念论。黑格尔对历史运动的表达是抽象的、思辨的。他阐述的异化,是观念的"自我旋转",与经济活动无关。马克思认为,在黑格尔那里,外化的历史与外化的消除仅仅是抽象的、绝对的思维生产史。马克思在讨论"工资"时,提出两个根本性问题:一是把人类的"最大部分"(广大的劳动者)归结为抽象劳动在人类社会发展中的意义是什么;二是追求提高工资的社会革命目标犯了怎样的错误。资本现代性发展导致工人劳动抽

---

① 《马克思恩格斯全集》第3卷,人民出版社2002年版,第266页。

象化，劳动丧失了本体论地位，"仅仅以谋生活动的形式出现"①，工人沦为"劳动的动物"②。他们把工人的经济斗争看成是牲畜在争夺"草料"。在马克思看来，在资本的统治下，劳动沦为谋生手段，工人过着牲畜一样的生活。也就是说，资本现代性的最大危机在于把人变成了动物，过着非人的生活。因此，不摆脱资本的统治，工人便无法过上真正人的生活。马克思的异化劳动理论之所以为现代性批判奠定了理论根基，就是因为它抓住了现代性的总问题，找到了现代性危机的总根源，并且探索了一条借助物质实践的力量，实现现代性自我超越的道路。

三 以自由劳动为基础的发现"新世界"

"旧世界"既是指现代资本主义社会又是指在创建共产主义"新世界"之前的世界，因此，"旧世界"具有"史前史"的意义。马克思以劳动本体论为依据，强调必须通过劳动形式的革命才能实现"新世界"的真正开启。建构"新世界"是马克思资本现代性批判的根本旨趣。马克思认为，发现和创造"新世界"，必须消解把劳动当作手段的问题，实现劳动手段与目的相统一，真正把劳动置于本体论地位、发挥本体论作用。对于"旧世界"即资本主义社会，资产阶级国民经济学家持一种自我肯定的态度，空想社会主义者持一种"外在否定"的态度，马克思则持一种"内在超越"的观点。资本主义现代性为共产主义现代性所取代，根源在于其内在矛盾的发展，是资本主义社会自我批判、自我否定和自我扬弃的必然结果。马克思坚持批判"旧世界"主要是因为资本主义社会矛盾已经不断暴露，只有解决和消除这些矛盾，一个"比资本主义更高级、更优越、更合理的'新世界'"③才会出现。资本主义社会的"旧世界"是建立在异化劳动基础之上的，只有铲除了

---

① 《马克思恩格斯全集》第 3 卷，人民出版社 2002 年版，第 232 页。
② 《马克思恩格斯全集》第 3 卷，人民出版社 2002 年版，第 233 页。
③ 刘梅：《在批判旧世界中发现新世界——马克思辩证批判的内在张力》，《理论月刊》2012 年第 2 期。

这个根基，用自由劳动取代异化劳动，才能为共产主义社会的"新世界"奠定坚实的基础。

（一）发现"新世界"："旧世界"的超越维度

马克思批判"旧世界"的依据是什么？齐泽克认为，从拉康开始到利奥塔，真正废弃了一切标准，由于人的解构，日常生活被分割和肢解，现实生活碎片化，失去了统一性，这是"上帝死了"之后真正的"人之死"。于是，后现代主义便面临着这样的困境："没有了标准的批判何以可能？"然而，对于马克思而言，他否定任何现成的标准和终极真理。马克思"在批判旧世界中发现新世界"的哲学原则，否定了任何现成的、既定的标准。马克思认为，"新世界"的理想尺度不是现成的而是从"旧世界"中内生的，而那些先验的标准是超历史的。马克思突出强调的是"新世界"的历史性和生成性。"新世界"是批判"旧世界"的尺度，"新世界"是"旧世界"可能空间的自我展现。"新世界"不是凭空产生的，它的"种子"存在于"旧世界"之中。美国学者劳洛认为，马克思试图通过资本主义社会的"内在超越"而实现其"新世界"的理想，马克思在现代社会内部找到了"批判和改变资本主义的阿基米德点"①。他所指的"阿基米德点"就是马克思"新世界"的立足点。马克思批判"旧世界"的标准是"新世界"的社会理想，而"新世界"的社会理想并不是一种形而上学的先验的悬设，而是一种内在的历史批判，是以现代资本主义社会的自我否定为依据的批判。"新世界"的社会理想是一种既立足现实又超越现实的形而上学，是对"旧世界"的积极扬弃。"新世界"的社会理想所表达的是一种现实的可能性。马克思的"新世界"是一种"旧世界"的"他者"的"可替代选择"，因为"新世界"是对"旧世界"的超越和扬弃。马克思的"新世界"是一种立足现实的超越性理想，是建立在自由劳动基础之上

---

① ［美］詹姆斯·劳洛：《马克思主义哲学和共产主义》，张建华译，见欧阳康主编《当代英美哲学地图》，人民出版社 2005 年版，第 636 页。

的共产主义现代性。马克思所理解的"新世界"是作为完成了的自然主义等于完成了的人道主义,是"最近将来的必然的形态和有效的原则",共产主义不是"人类发展的目标"和"人类社会的形态",而是"人的解放和复原的……必然的环节"。①

"在批判旧世界中发现新世界"是马克思和卢格合编《德法年鉴》时确立的办刊宗旨和基本任务。马克思参与创办《德法年鉴》意在无情批判现存的一切,并且希望把批判和实际斗争结合起来。马克思提出"在批判旧世界中发现新世界"的原则针对的是黑格尔哲学的神秘构想以及乌托邦主义者那种制造体系的做法,比如萨米、卡贝、魏特林等人的空想社会主义体系。空想社会主义者从抽象人性论出发,提出了一系列包治百病的新原则来反对"旧世界",然而,这种做法是无法消除社会弊病的。马克思提出"在批判旧世界中发现新世界"的立足点是现代资本主义社会,而作为落脚点的"新世界"就存在于"旧世界"之中,它绝对不是与"旧世界"毫无关联的世界。"在批判旧世界中发现新世界"蕴含一种基于过去、立足现实、开创未来的实践唯物主义哲学精神。"新世界"取代"旧世界"是"旧世界"的自我扬弃。"新世界"不是一座"飞来峰",它吸收了"旧世界"的一切肯定性成果,并且进入一个真正符合人的本性的历史起点。当然,与旧唯物主义和空想社会主义不同,马克思对于"旧世界"的批判不是停留在理论领域,而是坚持"批判的武器"和"武器的批判"相结合,把对"旧世界"的批判引向实践领域,而对"旧世界"的实践批判需要经过无产阶级革命和无产阶级专政。比如,社会主义的资产者想消除社会的弊病却丝毫不伤害资本,所以最终沦为空想。那么,马克思为什么批判资本主义现代性要最终诉诸无产阶级革命和无产阶级专政呢?因为剥削压迫无产阶级是资本本性使然,不消灭资本,无产阶级便无法实现最终解放。因

---

① 《马克思恩格斯文集》第 1 卷,人民出版社 2009 年版,第 197 页。

为只有通过无产阶级专政，才能"夺取资产阶级的全部资本"①。在劳动者重新驾驭资本物的条件下，一个有利于劳动者自由全面发展的"新世界"将横空出世。

（二）基于自由劳动的"第一需要论"

劳动是现实世界的本体、本原，这意味着劳动具有一种追求终极目的的价值意蕴。劳动绝不是纯粹的手段，而是手段与目的的统一。马克思在《哥达纲领批判》中提出劳动的"第一需要"论。那么，如何理解劳动之"谋生手段"和"第一需要"二者的关系呢？这必须从"劳动的二重性"说起。"劳动的二重性"根源于人的自然本质和社会本质，这种双重本质直接对应着"谋生手段"和"第一需要"的劳动。作为"谋生手段"的劳动，是人类生存的基本方式，是人的自然本质的体现。人要想生存，就必须从事劳动。劳动停止一天，人类也会灭亡。作为"第一需要"的劳动，是人类生活的基本方式，是人的社会本质的体现。人要想生活，就必须从事社会性的劳动，劳动必须在一定的社会形式中进行。"谋生"就是指谋求生存的"生命活动"；"生活"旨在把生命活动"作为自己意志和意识的对象"②，就是不仅要活着而且明白为什么要活着，就是要有比活着更多的价值追求。"生活"是对"生命活动"的反思与超越，它从根本上与动物的"生命活动"区别开来。

劳动是"谋生手段"和"第一需要"的统一。在资本现代性条件下的雇佣劳动属于"谋生手段"的劳动。只有在共产主义现代性条件下，实现自由劳动，劳动过程才会由"第一需要"统领。"第一需要"意味着劳动是生活的根本目的和终极追求，劳动本身成为目的。劳动作为"第一需要"不能从"谋生手段"的意义上被理解。马克思的"第

---

① 《马克思恩格斯文集》第 2 卷，人民出版社 2009 年版，第 52 页。
② 吴宏政：《劳动在什么意义上才是"生活的第一需要"》，《哲学动态》2017 年第 5 期。

一需要论"与"第一个前提论"有着密切的关系。人类历史的"第一个前提"是"有生命的个人"存在，劳动要维护人的存续，首先就必须以谋生手段方式出场，确认个人的肉体组织以及个人与自然的关系。可见，"第一个前提"是指个人肉体组织的生产，即"谋生"的需要。"第一需要"的劳动以追求生命本身为价值旨归。劳动成为生活的"第一需要"，意味着消灭了私有制，自由劳动取代了异化劳动；也意味着实现了人们按照自身发展需要而选择感兴趣的活动方式。只有在生产力高度发展，以生产资料公有制为基础的共产主义社会，劳动才能成为"第一需要"，成为因兴趣而选择的活动方式。劳动成为生活的"第一需要"使劳动普遍化成为可能。一方面，劳动者积极且热情地投身社会生产之中，进而推动劳动效率普遍提高以及社会生产力发展，从而带来物质财富的极大丰富；另一方面，劳动普遍化成为现实，即劳动成为普遍的社会行为，所有社会成员平等参与到社会劳动之中。这种普遍的平等的参与不是被迫的而是自愿地、自主地、自觉地参与社会劳动。

马克思从劳动"第一需要论"出发，揭露了资本现代性展开中劳动沦为谋生手段的现实。在现代社会，劳动深陷"物的依赖性"，然而，只有把劳动当作目的本身的时候，人才能感觉到自己是独立自由的个体，才能真正摆脱"物的依赖性"，彰显自由个性。没有自由劳动，人就不能超越自然存在物的生存状态。劳动是一种有目的的感性活动，是一种创造世界的活动。马克思对劳动的理解是从人与动物的本质区别视角展开的，人的生产劳动是能够摆脱"肉体需要"的"真正的生产"，"真正的生产"是为了证明自己是有意识的"类存在物"，是为了实现从动物到人的提升，是为了创造一个属人世界。"真正的生产"就是自由劳动，就是创造世界和人的自由劳动，就是证明自己是类存在物和再生产整个自然界的自由劳动。

（三）"新世界"的创造遵循"美的规律"

人是劳动主体。劳动目的和人的目的是统一的。劳动目的是为了人的生成与发展，那么，人的目的又是什么呢？在马克思看来，"人的根本就是人本身"①。人的类本质、类特征就是劳动，就是"自由自觉的活动"②。当劳动沦为"谋生手段"时，意味着劳动无法确证和发展人的本质，也意味着人的本质的自我异化。人是对象性的存在物，通过他创造的对象世界实现自我确证。人的本质是内在本质与外在本质的统一。人所创造的对象世界如同"一面镜子"，折射着人的本质。劳动对象化所创造的人化自然是人性的呈现，它的真善美折射着人性的真善美。人类如何才能创造一个合乎人性的"新世界"呢？在马克思看来，必须"按照美的规律来构造"③。为此，人类的生产必须坚持合目的性与合规律性的统一，通过生产真善美的现实世界来确证人性的真善美。这里，马克思对于人类生产与动物生产的本质差别给予了经典阐述。马克思从三个方面分析了人类生产和动物生产的差别：一是动物生产遵循自身"种的尺度"，它只有囿于自身所属的那个物种赋予的生物学本能的限度内活动，如蜜蜂、蚂蚁为自己营造巢穴等。动物虽有进化但不能实现自我超越。二是人超越动物之处在于能够认识和把握外部世界的固有尺度，即任何"种的尺度"，并且按照这些"种的尺度"来从事生产活动。例如，人类按照自然规律制造的飞机、轮船等。但是，在这种超越中，人类的行为仍然受到功利的束缚和羁绊，处于自然规律的支配之下。三是从本质上实现对动物的超越，即实现从"种"到"类"的提升。按照自身"类"的尺度去生产，赋予现实世界以属人性质。劳动创造了世界，世界的美丽与丑恶都可以从劳动形式那里找到根源。人的自我超越就是通过劳动实现真善美并对假恶丑的超越。

　　劳动创造了世界，劳动创造了人本身。然而，在现代社会，异化劳动创造的是丑陋的世界和畸形的人。"劳动生产了美，但是使工人变成畸形。"④ 工人在劳动中创造了美的形象，彰显了劳动产品之美，却使

---

① 《马克思恩格斯文集》第 1 卷，人民出版社 2009 年版，第 11 页。
② 葛晨虹：《马克思主义视野中的人性理论》，《齐鲁学刊》2018 年第 4 期。
③ 《马克思恩格斯文集》第 1 卷，人民出版社 2009 年版，第 163 页。
④ 《马克思恩格斯文集》第 1 卷，人民出版社 2009 年版，第 158—159 页。

自己的身心畸形发展。"创造了美"是指产品之美，"工人变成畸形"是指劳动力成为商品情况下的那种劳动后果。劳动本身既是"物的生产"又是"人的生产"。从"物的生产"看，"劳动生产了美"；从"人的生产"看，劳动生产了丑。为什么会出现"物的生产"和"人的生产"的背反呢？这种背反就是异化劳动造成的人的自我异化，它根源于资本主义私有制。马克思认为，劳动是一种对象化的活动，但是，对象化并不等于美化，只有当劳动创造能够体现"人的积极而独特的个性"① 时，人类才能实现"物的生产"与"人的生产"的统一。

劳动目的和人的目的是统一的，但是，人的目的并不是纯粹主观的任意想象，人通过劳动对世界进行创造必须遵循自然生态规律和社会发展规律，也就是说，必须"按照任何一个种的尺度"来生产，坚持"人的尺度"与"物的尺度"的统一。没有"人的尺度"，不符合人的目的和需要，生产劳动便没有意义；没有"物的尺度"，违背外在的自然规律和社会发展规律，生产劳动便不会成功，甚至还会像恩格斯所说的那样，遭到自然的报复。所以劳动必须坚持合目的性与合规律性的统一，坚持"人的尺度"与"物的尺度"的统一。劳动过程就是人与自然的沟通过程。只要人类活着，就必须与自然保持持续沟通。劳动是人与自然沟通的桥梁，是"人和自然之间的物质变换"② 。劳动是人与自然关系的中介，人类通过劳动从自然中获取物质生活资料，自然是人的无机的身体，同时，人类以自身能量养育自然界，再生产整个自然界。因此，人类应当主动担当维护自然生态平衡的责任。

第二节　建构"新世界"的历史必然趋势

生产方式是社会形态的基础。马克思对于"旧世界"的"人体解

---

① 张涵：《关于"美的规律"的读书札记》，《社会科学》1982 年第 7 期。
② 《马克思恩格斯文集》第 5 卷，人民出版社 2009 年版，第 208 页。

剖"是围绕资本主义生产方式展开的。在资本主义社会条件下，劳动社会化表现为资本社会化，在资本营造的劳动场域，劳动社会化被淹没了，变成了被遮蔽的不在场的事物。资本通过对劳动社会化的操控开启了现代性。马克思认为，生产资料集中和劳动社会化这一矛盾的尖锐化，是炸毁资本现代性的地雷。马克思谈论现代性时没有离开世界历史，谈论世界历史时也没有离开现代性。世界历史是由生产和交往的普遍化发展推动的，世界历史的形成发展为"新世界"的诞生准备了历史条件。无产阶级是开创"新世界"的社会主体，无产阶级只有颠覆了资本现代性的统治，才能重新掌握生产力和物质财富，从而，按照自由劳动原则创造每个人都能够自由全面发展的"新世界"。"自由人联合体"作为一种理想社会形态是马克思所追求的共产主义现代性，作为一种价值理想是马克思所追求的实现人全面发展的"自由王国"。"自由王国"以"必然王国"为基础，指向人的自由解放和全面发展。"必然王国"的"此岸"的物质生产劳动是现代社会的雇佣劳动，作为"彼岸""自由王国"的自由劳动，是在"自由人联合体"社会形态下的劳动形式。如果把"彼岸"理解为"交往实践领域"，那么，"自由人联合体"便是这种交往形式的集中体现。

一 劳动社会化：建构"新世界"的物质基础

资本主义现代性的样态只有从资本主义生产方式的研究中获取答案。资本现代性展开表现为一种社会力量和阶级力量。马克思指出，资本作为"一种社会力量"要"通过社会全体成员的共同活动，才能运动起来"。① 劳动过程及其各种条件包含在资本的概念之中。在资本主义条件下，工人的劳动是被迫的谋生手段，工人只能在被支配、被剥削的生产关系中获得生存的外观。劳动的外化使劳动者丧失了主体性，丧失了人的普遍本质。在资本现代性展开中，劳动的目的是创造剩余价

---

① 《马克思恩格斯选集》第 1 卷，人民出版社 2012 年版，第 415 页。

值，劳动过程沦为价值增殖过程，整个社会经济结构和政治形式都服从于资产阶级剩余价值生产的需要。马克思第一次向世人展示了他对资本主义生产过程的政治经济学分析。在资本主义社会条件下，劳动社会化表现为资本社会化，在资本营造的劳动场域，劳动社会化被淹没了，变成了被遮蔽的不在场的事物。资本通过对劳动社会化的操控为自己创造了一个世界。工人通过劳动力商品化被迫进入资本社会化场域。工人创造的劳动产品资本化。资本主义剩余价值生产必然导致生产资料集中与劳动社会化的矛盾不断尖锐，只有废除资本主义制度才能从根本上解决这一矛盾。在马克思看来，必须用"自由人联合体"的生产资料社会使用方式取代资本主义生产资料私有制，在劳动社会化主导下，通过自由的联合劳动，创造一个每个人自由全面发展的"新世界"。

（一）劳动社会化的场域隐没

资本场域是工人置身的劳动条件与环境，是资本创设的物质生产体系。在这一场域中，劳动社会化隐没其中，表现为物化的在场方式。由此，资本社会化变成统治无产阶级的社会力量。劳动社会化是马克思《资本论》等重要著作之中最为根本的总问题。这里的劳动是指置身于资本社会化场域的劳动主体——工人的物质生产活动。社会化是劳动主体——工人在物质生产中形成的人与自然和人与人的社会关系。劳动社会化过程就是生产力和生产关系相互制约、相互影响的过程，就是无产阶级和资产阶级尖锐斗争的过程。随着资产阶级世界市场的开创，劳动社会化的发展也由民族历史转变为世界历史，无生命的资本物对于有生命的活劳动的统治与剥削在全球社会空间展开。马克思对于人类社会形态的历史分期，是以劳动社会化的发展程度即生产力与生产关系矛盾的历史形态为基础的。世界历史虽为劳动社会化的发展提供了广阔空间，但也规定了资本现代性的阈限。

马克思在《1844年经济学哲学手稿》中的劳动社会化分析主要立足于劳动异化，这种分析主要揭示了劳动社会化过程中作为劳动主体的活劳动与作为劳动客体的死劳动之间的对立与冲突。这种劳动异化分析仍然具有哲学思辨的色彩。在《资本论》及其手稿中，马克思则从"物化"角度深入分析了劳动异化问题，阐明了劳动异化的具体内容和深刻内涵，形成了"物化—异化"的资本现代性批判模式。在《资本论》中，马克思对劳动社会化的资本"物化—异化"场域从四个方面展开了剖析：一是资本社会化，即资本主义商品生产和商品流通；二是资本物的社会关系体系，即围绕着商品、货币和资本之间的转化，揭示了社会关系的资本化内涵；三是资本物成为统治世界的新神，阐明了商品、货币和资本拜物教的形成和本质；四是资本物借助社会化的场域创设与控制，推动了场域发展由民族历史转化为世界历史。世界历史场域是资本物创造的"旧世界"，同时，也为无产阶级在劳动社会化基础之上创造一个"新世界"奠定了物质基础。通过对资本物营造的场域进行解剖，马克思为劳动社会化的出场，以及劳动主体登临世界历史舞台提供了前提。

在资本物操控的社会化场域，工人劳动的对象化直接表现为物化：一是劳动创造物化的劳动产品——商品、货币、资本等，这些创造物对于工人而言是异己的力量；二是劳动过程的物化条件——机器设备、厂房、劳动材料、工具等；三是劳动本身的物化。劳动者的劳动必须依赖于资本物给定的物化条件才能进行社会性的占有与交换；劳动者场域的置身性仅仅表现在劳动力商品的买卖和商品生产的某一环节，然而，资本物在"生产—交换"的社会化过程中始终在场。资本物担当着劳动者社会化的中介。人的异化背离了抽象的绝对精神，朝向显现在场的商品、货币和资本。劳动社会化在资本物创造的物质生产体系中淹没了，人的价值只有通过商品、货币和资本才能得以体现。这样，马克思通过对资本主义剩余价值生产进行解剖，揭露了资本流通过程中具有盗窃性质的交换秘密。马克思认为，资产阶级意识形态掩盖着这样一个事实：资本物的社会化决定着劳动社会化，物的社会化统治着人的社会化。从资本运动总公式"G—W—G′"可以看出，物化是资本唯一的增殖形式，物化的源头是劳动，劳动的物化创造了商品，商品的物化产生了货币，货币的物化产生了资本。商品—货币—资本构成了套在劳动者头上的物化社会关系，构成了劳动者的"物的依赖性"，劳动者的独立性和对象性活动只有在资本链条束缚的范围和领域在场。在资本现代性的世界历史扩张中，这种物化社会关系体系普遍化了。世界历史成为资本物的增殖场域，劳动社会化的本源性在场被隐匿、被遮蔽了。

（二）劳动社会化与"旧世界"的资本逻辑

资本营造了劳动社会化的场域，操控着劳动社会化的过程。劳动社会化沉没在资本的社会关系网之中。本来属于劳动社会化场域条件的资本物变成了劳动社会化过程的主宰。资本物的社会化场域从根本上规定了"旧世界"的社会基础。资本通过对劳动社会化的操控为自己创造了一个世界。

首先，活劳动本身通过物化即劳动力商品化而进入资本社会化场域。人是一种对象性的存在，劳动本身是一种对象化的活动。劳动本身具有"物的依赖性"，在资本统治的社会，资本实现了对物的独占，因而对物的依赖本质是对资本的依赖，即人依附于物，劳动依附于资本，工人依附于资本家。在现代社会，劳动社会化以劳动力商品化为前提，劳动"变成单纯为他的存在"，变成"同自身相对立的他物的存在"。[①]在资本主义剩余价值生产中，劳动力以可变资本的形式进入生产过程。不变资本和可变资本属于劳动过程的客观因素和主观因素。不变资本具有非生命特征；可变资本具有生命特征，它们是"互相对抗的因素同时发生互相对抗的作用"[②]。在资本主义条件下，人的社会化是通过资本与劳动的矛盾斗争实现的，马克思的"可变资本"概念，揭示了剩余价值的源泉，也揭示了劳动社会化的场域遮蔽。

其次，劳动过程及其各种条件包含在资本的概念之中。劳动社会化的本质性规定是资本。马克思认为，资本本身包括劳动过程，并且表现

---

① 《马克思恩格斯文集》第 8 卷，人民出版社 2009 年版，第 102 页。
② 《马克思恩格斯文集》第 7 卷，人民出版社 2009 年版，第 277 页。

为劳动过程各种条件的总和，即主要包括劳动材料、劳动资料和活劳动。劳动材料和劳动资料本身就是实体物，活劳动本身不是物但当它与资本相交换之后便作为具有使用价值的物而进入生产过程。这三个要素被资本植入剩余价值生产过程之后，便成为"物化—异化"过程的要素。活劳动作为具有流动性的可变资本在资本社会化场域被颠倒为静止的"异化之物"。劳动过程的时间连续性被分工的场域截断，活劳动被机器掌控，变成了资本物化体系的肢体附件。资本社会化对于劳动社会化的遮蔽从根本上造成了劳动与资本关系的颠倒。劳动与资本关系的颠倒具体表现为：一是劳动与对象的颠倒，劳动对象化表现为对象的丧失和被对象支配；二是自为劳动与物化劳动的颠倒，创造价值和自我确认的劳动颠倒为资本增殖活动；三是劳动过程中人的要素与物的要素的颠倒。在生产过程中，资本物支配活劳动，机器支配工人。劳动的社会生产力包括科学的力量、社会结合的力量和使用机器生产的技巧等，直接"表现为资本固有的属性"①。

最后，劳动社会化直接表现为劳动产品的"物化—异化"。商品本质上是劳动产品。商品之中"有抽象人类劳动对象化或物化在里面"②。在资本主义社会，劳动社会化是通过商品生产和商品交换来实现的，然而商品生产和商品交换的过程是由资本秘密掌控的，资本披着自由与文明的外衣，通过对整个社会经济关系进行控制而成为统治世界的新主。在资本物的统治下，劳动社会化淹没在商品及其物的社会关系之中。在劳动产品的"物化—异化"过程中，工人成为商品人格化的承担者且彼此对立。资本社会的繁荣景观是通过商品物呈现的。商品、货币、资本所构成的"物化—异化"链条成为套在活劳动身上的枷锁。因而在资本物营造的生产和交换场域，工人表现为不在场的本质出离状态。商品借助"物化—异化"的力量发展成为一种拜物教。原本已经完成宗

① 《马克思恩格斯文集》第 8 卷，人民出版社 2009 年版，第 206 页。
② 《马克思恩格斯文集》第 5 卷，人民出版社 2009 年版，第 51 页。

教批判的马克思，又把宗教"请回"了历史之中。因为在现代社会的历史展开中，商品作为"物化—异化"的载体成为主宰世界历史的力量。这种商品拜物教根源于劳动社会化的双重颠倒：一是劳动主客体的颠倒，即资本物人格化了，劳动者物格化了；二是商品交换和商品生产的颠倒，其结果，资本的利润率遮蔽了剩余价值率，资本物借助商品流通获得了新生命，劳动者则沦为资本增殖的工具。

（三）劳动社会化与"新世界"的劳动逻辑

劳动社会化概念是对社会物质生产发展水平趋势的描述，是"个别劳动转变为互相联系、互相依赖的社会劳动的过程"①。人类需求质量的提高推动着劳动社会化的发展。满足需要的多样性依靠劳动的多样性和劳动生产率的提高。提高劳动生产率的前提是推动劳动社会化发展。劳动分工的深化和劳动协作的扩大是劳动社会化的主要形式。斯密指出，"凡能采用分工制的工艺，一经采用分工制，便相应地增进过去的生产力"②。分工可以使劳动者技巧因业专而日进，因而能够相应地增进劳动生产力。马克思则认为，新的生产力必然会引起分工的发展，因而，分工的发展程度是一个民族生产力水平最明显的标志。工场手工业分工是资本主义生产方式的独特创造，它使资本的社会生产力远远超过了传统社会形态。协作是劳动社会化的形式。协作是生产过程"有计划地一起协同劳动"③。协作与分工是同一事物的两个方面，密不可分。马克思认为，劳动的社会生产力"是由协作本身产生的"④，协作产生的生产力是一种集体力。

劳动社会化问题是马克思在《资本论》关于"资本主义积累的历史趋势"部分讨论的。马克思通过对劳动社会化与生产资料社会使用

① 董德刚：《论劳动的社会化》，《现代哲学》1997年第3期。
② ［英］亚当·斯密：《国民财富的性质和原因的研究》（上），郭大力、王亚南译，商务印书馆1972年版，第7页。
③ 《马克思恩格斯文集》第5卷，人民出版社2009年版，第378页。
④ 《马克思恩格斯文集》第5卷，人民出版社2009年版，第382页。

关系进行分析，论证了资本现代性发展的历史必然性。资本通过推动生产资料社会使用而促进了劳动社会化发展，从而以一种新的形式完成了对私有者的剥夺。马克思对生产资料的集中趋势和劳动社会化趋势及其关系进行了深入研究。生产资料的集中化趋势直接表现为"物的增值"趋势，劳动社会化的趋势直接表现为"人的贬值"趋势，它们的矛盾是资本现代性范畴内无法克服的。恩格斯把生产资料的集中和劳动的社会化归结为"社会化生产"。而"社会化生产和资本主义占有的不相容性"日益鲜明地显现出来。①

　　从马克思对于劳动社会化的概念定义来看，它是以分工协作为主要内容的技术关系的发展，属于生产力的范畴。劳动社会化表现为劳动对象化和关系化的飞跃，是人的自然属性向社会属性的提升。马克思认为，资本主义生产有三个主要事实：一是生产资料集中，财产直接表现为资本家的私有财产而与直接劳动者脱离关系，但由此也使生产资料转化为社会生产能力。二是劳动社会化，即分工、协作的发展以及科技在生产中的应用使劳动日益成为有组织的社会化劳动。通过劳动社会化，资本主义借助充满对立的私有财产，把私人劳动转化为社会劳动。三是"世界市场的形成"②。生产资料的集中和劳动社会化是资本主义社会的基本矛盾，资本现代性的发展使这一矛盾在世界市场场域展开。世界市场的发展为生产资料的集中和劳动社会化提供了缓冲空间，资本社会化借此得以完成。马克思认为，资本开辟世界市场同样带来了严重的危机，生产资料的过度集中，日益成为巨大的生产力发展的障碍，它们与为之服务的资本主义制度相矛盾。资本主义的生产关系一旦由生产力的发展形式变成发展桎梏，便意味着资本现代性的终结。"危机就是这样发生的。"③ 马克思由此揭示了资本积累的趋势和规律，资本积累的过

---

① 《马克思恩格斯选集》第 3 卷，人民出版社 2012 年版，第 658 页。
② 《马克思恩格斯文集》第 7 卷，人民出版社 2009 年版，第 296 页。
③ 《马克思恩格斯文集》第 7 卷，人民出版社 2009 年版，第 296 页。

程也是资本与劳动矛盾的积累过程，这一矛盾的尖锐化预示着资本主义制度的灭亡。适应劳动社会化发展要求的生产资料社会使用方式即"自由人联合体"的占有和使用方式将取代资本主义制度，从而迎来一个坚持劳动社会化发展逻辑，有利于每个人自由全面发展的"新世界"。为建设一个"新世界"，无产阶级应当通过革命和专政的手段取得公共权力，"剥夺剥夺者"，真正成为与自然和社会相结合的主人。

二 世界历史：建构"新世界"的历史前提

现代社会的形成根源于资产阶级世界市场的开拓，表现为民族历史向世界历史的转变。现代社会、现代世界的出现意味着现代性的形成。于是，在马克思的语境中便出现了"现代意义上的资本""现代工人""现代私有制""现代生产""现代国家"等称谓。传统社会以封闭、愚昧为特征，现代社会以开放、交往为特征。马克思、恩格斯在《德意志意识形态》《共产党宣言》等著作中虽然没有使用过"现代性"术语，但却是把现代性与世界历史联系起来考察的。马克思谈论现代性时没有离开世界历史，谈世界历史时也没有离开现代性。世界历史的发展是劳动社会化全球发展的过程，并为"新世界"的建构准备了物质条件。世界历史是近代资本向全球扩张的产物，资产阶级在开创世界市场的过程中首先开创了世界历史。马克思充分肯定了资本现代性的历史功绩，尤其是资本开创的世界历史为"新世界"创造了社会条件，但同时指出，资本的世界历史发展形塑了"中心—边缘"的全球社会空间。无产阶级必须团结一切可以团结的力量，才能推翻资本的统治，进而按照自由劳动原则建设一个每个人自由全面发展的"新世界"。

（一）资本现代性奠定"新世界"的物质基础

马克思揭示了劳动之于世界历史的本源性、始基性作用，把世界历史理解为"人通过人的劳动而诞生的过程"①。马克思从劳动发展史中

---

① 《马克思恩格斯全集》第 3 卷，人民出版社 2002 年版，第 310 页。

找到了破解世界历史之谜的钥匙。黑格尔以其深邃的历史眼光，正确预见了民族历史转变为世界历史的趋势，对马克思产生了深刻影响。但是，在黑格尔那里，世界历史是"绝对理念"的外化，是有始有终的。马克思从实践唯物主义出发，立足劳动本体论，阐明了世界历史的物质根源。同时，通过对现代社会进行"人体解剖"，揭示了世界历史发展的资本逻辑，充分肯定了资产阶级首创世界历史的伟大贡献，强调资本现代性为共产主义"新世界"的到来奠定了坚实的物质基础。

近代以来，世界历史的形成发展表现为资本驾驭着雇佣劳动的战车，在全球社会扩张、掠夺的过程。资本主义机器化大生产和世界交往消灭了各民族原始封闭状态和"自然形成的不同民族之间的分工"，因而，世界历史的发展是"完全物质的、可以通过经验证明的行动"①。世界交往是劳动生产力发展的产物，是各民族之间交往和分工逐步扩大的产物，是一个渐进积累的过程。马克思的历史观坚持了民族历史与世界历史的统一，反对割裂世界历史和民族历史的关系。虽然在民族历史阶段，欧亚大陆间的战争、贸易和文化交流已达到全球规模，但是，它与资本现代性所开启的世界历史有着本质差别。马克思认为，人类社会的世界历史性质是由资本现代性决定的。世界历史是由资本现代性的同一性力量开创的。马克思、恩格斯对资产阶级开创世界历史的伟大贡献给予了充分肯定。资产阶级"奔走于全球各地"②，迫使世界各个民族、国家采用资本主义生产方式。世界历史"是以资本全球化为物质内容的全球交往"③。与前资本现代性时代相比，人类世界交往的内容发生了根本性变化。

资产阶级开创世界历史根源于资本增殖的本性，绝不是根源于某种"自由精神"或神秘理念。资本唯一遵从的行动命令就是利润最大化。

---

① 《马克思恩格斯选集》第1卷，人民出版社2012年版，第169页。
② 《马克思恩格斯文集》第2卷，人民出版社2009年版，第35页。
③ 姚登权、李曼琳：《资本的世界意义——解读马克思"世界历史"理论》，《湖南师范大学社会科学学报》2007年第6期。

在资本家看来，血缘、地域、宗教、文化、民族、政治、道德等，当它们阻碍资本增殖时，便会成为资本家竭力克服的限制。资本总是力求摧毁生产和交换的限制，它"力求用时间去消灭空间"①，尽量减少商品流通时间，从而把资本市场扩张到整个世界。资本现代性扩张的目的就是建立以世界市场为基础的剩余价值生产体系。资产阶级虽是世界历史形成的不自觉工具，但资产阶级创造世界历史却自觉遵循了资本自由原则，它要求世间的一切都必须为资本的增殖开路。马克思所追求的人类历史遵循劳动自由的原则，坚持以人的全面发展为价值旨归。资本现代性造成的生态环境和劳动生存危机是撬动"旧世界历史"阶段向"新世界历史"阶段发展的杠杆。资本全球化的本质是资本主义生产关系的全球化，即资本家的死劳动与工人的活劳动的对立关系在全球社会空间的展开。马克思正是从死劳动与活劳动的对立中看到了人类历史发展的光明未来。世界历史的发展仅仅为人的全面发展提供了可能，要想真正实现人的全面发展，自由的联合个人，必须"获得利用全球的这种全面的生产（人们的创造）的能力"②，并且由他们控制生产和交往的过程及其结果。马克思指出，"资产阶级的工业和商品正为新世界创造这些物质条件"，然而要支配"世界市场和现代生产力"，必须借助"伟大的社会革命"，到那时，人类才不至于使用"被杀害者的头颅"来喝下社会进步的"甜美的酒浆"。③

（二）资本现代性的世界意义

世界历史是人类"历史发展的一个新阶段"④。传统社会属于民族历史发展阶段，现代社会属于世界历史发展阶段。一方面，考察资本现代性离不开世界历史，资本逻辑所开启的现代社会具有"明显的世界

①《马克思恩格斯全集》第30卷，人民出版社1995年版，第538页。
②《马克思恩格斯文集》第1卷，人民出版社2009年版，第541—542页。
③《马克思恩格斯文集》第2卷，人民出版社2009年版，第691页。
④《马克思恩格斯选集》第1卷，人民出版社2012年版，第190页。

性或全球性"，现代社会"不能在自我封闭的环境里生存与发展"①。现代生产和现代交往突破地域局限扩展到了整个世界。"随着商业、奢侈、货币、交换价值的发展"②，资本现代性同步发展起来。资本本身具有世界性和全球性的发展趋势，力求"在一切地点使生产方式从属于自己"③，在整个世界历史空间建构起资本主义商品生产和商品交换体系。资本现代性的发展改变了传统的生产方式、社会关系和交往模式，并在客观上为世界历史带来必然的历史趋势和重要的发展特征。资本概念直接包含着创造世界市场的趋势，资产阶级在开创世界市场过程中首先开创世界历史。但是，资产阶级是驱使着无产阶级开创的世界历史。无产阶级在世界历史的开创中做出了巨大贡献，然而，世界历史的成果却被资产阶级窃取。世界历史是资本主义商品生产和商品交换推动的。分工和商品交换的发展撬动了世界市场的形成与发展。劳动力商品化是资本现代性发展的重要条件，推动了货币向资本转化，进而极大地推动了资本主义商品生产和交换的发展。资本驱使下的雇佣劳动把剩余价值作为唯一追求，因而内在地包含对世界市场的需求。资产阶级正是在开创世界市场的过程中创造了世界历史。

世界历史性是现代性最为典型的特征之一，因而，资本现代性具有明显的世界意义。马克思指出，在世界市场基础上，各民族"各方面的互相往来和各方面的互相依赖"④取代了过去的闭关自守和自给自足状态。物质和精神生产将消除民族的片面性和狭隘性，并且摆脱私有财产运动形式。在资本现代性条件下，人类的劳动产品，无论物质产品还是精神产品，都沦为资产阶级的私有财产，确证着资产阶级的历史性胜利。宗教、法律、道德等是生产的特殊方式，受交换价值规律支配。既没有无思想的"纯粹资本"，也没有无物质的"纯粹思想"。在世界历

---

① 丰子义：《马克思"世界历史"思想研究中的几个问题》，《教学与研究》2002年第3期。
② 《马克思恩格斯文集》第8卷，人民出版社2009年版，第52页。
③ 《马克思恩格斯全集》第31卷，人民出版社1998年版，第128页。
④ 《马克思恩格斯文集》第2卷，人民出版社2009年版，第35页。

史空间，那些代表统治阶级的个人作为占统治地位的思想生产者调节着世界历史时代的生产和分配。资本是世界历史空间占统治地位的物质力量和精神力量的总体。人类多样化的意识形式披上了资本盛装，丧失了独立外观。

那么，如何评价资本现代性的世界意义呢？马克思持一种历史辩证法的态度。一方面，充分肯定了资本现代性的历史功绩，指出由于资本对商品生产和交换的统治，创造了惊人的巨大生产力，推动了民主、自由和平等等现代精神的发展。资本增殖的本性得到了充分彰显。为了最大限度获得剩余价值，资本把物化的死劳动转化为活劳动。资本冲破任何阻碍自己发展的障碍，把自然资源和科学技术为我所用，并且把它们发展成为一种世界性的力量。资本现代性虽然造成了贫富两极分化，但相对于贫穷的普遍化却是一种历史进步。因为资本生产力的普遍发展为每个人自由全面发展的人类历史奠定了基础。资本现代性作为世界历史性的存在，在无产阶级重新驾驭资本物的前提下，将"转变成人道的发展的源泉"①。也就是说，劳动现代性终将取代资本现代性，劳动社会化终将取代资本垄断化原则，只有到那时才能实现每个人的自由全面发展。

（三）"新世界"：人类历史与世界历史

旧唯物主义的立脚点是市民社会，即资本现代性所开创的资本主义社会，它从"肮脏的买卖利益"视角来看待机器大工业。旧唯物主义思想家虽然身处工业革命时代，但却缺乏历史的超前眼光，因而只希望达到对现存事物正确理解的"解释世界"，最终沦为资本现代性的辩护士。新唯物主义的立脚点是人类社会。人类社会是对市民社会的内在超越。新唯物主义者希望通过对市民社会进行批判而将人类引向理想的共产主义社会。作为新唯物主义者的任务是推翻一切现存的东西，即颠覆市民社会，建构真正的人类社会。

---

① 《马克思恩格斯文集》第5卷，人民出版社2009年版，第563页。

马克思坚决反对思辨唯心主义抽象地研究人类历史的方法，对于人类历史的研究需要"描述人们实践活动和实际发展过程的真正的实证科学"①。马克思的历史观对于人类历史发展规律的概括并不提供适用于各个历史时代的药方或公式。整个人类历史是马克思历史研究的基本单位。马克思对于人类历史的研究，既关注原始的历史形式，也关注人类的未来发展，但更为关注的是现实的历史和历史的现实，也就是特别重视对资产阶级开创的世界历史研究。这是因为，与人类"从何而来"的问题相比较，马克思更想探秘人类"向何而去"的问题。马克思认为，人类一开始从事生产，便把自身和动物区别开来，从而开启了人类历史。人类历史每跨越一个发展阶段便是一个新的历史开端。这种开放的历史观与黑格尔截然不同，在他那里，作为"绝对理念"自我运动的世界历史从东方王国开始，经由希腊、罗马时代，最终在日耳曼王国终结。所以他的世界历史观是没有未来面向的。马克思认为，资本现代性所开创的现代社会和世界历史都不过是人类历史发展进程中的过渡阶段。马克思否认"旧世界"的终极性，"旧世界"不过是具有历史暂时性的存在。资产阶级学者奉为永恒状态的资本主义社会仅仅是人类历史的过渡阶段。正是马克思世界历史理论的开放性，即未来面向，宣告了"旧世界"的灭亡和"新世界"的诞生。

马克思历史理论的未来面向，从时间维度看，超越了以往的历史理论，超越了那种僵化的历史观和历史虚无主义；从空间维度看，高度重视不同地域、民族的社会历史研究，但是，在考虑历史分期时却始终立足于人类历史。马克思认为，要求所有国家都经历德国哲学发展和法国政治发展的阶段是非常荒谬的。民族历史是人类历史的有机组成部分，应当把它作为人类历史的阶段性内容加以考虑。民族历史的丰富性、多样性是考察人类历史的前提。对于世界历史的考察也应当纳入人类历史发展的范畴。世界历史是人类历史的特殊发展阶段。世界历史不是从来

① 《马克思恩格斯选集》第 1 卷，人民出版社 2012 年版，第 153 页。

就有的，它经历了由民族历史向世界历史的转化，经历了过去各民族各方面从相对孤立到相互依赖、相互往来的转变。机器大工业与世界交往推动了世界历史的形成与发展。世界历史是资本现代性的发展史，是按照资本原则创造的历史。但是，在马克思人类历史的语境中，资本现代性所创造的世界属于"旧世界"范畴。马克思所追求的"新世界"，主要是对资本现代性所创造的现实的"旧世界"的超越和扬弃。因为这一"旧世界"为马克思的"新世界"准备了物质前提和主体力量。作为世界历史性存在的无产阶级是"新世界"的缔造者。无产阶级之所以能够担负起颠覆"旧世界"创造"新世界"的历史使命，根本原因在于它是劳动主体。劳动是世界的本体和本原，是人类历史的第一前提和基本动力。无产阶级是创造世界历史的主体力量。离开对活劳动的吮吸和剥削，资本的生命就终结了。资产阶级并不是无产阶级所必需的主体条件，而是无产阶级生存发展的外在条件，是无产阶级革命需要打碎的锁链。无产阶级只有推翻资产阶级的统治，才能重新驾驭社会生产力和物质财富，从而创建一个以每个人自由全面发展为旨归，以自由劳动为原则的"自由人联合体"，也就是马克思语境中的共产主义"新世界"。

三 自由人联合体：建构"新世界"的社会条件

建构"新世界"的社会前提是"自由劳动"取代"雇佣劳动"，是"现在支配过去"的共产主义取代"过去支配现在"的资本主义。"自由劳动"直接关涉人类感性活动的自主性、独立性，以及人与自然的关系和人与社会的关系。自由劳动的实现是一个渐进的历史过程，它以个人重新驾驭物的力量为前提，突出了人的主体性和劳动社会化的实现。"自由人联合体"作为一种理想社会形态是马克思所追求的共产主义现代性，作为一种价值理想是马克思所追求的实现个人全面发展的"自由王国"。马克思认为，资产阶级政治国家是"虚幻的共同体"，对于无产阶级而言，它是一种异己的社会力量。"虚幻的共同体"是作为统治阶级的资产阶级联合体，对于被统治阶级的无产阶级而言，它是新的桎梏。理解"自由王国"必须结合"必然王国"。"必然王国"属于物质生产领域，作为自然必然性它是一个永恒的"必然王国"。"自由王国"以追求人类能力的发展为价值旨趣。"必然王国"的"此岸"所指的物质生产就是现代社会的雇佣劳动，作为"彼岸"的"自由王国"的自由劳动，是在"自由人联合体"社会形态下的劳动形式。如果把"彼岸"理解为"交往实践领域"，那么，"自由人联合体"便是这种交往形式的集中体现。

（一）从"雇佣劳动"到"自由劳动"的跨越

马克思所构想的未来社会是一个取代资本主义的非商品经济社会，即"自由人联合体"。在那里，人们共同占有和支配生产资料，把"许多个人劳动力当做一个社会劳动力来使用"①。资本现代性的展开是建立在雇佣劳动基础之上的，或者说，现代劳动本质上是雇佣劳动。马克思认为，只有在"自由人联合体"条件下，用自由的联合的劳动取代雇佣劳动，才能重建劳动现代性，到那时，劳动不再变成垄断性的社会力量，自由的联合的劳动成为满足人本身需要及其全面发展的条件。马克思所设想的"自由人联合体"是消解资本现代性问题的社会共同体形式，是重建劳动现代性的必然选择。"劳动的被统治地位是阶级对立和冲突的根源"②，因此，消除阶级对立和冲突必须使劳动从资本现代性的剥削和压迫下解放出来。资本现代性的展开是以其剥削和压迫雇佣劳动为前提的。雇佣劳动制度是建立在资本主义私有制基础之上的。颠覆资本现代性、重建劳动现代性必须用共产主义现代性取代资本主义现代性。资本现代性的展开使活劳动沦为增殖死劳动的手段。重建劳动现代性就是要在"自由人联合体"条件下，颠覆资本的统治地位，把死劳动变成"扩大、丰富和提高工人的生活的一种手段"③。这样，个人

---

① 《马克思恩格斯文集》第5卷，人民出版社2009年版，第96页。
② 吴荣、高惠珠：《人类命运共同体对资本主义共同体的超越——基于马克思劳动理论视角》，《财经问题研究》2019年第6期。
③ 《马克思恩格斯文集》第2卷，人民出版社2009年版，第46页。

的独立性和自主性才能重新回归劳动主体。重建劳动现代性,必须使"现在支配过去"的共产主义现代性取代"过去支配现在"的资本主义现代性。"现在支配过去"意味着活劳动对资本物的支配,意味着每个人都能够完全自由地发展和发挥他的全部才能和力量,意味着个人通过自主的联合的劳动而获得自由解放和全面发展。

"自由劳动"取代"雇佣劳动"是劳动现代性取代资本现代性的关键环节。马克思的"自由劳动"主要关涉人与人的社会关系,"雇佣劳动"主要关涉人与自然的关系。但是,任何社会历史时代的劳动形式都不能离开人的自然关系和社会关系。马克思认为,对劳动过程的考察"首先要撇开每一种特定的社会的形式"①。任何一种生产劳动都具有一般性质,雇佣劳动也不例外。对劳动一般性质的考察能够为研究雇佣劳动提供指南。资本主义生产是在资本家监督之下的剩余价值生产,这种特殊性并不能改变它的一般性质。当然,马克思并不是不重视劳动的社会形式,而是突出强调劳动主体的自主性和劳动对于人类生存的意义,由此出发,探讨了人如何运用自然力去改变自然的问题。马克思想要阐明的是人的劳动与动物生产的根本区别,即什么是"专属于人的那种形式的劳动"②。马克思强调了作为"物质变换"的劳动对于人类具有特殊意义,它表明"人的劳动关涉到人的目的或意志的自我实现"③。按照赵家祥教授的理解,"必然王国"和"自由王国"既代表两个不同的"自由活动领域",又代表两个不同的"人类历史时期"。④ 然而,如果从人的目的和意志实现的维度看,它不仅是一个生产劳动领域的"此岸"问题,也是一个非生产劳动领域的"彼岸"问题,这样一来,

① 《马克思恩格斯文集》第 5 卷,人民出版社 2009 年版,第 207 页。
② 《马克思恩格斯文集》第 5 卷,人民出版社 2009 年版,第 208 页。
③ 李萍、张淑妹:《从必然王国向自由王国飞跃的历史力量——马克思劳动概念中的自由维度》,《现代哲学》2018 年第 6 期。
④ 赵家祥:《必然王国与自由王国的含义及其关系》,《北京大学学报》(哲学社会科学版) 2013 年第 6 期。

把"必然王国"和"自由王国"理解为人类实践的不同领域就值得商榷。那么，应当从何种意义上理解自由劳动呢？如果"必然王国"和"自由王国"存在于两个不同的历史时期，那么，谋生性的物质生产劳动就无所谓自由劳动问题了，它被理解为一种充满强制和痛苦的异化劳动。然而，实现自由劳动必须消灭资本主义生产方式。因为资本主义生产方式不仅造成了必要劳动时间和剩余劳动时间的对立，还造成了自由支配时间与剩余劳动时间的对立，只有在共产主义条件下，每个人才能够享有可以自由支配的时间，从而成为自由全面发展的人。总之，自由劳动是一个渐进发展的过程，是指向未来共产主义的劳动形式。相对于以往的劳动形式而言，雇佣劳动虽推动了人类自由的发展，但是，雇佣劳动之下的自由性和独立性是以"物的依赖性"为前提的。自由劳动并不是要摆脱"物的依赖性"而是要重新驾驭"物的力量"，它不仅是个人自由意志的体现、人的自我实现方式，还是私人劳动和社会劳动的直接统一。马克思的自由劳动概念突出了人的主体地位以及对劳动条件和过程的控制。

（二）从"虚幻的共同体"到"真正的共同体"的跨越

在对现代社会"人体解剖"基础上，马克思揭示了资本剥削雇佣劳动的关系。雇佣劳动与资本相对立，雇佣劳动创造异己存在即转化为资本存在的剩余价值。在资本现代性的展开中，资本家获得了人性的外观，证明了自身力量的强大；相反，劳动者却失去了人性的外观，无法确证自己的本质。资本剥削雇佣劳动关系建立与发展的过程中，资产阶级的政治国家发挥了重要作用，资本与国家的共谋成为无产阶级备受剥削压迫的根源。资本的经济权力更容易实现剥削职能，国家的政治权力更容易实现压迫职能。马克思认为，资产阶级的政治国家是"虚幻的共同体"，对于无产阶级而言，它是一种异己的社会力量。"虚假的共同体"是资产阶级的社会联合体或者政治联合体，它对于无产阶级而言，是新的桎梏。资产阶级政治国家本质上是通过暴力来保护少数有产者的利益，但是它却采取了"虚假的共同体"的形式。"虚假的共同体"的产生源自分工基础上的阶级分化。在分工发展基础上，出现了个人利益、家庭利益与社会共同利益的矛盾。"虚假的共同体"之所以"虚假"是因为它本质上是统治阶级反对被统治阶级的联合，本身代表的是统治阶级的利益却谎称代表社会共同利益。"真实的共同体"是个人自由的联合，这种联合是他们获得自由的方式。资本现代性的展开导致社会日益分裂为相互敌对的无产阶级和资产阶级，表现为封建的等级共同体日益深刻地裂变为资本主义的"虚假的共同体"。

马克思对基于交往关系的共同体进行了深入考察，并且区分了"真实的共同体"与"虚假的共同体"。"真实的共同体"是个人之间通过共同体控制和支配自身的生存条件，并在保持自身自主性、独立性的前提下参与到共同体之中，并不是以阶级成员的身份参与到"虚假的共同体"之中。个人在"真实的共同体"中的活动是自主和自愿的。马克思认为，资产阶级时代，摧毁了封建时代的等级共同体，取而代之的是"虚假的共同体"，而大工业和世界交往又极大地推动了"虚假的共同体"发展和繁荣，从而也使它的虚假本质得以充分暴露。大工业和世界交往的长足发展为无产阶级摧毁"虚假的共同体"和创建"真实的共同体"提供了条件。共产主义交往革命的旨趣恰恰就在于建立"真实的共同体"，从而，把共同体作为个人全面发展的条件。在"真实的共同体"之中，"每个人的自由发展是一切人的自由发展的条件"①。马克思关注共同体的真实和虚假，旨在解决如何实现人的全面发展和自由个性的问题。自由全面发展是构建共同体的根本目的。马克思在经济学研究的基础上发现，在现代社会，"活动着的个人却没有独立性和个性"②。资本之于劳动是一种对独立性和个性的剥夺。资本是一种外在的压迫力量，它对于劳动的压迫表现为过去对现在的支配，而实现劳动解放就必须变成现在支配过去。对于无产阶级而言，资本共同

---

① 《马克思恩格斯文集》第 2 卷，人民出版社 2009 年版，第 53 页。
② 《马克思恩格斯文集》第 2 卷，人民出版社 2009 年版，第 46 页。

体变成了与他们疏离的异己力量，从这种疏离到新的联合并使个人成为自主活动的"有个性的人"是历史发展的必然。

马克思的"自由人联合体"作为"真实的共同体"，是以扬弃异化劳动为前提的，它把"许多个人劳动力当做一个社会劳动力来使用"①。马克思认为，无产阶级取得政权之后将经历一个"过渡时期"，然后进入共产主义社会的"第一阶段"，经过若干阶段的发展之后进入"高级阶段"。在"过渡时期"，必须坚持无产阶级专政；在"第一阶段"，由于生产力发展水平和人们精神境界的局限，社会生产实行按劳分配。在"高级阶段"，生产力高度发达，分工消灭，实行"各尽所能，按需分配"。无论是"第一阶段"还是"高级阶段"，都与劳动形式的发展直接关联，是劳动现代性发展的不同阶段。"自由人联合体"作为一种理想的社会形式是马克思所追求的共产主义现代性，作为一种价值理想是马克思所追求的实现人全面发展的"自由王国"。

（三）从"必然王国"到"自由王国"的跨越

在《资本论》第三卷中，马克思提出了一个与"自由人联合体"具有同等程度的概念——"自由王国"。如果说取代现代资本主义市民社会共同体的是"自由人联合体"，那么，取代资产阶级政治国家"虚假的共同体"的将是共产主义的"自由王国"。"自由王国"和"必然王国"，既可以理解为人类不同的实践领域又可以理解为不同的历史时期。

首先，"必然王国"属于物质生产领域，"自由王国"属于非物质生产领域。"必然王国"作为自然必然性，它是一个永恒的必然性王国，因为在一切人类的社会形式中，必然都存在一种劳动形式，即从事人与自然之间的物质变换，从事物质生活资料的生产。在马克思看来，生产劳动领域的自由是有限的，它属于"必然王国"的"此岸"。人类要生存就一刻也离不开生产劳动，这是一种"自然必然性"。"自由王

---

① 《马克思恩格斯文集》第 5 卷，人民出版社 2009 年版，第 96 页。

国"是"必然王国"的"彼岸",即"物质生产领域的彼岸"①。"自由王国"是否与劳动无关呢?在马克思看来,当劳动不再是必要性和外在目的规定的时候,才能实现真正的自由劳动。对于个人而言,自由王国是一种自由劳动状态。什么是"物质生产领域的彼岸"呢?即非物质生产领域,它属于"自由活动领域或自由活动时间"②,追求劳动能力发展而不是追求商品生产。"自由王国"以"必然王国"为基础,以人类能力的发展为旨归,直接指向人的全面发展。

其次,"必然王国"与"自由王国"代表着人类历史的不同发展阶段。"必然王国"以异化劳动为基础,属于人类"史前史"阶段;"自由王国"以自由劳动为基础,属于真正的"人类史"阶段。从"必然王国"到"自由王国"的提升,是从世界史到人类史的提升,是从资本现代性批判到劳动现代性重建的提升,是从一种不自由不幸福且令人厌恶的劳动状态向自由幸福且感到愉快的劳动状态的提升。马克思用"此岸"和"彼岸"来形容"必然王国"和"自由王国","此岸"带有现实性,"彼岸"带有理想性。那么,"物质生产领域"(必然王国)的"彼岸"在哪里呢?物质生产为何会在"彼岸"终止呢?"必然王国"的此岸属于经验存在领域,"自由王国"的彼岸具有形而上学性质。马克思认为,在康德那里,理想的共和国"是一种永远不能实现而又是我们应该永远力求和企图实现的基准"③。王峰明认为,马克思所说物质生产领域的"彼岸"是指"与劳动实践领域相对的交往实践领域"④。如果把"彼岸"理解为"交往实践领域",那么,"自由人联合体"便是这种交往形式的集中体现。

---

① 《马克思恩格斯文集》第 7 卷,人民出版社 2009 年版,第 928 页。

② 赵家祥:《必然王国与自由王国的含义及其关系》,《北京大学学报》(哲学社会科学版) 2013 年第 6 期。

③ 《马克思恩格斯全集》第 7 卷,人民出版社 1959 年版,第 89 页。

④ 王峰明:《自由王国、必然王国与人的自由——〈资本论〉及其手稿中马克思的自由观辨析》,《马克思主义研究》 2018 年第 1 期。

在马克思看来，实现"自由人联合体"的社会形态之前，人类始终处于"必然王国"阶段。资本主义现代性的开启推动了"必然王国"的发展。在现代社会，劳动力自由流动和劳动契约体制的发展，超越了"人的依赖关系"和强制性劳动体制，推动了人类文明的发展。虽然从劳动力商品的交换看，表现为形式上的自由买卖，但资本家通过这种交换所得到的是对劳动力在劳动过程中的支配权，因而工人始终处于受剥削和受奴役的地位。马克思认为，把握"自由人联合体"的基础是人与人的关系，"自由人联合体"解决了个体和类的对立问题，坚持类发展必须以个体发展为前提条件。这是一种与以往时代根本不同的社会发展模式，在私有制社会，虽然类通过自我分裂为自己开辟了发展道路，但是这种发展的结果是社会两极分化。"自由人联合体"是个人之间自由的联合，因而可以扬弃社会分裂，走向社会和谐和共同富裕。

"自由人联合体"是马克思所设想的"自由王国"的社会共同体形式。"自由王国"的前提条件，是劳动者挣脱了资本的外在控制，从物质生产劳动中获得解放，它以自由劳动为基础，以人类能力的发展为根本目的，因而超越了作为谋生手段的雇佣劳动。在"自由王国"中从事劳动的人，是表现自己自主性、能动性、创造性的人。马克思在《资本论》中进一步用"自由时间"概念论证了"自由王国"的本质规定。自由时间是人们发展自身的时间以及人们的闲暇时间，它以剩余劳动为基础。自由时间是人自由全面发展的根本条件。人类闲暇和从事高级活动的自由时间能够把人塑造成为"另一主体"并且"加入直接生产过程"。①

第三节　建构"新世界"的实践主体向度

主体性是现代性的重要原则之一。源于启蒙运动的主体主义造成了

---

① 《马克思恩格斯文集》第 8 卷，人民出版社 2009 年版，第 204 页。

主体的双重分裂：一是主客体的分裂，表现为资本现代性造成了严重的全球性生态危机；二是主体间的分裂，表现为现代社会分裂为资产阶级和无产阶级的尖锐对立。马克思正是由于对主体性问题进行关注和研究才找到了解决现代性危机的主体担当者——无产阶级。马克思对于"主体"的认识经历了抽象的理性主体、感性的类主体和现实的实践主体三个阶段，最终确立了现实的实践主体立场。19世纪30—40年代，西欧国家爆发了三大工人起义，标志着无产阶级登上世界历史舞台。现实的无产阶级革命运动呼唤着马克思主义的诞生。马克思通过对现代市民社会进行解剖，从资本与劳动关系出发，阐明了现代社会两大阶级尖锐对立的经济根源。无产阶级革命的目的就是实现"资本主体性"向"劳动主体性"的回归，为此必须终结资本主义现代性和开启共产主义现代性。劳动者是"新世界"的开创者。实现劳动解放关键在于颠覆资本对现实世界的统治，即实现包括政治解放、人类解放在内的社会解放。政治解放属于资产阶级革命范畴，人类解放属于无产阶级革命范畴。实现人类解放必须使劳动从资本统治的现实世界中获得解放，必须通过"自由人联合体"实现个人对社会财富的普遍占有。"自由人联合体"就是这样的"新世界"，在那里，劳动者的自由个性将得到充分彰显。

一　主体生成：建构"新世界"的实践主体

资产阶级的启蒙运动希望借助主体觉醒实现从"神话"到"启蒙"的开启，但是，上帝的威权坍塌之后，取而代之的却是资本"新神"。源于启蒙的主体主义造成主体的双重分裂：一方面，是主客体的分裂，它为现代性的肆意统治和掠夺自然提供了意识形态上的理由，最终导致全球性的生态危机；另一方面，是主体间的分裂，现代性的发展推动人类日益分裂为两大敌对阶级——资产阶级和无产阶级。少数有产者成为绝大多数无产者的统治者，阶级斗争由此展开且日趋尖锐，最终导致全球性的政治危机。生态危机和政治危机是资本现代性无法克服的"癌瘤"。主体性一直是现代性批判的靶心。从"我思"主体到德国古典哲学的理性形而上学，主体性哲学批判达到了巅峰。马克思从关注主体性出发，找到了解决现代性危机的真正主体——无产阶级。马克思对于"主体"的认识经历了抽象的理性主体、感性的类主体和现实的实践主体三个阶段。其间，经历了对黑格尔"绝对精神"的扬弃、对费尔巴哈"感性主体"的超越，最终确立了现实的实践主体立场。在资本现代性的展开过程中，历史转变为世界历史，"现实的个人"转变为世界历史性的个人。马克思对世界历史性个人的分析，进一步明确了实现人自由解放和全面发展的世界历史条件。

（一）抽象的理性主体：对黑格尔"绝对精神"的扬弃

主体性是现代性最主要的特征之一。立足主体性考察现代性是德国古典哲学的传统。黑格尔从主体性角度探究了现代性的病因并就克服现代性的主体性原则提出了解决方案，因而，他"不是第一位现代性哲学家，但他是第一位意识到现代性问题的哲学家"①。黑格尔看到了在市民社会中主体间竞相反对的战争关系以及个体与共同体的对立，期望用一种"伦理总体性"来管控和整合主体与主体、个人与共同体的关系，其实质是寄望于理性的一体化力量，最终沦为资本现代性的辩护士。

启蒙运动以来，伴随认识论的转向，"主体"成为认识的担当者，世界成为主体性存在。凡是在世界上得到确认的东西，都经过了主体的洞察。主体确认成为世界存在合理性的前提。也就是说，现代社会是依据主体性原则建构的，上帝死了，主体成为现实世界的主宰者。主体性原则"是一种此岸的理智根据"②。主体性原则的确立对于个体自由和人类解放具有进步意义。然而，主体性原则把世上的一切都变成了按照主体需要改造的客体，人成为"天之骄子"，世界成为任其逍遥的"花

---

① ［德］哈贝马斯：《现代性的哲学话语》，曹卫东等译，译林出版社 2004 年版，第51 页。

② ［德］黑格尔：《哲学史讲演录》第 4 卷，贺麟、王太庆等译，上海人民出版社 2013年版，第 201 页。

园"。失去上帝法则约束的主体完全受贪婪的欲望支配，面对分裂的现代社会，主体性的整合力失效了，其结果，出现了环境恶化、道德沦丧等危机。黑格尔之所以赋予"绝对精神"以"上帝"一般的威权，其旨趣就在于用它来平衡与消解主体性膨胀带来的社会问题，以使人类摆脱主体性无限夸大造成的恶果。在黑格尔那里，"绝对精神"担当着类似上帝的职能，发挥着普遍法则的作用，主体是"绝对精神"的外显，主体性受"绝对精神"的支配。黑格尔认为，"自在"的自然事物通过"进入人的意识，因而成为'为人'的存在"①。与自然事物不同，人是为了自我而存在的，而且把一切看作为自我而存在的。然而，自然和人都不过是"绝对精神"的表现形式，不过是"绝对精神"的自我实现。黑格尔试图通过发挥"绝对精神"的作用，消解主体性膨胀和上帝普遍原则退场所造成的现代性问题。这样的"绝对精神"既独立于上帝之外又披上了上帝的荣光。用"绝对精神"约束主体性，是黑格尔提出的治疗现代性问题的"药方"。

黑格尔用"绝对精神"来克服主体性的自然欲望和个体意志，把主体理解为"绝对精神"发展的高级阶段，理解为遵循"绝对精神"普遍原则的实践者。马克思认为，黑格尔的辩证法为社会历史运动提供了一种抽象表达方法，他的"绝对精神"的自我运动并不是具体现实的反映，他在历史中推出"主体"，并试图寻找一种平衡主体性与外部世界关系的方法，但是，他所理解的主体不是现实的、具体的感性实践活动的人。在黑格尔那里，"现实的人类个体倒仅仅是这一形而上学的主体的体现者"②。马克思对现代性的批判直接受到黑格尔的影响。一方面，马克思肯定了黑格尔辩证法的合理内核；另一方面，马克思又批判黑格尔仅仅把主体理解为理性。然而，他的理性主体不是自由、独

---

① ［德］黑格尔：《哲学史讲演录》第 4 卷，贺麟、王太庆等译，上海人民出版社 2013 年版，第 27 页。
② 《马克思恩格斯文集》第 1 卷，人民出版社 2009 年版，第 284 页。

立、透明的实体。马克思用劳动主体、实践主体扬弃了理性主体。经过
《莱茵报》时期的斗争，马克思实现了从关注主体到关注客体的转变，
尤其是科学实践观的确立，推动了马克思现代性思想的发展。这样，马
克思将理性主体置于主客体关系之中来把握，置于实践基础之上来把
握，从而为解决人与世界的关系问题奠定了理论基础。马克思透过资本
现代性主导的"物的世界"发现了一个"人的世界"，揭露了以鲍威尔
为代表的自我意识哲学家妄图通过宗教批判实现人的解放的虚假性，强
调"批判的武器"和"武器的批判"相结合，立足实践主体立场，借
助无产阶级革命和专政的力量，实现现存世界革命化，即打碎资本垄断
化主导的"虚假的共同体"，建构劳动社会化主导的"真正的共同体"，
确立劳动的主体地位，为实现人的解放奠定物质基础。

（二）感性活动的主体：对费尔巴哈感性主体的超越

在德国古典哲学中，黑格尔和费尔巴哈是对马克思哲学思想影响最
大的两个人。马克思吸收了黑格尔的辩证法和费尔巴哈的唯物主义，实
现了哲学的革命性变革。费尔巴哈反对黑格尔用"绝对精神"设定
"主体"，认为现实世界不是"绝对精神"的外显和影子，而是人的
"感性对象"。黑格尔把现实世界理解为主体设定的世界，因而颠倒了
现实世界与主体的关系。启蒙运动以来，以笛卡尔"我思故我在"为
标志，理性逐步占据世界的主体地位。在理性形而上学中，主体性的作
用呈现无限夸大趋势，到黑格尔时代，这种无限夸大趋势并没有获得缓
解，甚至成为"现代性弊病产生的根源"[1]。理性是与感性相对应的，
夸大理性意味着忽视感性。费尔巴哈揭露了痴迷理性的错误，强调感性
才是一切知识的根基，"只有在感性开始的地方，一切怀疑和争论才停
止"[2]。他所说的"感性"是指主体感到愉悦的内在感知，是"一个用

---

① 杨乔乔、张连良：《"主体性"的三次转向——从黑格尔、费尔巴哈到马克思》，《求
是学刊》2018 年第 6 期。
② ［德］费尔巴哈：《费尔巴哈哲学著作选集》（上），荣震华、李金山等译，商务印书
馆 1984 年版，第 170 页。

我们的鲜血来打图章担保的真理"①。他认为，理性不能设定现实世界，只有从感性出发才能获得真理，他在强调自然客观性的同时忽略了现实世界的主体实践本质，因而他的感性沦为无内容的内在感觉。马克思批评费尔巴哈，因为他不懂得周围的感性世界是现代工业的产物，他把感性理解为一种抽象的脱离现实的直观，因而无法认清现实世界的本质。他把感性理解为片面的、外在的客体活动，仅仅从"直观"形式理解现实世界。他推出了感性又不理解感性，因而他的"感性主体"并没有摆脱旧唯物主义思想体系。

　　费尔巴哈以感性直观方式把握现代社会，不理解现实世界的变化发展，把现代社会出现的环境污染、道德滑坡等弊病看成是合理性的存在。他不能把世界理解为一个过程，因而走向了黑格尔辩证法的反面，他"至多也只能达到对单个人和市民社会的直观"②。费尔巴哈用"感性主体"批判黑格尔的"理性主体"，虽然具有积极意义但却是不彻底的。一方面，他看到，感性的自然和人是第一性的，但却止于感性直观而最终无法跳出旧唯物主义不关注现实的窠臼；另一方面，他不懂得感性活动的意义，当他用感性直观去把握现实世界及其发展规律的时候，最终失败了。马克思的新唯物主义正是在扬弃黑格尔和费尔巴哈的基础上创立的。费尔巴哈把"感性主体"的人理解为"类"存在物，但由于他仅仅把感性理解为对现实、对象的直观，不理解实践活动的意义，因而他的"类"是"内在的、无声的、把许多个人自然地联系起来的普遍性"③，把类理解为"普遍性"意味着对人的理解仍然是抽象的。马克思对"类"的理解与费尔巴哈根本不同。马克思从劳动本体论、本源论意义上把"类活动"理解为自由自觉的活动，把劳动理解为人的存在方式，把人的类本质理解为普遍的、自由的存在物。马克思的

① ［德］费尔巴哈：《费尔巴哈哲学著作选集》（上），荣震华、李金山等译，商务印书馆1984年版，第68页。
② 《马克思恩格斯选集》第1卷，人民出版社2012年版，第136页。
③ 《马克思恩格斯文集》第1卷，人民出版社2009年版，第501页。

"类主体"为从实践唯物主义观点把握现实的人的主体性奠定了基础。马克思把人的主体性理解为感性实践活动，理解为实践基础上的社会关系总和，从而揭示了现实的人的本源性在世。传统理性形而上学，由于脱离了理性的实践根基而导致主体困境。马克思的"类主体"概念首先从劳动存在论的根源之处揭示了主体性的社会存在依据。传统的理性形而上学立足"孤独自我透过窗户去看外部世界"，而对于马克思的实践唯物主义而言，人就站在户外，就站在世界之中。对于"我思主体"而言，世界在"我思"之外；对于"实践主体"而言，主体在"世界"之内。"我思"即作为人的意识"是实践活动这一'总体性'活动须臾不可分离的'内涵性'向度"①。按照马克思的话就是，意识是被意识到了的存在，这样，在实践基础上，主客体关系"实现了内在的否定性统一"②。现代性问题表现为主体性问题，具体而言就是主体与客体的对立问题。传统理性形而上学试图借助主体理性实现主客体统一，并以此来破解现代性危机，最终走向了破产。马克思的科学实践观由于解决了主客体的辩证统一问题，从而为解决现代性危机提供了理论武器。

(三) 现实的实践主体：现实的个人和世界历史性的个人

马克思新唯物主义坚持从"现实的个人"出发，从而超越了一切旧唯物主义。马克思认为，生产劳动是"现实的个人"最基本的实践存在方式，"现实的个人"是实践主体。实现人自由解放和全面发展必须从"现实的个人"出发。实践是感性的人的活动，是人的自主活动。马克思强调，必须把现实、对象理解为感性的实践活动，坚持"从主体方面去理解"③，坚持把实践理解为劳动主体力量的实现方式，理解为人与自然、人与人之间的中介力量。现实世界是人类主体力量的表

---

① 贺来：《论实践观点的认识论意蕴》，《社会科学研究》2018 年第 3 期。
② 贺来、徐国政：《从"我思主体"到"类主体"——马克思对主体性观念的变革》，《学术研究》2020 年第 1 期。
③ 《马克思恩格斯文集》第 1 卷，人民出版社 2009 年版，第 499 页。

征，认识和把握现实世界不仅要从自然历史过程去理解而且要从实践主体活动去理解。施密特认为，马克思以实践为中介，恢复了"唯物主义的生产因素"①。通过生产实践，马克思把"现实的个人"指认为世界的主体，从而超越了唯心主义的"理性本位"与费尔巴哈的人本主义。"现实的个人"首先是"有生命的个人"，是实践活动的前提和基础。人类历史的第一个前提是"现实的个人"的活动和物质生活条件。"现实的个人"既具有自然属性，是自然存在物，又具有社会属性，是社会存在物，是"一切社会关系的总和"②。

"现实的个人"生活在现实生活与历史发展之中。要把握"现实的个人"的物质需要、精神追求、思想观念和宗教信仰等，必须深入考察人类的现实生活和历史发展，从社会历史发展规律之中揭示人的自由解放的必然性和条件性。无论是费尔巴哈脱离历史的直观唯物主义还是青年黑格尔派脱离现实的自我意识哲学，他们所理解的人和自然都是抽象的，他们对于现代市民社会的批判脱离了社会历史前提，因而是没有前提的德国人，马克思正是因为从人类社会历史的前提出发，才创立了新历史观。马克思从历史视角把握"现实的个人"以及人与自然、人与人的社会历史关系，以生产关系为基轴阐明了全部的社会关系结构，超越了近代以来主客体二元对立的世界观，在历史观领域实现了革命性变革。马克思所理解的主体就是"现实的个人"及其实践活动，从这样的实践主体出发，批判了黑格尔的"理性主体"和费尔巴哈的"感性主体"。

马克思从社会历史视角考察"现实的个人"，在对社会个人给予把握时提出了"世界历史性个人"思想。在现代社会，随着生产力和交往的普遍发展，民族历史转化为世界历史，传统社会提升为现代社会，

① ［联邦德国］施密特：《马克思的自然概念》，欧力同、吴仲昉译，商务印书馆1988年版，第119页。
② 《马克思恩格斯文集》第1卷，人民出版社2009年版，第501页。

民族性个人发展成为世界历史性个人。作为个人的基本属性，世界历史性个人已经成为"经验上普遍的个人"①。在现代资本主义社会，世界历史性个人承受着脱离个人的巨大的异化力量的统治。这种抽象的统治力量来源于世界历史性的物质生产和精神生产。世界历史性的个人对于资本物的依赖关系非但没有消除反而变成了普遍形式。马克思既考察了世界历史背景下现代资本主义社会生产方式的扩张，又考察了世界历史背景下个人的生存发展状态。马克思在对"现实的个人"存在发展的社会历史条件进行考察时提出的"世界历史性个人"思想具有重要意义，因为马克思明确了实现人自由解放和全面发展的"主体性世界历史条件"②。世界历史性个人是世界市场的产物，世界市场把个人和世界直接联系起来，世界市场成为世界历史性个人的存在方式，世界市场作为资本主导的人类共同活动方式，形成了一种对于劳动者来说异己的外在的社会力量和经济权力。

二　阶级言说：建构"新世界"的历史主体

19 世纪 30—40 年代，西欧国家爆发了著名的三大工人起义，标志着无产阶级登上了世界历史舞台，彰显了自身的力量。现实的无产阶级革命运动呼唤着马克思主义的诞生。马克思通过对现代市民社会进行解剖，把劳动与资本的关系作为诠释无产阶级和资产阶级对立的经济根源，揭露了劳动异化造成人类主体性扭曲，劳动主体降低为资本增殖的工具。劳动异化理论为扬弃资本主义制度、建立共产主义制度指明了方向。在《资本论》及其手稿中，马克思进一步揭示了现代社会的资本逻辑，现代性危机突出表现为抽象社会力量对具体劳动力量的统治，表现为死劳动对活劳动的统治。无产阶级革命的目的就是实现资本主体性

---

① 《马克思恩格斯文集》第 1 卷，人民出版社 2009 年版，第 538 页。
② 叶险明：《"世界历史性个人"与"人的自由而全面的发展"》，《马克思主义研究》2011 年第 12 期。

向劳动主体性回归，为此必须终结资本主义现代性并开启共产主义现代性。无产阶级必须通过革命斗争颠覆资产阶级的国家制度，打碎资本主体的统治地位。为此，必须充分发挥无产阶级政党组织的重要作用。在无产阶级政党的正确领导下，通过无产阶级革命夺取国家政权，剥夺剥夺者，大力发展社会生产力，推动共产主义现代性长足发展。

（一）登上历史舞台：无产阶级的出场

马克思青年时期，遇到了对物质利益问题发表意见的难事，由此推动了由哲学向经济学的转向。马克思看到，在统治阶级的物质利益面前，国家的自由理性原则沦为虚无，由此他开始怀疑黑格尔的国家观，反思黑格尔关于政治国家和市民社会的关系问题，基于对劳动主体在市民社会基础性地位的认识，初步形成了无产阶级作为革命主体的思想，提出"无产阶级宣告迄今为止的世界制度的解体"①，把实现人的解放的历史使命赋予了无产阶级。马克思所言无产阶级宣告解体的"世界制度"就是资本主义制度，这一任务不仅包含着政治解放的任务还包含着人类解放的任务。马克思生活的 19 世纪 30—40 年代，西欧主要国家爆发了著名的无产阶级反对资本主义制度的革命斗争。最为典型的是三大工人起义。三大工人起义是近代无产阶级具有世界历史意义的斗争。虽然三大工人起义都失败了，却标志着无产阶级已经登上世界历史舞台。列宁认为，"没有革命的理论，就不会有革命的运动。"② 现实的无产阶级革命运动呼唤着马克思主义的诞生，呼唤革命理论的指导。

《黑格尔法哲学批判》是马克思为了解决"苦恼的疑问"而写的第一部著作。为了推翻现代资本主义制度，马克思总结工人起义的经验教训，突出强调了无产阶级精神武装的重要性。在马克思看来，最新的哲学需要以无产阶级为"物质武器"，而无产阶级也需要以最新的哲学为"精神武器"。"思想的闪电"与"人民园地"一旦结合，"德国人就会

---

①《马克思恩格斯选集》第 1 卷，人民出版社 2012 年版，第 15 页。
②《列宁选集》第 1 卷，人民出版社 2012 年版，第 153 页。

解放成为人"①。马克思强调了用最新哲学武装无产阶级的重要性。黑格尔认为，市民社会的崛起造成了传统共同体的分裂，个人变成了原子式的孤立个人，市民社会表现为"私人利益跟特殊公共事务冲突的舞台"和"个人私利的战场"。② 那么，如何才能妥善解决市民社会存在普遍利益与特殊利益的冲突呢？黑格尔认为，必须借助国家的普遍力量和"绝对精神"的至上力量，因为"政治国家决定市民社会"，市民社会的样貌是"绝对精神"的外显。马克思看到，在黑格尔的思辨中，政治国家和市民社会的关系是完全颠倒的。马克思坚持市民社会决定政治国家的原则，那么，市民社会的特殊利益是如何上升为政治国家的普遍利益的呢？为此，马克思在市民社会解剖中发现了物质利益原则。马克思对黑格尔政治哲学的批判，延伸了他对民主政治的思考以及对实现政治解放现实主体的思考，并且把政治解放的历史任务赋予了无产阶级，因为资产阶级的政治解放是不彻底的，它没有解决市民社会人与人的分化与冲突问题，反而加剧了公民与市民即"利己的、独立的个体"之间的对立。③ 政治解放沦为资产阶级的自我解放而不是普遍解放，因而没有根本解决特殊利益和普遍利益的分化与冲突问题。政治国家之中的出身、等级、文化程度和职业差别不仅没有消除反而日益扩大。这些差别和对立的存在成为资产阶级政治国家的前提以及它所实现的普遍性。马克思认为，从实质看，政治国家是资产阶级性质的，资产阶级政治解放的不彻底性是由其阶级局限性决定的。由此，马克思把政治解放的历史使命赋予了无产阶级，实现了由革命民主主义向共产主义立场的转变。马克思认为，无产阶级不仅担负着政治解放的历史任务而且担负着人类解放的历史任务，突出强调无产阶级是实现人类解放的主体力量。无产阶级只有取代资产阶级成为现代社会的主人，才能成为"社

---

① 《马克思恩格斯文集》第 1 卷，人民出版社 2009 年版，第 17—18 页。
② ［德］黑格尔：《法哲学原理》，范扬、张企泰译，商务印书馆 1961 年版，第 309 页。
③ 《马克思恩格斯全集》第 3 卷，人民出版社 2002 年版，第 189 页。

会的头脑和社会的心脏"①。作为"一个被戴上彻底的锁链的阶级"②，无产阶级宣告了一切社会等级的解体。社会解放是现实的人从政治经济生活中的解放。社会解放是实现人的解放的前提条件。在社会解放的前提下，"德国人的解放就是人的解放"③。无产阶级是实现人的解放的革命主体，最新的哲学则是这个解放的头脑。

（二）劳动主体异化与资本主体的批判

马克思在"人体解剖"基础上，对现代性问题给予了制度诊断和制度归因，同时，立足资本与劳动关系的历史辩证法，阐明了资本现代性批判和劳动现代性重建的内在机制。现代社会的发展是资本现代性和劳动现代性相互作用、此消彼长的过程，现代性绝不是资本的独奏，而是劳动与资本关系的历史建构，资本现代性的发展孕育着共产主义现代性的因子。资本与劳动的纠缠是现代性的最大难题。马克思现代性思想的根本旨趣就在于终结资本现代性、重建劳动现代性。马克思看到，形形色色旧哲学的共同之处在于充当解释现存世界合理性的工具，而新哲学的使命在于不仅揭露现存世界的非人化和不合理性还提供改造现存世界的理论武器。马克思站在劳动主体立场，突出强调劳动生产力是社会历史发展的最终动力，整个世界历史是一部劳动发展史，现代性必将随着劳动形式的发展而赋予更多人的本质内涵。

马克思生活的时代，现代性与资本主义制度同生共长，资本主义私有制成为制约现代性发展的直接致因。马克思把对资本现代性诊断所使用的方法称为"人体解剖"即对历史上最发达、最复杂的生产组织的解剖，强调"人体解剖对于猴体解剖是一把钥匙"④。马克思把"现代生产"理解为现代社会的主要标志，现代生产在现代性生成中具有基础性、决定性作用。马克思对现代社会的解剖始于《1844 年经济学哲

---

① 《马克思恩格斯全集》第 3 卷，人民出版社 2002 年版，第 211 页。
② 《马克思恩格斯全集》第 3 卷，人民出版社 2002 年版，第 213 页。
③ 《马克思恩格斯全集》第 3 卷，人民出版社 2002 年版，第 214 页。
④ 《马克思恩格斯全集》第 30 卷，人民出版社 1995 年版，第 47 页。

学手稿》，其中，在吸收前人思想基础上提出了"异化劳动"思想，并且把它作为现代社会批判的理论基点。马克思从异化的"原点"出发，超越了对现代社会主体精神丧失和世界异化的简单否定，确立了从"劳动主体性来重新把握市民社会"①的新观点。马克思的劳动异化思想担当着解释现代社会资产阶级和无产阶级严重对立的理论使命。劳动异化揭示了无产阶级与资产阶级对立的经济根源。工人作为劳动的主体力量最终沦为资本的奴隶，资本现代性表现为非人的力量统治一切。马克思分别从劳动者与劳动产品、劳动行为、人的类本质关系的异化等方面解释了工人和资本家之间的异化关系。马克思的异化劳动理论使我们看清了资本现代性的开启对人类主体性本质造成了深刻影响，即劳动主体降低为财富创造的手段。异化劳动虽然从否定性、消极性视角研究劳动问题，却为人的自由解放提供了方向，因为马克思把人的自由解放归结为劳动的自由与解放。

与劳动主体相对应的是资本主体。马克思在《资本论》及其手稿中，针对资本主体异化展开了深入批判，通过商品、货币、资本层层深入地剖析，揭示了资本的主体性质和存在形式。马克思从商品的二重性出发，揭示了劳动二重性与商品二重性的内在关系。在此基础上，进一步把劳动区分为必要劳动和剩余劳动，把资本区分为不变资本和可变资本，揭露了剩余价值生产的秘密。在现代社会，资本是与劳动相对立的独立存在，是劳动的主客体统一的形式，工人的共同劳动直接表现为资本的主体性和客体性。如果说，劳动主体是有形的、具体的、直接的，那么，资本主体则是无形的、抽象的、间接的。马克思认为，资本主体是一种虚假主体，它消解了劳动主体，窃取了主体地位，由此，人沦为物，物表现为人。资本竭力"用自己的不变部分即生产资料吮吸尽可

---

① ［日］山之内靖：《受苦者的目光：早期马克思的复兴》，彭曦、汪丽影译，北京师范大学出版社 2011 年版，第 210 页。

能多的剩余劳动"①。由于资本主义生产方式资本化，本应是劳动过程的主体却变成了资本增殖的工具。资本主体对于劳动主体的统治权表现为死劳动对活劳动的统治，表现为抽象的社会力量对具体劳动力量的统治。因而，在现代社会，生产力的一切增长和文明的一切进步只会使"资本的生产力增长"和资本"支配劳动的权力更加增大"。② 马克思认为，无产阶级革命的目的就是实现资本主体性向劳动主体性的回归，使劳动主体摆脱抽象力量的社会统治，为此必须终结资本主义现代性并开启共产主义现代性。

（三）共产主义现代性的建构：无产阶级的历史使命

现代性的发展产生了两大尖锐对立的阶级——无产阶级和资产阶级。"有钱有权的资产阶级成为最大的现代性受益者"③，相反，现代性的灾难却落在了无产阶级头上。资本现代性存在着自身无法超越的悖论：资本主义把每种经济进步都变成社会灾难；英国侵略者在故乡还假装"一副体面的样子"，而在殖民地则赤裸裸地暴露出"极度伪善"和"野蛮本性"；人类的进步表现为"只有用被杀害者的头颅做酒杯才能喝下甜美的酒浆"④。在马克思看来，资本现代性危机最根本的是无产阶级生存危机，无产阶级在现代社会沦为资本增殖的工具，失去了劳动的主体地位。无产阶级要实现自身解放，必须打碎资产阶级的统治。

在《资本论》及其手稿中，马克思通过对现代社会的"人体解剖"，进一步确认，无产阶级所受压迫的根源在于现代性的资本逻辑，因此政治解放与经济解放必须统筹考虑，政治解放是摆脱资本统治地位的必要条件，无产阶级只有上升为统治阶级才能借助国家权力"剥夺剥夺者"。社会解放是劳动解放的条件。社会解放就是使劳动从资本的操控之下解放出来，只有在社会解放基础上才能最终实现人的解放。政

---

① 《马克思恩格斯文集》第 5 卷，人民出版社 2009 年版，第 269 页。
② 《马克思恩格斯全集》第 30 卷，人民出版社 1995 年版，第 267 页。
③ 周峰：《马克思主义与中国现代性问题》，《山东社会科学》2016 年第 12 期。
④ 《马克思恩格斯文集》第 2 卷，人民出版社 2009 年版，第 690—691 页。

治解放、社会解放等都是无产阶级实现人的自由解放过程中的重要环节和条件。"无产阶级的历史使命就是追求人类的自由和解放。"① 为了完成这一历史使命，无产阶级必须通过革命斗争颠覆资本主义现代性并且开启共产主义现代性。马克思认为，随着近代大工业的蓬勃发展，产生了两个相互对立的阶级，即无产阶级和资产阶级。由于资本主义经济危机周期性爆发，贫富两极分化更加严重。无产阶级所受剥削和压迫超过了以往任何时代。两大阶级之间的斗争由此展开，并且从最初的自发的、分散的经济斗争逐步发展成为自觉的、联合的政治斗争。

为了取得革命的胜利，必须发挥无产阶级政党的作用。共产党"坚持整个无产阶级共同的不分民族的利益"，它的理论旨趣概括为一句话就是"消灭私有制"。② 马克思之所以重视"消灭私有制"，是因为，无产阶级只有"消灭私有制"，"才能取得社会生产力"③。无产阶级革命的首要任务是推翻资产阶级的统治，夺取国家权力，实行普遍民主，然后利用国家机器的力量，没收资产阶级的生产资料归无产阶级专政的国家所有，在此基础上，大力发展社会生产力，逐步建立共产主义社会。

马克思把"改变世界"的实践主体赋予了无产阶级，从异化劳动和由此而产生的整个社会必然分化为两个阶级出发，强调无产阶级必须经过阶级斗争才能消灭一切阶级。马克思认为，资产阶级国家机器终结了封建专制的统治，可最终却变成资本奴役劳动的工具。只有颠覆资本现代性，实现无产阶级专政，国家政权才能"变成社会本身的充满生气的力量"④。无产阶级的政治解放就是要推翻资产阶级的统治，把劳动从资本的压迫剥削中解放出来。劳动解放是社会解放的核心内容和伟大目标。"自由的联合的劳动的社会经济规律的自发作用"代替"资本

① 杨南龙：《马克思主体性思想演变的历史逻辑》，《北方论坛》2022 年第 2 期。
② 《马克思恩格斯文集》第 2 卷，人民出版社 2009 年版，第 44—45 页。
③ 《马克思恩格斯文集》第 2 卷，人民出版社 2009 年版，第 42 页。
④ 《马克思恩格斯选集》第 3 卷，人民出版社 2012 年版，第 140 页。

和地产的自然规律的自发作用"是一个漫长的过程。① 马克思指出,巴黎公社"是终于发现的可以使劳动在经济上获得解放的政治形式"②。无产阶级专政是实现劳动解放和人的解放的必要前提,"是达到消灭一切阶级和进入无阶级社会的过渡"③。

三 价值旨归:建构"新世界"的价值主体

在现代社会,资本对劳动的奴役状态达到了顶点,工人只有作为肉体主体才能维持自身生存。从事异化劳动是工人维持肉体生存的唯一途径。在现代社会,劳动主体失去了人的生存外观。因而,颠覆资本对现实世界的统治是实现劳动解放的前提。实现劳动解放必须摆脱束缚和制约自由劳动发展的政治制度和经济制度,必须以社会解放为前提。政治解放要求确立世俗王权的一元国家政权结构,推翻封建制度,因而属于资产阶级革命范畴。资产阶级革命建立的国家机器为实现资本的社会解放立下汗马功劳,最终成为资本雇佣劳动形式发展的重要手段。人类解放是由无产阶级推动的社会解放,旨在推翻资本主义制度,因而属于无产阶级革命范畴。巴黎公社是资本主义制度的直接对立物,是无产阶级实现社会解放的政治形式。"新世界"与"旧世界"的不同,最根本的就是价值追求的差异。马克思把实现共产主义社会作为人的解放的理想目标。共产主义是人的真正实现,是人的本质的现实生成。马克思强调,人的解放必须从现实世界的压迫中获得解放,为此,必须通过"自由人联合体"来实现个人对社会财富的普遍占有。"自由人联合体"是这样的"新世界",在那里,劳动者的自由个性将得到充分彰显。

(一)实现劳动解放:"新世界"的劳动主体

现代国家是资产阶级政治解放的重要成果。正是资产阶级国家的政

---

① 《马克思恩格斯选集》第3卷,人民出版社2012年版,第144页。
② 《马克思恩格斯选集》第3卷,人民出版社2012年版,第102页。
③ 《马克思恩格斯选集》第4卷,人民出版社2012年版,第426页。

治权力和资本的经济权力的一体化力量，才创造了现代社会的雇佣劳动形式。因此，考察劳动解放问题，不仅要批判资本现代性还要把资产阶级国家作为现代性批判的普遍问题，揭露并批判资产阶级政治解放的局限性。现代性问题是马克思生活时代的一个普遍问题。"资本—劳动"是马克思把握现代性问题的二元分析框架。资本现代性的实质是实现了"资本解放"①，劳动现代性表现为劳动异化，劳动现代性重建的核心是扬弃劳动异化、实现劳动解放，摆脱资本对劳动的压迫和剥削。无产阶级与资产阶级的斗争是劳动和资本斗争的社会形式，阶级斗争通常围绕夺取国家政权展开，现代国家政权是"维护占有者阶级对生产者阶级的压迫和剥削的权力"②。

劳动是一个古老的概念，劳动概念的内涵随着社会发展而不断丰富。显然，劳动之于传统社会和现代社会有着不同的内容和形式。马克思之所以把劳动看作"现代的范畴"③，是因为现代社会的生成源于现代的雇佣劳动。雇佣劳动是现代社会创造财富的一般手段，因而，劳动"作为最现代的社会的范畴""被现代经济学提到首位"。④ 马克思通过对现代社会异化劳动现象进行考察和抽象发现，劳动是人区别于动物的最根本的东西。在现代社会，资本对劳动的奴役状态达到了顶点，工人只有作为肉体的主体维持自身生存且进入资本主义生产过程，工人的唯一权力是自由地出卖自己成为雇佣工人。资本主义雇佣劳动制度直接表现为劳动力商品买卖的平等自由，但这不过是资本玩弄的鬼把戏。消除异化劳动是马克思提出劳动解放任务的社会前提。亚当·斯密认为，劳动是痛苦的。马克思指出，斯密懂得人"有从事一份正常的劳动和停

---

① 周丹：《马克思的劳动解放思想的现代性理解》，《中共中央党校学报》2013 年第 1 期。

② 《马克思恩格斯选集》第 3 卷，人民出版社 2012 年版，第 164 页。

③ 《马克思恩格斯全集》第 30 卷，人民出版社 1995 年版，第 44—45 页。

④ 《马克思恩格斯全集》第 30 卷，人民出版社 1995 年版，第 46 页。

止安逸的需要"①。斯密把异化劳动看成是天经地义的事情,抹杀了劳动的社会差异。

任何物种都有其生命活动的性质。人的本质是自然生命和社会生命的统一。劳动是人的"真正的、活动的财产"和"生活的乐趣"。② 劳动不仅再生产整个自然界而且再生产自身的生命。劳动之所以能够成为"生活的乐趣"是因为它是有意识的、自由的生命活动,是主体性的彰显。劳动不应当成为工人保存性命和资本增殖的手段,不应当像商品一样卖给资本家。然而,在资本主义私有制条件下,劳动处于异化状态,异化劳动使个性变成了与劳动者疏远的东西,异化劳动成为加在劳动者身上外在的、偶然的需要,而非内在的、必然的需要,因而"这种活动为我所痛恨"③。异化劳动造成劳动主体个性和活动出离,变成了令劳动主体"痛恨"的敌对力量,其结果,在资本的世界之中,劳动主体失去了人的生存外观。实现劳动解放关键在于颠覆资本对现实世界的统治,在自由劳动基础上达成劳动主体与对象世界的同一性。

马克思现代性批判是基于"资本—劳动"二元对立的理论分析框架,实现劳动解放必须要从"资本—劳动"关系之中去寻找,或者说,资本现代性从根本上说是资本主导"资本—劳动"关系的建构,重建劳动现代性就必须颠覆资本的主导地位,实现劳动主导"资本—劳动"关系的建构。资本现代性的发展,重构了资本与劳动的关系,创造了一种比以往一切时代都高效的榨取剩余劳动的方式。在马克思看来,资本的伟大文明作用在于为共产主义现代性的发展创造了物质条件,因此,实现劳动解放并不是简单地阉割资本或终止资本运动,而是驾驭和限制资本对于劳动的操控,让资本运动服从和服务于每个人的自由全面发展。资本从劳动中独立出来而成为凌驾于劳动之上的社会力量,造成了

---

① 《马克思恩格斯文集》第 8 卷,人民出版社 2009 年版,第 174 页。
② 《马克思恩格斯全集》第 42 卷,人民出版社 1979 年版,第 38 页。
③ 《马克思恩格斯全集》第 42 卷,人民出版社 1979 年版,第 38 页。

劳动异化，却为更高级的共产主义现代性社会奠定了物质基础。当然，真正实现劳动解放，劳动者必须"重新驾驭这些物的力量"①。

（二）实现社会解放："新世界"的权力主体

实现劳动解放必须摆脱束缚和制约自由劳动发展的政治制度和经济制度，必须以社会解放为前提。马克思认为，社会解放必须以无产阶级专政为前提，巴黎公社是无产阶级专政的政治形式，它是在打碎最后的最完备的资本帝国政府权力形式基础上建立起来的。社会解放是公社的伟大目标且以公社组织来保证这种社会改造。社会解放是从劳动解放到人的解放的中间环节。从根本的理论旨趣看，社会解放和劳动解放都是要把劳动从占有者对劳动者剥削压迫中解放出来。社会解放能够为劳动解放提供良好的历史条件。"自由的、联合的劳动的社会经济规律的自我作用"取代"资本和地产的自然规律的自发作用"需要新的社会条件和漫长的历史发展过程。②

社会解放可以分为两个阶段：第一个阶段是政治解放。政治解放要求国家从宗教统治下解放出来，确立世俗王权的一元国家政权结构，既是人民获得宗教信仰自由的过程，也是寺院财产被没收、教会特权被剥夺的过程。封建等级被废除，每一个成员都是人民主权的平等享有者。政治解放属于资产阶级革命范畴，是市民社会的革命。第二个阶段是人类解放。政治革命仅仅从国家政治层面废除了出身、等级、职业和文化程度的差别，然而，在现实的物质生活领域，这些差别仍然存在。马克思认为，人的解放是由无产阶级推动的社会解放，无产阶级是"一个被戴上彻底的锁链的阶级"③。无产阶级要解放自己的领域必须以解放一切领域为前提。

马克思在《法兰西内战》中认为，"公社"作为无产阶级专政的政

---

① 《马克思恩格斯文集》第1卷，人民出版社2009年版，第571页。
② 《马克思恩格斯选集》第3卷，人民出版社2012年版，第144页。
③ 《马克思恩格斯选集》第1卷，人民出版社2012年版，第15页。

治形式是劳动解放的必要阶段和前提条件，是"终于发现的可以使劳动在经济上获得解放的政治形式"①。公社是资本主义制度的直接对立物，是无产阶级实现社会解放的政治形式。资产阶级革命建立的国家机器为实现资本的社会解放立下汗马功劳，最终成为资本奴役雇佣劳动的重要手段。"公社"作为无产阶级专政的政治形式，意味着"社会把国家政权重新收回"，这样一来，"社会本身的充满生气的力量"便取代了"统治社会、压制社会的力量"，人民群众自己的组织力量便取代了"压迫他们的有组织的力量"②。巴黎无产阶级明确提出收回资产阶级的国家政权，建立无产阶级专政的国家，即一种取代阶级统治的"社会共和国"。这个"社会共和国"是真正民主制度的基础。马克思强调，无产阶级革命的第一步就是上升为统治阶级。阶级斗争是实现社会解放的基本手段，其目的是消灭一切阶级和阶级统治，最终实现劳动解放。为此，必须铲除阶级统治赖以存在的经济基础，铲除生产劳动的资产阶级属性。无产阶级要充分利用国家权力，发展劳动生产力，丰富物质和精神财富，为人的解放奠定基础。无产阶级专政是进入无阶级社会的过渡，是消灭一切阶级与阶级统治的手段。马克思认为，在过渡阶段，公社要实行社会主义民主的具体措施。比如，取缔国家机构的非生产性活动，建设廉价政府，取消开支最大的常备军和国家官吏，履行维护社会利益的简单管理职能。

　　马克思的社会解放思想是围绕着现实的人及其历史发展展开的。马克思从资本和劳动矛盾运动的历史辩证法出发，把劳动解放理解为人的解放的核心内容，通过解剖资本现代性，揭示了人类解放和人全面发展的现实道路。马克思提出的"消灭劳动"③，旨在通过共产主义革命消除劳动的异化性质，从而为重建劳动现代性奠定基础。共产主义现代性

---

① 《马克思恩格斯选集》第 3 卷，人民出版社 2012 年版，第 102 页。
② 《马克思恩格斯选集》第 3 卷，人民出版社 2012 年版，第 140 页。
③ 《马克思恩格斯选集》第 1 卷，人民出版社 2012 年版，第 170 页。

取代资本主义现代性的社会前提就是消灭由资本控制的异化劳动。社会从私有财产制度中获得解放，需要借助工人阶级解放的政治形式，而"工人的解放还包含普遍的人的解放"①。资本现代性所创造的雇佣劳动制度是对抗性的异化劳动形式，只有扬弃异化状态实现自由劳动，"生产劳动就不再是奴役人的手段，而成了解放人的手段"②。劳动解放将为人类解放奠定基础并开辟广阔的道路。

(三) 实现人的解放："新世界"的社会主体

人的解放是"马克思主义的价值诉求"，是"马克思主义的真谛"。③"新世界"与"旧世界"的不同，最根本的就是价值追求的差异。马克思主义是科学的世界观和方法论，是代表无产阶级的价值观。实现人的自由全面发展是马克思主义的理论诉求与实践渴望。"马克思首先是一个革命家"，毕生"参加现代无产阶级的解放事业"④。在中学毕业论文中，马克思就立志选择"最能为人类而工作的职业"⑤，初步表达了实现人类解放的崇高理想。马克思认为，政治解放旨在推翻封建专制制度，其结果，造成人与物的分裂，即摆脱了"人的依赖性"而陷入"物的依赖性"。人类解放旨在推翻资本主义制度，旨在消除人与物、个体与类的分裂状态。无产阶级担当着人类解放的历史任务。

马克思的现代性思想，既注重对感性经验世界的认识，又注重超验性、理想性、合理性的认识。马克思虽然超越了传统现代性的先验性，但并没有完全否定超验性、理想性。马克思认为，实现人的解放必须用共产主义现代性取代资本主义现代性。共产主义现代性是前瞻性、理想性的，是"人的自我异化的积极的扬弃"⑥，是超越自我异化的自我解

① 《马克思恩格斯全集》第 3 卷，人民出版社 2002 年版，第 278 页。
② 《马克思恩格斯文集》第 9 卷，人民出版社 2009 年版，第 311 页。
③ 边立新：《人的解放：马克思主义的真谛》，《科学社会主义》2013 年第 4 期。
④ 《马克思恩格斯文集》第 3 卷，人民出版社 2009 年版，第 602 页。
⑤ 《马克思恩格斯全集》第 1 卷，人民出版社 1995 年版，第 459 页。
⑥ 《马克思恩格斯文集》第 1 卷，人民出版社 2009 年版，第 185 页。

放状态。共产主义现代性对于私有财产的否定不是抽象的，不是退回到不发达的自然状态，而是否定之否定。马克思重建劳动现代性的理想是把自我异化理解为一个必要条件，也就是说，资本现代性批判是劳动现代性重建的必要条件，劳动现代性的使命就是扬弃和超越资本现代性。所以马克思说，"自我异化的扬弃同自我异化走的是同一条道路"①，这一条道路就是现代性发展之路。共产主义是人的真正的实现，是人的本质的现实生成。马克思所言的"共产主义""人的本质""合乎人性的人"等，是从必然现实意义上对人的规定性，它需要经过个体与类之间对立关系的扬弃才能完成，这一过程是逻辑和历史的统一。从逻辑走向历史，坚持逻辑和历史的统一，是马克思资本现代性批判对传统现代性批判的超越。共产主义现代性既是"应然"规定又是"实然"描述。马克思虽然把"自由王国"理解为"彼岸"的东西，具有理想性和超验性，但是，"自由王国"的"彼岸"根源于"必然王国"的"此岸"，"此岸"是现实性的。"此岸"世界的劳动是由必要性和外在目的规定的。"彼岸"的"自由王国"的自由劳动是非必要性和非外在目的规定的。也就是说，"自由王国""存在于真正物质生产领域的彼岸"②。马克思从来不抽象地谈论人的自由解放和全面发展，他所讲的自由解放和全面发展以劳动人民摆脱资本的压迫为前提，是从"虚假的共同体"的压迫中获得解放。马克思认为，必须适应劳动社会化发展的必然要求，用"真正的共同体"取代"虚假的共同体"，如此，无产阶级才能获得自由解放和全面发展的社会条件。人的解放的核心是劳动从资本的压迫下解放出来，并通过无产阶级自我解放来实现。无产阶级是实现人的解放的价值承担者。《共产党宣言》就是无产阶级要实现人类解放的宣言。马克思系统阐明了无产阶级解放的根本目的、历史任务、社会条件、主体力量、发展道路等。恩格斯把《资本论》称作无

---

① 《马克思恩格斯文集》第1卷，人民出版社2009年版，第182页。
② 《马克思恩格斯文集》第7卷，人民出版社2009年版，第928页。

产阶级的"圣经",强调自世上有资本家和工人以来,没有一本书像《资本论》一样,对工人具有如此重大的意义。无产阶级解放旨在把无产阶级原则提升为社会原则,即消灭一切私有财产,通过"自由人联合体"实现个人对财富的普遍占有。"自由人联合体"就是这样的"新世界",在那里,劳动者的自由个性将得到充分彰显。

❖ 第 六 章 ❖
马克思劳动现代性思想的价值诠释

　　马克思对现代社会起源、本质和规律的哲学反思是借助唯物史观的立场、观点和方法，通过对资本主义现代性进行剖析和诠释完成的。马克思把实践唯物主义和历史唯物主义引入政治经济学批判，打开了现代性批判的全新理论视野。马克思拒斥脱离生产关系以纯粹理性形而上学的方法分析社会历史运动的传统现代性批判，开启了以劳动范畴为核心的现代性批判与重建。在马克思看来，隐藏在理性背后的是特定的阶级利益，每一个取得统治地位的新阶级都会"赋予自己的思想以普遍性的形式"①。劳而不获还是获而不劳是社会阶级划分的根本尺度。劳动形式从根本上决定着社会形态的性质。在马克思看来，判断一个变革的时代必须"从社会生产力和生产关系之间的现存冲突中去解释"②，因为这一冲突存在于一切劳动形式和社会形态之中。马克思在批判资本现代性中发现的劳动现代性具有划时代的重要意义。从理论价值看，它能够助推马克思主义的总体性出场，丰富中国式现代化建设的理论资源，以及有力回应西方哲学社会科学思潮的理论挑战。从现实价值看，它能够指导中国劳动现代性建构的实践探索，能够有效预防西方资本主义现代性的吞噬，能够充分彰显中国式现代化建设的主体向度。

---

① 《马克思恩格斯选集》第 1 卷，人民出版社 2012 年版，第 180 页。
② 《马克思恩格斯文集》第 2 卷，人民出版社 2009 年版，第 592 页。

第一节　马克思劳动现代性思想的理论价值

马克思劳动现代性思想的理论价值可以从三个方面给予诠释：一是它能够助推马克思主义的总体性出场。理论以什么样的方式出场，不仅取决于理论本身的特性还取决于历史时代的需要。马克思主义具有总体性，劳动现代性范畴是阐明马克思主义总体性的核心，蕴含着在批判"旧世界"中发现"新世界"的理论方法。马克思劳动现代性思想为新时代中国共产党劳动创造美好生活思想提供了理论依据。二是丰富中国式现代化建设的理论资源。深入挖掘和系统梳理马克思劳动现代性思想能够为中国式现代化建设指明发展方向、明确价值原则和厘清战略任务。马克思劳动现代性思想是推进中国特色社会主义现代性建构的价值指南，它要求我们坚持劳动创造美好生活的价值原则，坚持以人民为中心的价值立场。三是回应西方哲学社会科学思潮理论挑战的思想武器。当代西方社会，对马克思劳动现代性思想形成理论挑战的主要有西方马克思主义、新自由主义和后现代主义。马克思劳动现代性思想对于我们辨识与批判非马克思主义和反马克思主义思潮，以及坚持和发展马克思主义都具有重要意义。

一　助推马克思主义的总体性出场

劳动现代性是阐明马克思主义总体性的核心范畴。劳动现代性思想蕴含着唯物史观的核心内容，唯物史观把人类历史、现代历史和世界历史理解为劳动发展史。剩余价值学说是马克思研究现代劳动问题取得的政治经济学成果。"两个伟大发现"为科学社会主义提供了理论依据。以劳动为核心的概念体系构成了科学社会主义的主要内容。马克思批判"旧世界"旨在终结资本现代性，发现"新世界"旨在开启劳动现代性重建。马克思社会形态理论是把握新旧世界的理论依据，把握社会形态的关键是抓住一定历史时代的生产方式。发现"新世界"就必须发现决定"新世界"的那束"普照的光",就必须找到建构"新世界"的历史主体即无产阶级。马克思劳动现代性思想为新时代中国共产党劳动创造美好生活思想提供了理论依据。马克思语境中的美好生活是基于劳动现代性发展而建构的幸福生活,具体表现为在"自由人联合体"条件下,人民群众的自由解放和全面发展。习近平总书记把马克思劳动现代性建构思想转化为让人民过上好日子,坚持以人民为中心,把劳动作为实现美好生活的根本途径,把铸牢中华民族共同体意识、推动人类社会共同体构建作为实现美好生活的重要条件。

（一）阐明马克思主义总体性的核心范畴

劳动现代性是阐明马克思主义总体性的核心范畴。劳动是人类社会生存发展的基础。虽然资本现代性的展开导致了劳动异化,但这并不能否认劳动在人类社会发展中的基础地位。恩格斯说:"人一般地说不劳动就不能生活。"[1] 劳动问题直接关涉世界观、人生观和价值观问题。劳动现代性思想奠定了马克思"两个伟大发现"的理论基石。马克思在"两个伟大发现"的基础上,实现了社会主义由空想到科学的转变。"两个伟大发现"使马克思实现了整个世界史观的变革,"彻底弄清了资本和劳动的关系"[2]。唯物史观就是劳动历史观,一部人类发展史就是劳动发展史。剩余价值理论就是劳动政治经济学,马克思的《资本论》同时也是"劳动论"。"劳动是科学社会主义的第一观点"[3],科学社会主义是围绕着劳动轴心建立起来的,是运用劳动观点认识和把握世界的理论结晶。

唯物史观的发现是马克思在反思劳动现代性问题基础上实现的哲学革命。劳动现代性思想是唯物史观形成发展的基础。人们"首先必须

---

①　《马克思恩格斯全集》第 20 卷,人民出版社 1971 年版,第 98 页。

②　《马克思恩格斯全集》第 19 卷,人民出版社 1963 年版,第 124 页。

③　常卫国:《劳动论——〈马克思恩格斯全集〉探义》,辽宁人民出版社 2005 年版,第 47 页。

劳动，然后才能争取统治，从事政治、宗教和哲学等等"①。劳动是人类生存发展的"真正基础"，是诠释社会历史的最高权威和最终依据。唯物史观正是从劳动这一个很明显但以前完全被人忽略的事实出发的。马克思、恩格斯强调"直接的物质的生活资料的生产"的总体制约作用，论证了劳动是人类生活的首要基本条件，是人类历史发展的第一推动力。人是制造工具的动物，劳动是从制造工具开始的，是人类社会和猿群的最本质区别。由劳动创造的人是现实的人。劳动是财富和文化的源泉，"这是到现时为止的全部历史的规律"②。

剩余价值学说是马克思研究现代劳动所取得的政治经济学成果。剩余价值的本质是剩余劳动。马克思通过对现代资本主义社会进行"人体解剖"，揭示了资本家对工人剩余劳动的无偿占有。《资本论》是马克思剩余价值学说的完成形态，《资本论》研究的对象是资本，但资本的本质是"死劳动"，是累积的劳动。劳动价值论是剩余价值论的基础，马克思在前人基础上创立了科学的劳动价值论，为揭示资本家剥削工人的秘密提供了理论前提。全部资本都是劳动者的剩余劳动，研究资本必须研究劳动，因此，《资本论》就是现代社会的劳动论。区别劳动和劳动力是把握马克思研究资本主义生产方式的最重要的枢纽。马克思正是从劳动力商品化之中探寻到了资本主义的剥削秘密。恩格斯认为，对于社会主义者来说，要把劳动力从商品地位中解放出来，就必须认识到"劳动没有任何价值，也不能有任何价值"③。也就是说，工人的劳动是没有价值的，他的价值仅仅体现为劳动力的价值。在马克思看来，拯救资本主义现代性危机必须实现劳动组织的根本变革，就是用"自由联合的劳动"取代雇佣劳动。

唯物史观研究的对象是整个人类社会，剩余价值学说研究的对象是

① 《马克思恩格斯全集》第 19 卷，人民出版社 1963 年版，第 123 页。
② 《马克思恩格斯全集》第 19 卷，人民出版社 1963 年版，第 17 页。
③ 《马克思恩格斯全集》第 20 卷，人民出版社 1971 年版，第 218 页。

现代资本主义社会。劳动是解开人类历史规律之谜和资本主义生产方式之谜的钥匙，在马克思主义的全部理论中居于核心地位。马克思"两个伟大发现"其实可以归结为一个发现，即劳动在包括经济生活在内的人类历史中的地位、作用和规律。在马克思语境中，人类的现实生活世界是由劳动创造和改变的，劳动创造了一切，是现实生活世界整体性的总依据。人类"连续不断的感性劳动"是"整个现存的感性世界的基础"。① 整个科学社会主义的概念体系就是以劳动为核心的概念体系，主要包括：劳动的产生和一般过程；奴役劳动的历史形态尤其是雇佣劳动形态；劳动解放的目标、过程和条件等。科学社会主义就是劳动的世界观。劳动现代性思想能够为马克思主义总体性出场提供理论依据。

（二）蕴含在批判"旧世界"中发现"新世界"的理论方法

马克思之所以能够完成"两个伟大发现"，实现社会主义由空想到科学的转变，归根结底在于掌握了正确的方法，即在批判"旧世界"中发现"新世界"的历史辩证法。在批判"旧世界"中发现"新世界"既是一个"解释世界"的理论创新过程，又是一个"改变世界"的实践创新过程。马克思所讲的批判"旧世界"主要是指终结资本主义现代性，发现"新世界"主要是指开启共产主义现代性。过去，人们更多地聚焦于马克思的"批判"方法，当然，马克思著作的"批判"方法十分突出，许多著作的标题都带有"批判"二字，如《黑格尔法哲学批判》《哥达纲领批判》，许多著作的副标题也带有"批判"二字，如《神圣家族》《德意志意识形态》《资本论》等。马克思在批判"旧世界"中发现"新世界"的方法是一个整体，既包括"批判"方法又包括"发现"方法，"批判"方法具有手段价值，"发现"方法具有目的价值。

何为世界？世界之分为新与旧的标准是什么？现实世界是不断变化发展着的，世界之新旧所描绘的就是其从低级到高级、从简单到复杂的

---

① 《马克思恩格斯文集》第 1 卷，人民出版社 2009 年版，第 529 页。

过程。新世界与旧世界有着质性的差别。从马克思主义哲学角度看，世界分为自然界、人类社会和思维领域三个部分。它们代表了世界发展的不同阶段，当然，思维、精神、意识是与人类社会相伴而生的，并不是一个独立阶段。世界发展由自然史进入人类史，便达到了高级发展阶段。马克思语境中的世界主要是指人类史。历史可以分为自然史和人类史，二者相互制约、不可分割，但马克思、恩格斯却强调，"我们需要深入研究的是人类史"①。人类史是世界历史发展的高级阶段，"世界以人的实践活动为中介来实现自身发展"②，马克思主要是立足人类社会来观察和把握现实世界的。《德意志意识形态》是唯物史观诞生的标志，也是马克思、恩格斯新世界观诞生的标志。在这里，马克思、恩格斯提出的社会形态理论，回答了世界之新旧的理论依据问题。他们根据分工的不同发展阶段，区分了依次更替的五种所有制形式，把所有制形式作为区分世界之新旧变化的根本依据。

马克思、恩格斯立足共产主义立场，揭示了人类社会发展的一般规律，完成了世界观的根本转变，为批判"旧世界"奠定了理论基础。对于现代资本主义社会而言，它相对于前资本主义时代是一个"新世界"，具有历史进步性；它相对于共产主义社会则是一个"旧世界"。青年时期马克思经历了由革命民主主义立场向共产主义立场的转变，由此便把现代资本主义社会归到了"旧世界"范畴，并且花费了一生大部分精力写作《资本论》，对"旧世界"展开了系统的批判。在马克思看来，批判"旧世界"是发现"新世界"的前提，然而，从西方哲学史的传统来看，批判"旧世界"的思维活动，尤其是从康德到黑格尔的德国古典哲学，主要是"解释世界"层面的理性形而上学批判，因而无法完成发现"新世界"的使命。在批判"旧世界"中发现"新世

---

① 《马克思恩格斯文集》第 1 卷，人民出版社 2009 年版，第 519 页。
② 王国坛、高跃：《在批判旧世界中发现新世界——马克思哲学方法论研究》，《北方论丛》2014 年第 6 期。

界"是一个整体，批判"旧世界"担负着推动世界发展即发现"新世界"的使命。对"旧世界"的批判不能止于"解释世界"的理论活动而必须跨越到"改变世界"的实践活动。马克思认为，旧唯物主义的缺陷是不把对象、现实、感性等"当做感性的人的活动，当做实践去理解"①；新唯物主义坚持"解释世界"与"改变世界"的统一。"解释世界"层面的理论批判就是要批判"旧世界观"，即资本主义现代性是建立在传统的理性形而上学基础上的，批判"旧世界"必须首先挖掉其理论根基。"改变世界"层面的实践批判就是对资本主义现代性给予积极扬弃，进而建构共产主义现代性。

在批判"旧世界"中发现"新世界"的落脚点是发现"新世界"。马克思所言的发现"新世界"首先是创立新世界观，然后在新世界观的指引下创建一个新世界。没有科学理论指导的实践是盲目的实践，没有新世界观的指引便无法开启共产主义现代性的建构。当然，新世界观不是凭空产生的，而是对世界的本质及其发展规律的正确认识。世界本质的实现程度直接决定着对它的认识和理解程度。"每个原理都有其出现的世纪。"② 资本主义现代性的充分展开为马克思"人体解剖"提供了前提。在马克思看来，每一特定历史阶段的社会形式都有一种决定该时代其他一切事物的"普照的光"，抓住了"普照的光"才能认识和把握特定的历史时代。资本主义现代性就是现代资本主义社会"普照的光"，就是资本主义生产方式的本质呈现。资产阶级"按照自己的面貌为自己创造出一个世界"③，无产阶级也能够按照自己的面貌为自己创造一个"新世界"。发现"新世界"就必须发现决定"新世界"的那束"普照的光"，就必须找到建构"新世界"的历史主体即无产阶级。发现"新世界"同样是一个"解释世界"和"改变世界"相统一的过

---

① 《马克思恩格斯文集》第 1 卷，人民出版社 2009 年版，第 499 页。
② 《马克思恩格斯文集》第 1 卷，人民出版社 2009 年版，第 607 页。
③ 《马克思恩格斯文集》第 2 卷，人民出版社 2009 年版，第 36 页。

程。在批判"旧世界"中发现"新世界"的理论方法是马克思批判资本现代性和重建劳动现代性的基本方法。

(三) 提供新时代中国共产党美好生活论的理论依据

马克思劳动现代性思想是中国共产党美好生活论的理论依据。美好生活是人孜孜以求的生活理想和价值追求，是人的本质的深度体现。追求美好生活是劳动现代性的建构过程。在马克思语境中，共产主义现代性扬弃资本主义现代性是创建美好生活的社会条件。马克思所描绘的美好生活境界是"每个人的自由发展是一切人的自由发展的条件"[①]。马克思把人的"自由发展"理解为美好生活的核心内涵。实现美好生活是一个理论问题，更是一个实践问题。把握美好生活的内涵，必须回到马克思劳动现代性思想。马克思认为，自由自觉的活动即劳动是人的本性。马克思资本现代性批判和劳动现代性建构思想都是以劳动概念为核心展开的，劳动作为一种类生活能力，是确证自己类本质的根本方式。

马克思劳动现代性思想旨在通过"改变世界"实现"现实的人"的解放。"现实的人"主要是生活于现代资本主义社会之中的"绝大多数人"包括无产阶级和劳苦大众。马克思劳动现代性建构追求的是现实的幸福，即"要求人民的现实幸福"[②]。现实的幸福是一切幸福的前提。现实的人是从事生产且处于一定社会关系中的活生生的人。人民群众是现实的人，但现实的人并非都是人民群众。马克思所追求的是人民群众的美好生活。当然，对于美好生活的认识和把握必须置于具体的社会历史时空之中。中国共产党美好生活论继承发展了马克思劳动现代性思想的理论立场和研究范式，把满足人民的美好生活追求归结为让人民过上好日子，为此，必须坚持以人民为中心的发展理念，践行"为中国人民谋幸福、为中华民族谋复兴"的初心使命。马克思继承了青年黑格尔派的积极成果，实现了哲学从天上到人间的回归，把现实世界

---

① 《马克思恩格斯文集》第2卷，人民出版社2009年版，第53页。
② 《马克思恩格斯选集》第1卷，人民出版社2012年版，第2页。

的革命化作为哲学思考的原点。在马克思看来，现实世界是经过人类实践中介的人化自然，包括精神世界和物质世界。习近平总书记坚持从现实世界的革命化出发，强调"永远保持同人民群众的血肉联系"，"继续为实现人民对美好生活的向往不懈努力"。①他用时代话语表达了马克思主义的价值诉求和中国共产党人的理论立场。美好生活论是马克思主义哲学原点与中国人民的现实需求相结合的理论成果。

现实世界归根结底是由劳动创造的。劳动是人类社会和人自身生存发展的基础。马克思把创造一个"新世界"寄望于劳动现代性的建构，中国共产党则把实现美好生活置于中国式现代化事业之中进行考量，把劳动作为实现美好生活的根本途径，倡导全社会要尊重劳动。在马克思看来，劳动是人民群众通过社会活动实现自我确证的方式，是创造美好生活的根本途径。中国共产党把马克思劳动现代性建构思想转化为劳动创造美好生活的伟大实践。习近平总书记指出："劳动是财富的源泉，也是幸福的源泉。"② 劳动创造美好生活的立足点不仅是个人还是社会，不仅是满足物质需求后的愉悦，还是"实现个人价值的更高层次的人生指向"③。马克思劳动现代性批判的矛头直指资本主义社会的雇佣劳动，把雇佣劳动理解为人民群众深陷苦难的根源，并且提出用自由联合的劳动取代雇佣劳动的思想，强调自由劳动是实现人民群众美好生活的社会形式。习近平总书记强调，"必须依靠辛勤劳动、诚实劳动、创造性劳动"④，坚持依靠人民和为了人民创造美好生活。

---

① 习近平：《在庆祝中国共产党成立100周年大会上的讲话（2021年7月1日）》，《人民日报》2021年7月2日第2版。

② 习近平：《在同全国劳动模范代表座谈时的讲话（2013年4月28日）》，《人民日报》2013年4月29日第2版。

③ 蒋占峰、吴昊：《习近平对马克思劳动幸福理论的四维创新》，《理论月刊》2022年第5期。

④ 习近平：《在同全国劳动模范代表座谈时的讲话（2013年4月28日）》，《人民日报》2013年4月29日第2版。

劳动解放与全世界、全人类的解放紧密关联。在马克思看来，全世界全人类的幸福才是真正的幸福。共同体是创造美好生活的社会基础，是实现个人自由的前提条件，"只有在共同体中才可能有个人自由"①，然而，资本主义社会的"虚假的共同体"仅仅实现了资产阶级的自由，要实现无产阶级和人民群众自由全面发展就必须用"真正的共同体"即"自由人联合体"取代"虚假的共同体"，到那时，劳动本身将成为生活的第一需要。中国共产党的美好生活论，不仅立足于为中国人民谋幸福而且着眼于为世界人民谋大同。劳动创造美好生活必须坚持由人民群众共享幸福。马克思劳动现代性建构的根本旨趣是实现全人类的解放，强调共同体是劳动创造美好生活的社会条件。新时代，习近平总书记提出加强中华民族共同体建设，铸牢中华民族共同体意识，把劳动创造美好生活置于全球化视野来考察，积极推进人类命运共同体的构建，反映了建设美好世界的价值愿景。

二 丰富中国特色社会主义现代性建构的理论资源

现代性问题既是人类共同面临的根本问题，又是发展中国家尤其是中国面临的紧迫问题。马克思劳动现代性思想是中国特色社会主义现代性建构的重要理论资源。深入挖掘和系统梳理马克思劳动现代性思想能够为中国特色社会主义现代性建构指明发展方向、明确价值原则和厘清战略任务。中国特色社会主义现代性建构，必须立足中华民族伟大复兴战略全局和世界百年未有之大变局，解决好历史方位和发展方向问题，避免"游离于'世界历史'之外"或者"被'资本主义现代性'所吞噬"②。中国特色社会主义现代性建构必须坚持理论与实际相结合，把马克思劳动现代性思想与实现中华民族伟大复兴相结合，实现理论和实践创新。推进中国特色社会主义现代性建构必须坚持马克思劳动现代性

---

① 《马克思恩格斯选集》第 1 卷，人民出版社 2012 年版，第 199 页。
② 张艳涛：《历史唯物主义视域下的"中国现代性"建构》，《哲学研究》2015 年第 6 期。

思想的指引，实现现代性的劳动逻辑对资本逻辑的扬弃和超越。中国特色社会主义坚持中国式现代化道路，创造了人类文明新形态。马克思劳动现代性思想是推进中国特色社会主义现代性建构的价值指南，为此，要努力传承马克思"改变世界"的理论勇气，全面深化改革开放，致力于为中国人民谋幸福、为世界人民谋大同。

（一）恪守中国特色社会主义现代性建构的理论立场

劳动主体立场是马克思根本的理论立场和反思现代性问题的逻辑起点。马克思主义之所以在中国焕发出新的生命力就是因为"产生它的情势还没有被超越"①。当我们面向中国特色社会主义现代性建构实践时，更能深刻认识到马克思劳动现代性思想是当今中国不可或缺的理论资源。当然，解决中国的劳动现代性发展问题必须坚持中国化、时代化的马克思主义指导。一方面，要坚决反对借口马克思劳动现代性思想的普遍解释力而否定中国社会的特殊性，把马克思主义理解为一般发展道路的历史哲学，其结果必然是教条主义。马克思说，这样做"会给我过多的荣誉，同时也会给我过多的侮辱"②。因此，建构中国特色社会主义现代性必须立足于中国国情和中华传统文化，实现马克思劳动现代性思想的本土化转换。中国特色社会主义现代性建构实践不仅证明了马克思劳动现代性思想"行"，还证明了中国化、时代化的马克思劳动现代性思想"行"。因此，必须不断推进马克思劳动现代性思想的中国化、时代化，恪守中国特色社会主义现代性建构的理论立场。中国式现代化新道路之所以"好"，是因为马克思劳动现代性思想的"行"为其提供了理论支撑。

从中国特色社会主义现代性建构的历史境遇来看，当代中国并没有充分享受西方资本主义现代性的肯定性成果，相反，由于现代性问题的

---

① ［德］萨特：《辩证理性批判》（上），林骧华、徐和瑾、陈伟丰译，安徽文艺出版社1998 年版，第 28 页。

② 《马克思恩格斯选集》第 3 卷，人民出版社 2012 年版，第 730 页。

全球性和西方资本主义国家的有意转嫁，却承担了要比西方资本主义发达国家更多的现代性风险和灾难。霍克海默、阿多尔诺在《启蒙辩证法》中揭示了资本现代性造就了文明与野蛮的相伴而生，因为启蒙的世界陷入"一片因胜利而招致的灾难之中"①。中国特色社会主义现代性建构的最大难题莫过于在争取现代性成就的同时如何减少或降低现代性的"代价"，为此，既要破除前现代性的诸多不利因素，又要破除现代性的局限和弊端。中国特色社会主义现代性建构的历史境遇是西方资本现代性开创的世界历史。西方资本现代性的发展是建立在对外侵略掠夺基础之上的，中国特色社会主义现代性只能在平等互惠的基础上扩大对外交往。中国特色社会主义现代性建构在吸收资本主义现代性肯定性成果的过程中，面临着西方发达国家的排斥、打压和封锁。

从中国特色社会主义现代性建构的现实境遇看，中国处于社会主义初级阶段，中国特色社会主义现代性建构仍然任重道远、尚需持续奋斗。《中国现代化报告2008——国际现代化研究》中指出："如果2050年中国成为中等发达国家，那么，2100年中国成为发达国家的概率为30%左右。"② 中国目前的任务是培育社会主义现代性因素，大力推动社会主义现代性发展。不仅要从马克思资本现代性批判思想中获得警示还要从马克思劳动现代性建构思想中获得启发。中国是社会主义国家，必须选择一条不同于资本主义现代性的建构道路。西方资本主义现代性的强力入侵使中国卷入了世界资本主义现代性的纷争之中，一批批仁人志士抛头颅洒热血，探寻中国革命的道路，最终走上了"社会主义的现代化道路"③。马克思并没有提供在落后国家建构社会主义现代性的

---

① ［德］霍克海默、［德］阿道尔诺：《启蒙辩证法——哲学断片》，渠敬东、曹卫东译，世纪出版集团、上海人民出版社2006年版，第1页。

② 中国现代化战略研究课题组、中国科学院中国现代化研究中心编著：《中国现代化报告2008——国际现代化研究》，北京大学出版社2008年版，第277页。

③ 虞和平主编，马勇、苏少之副主编：《中国现代化历程——改道与腾飞》第3卷，江苏人民出版社2001年版，第943页。

现成答案，为此，需要我们把马克思劳动现代性思想与中国国情相结合，创造性地探索中国特色社会主义现代性建构道路。

儒释道是中国传统文化的主要内容，其中，儒家文化更是富含中华民族特色的文化基因，深刻影响着中国人的价值观念和行为方式。马克思对于西方资本主义现代性社会的批判是与西方资本主义现代性精神批判紧密联系在一起的，因此，必须坚持把马克思劳动现代性思想和中华优秀传统文化相结合，积极建构适应中国特色社会主义现代性发展的劳动现代性精神。

（二）坚持中国特色社会主义现代性建构的理论基石

推动中国特色社会主义现代性建构必须坚持马克思劳动现代性思想的指导，必须从总体性视角把握理论与实践的具体统一。脱离中国特色社会主义现代性建构，马克思劳动现代性思想将无"的"放矢。马克思劳动现代性思想与中国特色社会主义现代性建构相结合的过程，是理论创新和实践创新的统一过程。探索中国特色社会主义现代性建构应当从马克思劳动现代性思想中寻找理论依据。后现代主义者虽然也同马克思一样，看到了现代性的两个方面，即文明与灾难、成就与弊端，但是，他们对现代性的批判却止于"解释世界"层面的"观念论"的历史叙事，因而不过是传统理性形而上学批判的现代版本。马克思所开启的现代性批判是一种"现实论"的历史叙事，坚持"改变世界"的理论旨趣，批判矛头直指现代社会的存在论根基。在马克思看来，现代性困境与危机，不能归结为理性、知识、科学，而应当追溯这些思想动机背后的物质原因。马克思并不否认理性的工具化以及价值理性与工具理性的分裂，但却认为是理性背后的深层社会经济原因起着决定性作用。

马克思通过对现代社会进行"人体解剖"发现，导致现代性困境与危机的社会根源是资本逻辑。资本逻辑把现代性引向了罪恶的不归之路。现代社会不过是"资本"披上了现代性的"外衣"，抓住了"资本"就意味着抓住了现代性的本质，因此，批判现代性就必须扬弃和超越资本逻辑。马克思从现代社会中发现了"资本"概念，用"资本"

置换了"理性",实现了从"观念论"历史叙事向"现实论"历史叙事的跨越。马克思的资本现代性批判抓住了现代性的本质。现代性不过是"资本本性的意识形态化"①。现代性本身包含的冲突、对立、分离、悖论等是资本本性的呈现。马克思资本现代性批判让人们看清了资本光鲜外表之下的丑恶灵魂,而围绕资本的批判揭示了现代性灾难的根源。如果把马克思的现代性批判诠释为理性与资本的混合物,诠释为理性主义批判,则是对马克思现代性批判的后现代主义解读方式。早在《莱茵报》时期,马克思就已经认识到了"理性"原则与经济利益的差别,虽然,此时马克思仍然是站在"启蒙理性"的肩上,运用黑格尔的"理性"原则批判现代国家和现代社会。但是,马克思从"副本"批判到"原本"批判的转向,意味着对现代性的理性主义批判向资本逻辑批判的转向,从这时开始,便超越了现代性批判的理性形而上学传统,开辟了资本现代性批判之先河。"理性原则"批判向"资本原则"批判的这一转向,为马克思从"解释世界"的旧唯物主义向"改变世界"的新唯物主义跨越奠定了基础。马克思由此宣告了资本主义现代性的历史终结。

在中国特色社会主义现代性建构语境中,马克思劳动现代性思想要完成"解释世界"和"改变世界"的双重使命。西方资本主义现代性是与启蒙理性对"神启"的克服结伴而来的,从"解释世界"层面,经历了世俗化和理性化的"祛魅"过程,从"改变世界"的层面则经历了资本空间化扩张的过程。中国特色社会主义现代性的发展,表现为对压制和奴役人性的"朕即国家"的克服以及人的普遍权力的回归,表现为在马克思劳动现代性思想指导下对西方资本主义现代性的扬弃和超越。在马克思看来,只有正确地限制和驾驭资本,充分释放劳动潜能,才能创造一种与资本现代性完全不同的劳动现代性,从而实现"鱼和熊掌兼得",既充分享受现代性的积极成果又避免现代性的沉重

---

① 张三元:《中国道路对西方现代性的超越》,《山东社会科学》2017 年第 6 期。

代价。马克思从资本与劳动的历史同构中发现，限制和驾驭资本的力量蕴藏在劳动主体之中，并且在劳动社会化基础上探讨了现代性的资本主义形式与社会主义形式的差别，由此，马克思资本现代性批判就转变为劳动现代性重建，转变为共产主义社会理想的追求。马克思劳动现代性思想具有人民主体和社会主义的属性，因而能够为中国式现代化新道路提供坚实的理论依据。人民民主专政的国家政权和社会主义制度的显著优势，不仅为限制和驾驭资本，也为激发劳动主体的积极性、创造性提供了保障。

（三）推进中国特色社会主义现代性建构的价值指南

马克思所追求的劳动现代性是对资本现代性的扬弃和超越，它的根本旨趣是在汲取现代资本主义文明一切肯定性成果的基础上，实现人类劳动潜能自由释放。在马克思劳动现代性思想指导下的中国特色社会主义现代性建构，既要充分占有现代资本主义的文明成果，又要把现代性的发展从"生产强制和消费强制中——解放出来"①。中国特色社会主义现代性与资本主义现代性具有本质性差别。西方资本主义现代性遵循资本逻辑，而中国特色社会主义现代性遵循劳动逻辑。中国特色社会主义现代性突出了劳动的社会主体地位，即劳动人民当家作主，贯彻以人民为中心的发展理念。马克思劳动现代性思想是对现代资本主义社会"人体解剖"基础上得出的"诊治"方案，是对资本主义现代性的系统批判。中国特色社会主义现代性建构，必须结合中国式现代化建设实际，坚持和发展马克思劳动现代性思想，创造人类文明新形态。

当今世界处于百年未有之大变局，西方"资本逻辑"主导的现代性日益失去其优势地位，全球化视域的现代性发展呈现为资本主义制度与社会主义制度的均衡发展和彼消此长的趋势。身处前现代、现代和后现代复杂全球时空背景下的中国特色社会主义现代性建构必须完成对资本主义现代性的理论批判、道路批判、制度批判、文化批判和实践批

---

① 吴晓明：《当代中国的精神建设及其思想资源》，《中国社会科学》2012 年第 5 期。

判。现代性经历了一个从高居神坛的精神圣物到备受争议的现实问题的沦落过程，而对于后现代主义者而言，现代性直接成为被批判的对象。那么，现代性的使命是否完成？人类是否已经进入告别现代性的时代？回答是否定的。因为经济全球化的历史趋势没有改变，市场经济的运行机制没有改变，资本逻辑的现实地位没有动摇，所以现代性仍然是一个现实性问题。马克思劳动现代性思想是解剖现代社会形成的理论成果。马克思通过对资本主义制度进行深入研究，从多个维度阐释了现代性的本质内涵。他针对资本现代性的"人体解剖"方法是"从社会生活的各种领域中划分出经济领域"①，突出强调社会经济的基础作用和生产劳动的决定作用；立足点是"资本逻辑、历史观点、矛盾学说以及全球眼光"②。资本支配劳动的结果是物支配人，是人退化为机器，是生活沦为手段。资本主义现代性与共产主义现代性的根本不同是什么呢？对于前者，活劳动仅仅是死劳动的一种手段，即劳动者是资本物的手段；对于后者，死劳动"只是扩大、丰富和提高工人的生活的一种手段"③，即资本物是劳动者自由全面发展的手段。

马克思劳动现代性思想实现了"劳动逻辑"对"资本逻辑"的扬弃和超越。马克思所坚持的"劳动逻辑"表现为始终站在最广大的劳动主体立场，为维护绝大多数人的利益而奋斗。他把共产主义现代性建构理解为"为绝大多数人谋利益的独立的运动"④，这要求中国特色社会主义现代性建构必须始终坚持以人民为中心。资本主义现代性的危机虽然表现形式多种多样，但最大的危机莫过于贫富两极分化以及无产阶级和资产阶级的尖锐对立。推进劳动现代性发展旨在促进社会进步，提升劳动人民的幸福生活水平。马克思、恩格斯所描绘的未来共产主义社会劳动现代性实现的美好景象是每个人"随自己的兴趣今天干这事，

① 《列宁选集》第1卷，人民出版社2012年版，第6页。
② 丰子义：《马克思现代性思想的当代解读》，《中国社会科学》2005年第4期。
③ 《马克思恩格斯选集》第1卷，人民出版社2012年版，第415页。
④ 《马克思恩格斯文集》第2卷，人民出版社2009年版，第42页。

明天干那事"①。中国特色社会主义现代性建构遵循了马克思劳动现代性发展的价值原则，把劳动主体作为现代性发展的目的和手段，从而激发了人民群众的劳动热情、释放了人民群众的创造潜能。"劳动光荣、创造伟大是对人类文明进步规律的重要诠释。"② 中国特色社会主义现代性建构归根结底是要通过劳动创造更加美好的生活。

三　回应西方社会对马克思主义的理论挑战

当代西方社会，对马克思劳动现代性思想形成理论挑战的主要有西方马克思主义、新自由主义和后现代主义，这些理论家的思想往往相互交织，相关理论家也可能同时属于多个流派。与马克思劳动现代性思想相关的西方马克思主义代表人物有马尔库塞、哈贝马斯和高兹等。马尔库塞提出了"爱欲解放"思想，强调无产阶级只有通过实现内在的性欲压抑解放而非外在劳动异化的消除，才能恢复主体性。哈贝马斯论证了"交往乌托邦"，希望用"交往理性"来平衡"工具理性"，从而摆脱西方现代性危机。高兹主张，"有酬劳动"的收入成为劳动主体唯一的价值追求，因而马克思通过扬弃劳动异化实现劳动解放是不可能的，他主张实现劳动解放必须废除劳动即不劳动。与马克思劳动现代性思想相关的新自由主义者竭力把启蒙、现代性的基本精神鼓吹为现代社会的生存基础，鼓吹西方资本主义现代化模式是人类社会的唯一方向和普适选择。他们认为，中国不可能开辟与西方现代化不同的现代化道路，因而只有选择西方现代性的普适道路才能实现现代化，甚至指责中国式现代化是"大逆不道"。与马克思劳动现代性思想相关的后现代主义者既看到了现代性的积极成果，又正视现代性的消极效应。他们直面人类战争、能源危机、环境污染、病毒流行等问题，把理性理解为现代性危机

---

① 《马克思恩格斯文集》第 1 卷，人民出版社 2009 年版，第 537 页。

② 习近平：《在庆祝"五一"国际劳动节暨表彰全国劳动模范和先进工作者大会上的讲话》，《人民日报》2015 年 4 月 29 日第 2 版。

的根源。他们鼓吹"现代性负效应不可避免论"，认为中国要想走一条充分享受现代性正效应且最大限度减少现代性负效应的"鱼和熊掌兼得"的道路是不可能的。

（一）西方马克思主义对马克思劳动现代性思想的理论挑战

西方马克思主义是马克思主义在西方国家发展演进的结果。西方马克思主义者把马克思主义与某种非马克思主义思潮相结合，企图探索出一条不同于现代社会主义的另一条道路。他们心怀维护、完善和发展马克思劳动现代性思想的愿望，对马克思劳动现代性思想进行了积极探索。依照徐崇温先生所著《西方马克思主义》一书，西方马克思主义主要包括黑格尔主义的马克思主义、弗洛伊德主义的马克思主义、日常生活批判理论、存在主义的马克思主义、新实证主义的马克思主义、结构主义的马克思主义等。涉及马克思劳动现代性相关问题讨论的西方马克思主义主要代表有马尔库塞、哈贝马斯和高兹等。

马尔库塞试图把存在主义与马克思主义相融合，因而从人存在的本质意义出发，聚焦现代人的生存现状，把异化理解为人存在的基础。他从弗洛伊德的性本能论出发，论证人的解放的合法性，提出了爱欲解放思想。在他看来，人的本质是爱欲，无意识比意识更根本，快乐原则比现实原则更能体现人的本质。资本主义现代性问题的症结是对人的爱欲的压抑，所以爱欲解放是马克思所言劳动主体解放的根本。他认为，现代资本主义社会的劳动异化已经与马克思所处时代的劳动异化发生了很大变化，与过去相比，虽然异化程度提高了，但异化方式隐蔽了。现代工业文明迅速发展，大大提高了社会各阶层劳动人民的生活水平，资产阶级借助福利政策缓和了劳资矛盾，同化了工人阶级，弥合了阶级对立，其结果，劳动主体丧失了革命性。因而，无产阶级只有通过实现内在的性欲压抑解放而非外在劳动异化的消除，才能恢复劳动者的主体性。他所主张的爱欲解放是指劳动者获得快感、美感以及自由释放快乐的潜能。马尔库塞虽然认同马克思劳动解放的旨趣是人的解放，但又认为，劳动是人的爱欲活动，是发泄爱欲的方式。劳动不仅是创造生活用品的过程还是发泄爱欲的方式，因此，爱欲解放离不开生产劳动。他认为，马克思劳动现代性思想中缺乏人在劳动中实现快乐的途径，因而只有把爱欲解放嵌入劳动解放，使无产阶级在劳动中获得快乐和幸福，人的解放才能真正实现。在现代资本主义社会，统治者为了维护社会统治而对本能所做的约束导致了爱欲压制。爱欲解放旨在实现个体机制的自由消遣，此时，劳动成为自我潜能的充分发挥。马尔库塞虽然试图深化对马克思劳动现代性思想的认识，但是，他把人的本质理解为爱欲，突出了人的自然属性和生物学意义，因而他所理解的人不是现实的具体的人。他试图实现马克思劳动现代性思想的存在论基础的理论创新，却导致马克思劳动现代性思想退化。

哈贝马斯是法兰克福学派的重要代表人物之一，他的"交往乌托邦"阐明了对马克思劳动现代性思想的理解。他认为，随着工人阶级在现代资本主义社会被同化，劳动主体内在的优越性和价值性消失了。哈贝马斯试图站在劳动之外，立足交往合理性的建构探寻现代社会和人类解放的意义。在他看来，马克思主张的劳动现代性是未完成的社会工程，因而把矛头指向资本主义社会制度和文化理念，建构了以交往合理性为基础的社会批判理论。他把自己视为社会批判理论的合法继承者。在他看来，马克思所理解的劳动现代性意在建构一个基于"交往关系合理化"的"世界公民社会"。[①]"交往合理化"旨在矫正工具合理性，消解资本主义现代性危机。在他看来，马克思劳动现代性建构的根本旨趣是实现现存社会关系的革命化，"以便消除与现存的社会关系同时存在的全部异化"[②]。马克思揭示了资本主义现代性的统治导致劳动主体无能为力和一无所有，因此只有通过革命斗争才能实现劳动主体的社会解放。在他看来，马克思劳动现代性建构方案过于简单化，无非是通过

---

① 刘同舫：《马克思的解放哲学》，中山大学出版社2015年版，第185页。
② ［德］哈贝马斯：《理论与实践》，郭官义、李黎译，社会科学文献出版社2004年版，第417页。

发展生产力来变革资本主义生产关系，或者通过变革资本主义生产关系进一步解放生产力。这一方案既是主体哲学范式的变种，也是马克思用"劳动"概念置换了黑格尔的"自我意识"概念。哈贝马斯虽然已经从马克思的著作中领悟到了劳动和现代性、社会解放、人的本质等问题的内在联系，但又不满足于马克思通过劳动解放实现现代性重构的方案。在他看来，马克思所理解的作为人类自我超越的劳动范畴沦为了苦行僧意识。哈贝马斯所提出的方案是用交往理性取代工具理性，建构基于交往合理性的世界公民社会，进而实现劳动解放和人的解放。在他看来，为了防止劳动现代性沦为工具行为必须颠倒工具理性和交往理性的关系，因为交往理性的优先性在于能够实现人与人的相互理解和行为协同。他的"交往乌托邦"蕴含着"与现实完全不同的未来的向往，为开辟未来提供了精神动力"①。

高兹是法国左派思想家的著名代表人物，他从存在主义立场出发，借助马克思政治经济学的话语，对资本主义私有制、社会分工、经济理性、技术霸权等展开批判，揭露了资本主义生态危机的本质，提出了生态社会主义的解决方案。他认为，实现生态社会主义，必须"在劳动场所废除异化劳动和强制性的劳动分工"，让劳动者"通过自我活动重新占有生活并成为自己社会关系的主体"，实现"劳动—闲暇的一体化"。② 他认为，自由时间之于劳动解放举足轻重，但自由时间必须以快乐方式在劳动中被使用，自由时间的增加旨在缩短社会必要劳动时间，从而奠定劳动解放的基础。高兹在一定程度上继承和发展了马克思劳动现代性思想。他认为，马克思劳动现代性建构的核心问题是自主劳动取代异化劳动，异化劳动虽能够创造和积累财富但却造成劳动与资本的尖锐对立，因此马克思的劳动现代性建构就是用劳动的积极方面克服

---

① 章国锋：《哈贝马斯访谈录》，《外国文学评论》2000 年第 1 期。
② 吴宁、马瑞丽：《安德烈·高兹的劳动解放思想探究——兼析马克思的劳动解放思想》，《福建论坛》（人文社会科学版）2012 年第 12 期。

消极方面的过程。马克思敏锐地看到了"有酬劳动"对"自由劳动"的束缚以及私有制造成劳动和自然的双重异化。劳动异化使金钱成为劳动主体的追求目标，"有酬劳动"的收入成为劳动主体的唯一价值体现。他不认同马克思扬弃劳动异化、实现劳动解放的方案，而是认为实现劳动解放必须放弃劳动即不劳动。在高兹看来，异化劳动导致社会生活全面异化，使工人无法获得价值、尊严和快乐，因而他们只有"在劳动以外的自由时间寻找自己的快乐和幸福"[①]。所以他认为，实现劳动解放必须放弃劳动，马克思通过劳动内在必然性发展实现劳动解放的思路不可行。高兹指出，大多数马克思主义者"把生产力的发展视为完全肯定的"，认为"在资本主义条件下生产力发展越多，社会主义越容易建成"[②]。他希望在保存异化劳动和资本主义私有制条件下实现劳动解放，一方面赞同异化劳动，另一方面又倡导废除劳动，试图通过超越工具理性实现人自由解放和全面发展。他不懂得私人劳动和社会劳动的差别、个人解放和社会解放的关系，曲解了马克思的劳动现代性思想。

（二）新自由主义对马克思劳动现代性思想的理论挑战

中国能否开辟一条以最低代价充分享受现代性成果的中国式现代化新道路？对此，中国共产党领导开创的中国式现代化给予了肯定性的回答。但是，当代在西方世界影响最大、流传最广的新自由主义思潮对此却持质疑和否定态度。他们认为，中国不可能走一条"鱼和熊掌兼得"的现代化发展道路。新自由主义和后现代主义虽然对于现代性问题的立场和观点不同，但有一点是共同的，就是按照他们的理论逻辑，即中国特色社会主义不可能开辟一条超越西方的现代化道路。因而，阐明中国式现代化必须认真清理新自由主义和后现代主义的"绊脚石"。建设中国式现代化必须旗帜鲜明地坚持马克思劳动现代性思想指导。

---

① 吴宁、马瑞丽：《安德烈·高兹的劳动解放思想探究——兼析马克思的劳动解放思想》，《福建论坛》（人文社会科学版）2012 年第 12 期。

② Andreé Gorz, *The Division of Labor*, England：The Harvester Press, 1976, p. 159.

启蒙运动是现代性的开端。现代性观念来自启蒙运动的精神。康德是反思启蒙运动最具权威的思想家之一,他把"启蒙运动"理解为"人类脱离自己所加之于自己的不成熟状态"①。启蒙的旨趣就是引导人们达到有勇气有能力运用理智的状态。康德把启蒙与理性关联起来,切合了启蒙运动的实际。西方启蒙运动的旨趣就是确立理性的至上原则,进而摆脱宗教统治实现精神的"祛魅"。理性的自我批判能力和公开运用的勇气、自由正义的法治秩序,是启蒙运动的主要精神遗产,它们构成现代性的核心内容。现代性正是在启蒙精神基础上发展起来的。西方新老自由主义都推崇启蒙精神,并且投入到现代性的怀抱之中。他们对现代性的推崇,核心就是对启蒙精神的推崇。当代世界居支配地位的新自由主义者更是竭力把启蒙、现代性的基本精神鼓吹为现代社会的生存基础,鼓吹为人类不可超越、唯一完美的宝贵精神财富。那么,基于这种现代性精神的西方资本主义现代化模式便成为人类社会的唯一方向和普适选择。

新自由主义称赞资本主义现代性的理论根据和精神前提就是启蒙和现代性精神遗产的"永不过时"。新自由主义者对待现代性的态度大体包括三点:一是认为现代性是真善美的典范,只有正效应没有负效应,全盘肯定现代性成果;二是启蒙、现代性精神是现代性成果的前提,肯定现代性成果就应当肯定其前提;三是西方资本主义现代性是现代性的唯一形态,是全世界具有普适性的现代化模式。新自由主义因表现出对西方资本主义现代性的肯定和称赞而获得了意识形态霸权。新自由主义者极力宣扬西方资本主义现代性终结论,鼓吹西方现代性是人类走向现代化的最优方案。后发展国家和民族走向现代化的唯一道路就是照抄照搬西方现代化模式。显然,这种意识形态霸权为西方资本主义的殖民侵略披上了神圣外衣,获得了道德律令的加持。新自由主义者从现代性的意识形态霸权立场出发认为,中国不可能开辟与西方现代化不同的现代

---

① [德]康德:《历史理性批判文集》,何兆武译,商务印书馆1990年版,第22页。

化道路，因而只有选择西方现代化的普适道路才能实现现代化，并且指责中国式现代化是"大逆不道"。

20世纪70年代以来，西方发达资本主义国家之所以推行新自由主义政策主要是为了摆脱滞胀危机。在制度层面，强化自我的市场机制，限制和缩小政府调节的作用，削减劳动者的福利，弱化工会力量。这种新自由主义政策侵害了劳方利益、强化了资本力量，造成劳资关系对立与紧张。当然，这种对立与紧张关系并没有完全破坏第二次世界大战之后建立的劳资合作制度，如保护劳动者权益的法律、劳资谈判机制等。这种对立与紧张的劳资关系的直接后果就是经济绩效不稳定、社会绩效下降。比如美国、日本主要依靠虚拟经济和金融泡沫刺激增长。20世纪80年代以来，西方发达资本主义国家多次陷入金融危机。新自由主义的兴起使人们开始热衷于谈论全球化、后现代社会等问题，并淡化了关于资本主义制度和阶级对立的讨论。

当今时代，以新媒介为特征的信息社会正在深度改造资本主义社会并使其成为与先前不同的社会形态。信息社会的关系和规则日益混杂，由此，工厂与家庭、劳动与休闲、经济价值与社会价值的边界日益模糊。新自由主义者以信息社会的新特征为依据试图否定马克思的劳动价值论。例如，罗尔斯在其《政治哲学史讲义》中就把马克思劳动价值论说成是"不充分"且"多余"的。然而，在信息社会，高价值的信息生产并没有改变剩余价值生产的本质。"今日的资本主义并未发生根本性的变化。"[①] 在信息社会，资本家运用媒介技术加强了对劳工的控制，提高了资本主义生产方式的弹性和适应能力，加之意识形态的舆论操控，使劳动主体产生了对剥削的接受和同意，进而掩盖了资本主义剩余价值生产的秘密。

---

① [美]詹姆逊：《论现实存在的马克思主义》，王则译，《马克思主义与现实》1997年第1期。

（三）后现代主义对马克思劳动现代性思想的挑战

后现代主义是西方学者反思西方现代性危机、探寻资本主义发展新出路的一种思想文化思潮。后现代主义者和新自由主义者一样都把"理性"理解为现代性的精神前提，围绕现代理性主义、主体性、线性史观等主题，展开对资本主义现代性的批判。他们认为，马克思劳动现代性思想属于现代性理论的一部分，因而，反思批判马克思劳动现代性思想是其理论旨趣之一。比如，利奥塔曾经信仰马克思的阶级学说，并且积极参与了现实的革命活动。在他看来，面对 20 世纪 60 年代的社会形势，马克思《资本论》中的许多论断受到了挑战。鲍德里亚的著作包含着许多后现代主题，他认为，基于工业资本主义的现代性纪元已宣告结束，后现代纪元业已降临，马克思的激进理论只是重复了政治经济学逻辑，因此呼吁进行一场文化颠覆和全盘革命，以便用符号交换思想来对抗支配资本主义的生产逻辑和工具理性。汉娜·阿伦特虽然对马克思劳动现代性思想给予了充分肯定，称赞马克思是 19 世纪唯一用哲学语言阐释劳动解放问题的思想家，马克思学说的影响力源于对劳动的赞美，然而，马克思虽然把劳动作为人类最重要的活动，但却把人理解为"强制的人"。

与新自由主义者不同，后现代主义者既看到了现代性的积极成果，又正视现代性的消极效应。他们认为，驱动现代性的理性精神既有正效应又有负效应，因而他们围绕着现代性的负效应展开了批判。西方现代性的价值内核是自由理性、民主政治和个人主义，社会基础是市场经济，并且以"一种强大的意识形态宰制着现代社会"①。现代性带给人类的不仅有光明和幸福，还有黑暗和灾难。由此，以现代性批判为旨趣的后现代主义思潮流行起来。后现代主义者直面人类战争、能源危机、环境污染、病毒流行等生存危机，把批判的矛头指向现代性的价值内

---

① 陈学明：《从马克思的现代性批判理论看中国道路的合理性》，《马克思主义与现实》2018 年第 6 期。

核——理性主义，认为理性是造成现代性危机的根源，理性带着矛盾来到人间，成为现代主义者眼中人类无法摆脱的"包袱"。

后现代主义者认为，理性的衰落必然导致现代性的衰落。理性的衰落主要表现为它的工具化。韦伯的"合理性"概念开启了工具理性批判的传统，之后，后现代主义者沿着他的思路展开现代性批判。在他们看来，知识与权力结盟，使工具理性极端化、唯一化，并且为理性霸权提供了合法化证明。理性的工具化意味着"人的主体性逐渐让位于工具的主体性"[①]，人由目的沦为工具，工具由手段变为目的，由此，目的和手段的关系颠倒了。后现代主义者的现代性批判虽然尖锐且深刻，但是，他们至多是停留于"解释世界"的层面，止于观念论批判，他们揭示了现代性的精神原则和特征，并没有深挖现代性问题的社会历史基础。在他们看来，现代性危机归根结底是理性主义危机，这种源于理性工具化的危机具有历史必然性，只要选择现代性道路，选择理性主义精神，就必须接受它的负效应。他们把现代性正负效应捆绑论证的方式，没有解决现代性困境的任何问题。后现代主义思潮是中国式现代化发展的思想障碍。按照后现代主义者的理论逻辑，中国式现代化要想走一条充分享受现代性正效应且最大限度减少负效应的"鱼和熊掌兼得"的道路既缺乏理论依据又缺少实现可能。他们实际上是鼓吹一种现代化建构的"代价论"，即你若走现代性发展之路，就必须承受现代性发展之苦。

马克思把现代性批判由理性批判提升到资本批判的高度，由此不仅与那种"观念论"的现代性批判划清了界限还与那种鼓吹"现代性负效应不可避免论"划清了界限。后现代主义者虽然看到了现代性的成就与灾难两个方面，但他们在对现代性灾难的批判中走向了对现代性的全盘否定，而马克思对现代性却持一种辩证的否定态度，并且强调吸收现代性的一切肯定性成果基础上扬弃资本现代性。后现代主义者沿袭了

---

① 张三元：《中国道路对西方现代性的超越》，《山东社会科学》2017年第6期。

理性形而上学的批判传统，把现代性的弊端归结为"理性"，马克思则超越了这种"观念论"的现代性批判，并且在劳动本体论、实践唯物论基础上聚焦资本现代性批判，进而敲响了资本主义的丧钟。马克思并不像后现代主义者那样认为现代性走向是必然的，而是阐明了一条避免现代性"分娩的痛苦与不幸"的社会主义发展道路。

第二节　马克思劳动现代性思想的现实价值

实现中国式现代化，要求我们必须深入研究马克思劳动现代性思想，学会规避西方资本主义现代性问题。马克思劳动现代性思想给我们留下了弥足珍贵的思想资源。中国式现代化道路是在西方列强坚船利炮的侵略下被迫开启的。对于中国人来讲，现代性是一个迟到的问题。中国既然走上现代化发展道路那么便无法避免现代性问题。中国式现代化是马克思劳动现代性思想与中国实际相结合的自主选择，是在扬弃西方现代化的基础上创造人类文明新形态的发展道路。坚持马克思劳动现代性思想指导，必须妥善处理政府权力运行和市场经济运行的关系，必须学会"驾驭资本"破解中国"强起来"的现实难题，必须积极培育中国特色社会主义的现代性精神。坚持马克思劳动现代性思想指导，能够自觉防范西方资本现代性的吞噬，充分彰显中国式现代化的主体向度。中国式现代化坚持"走自己的路"，突出强调了劳动主体道路选择的自主性和自觉性。在马克思劳动现代性思想指导下，中国式现代化体现了坚持中国共产党领导的主体向度、践行以人民为中心发展理念的主体向度、推进国家治理文明建设的主体向度、实现中华民族伟大复兴的主体向度、致力于人类和平与发展崇高事业的主体向度。

一　指导中国劳动现代性建构的实践探索

共产主义现代性取代资本主义现代性是历史发展的必然规律。新时代中国劳动现代性建构必须坚持马克思劳动现代性建构思想的指导地位。探索新时代中国劳动现代性建构方案重在实现社会主义和现代性有机结合。中国共产党的根本宗旨决定了中国特色社会主义现代性的根本特点是政治力量与社会力量的统一。劳动现代性建构是 21 世纪中国马克思主义必须直面和回应的重大现实课题。中国式现代化是劳动现代性建构的中国方案。马克思劳动现代性建构思想对于中国式现代化具有现实的话语权，中国式现代化的成功证明了马克思劳动现代性建构思想的真理性。中国式现代化是坚持马克思劳动现代性建构思想指导而走向成功的典范。中国式现代化回答了什么是社会主义现代化和如何建设社会主义现代化的问题。中国人民在马克思劳动现代性建构思想指导下开创了人类文明新形态。人类文明新形态顺应了劳动社会化的发展趋势，体现了劳动现代性对资本现代性的超越，有利于摆脱资本主义文明所造成的分裂与对抗。人类文明新形态追求基于劳动解放的天下大同，超越了资本主义文明的"国强必霸"逻辑。人类文明新形态坚持共存共荣、合作共赢、互鉴包容，积极推进人类命运共同体构建，表达了美美与共、天下大同的美好期待。

（一）遵循劳动现代性建构的马克思主义原则

自马克思主义诞生以来，始终交织着共产主义现代性和资本主义现代性的变奏与对抗。马克思晚年反思并提出了俄国有可能不通过资本主义"卡夫丁峡谷"而走上社会主义道路的问题，但历史发展超出了马克思的想象，落后的俄国第一个建立起社会主义国家，在 70 多年的发展中，第一个社会主义国家苏联演绎了从繁荣到衰败的神话。资本主义却在 200 多年中仿佛是"危而不倒""垂而不死"。这些现象为福山等人的资本主义"历史终结论"提供了口实。2008 年经济危机以来，福山等人开始怀疑自己的"历史终结论"。亨廷顿的"文明冲突论"也走向"我们是谁"的资本主义追问。但是，他们对于资本现代性的反思立足点是资产阶级立场，因此，本质上"不过是对社会主义现代性的镜像否定"①。当然，也有像熊彼特那样，认为资本主义将在"创造性的毁灭"中终结于社会主义，但他所指的并不是马克思主义的社会主义。苏联解体、东欧剧变并不意味着共产主义现代性的失败，因为他们搞的是高度集中、高度集权的社会主义，这种社会主义就是马克思在《1844 年经济学哲学手稿》中曾经批判的"粗陋的共产主义"②。

马克思把劳动现代性建构理解为走向共产主义"自由王国"的基础工程，建构共产主义现代性旨在用"自由人联合体"扬弃现代民族国家、用人的自由全面发展超越资产阶级的民主自由。民族国家是资本现代性建构的基本社会形式，然而，资本现代性的展开不仅造成民族国家内部阶级矛盾的尖锐化还造成民族国家之间、东西方之间社会矛盾尖锐化。资本现代性是新时代劳动现代性建构的世界历史背景，新时代劳动现代性建构是消解资本现代性的有生力量。新时代劳动现代性建构应当遵循共产主义现代性的建构原则，即全体社会成员共同占有生产资料、合理调节和有效支配生产过程、个人自由活动等。马克思劳动现代性建构的理论旨趣在于用"真正的共同体"取代"虚幻的共同体"，从而实现特殊利益与普通利益的整合、个人发展与社会发展相统一。资本现代性发展的根本弊端在于劳动社会化淹没在资本社会化之中，其结果是造成劳动社会化与生产资料集中的矛盾。共产主义现代性则以直接社会化的劳动为基础，并从根本上保证了普遍的社会联合和对生产的社会性调节。新时代劳动现代性建构作为对资本现代性的超越具有区分人类发展"史前时期"和"历史本身"的意义。

探索新时代劳动现代性建构的中国方案就是探索社会主义与现代性的结合方式。社会主义现代性的建构目的之一"是确立实现国家现代化目标的独立自主的国家制度"③，它是对现存世界的否定和反叛，因

---

① 周峰：《马克思主义与中国现代性问题》，《山东社会科学》2016 年第 12 期。
② 《马克思恩格斯文集》第 1 卷，人民出版社 2009 年版，第 184 页。
③ 邹诗鹏：《马克思主义中国化与中国现代性的建构》，《中国社会科学》2005 年第 1 期。

为现存世界是资本逻辑主导建构的现代性。中国特色社会主义现代性建构是在马克思劳动现代性思想指引下，以革命为核心观念、以政治解放为主旨，贯穿着中华民族从"站起来"到"富起来"再到"强起来"的现代性发展历程。中国化的马克思劳动现代性思想的理论任务是确立以建设为核心观念、以人与社会的全面发展为主旨的话语系统和文化体系。马克思认为，必须把人类自身的"原有力量"组织成为社会力量，实现社会力量与政治力量统一，只有到那时，人类解放才能完成。马克思所说的"原有力量"就是人的劳动力量。无产阶级政治解放的根本目的就是实现政治力量与社会力量统一、物的力量与人的力量统一。资本主义现代性的根本特点是政治力量与社会力量对立，它根源于资本与劳动的对立。社会主义现代性的根本特点在于政治力量与社会力量的统一，它让劳动主体摆脱了"物的依赖性"，成为了社会的主人。

（二）开启超越西方现代性的中国道路

从世界范围看，资本现代性是劳动现代性建构的重要国际背景。马克思的劳动现代性思想是建构社会主义现代性的理论指南。对于劳动现代性建构的讨论离不开中华民族伟大复兴战略全局和世界百年未有之大变局的时代条件。劳动现代性建构是 21 世纪中国马克思主义必须直面和回应的重大现实课题。在世界历史形成发展的过程中，劳动现代性建构始终受到西方资本现代性发展的纠缠与阻挠。坚持劳动现代性建构必须直面西方资本现代性的际遇和挑战。扬弃资本现代性是建构劳动现代性的历史前提，只有充分占有资本现代性的一切肯定性成果才能更大程度地降低劳动现代性建构的代价。

马克思、恩格斯在《共产党宣言》中生动描绘了资本现代性展开的辉煌景象，即资产阶级时代不仅创造了无比巨大的生产力，而且开启了现代社会和世界历史。从 15 世纪开始，西方资产阶级开启了资本现代性的征程。这种以资本与理性结盟为主要特征的资本现代性，无情摧毁了封建的生产关系和社会关系。然而，资本现代性给资产阶级带来无限享受，却让无产阶级付出沉重代价。资本现代性是文明与野蛮的辩证统一。资产阶级仿佛用法术创造的现代社会，却"像一个魔法师一样不能再支配自己用法术呼唤出来的魔鬼了"①。"资产阶级抹去了一切向来受人尊崇和令人敬畏的职业的神圣光环"②，把人与人的一切关系都变成了纯粹的金钱关系。资本现代性造就了"福祸相依"的现代文明，资产阶级把现代性的"福"留给了自己，却把现代性的"祸"留给了无产阶级。资本现代性具有扩张性，西方发达资本主义国家通过侵略扩张，把现代性的"福"留给了自己，"祸"留给了落后的民族与国家。西方资本现代性的危机表现为现代性深陷资本逻辑不能自拔。资本是"现代经济—社会的总纲、原则"③。资本逻辑不仅是现代资本主义国家支配一切的经济权力，而且在社会主义国家也已经成为一种普遍存在的现象。中国式现代化的成就与正确发挥资本的作用直接关联，"以消除资本来解决现代性危机的思路是不现实也是行不通的"④。建立中国特色社会主义市场经济体制的根本旨趣就是学会利用和驾驭资本，坚持发展资本、限制资本和驾驭资本相统一，"使资本为人类的发展服务"⑤。其中，最为关键的是运用好国家权力，在资本和劳动之间建立一种利益平衡，从而使资本更好地服务于中国式现代化建设。

中国道路是坚持马克思劳动现代性建构思想指导而走向成功的典范。当代资产阶级对资本现代性的言说不过是历史狡计，他们都将在马克思主义的理论显微镜面前原形毕露。中国道路是马克思劳动现代性思想与中国改革开放实际相结合的产物。中国道路坚持人民主体地位和共建共享发展，契合马克思劳动现代性建构的理论旨趣。共产主义现代性的历史生成需要汲取资本主义现代性的一切肯定性成果，但是，以美国

---

① 《马克思恩格斯文集》第 2 卷，人民出版社 2009 年版，第 37 页。
② 《马克思恩格斯文集》第 2 卷，人民出版社 2009 年版，第 34 页。
③ 吴晓明：《论马克思对现代性的双重批判》，《学术月刊》2006 年第 2 期。
④ 胡玉荣：《马克思的现代性批判与中国的现代性建构》，《广西社会科学》2016 年第 1 期。
⑤ 孙承叔：《资本与现代性——马克思的回答》，《上海财经大学学报》2006 年第 4 期。

为代表的资本主义现代国家把中国式现代化视为天敌一般，不断给予时空挤压。我们坚持发展社会主义市场经济，虽然增加了经济总量，但马克思曾经批判过的异化现象仍很严重；在工业化、城市化过程中，类能力发展的全面性与个体片面发展的矛盾；资本与权力勾联造成的人的深度异化等仍然存在。实现向"新常态"转型，健全社会主义市场经济体系等，正是为了解决这些问题而提出来的。中国人民既要享受现代文明的成果又要克服现代性的负面效应，最大限度降低现代性发展的代价，即探索一条"鱼和熊掌兼得"的发展道路。中国道路为什么好？好就好在中国人民选择的是中国式现代化道路，它在享受现代性成果的同时也能够避免现代性所带来的折磨。西方资本现代性是建立在"资本霸权"和侵略掠夺的基础上，中国的劳动现代性建构道路是建立在人民主权基础之上的，它实现了发展依靠人民、发展为了人民，发展成果由人民共享。中国道路回答了什么是社会主义现代性以及如何建构社会主义现代性的问题。

（三）指导创造人类文明新形态

在马克思语境中，哲学是文明的"活的灵魂"[1]，旨在对人类文明发展做出理论诠释和思想引领。人类文明新形态以一种作为时代精神之精华的哲学为理论基础。中国式现代化所开创的人类文明新形态的理论基础是中国化时代化的马克思主义，其理论源头是马克思劳动现代性思想。中国共产党的中国式现代化创造了人类文明新形态。人类文明新形态坚持马克思劳动现代性建构的理论方向，基于人类文明发展的先进成果，以和平、发展、合作、共赢的原则引领世界文明发展，是"面向未来的人类现代文明的中国形态"[2]。

首先，人类文明新形态体现了劳动现代性对资本现代性的超越。在马克思看来，人类生产方式、交往方式和思维方式是人类文明形态的基

---

① 《马克思恩格斯全集》第 1 卷，人民出版社 1995 年版，第 220 页。

② 李丽：《唯物史观视野中的人类文明新形态》，《马克思主义研究》2022 年第 7 期。

石。劳动形式、生产方式从根本上决定着人类文明形态的本质。资本现代性的发展建构了资本主义文明形态。马克思把资本主义文明理解为资本本质的展现。资本的文明面表现为，它使人类摆脱了对自然的崇拜，创造了以往时代无法比拟的社会生产力，推动了人类由民族历史向世界历史的跨越。但是，资本主义文明是以加剧人与自然、人与社会、人与自身的矛盾为代价推动社会关系变革的。资本主义文明发展的结果是少数资本家共享文明发展的成果，而多数劳动者丧失了人的生存外观，他们因劳动异化而深陷自我异化之中。资本主义文明的根本旨趣是资本不断增殖，它必然导致物质文明极度膨胀，压制其他领域文明的发展，也必然导致社会贫富分化和阶级对立。中国文明发展的道路选择是在"东方从属于西方"的场景中开始的。中国的仁人志士曾经学习和膜拜资本主义文明，最终它却在中国人民的心目中，一齐破产了。中国人民在反思"中国向何处去"的时代之问中，放弃了资本主义文明，历史地选择了中国共产党、选择了马克思主义、选择了社会主义现代化，创造了人类文明新形态。人类文明新形态从马克思劳动现代性思想的理论立场出发，坚持以人民为中心，坚持生产与生态、物质文明与精神文明、人的发展与社会进步的辩证统一，从根本上超越了资本现代性的"二律背反"。人类文明新形态坚持人民逻辑，最大限度地限制和驾驭资本，保障劳动主体的社会地位和价值实现，有助于推动人自由解放和全面发展。

其次，人类文明新形态顺应了劳动社会化的发展趋势，有利于摆脱资本主义文明所造成的分裂与对抗。恩格斯曾经把"资本与劳动"的对立理解为"全部现代社会体系所围绕旋转的轴心"①。整个资本主义文明的结构性缺陷就在于它无法克服资本与劳动的根本对立，因为"死劳动"对"活劳动"的剥削是整个资本主义文明的灵魂。资本主义文明使劳动主体深陷"物的依赖"，劳动主体的自由解放程度局限于与

---

① 《马克思恩格斯选集》第 2 卷，人民出版社 2012 年版，第 70 页。

资本的关系。资本的界限规定了人的自由解放的界限，因而，只有打碎资本的统治才能为劳动主体开辟更加广阔的发展空间。资本主义文明奉行资本至上原则，导致"物的世界"与"人的世界"尖锐对立，导致无产阶级与资产阶级的矛盾激化。破解资本主义文明的分裂与对抗是人类文明新形态的使命。在马克思语境中，人类文明新形态超越了过去的"人的依赖"和"物的依赖"，内蕴着和谐发展的本质。人类文明新形态坚持世界各民族文明的传承、延续与创新，其显著特点是坚持"五大文明"协调发展，它汲取了中华文明"求大同""尚和合""崇正义"的思想，坚持和而不同、注重协同发展，倡导文明交流互鉴、合作共赢，实现了对资本主义文明形态的超越。人类文明新形态注重人、自然、社会等多维关系全面发展、系统和谐，是面向未来的共时性、普遍性、人本性的新文明形态。

最后，人类文明新形态追求天下大同的劳动解放逻辑，超越了"国强必霸"的资本霸权逻辑。资本的本性是不择手段地实现自身增殖，"国强必霸"的资本霸权逻辑正是其体现。西方资本主义国家正是凭借侵略掠夺实现了其财富梦想。第二次世界大战之后，西方资本主义国家继续推行霸权主义，鼓吹"文明冲突论"，极力打压发展中国家，暴露了其野蛮底色。中国式现代化所开创的人类文明新形态打破了西方资本主义国家的"文明—野蛮"的话语范式和"二元对立"的霸权思维。人类文明发展新形态聚焦"人类文明向何处去"的问题，开辟了世界文明发展的新方向。文明形态的多样性存在是人类文明源远流长的保证。每个民族国家都应当根据自己的国情民情，走符合自身特点的文明发展道路。人类文明新形态的开创是马克思主义基本原理与中国国情和中华文明传统相结合的结果。中国人民开创的人类文明新形态，既坚持了国情实际和民族特色，又汲取了世界文明尤其是资本主义文明的一切肯定性成果。世界文明呈现多元共存状态，交流互鉴是世界文明发展的根本动力。只有坚持交流互鉴，人类文明才能充满生命活力。中国共产党坚持共存共荣、合作共赢、互鉴包容，积极推进人类命运共同体构建，表达了美美与共、天下大同的美好期待。

二　防范西方资本主义现代性的吞噬

21 世纪的中国，劳动现代性逐步展开，而其发展所引发的一系列社会问题也日益凸显。当我们直面中国的现代性问题时，远比我们预想的更复杂。因此，我们必须从马克思劳动现代性思想之中寻找理论智慧，从而正确把握劳动现代性问题的普遍性和特殊性，有效破解劳动现代性发展中的矛盾和冲突。中国劳动现代性的展开，关涉经济、政治、文化三个层面及其相互关系问题，涉及妥善处理政府权力运行和市场经济运行的关系问题、驾驭资本破解中国"强起来"的现实难题以及中国特色社会主义现代性精神的培育问题。马克思关于市民社会和政治国家辩证关系的思想为我们把握中国现代性建构过程中政府与市场的关系问题提供了理论指南，结合中国实际，中国共产党创造性地提出发挥市场在资源配置中的决定性作用。发挥市场的作用归根结底是如何对待资本的作用问题。中国要实现从"富起来"到"强起来"的跨越，就必须继续发挥资本的作用，但同时必须学会驾驭资本，有效防止资本无序扩张。建构社会主义现代性必须从物质文明和精神文明两个层面超越资本主义现代性，必须积极培育中国特色社会主义的现代性精神。

（一）妥善处理政府权力运行和市场经济运行的关系

马克思劳动现代性思想的萌芽始于对黑格尔关于市民社会和政治国家关系的颠倒。马克思在《黑格尔法哲学批判》中确立了"市民社会决定政治国家"的理论立场，为唯物史观的创立奠定了基础。根源于市民社会的政治国家，从根本上服务于市民社会。市民社会为政治国家提供税收支撑，政治国家为市民社会提供行政服务。市民社会从根本上决定着政治国家的性质。市民社会能够"为政治国家提供能动的个人"[1]。资

---

① 王清涛：《马克思对资本主义现代性的判定及其当代启示》，《山东师范大学学报》（人文社会科学版）2018 年第 2 期。

本主义国家制度是由资本主义市民社会决定的。马克思认为，在民主制中，国家制度是人民的自我规定，是个人的国家制度。与黑格尔根本不同的是，马克思调转了市民社会和政治国家的关系。在马克思看来，"国家应当巩固市民生活"是政治迷信，相反，"市民生活巩固国家"。① 市民社会属于经济领域，是决定性的因素，国家制度是从属性的东西。现代资本主义国家是"挣脱旧的政治桎梏的市民社会的产物"②，因而它必然以市民社会为目的，一旦它同这个目的发生矛盾，必定被市民社会抛弃。资产阶级所开创的现代性是"虚假现代性"。鲁道夫·欧肯指出："只有打败虚假现代性才能保证真正文明的权力不受侵犯。"③ 资产阶级所开启的现代性表现为政治国家和市民社会的同构，然而，由于市民社会存在资本与劳动的分裂，导致资本主义政治国家成为"虚假的共同体"，最终使资产阶级现代性沦为"虚假现代性"。所谓"虚假现代性"，仅仅彰显了资产阶级的个性自由，却泯灭了无产阶级的自由个性。现代性的历史生成表现为市民社会的崛起以及传统社会共同体的衰落，现代资产阶级在市民社会基础上建构了现代国家，现代国家是"民主的代议制国家"④，它是为现代市民社会服务的。市民社会从传统社会共同体中分离出来，成为现代国家发展的坚实基础。

马克思的唯物史观确立了经济关系在社会生活中的基础性地位和决定性作用，因而从经济对社会的主宰视角开启了现代性批判之先河。市民社会和政治国家的分离推动了现代性社会的发展。市民社会和政治国家的分离要求经济活动服从市场规律，经济活动拥有相对于政府权力的独立性。在中国特色社会主义现代性建构过程中，处理好政府与市场的

---

① 《马克思恩格斯全集》第 2 卷，人民出版社 1957 年版，第 154 页。

② 《马克思恩格斯全集》第 2 卷，人民出版社 1957 年版，第 145 页。

③ ［德］鲁道夫·欧肯：《近代思想的主潮》，高玉飞译，安徽人民出版社 2013 年版，第 292 页。

④ 《马克思恩格斯全集》第 42 卷，人民出版社 1979 年版，第 238 页。

关系是体制改革的重点。发展市场经济，需要明确市民社会和政治国家的边界。一方面，政治国家必须承担它需要承担的责任；另一方面，必须充分发挥市场的重要作用。全面深化改革，核心问题是处理好政府和市场的关系。政府的作用在于运用国家权力防止资本无序扩张，协调劳动和资本的关系，在学会利用和驾驭资本的基础上，发挥市场在资源配置中的决定性作用。构建中国特色社会主义政治经济学必须着力解决社会主义与市场经济的有机结合问题，坚持辩证把握市场作用和政府作用的关系，不能重视一个方面而忽视另一个方面。要弄清市场作用和政府作用的不同特点，充分发挥市场对于资本配置的决定性作用，从而实现经济发展方式和政府职能的转变。妥善解决政府与市场的关系，关键在于完善权力制衡机制和监督管理体系，切实解决好立党为公、执政为民的问题，健全不敢腐、不能腐和不想腐的惩戒、防范和保障机制。中国是社会主义国家，国家的一切权力属于人民，为此，要"让人民监督权力，让权力在阳光下运行"[①]。党员干部的权力行使要落脚于为人民服务，自觉接受人民监督。事实证明，只有始终代表最广大人民群众利益的权力运行才能真正驾驭资本力量，实现解放和发展社会生产力并达到共同富裕的目标。

（二）"驾驭资本"破解中国"强起来"的现实难题

通过对马克思资本现代性批判进行分析考察不难发现，资本是现代社会集善恶于一体的存在物，如何扬善抑恶是我们面对资本现代性必须要解决的问题。在社会主义初级阶段，社会生产力的发展并没有达到马克思所畅想的共产主义社会时物质财富极大丰富的程度，因此"我们必须直面资本、承认资本""保持'发展资本'与'限制资本'的内在张力"[②]。既要利用好公有资本又要积极发展私有资本，对于资本增

---

① 胡锦涛：《坚定不移沿着中国特色社会主义道路前进 为全面建成小康社会而奋斗》，《人民日报》2012 年 11 月 18 日第 1 版。

② 刘洋、李洋：《回到马克思：现代性视域下人的生存困境探究》，《东北大学学报》（社会科学版）2016 年第 5 期。

殖所造成的生态破坏、道德沦丧、劳动异化、贫富分化等问题保持高度的警惕。同时，应当客观地看待和对待资本的作用。一方面，资本具有文明面，它能够对社会发展起到巨大的推动作用。在社会主义初级阶段，应当鼓励、支持和引导非公有制经济发展，发挥资本解放和发展生产力的作用。另一方面，必须坚定不移地巩固和发展社会主义公有制经济。资本的野蛮面与它对生产资料的占有直接关联。资本追逐剩余价值的本性是不会改变的，任其自由发展必将带来诸多的现代性问题。发挥中国特色社会主义制度优势的一个重要方面就是彰显驾驭资本的能力和水平。

　　中国实现从"富起来"到"强起来"的升华，必须充分发挥资本的功能。但是"驾驭资本"的复杂性就在于利用与限制的辩证统一，就是既要充分利用资本使其最大限度发挥正面效应，又要限制资本的任性和霸权。在现代性展开中，资本和劳动始终纠缠在一起。传统的阶级斗争思维在资本家与劳动者之间挖掘了一道深深的沟壑。改革开放之前，在我国社会发展和学术话语中，人们总是回避"资本"概念，取而代之的是"资金""资产"等概念。随着中国社会主义市场经济发展和逐渐融入经济全球化浪潮，"资本"概念越来越多地出现在我们党的正式文件和社会生活之中。中国特色社会主义现代性建构面临着如何处理劳动与资本、计划与市场关系的问题。资本逻辑是中国式现代化无法回避的现实课题。发挥资本的扩张力、整合力作用是解放和发展生产力的必然选择，但是，资本的本性是不会改变的，国际资本和民营资本的必然追求是自我增殖的最大化，因而它必然想方设法突破法律和道德的界限。如果放任资本任性与霸权，必然会使广大劳动者付出惨痛的代价，同时对自然环境造成严重破坏。显然，中国式现代化必须直面资本现代性的冲击。那么，我们应当因此而废弃资本逻辑还是要学会利用、驾驭资本逻辑呢？显然是后者。资本逻辑具有两种性质完全不同的社会功能，资本逻辑是"引起两极分化"逻辑和"推动社会文明进步"逻辑的统一。① 建设中国式现代化必须充分发挥国家权力的制衡作用,实现扬资本之善、抑资本之恶。

发挥资本推动社会文明进步的作用是有代价的,在资本主义现代性的展开中,它是以牺牲人本身的自由来发展生产力的。中国式现代化的长足发展,虽然积聚了越来越多的现代性特质,但也出现了诸多现代性问题,如环境污染、能源紧缺、人口老龄化、贫富差距过大等。然而,一个国家的现代化进程必须经历现代性的洗礼才能内在地超越现代性。为此,我们既不能重复西方发达资本主义国家现代化的历程,也不能重蹈西方发达资本主义国家现代性弊病的覆辙。按照马克思的思路,我们必须积极吸收西方发达资本主义国家现代性中代表一般人类文明进程的优秀成果。在中国式现代化建设中,必须协调好“以人民为中心”和发挥资本逻辑作用的关系。在经济发展领域,可以遵循资本的规则行事,但是,资本并不是整个社会生活领域的最高原则。发挥资本逻辑的作用必须在“以人民为中心”这一最高原则的统领之下。要在“以人民为中心”的原则下,承认和发展资本,但要驾驭和限制它。资本是当代社会最重要的社会力量之一,放弃资本意味着放弃现代化本身。实现走好中国式现代化道路的关键一环就是对资本力量的利用和控制,即发挥资本的正效应和抑制资本的负效应。实际上,在经济全球化时代,我们与发达资本主义国家的竞争与博弈从根本上说就是一个利用和驾驭资本力量的问题。

(三) 积极培育中国特色社会主义现代性精神

人类对于现代性的追求不仅包括单纯的物质享受还包括心灵安逸。现代性社会的进步性不仅体现在物质文明方面,还体现在进取精神、乐观态度等精神文明方面。现代性是指“现代人的特殊精神态度”②,可

---

① 杨桂青:《资本·现代性·人——“全国资本哲学高级研讨会”综述》,《哲学研究》2006 年第 8 期。
② 高宣扬:《马克思与现代性的悖论》,《马克思主义与现实》2013 年第 1 期。

以更多地当作"某种态度"与"思考和感觉的一种方式"。① 现代性带来了许多和人的精神生活密切相关的问题。资产阶级是现代性的开创者。资产阶级革命的划时代意义不仅体现在解放和发展社会生产力方面还体现在现代性精神发展方面。现代资本主义法律体系是资产阶级现代性精神的集中体现。现代性精神是在资本主义现代性社会之上建立的思想上层建筑。现代性精神和现代生产是紧密联系在一起的，"文明要素"即精神财富同物质生产的组成部分即"物质财富"是不可分割的。现代资本主义生产方式从根本上决定了现代性精神的生成与发展。马克思指出，国家制度和精神生产方式取决于物质生产方式，精神生产的性质取决于"一定的社会结构"和"人对自然的一定关系"。② 现代资本主义生产方式产生了资本主义的社会结构和人与自然的关系，它们共同决定着统治阶级各个阶层的社会职能和精神活动。由资本主义生产方式决定的现代性精神是服务资本增殖的理性精神，这种理性精神是资本主义社会结构的精神折射。资本主义商品生产和交换遵循自由、平等的原则。作为交换实现的货币制度，是这种自由和平等制度的实现。当以货币作为人与人之间契约关系的中介时，人们之间的"一切差别反而消失了"③。现代性社会把人与人的关系都变成了赤裸裸的金钱关系，自由和平等原则是以金钱关系为基础的。作为现代性精神的自由、平等思想上升为国家的政治原则，这种现代性精神是资本主义现代性社会在精神领域的折射和反映。平等和自由的观念"是交换价值的交换的一种理想化的表现"④。

现代性社会必然要求与之相适应的现代性精神。资本主义现代性的开启和发展是以自由、民主、平等、博爱等为代表的现代性精神为前提的。早期资本主义现代性的精神支柱是禁欲主义，然而，随着资本主义

---

① Michel Foucault, *Dits et écrits*, *IV*, Paris：Gallimard, 1994, p. 568.
② 《马克思恩格斯全集》第 26 卷（Ⅰ），人民出版社 1972 年版，第 296 页。
③ 《马克思恩格斯全集》第 30 卷，人民出版社 1995 年版，第 201 页。
④ 《马克思恩格斯全集》第 30 卷，人民出版社 1995 年版，第 199 页。

的发展，资产阶级已经"不再需要这种精神的支撑了"①。现代性精神沦为片面追求利润的工具，丧失了价值理性的支撑和引领作用。现代性"创造了辉煌的现代文明"却"引发了一系列信仰缺失和价值危机"。②从现代资本主义社会中生成的现代性精神是资产阶级的帮凶。资产阶级把宗教变成驭政的方法，"给大众以平静、从容、信任的姿态"③。资本主义现代性的发展滋生了一种意识形态的虚假，它"把自我利益喻为他人利益，把自我目的虚构为人民的目的"④。资产阶级的现代性精神发挥了维护现代资本主义社会统治和国家治理的作用。市民社会是资产阶级现代性精神生发的基础，"是全部历史的真正发源地和舞台"⑤。现代性精神的虚假和伪善根源于市民社会内部劳动和资本的对立。不颠覆资本主义市民社会便无法拯救现代性精神。社会主义现代性的建构不仅要从物质文明层面还要从精神文明层面超越资本主义现代性，因此，必须积极培育中国特色社会主义的现代性精神。中国特色社会主义现代性建构必须以社会主义核心价值观为现代性精神内核，社会主义核心价值观是对中华民族精神的创造性转化和创新性发展的成果，是对资本主义现代性精神的超越，是中国特色社会主义现代性建构在精神生活领域的反映。

三 彰显中国式现代化建设的主体向度

马克思所主张的劳动现代性建构，立足点是劳动主体即坚持以人民为中心。在社会主义制度条件下，劳动主体有多种表现形式。我们党对中国式现代化的把握经历了由"客体叙事"到"主体叙事"的提升。党的十一届三中全会之后，我们党开启了一条一心一意搞建设的新路，

---

① [德] 马克斯·韦伯：《新教伦理与资本主义精神》，赵勇译，陕西人民出版社 2009 年版，第 141 页。
② 王祥：《论马克思现代性批判与当代中国现代性构建》，《求实》2014 年第 3 期。
③ [德] 尼采：《人性的，太人性的》，杨恒达译，中国人民大学出版社 2005 年版，第 249 页。
④ 余乃忠：《现代性精神政治的秘密》，《江汉论坛》2011 年第 9 期。
⑤ 《马克思恩格斯文集》第 1 卷，人民出版社 2009 年版，第 540 页。

即"走自己的路"。"走自己的路"突出强调的是劳动主体道路选择的自主性和自觉性，它意味着中国式现代化"主体叙事"的开启。在马克思劳动现代性思想指导下，我们党建构的中国式现代化包含多元的劳动主体向度：坚持中国共产党领导的主体向度、践行以人民为中心发展理念的主体向度、推进国家治理文明建设的主体向度、实现中华民族伟大复兴的主体向度、致力人类和平与发展崇高事业的主体向度。在中国式现代化建设中，中国共产党是领导主体、中国人民是社会主体、中华人民共和国是治理主体、中华民族是复兴主体、整个人类是历史主体。主体向度蕴含着中国式现代化的"根"和"魂"。

（一）坚持中国共产党领导的主体向度

中国式现代化是中国共产党领导人民成功走出来的。中国式现代化是在"外诱变迁"的境遇中开启的，也是中国共产党领导中国各族人民长期探索实践基础上"自主开创"的。中国式现代化，是中国共产党领导的社会主义现代化，属于政党领导型现代化模式。中国共产党领导是开创中国式现代化的密码，党的全面领导体现在通过理论与实践创新推动中国式现代化的历史进程等方面。中国共产党坚持以自我革命引领中国式现代化发展。勇于自我革命是巩固和发展中国共产党对中国式现代化领导地位的基础和前提。

首先，中国式现代化的开启是"外诱变迁"和"自主开创"的统一。现代资本主义的全球扩张使中华民族遭受了前所未有的劫难，是中国式现代化"外诱变迁"的决定性力量。中国式现代化是在"外诱变迁"的境遇中开启的。一方面，基于西方资本逻辑的现代性力量的摧残成为世界各民族的普遍命运；另一方面，在封建专制束缚下的中华传统文明在西方列强的侵略面前濒于崩溃。如何在延续传统基础上开创面向现代化的发展道路成为决定中华民族生死存亡的历史课题。近代中国，无数仁人志士尝试了破解"中国向何处去"的多种方案。最终，选择走社会主义道路才取得了革命的成功。中国式现代化是中国共产党领导中国各族人民在长期探索和实践基础上"自主开创"的现代化新路。中国式现代化的全部理论和实践立脚点是"走自己的路"。中国式现代化坚持"先试点后推广"的改革模式，是独立自主选择的现代化新路。中国式现代化虽因"外诱变迁"而被动开启，"但却是中国人民自主探索实现的"①，是中国人民"自主选择"的结果。中国式现代化的"自主开创"，坚持了党的领导与人民选择的统一，赢得了人民群众的普遍拥护。

其次，中国共产党领导是开创中国式现代化的密码，党的特质和优势决定它成为了中国式现代化的领导核心和政治保证。中国共产党具有强大的理论创新能力、政治领导能力、自我革命能力等，通过应对现代化的各种风险挑战和排除现代化的各种障碍阻力，在开创社会主义道路过程中逐步成为中国人民的主心骨。中国共产党领导是中国式现代化必须坚持的基本原则，"这个原则是不能动摇的；动摇了中国就要倒退到分裂和混乱，就不可能实现现代化"②。中国共产党推动了"马克思主义行"到"中国化时代化的马克思主义行"的飞跃，实现了由"理论武器"到"物质力量"的转化。中国式现代化道路的探索与实践，"根源于中国共产党的创造性转化"③。通过全面从严治党，中国共产党总揽全局、协调各方的全面领导深化推动了中国式现代化发展，充分展现了社会主义制度的显著优势。

最后，坚持以党的自我革命引领中国式现代化的发展。中国共产党领导能力建设是事关兴党强党的根本问题，通过自我革命提升党的领导能力是中国式现代化的保障。加强党的自身建设，提高党的执政能力，是中国式现代化成功的关键。勇于自我革命是我们党最大的优势和最鲜明的品质。增强党与人民的血肉联系，贯彻党的群众路线，全面增强执政本领，调动人民群众投身社会主义现代化建设的积极性、主动性，必

---

① 涂良川：《中国式现代化新道路的三重逻辑》，《学术交流》2021 年第 12 期。

② 《邓小平文选》第二卷，人民出版社 1994 年版，第 267—268 页。

③ 毕照卿：《中国式现代化道路的社会主义性质及其逻辑指向》，《科学社会主义》2022 年第 5 期。

须充分发扬党的自我革命精神。中国共产党勇于自我革命，具有极强的自我修复能力，因而成为中国式现代化道路的开创者、领导者。自我革命是中国共产党的内在特质，表现为在领导中国式现代化过程中的自我纠错和自我更新能力。我们党的强大领导力量，"一方面源于其稳固的执政地位和核心的领导作用，另一方面则因为它能够始终保持自我革命的清醒和自觉"①。没有自我革命精神，中国共产党便无法开辟中国式现代化的新局面、新境界。

（二）践行以人民为中心发展理念的主体向度

人的现代化是贯穿全面现代化的灵魂。美国学者英格尔斯认为，人的现代化是现代化制度和经济赖以长期发展并取得成功的先决条件。中国人民是中国式现代化的创造者和共享者。为民造福是立党为公、执政为民的本质要求。中国式现代化是人民追求美好生活的伟大实践。确立人民当家作主的主体地位和发挥创造历史的主体作用是中国式现代化最本质的特征。西方现代化的本质是生产目的和生产手段的颠倒。中国式现代化坚持"为了人民"和"依靠人民"。"以人民为中心"体现了中国式现代化的社会主义本质。

首先，对"以物为本"和"以人为本"的超越。西方现代化受资本逻辑支配，以剩余价值生产为旨趣，资产阶级为实现资本增殖而不择手段。马克思揭露了资本主义现代化的本质是生产目的和生产手段的颠倒。工人的劳动"只是满足劳动以外的那些需要的一种手段"②，只是满足资本家生产和生活消费的手段。中国式现代化坚持"以人民为中心"，是为绝大多数人谋利益的现代化，是对"以物为本"和"以人为本"的超越。"以物为本"重点解决现代化的发展手段和现实基础问题，"以人为本"则重点解决现代化的价值旨归和方向道路问题。中国式现代化必须把解放和发展生产力放在首位。发展市场经济诱发的物欲

---

① 于安龙：《中国式现代化发展动力论析》，《上海经济研究》2022年第5期。
② 《马克思恩格斯文集》第1卷，人民出版社2009年版，第159页。

贪婪不能简单地归错于"以物为本"。追求物质财富不是市场经济的唯一目的，同时必须注入人文关怀和社会主义。"以人为本"的理念能够突出现代化的人民主体内涵。中国式现代化旨在实现共同富裕，满足人民群众的美好生活需要，这是社会主义制度的本质要求。坚持"以人民为中心"的中国式现代化是"以物为本"和"以人为本"的综合与超越。

其次，从全体人民"共同富裕"到"美好生活向往"的提升。从"站起来""富起来"到"强起来"的发展历史，是确立人民社会主体地位和发挥人民创造历史作用的过程。实现中国式现代化旨在实现"共同"的富和强。"共同富裕"是中国式现代化的美好愿景和价值诉求，能够凝聚全体人民的社会共识。"'共同富裕'重在'富裕'，贵在'共同'。"①"共同富裕"体现了中国式现代化的社会主义本质。实现人民"美好生活向往"是坚持"以人民为中心"的根本旨趣。立党为公、执政为民的本质要求是为民造福。追求人民的解放和幸福是中国共产党人民立场的体现。中国式现代化是创造中国人民美好生活、实现中国人民现实幸福的道路。满足人民"美好生活需要"有利于实现人自由解放和全面发展。"以人民为中心"就必须在推进中国式现代化过程中坚持人民主体地位，把人民"美好生活向往"的实现作为根本目的。

最后，中国式现代化贯穿着人民幸福逻辑和民族复兴逻辑。人民幸福逻辑要求中国式现代化实现好、维护好、发展好人民的利益。民族复兴逻辑要求以中国式现代化推动中华民族伟大复兴。为中国人民谋幸福要求在中国共产党领导下，通过发挥中国人民的社会主体作用，"成为完善自身和引领发展的'剧作者'和'剧中人'"②。中国式现代化彰显了中国人民的历史首创精神。中国式现代化蕴含着为人民谋幸福、为

---

① 仰义方、武亿：《中国式现代化道路的演进逻辑、鲜明特征与实践路径》，《世界社会主义研究》2022 年第 6 期。

② 陈玉斌：《论中国式现代化新道路的新现代性理论范式》，《社会主义研究》2022 年第 2 期。

民族谋复兴、为人类谋进步、为世界谋大同的实践逻辑，既立足中国又放眼世界，胸怀天下。推进中国式现代化建设不仅能够造福中国人民、中华民族，也能够造福世界人民、全部人类。"中国式现代化既是中国的，也是世界的"①，能够赢得世界人民的广泛支持。中国式现代化坚持人民幸福逻辑和民族复兴逻辑相统一，因而能够在世界百年未有之大变局中把握机遇、赢得主动。在中国式现代化实践中，中国共产党以国际主义的情怀与担当，引领时代发展方向，推动人类进步事业，体现了世界第一大执政党的格局。

（三）推进国家治理文明建设的主体向度

国家治理现代化是中国式现代化的重要目标，国家治理的理论创新与实践成就推动了中国式现代化的发展。国家治理体系得以完善和治理能力提升是我们党团结带领全国人民坚持"走自己的路"的成果。制度体系的系统完备及科学规范贯穿中国式现代化建设的全过程。中国式现代化开创了国家治理文明的新形态。实现国家治理体系和治理能力现代化旨在提高党领导中国式现代化的能力。

首先，从制度建设层面推进中国式现代化整体发展。制度建设是国家治理现代化的核心任务。国家治理体系的核心是制度体系，国家治理能力的关键是制度有效执行。实现国家治理现代化必须把制度建设和治理能力建设摆到更加突出的位置。国家治理现代化旨在从制度建设层面推进中国式现代化整体发展。制度建设是中国式现代化的内在要素和基本内容，能够为中国式现代化的理论创新和实践探索蓄力增能。中国式现代化有赖于制度体系的完备。人民当家作主的制度体系全方位体现和维护了人民群众的利益。制度建设是妥善解决和应对新时代社会主要矛盾转变以及社会主义意识形态挑战的有效途径。中国共产党领导中国式现代化的一条宝贵经验就是在理论创新和实践探索基础上不断加强制度建设。党的长期执政和全面领导是制度建设的根本动力和有力支撑。党

---

① 陈金龙：《中国式现代化的规律叙事》，《中国高校社会科学》2022 年第 3 期。

的组织原则和领导制度能够确保中国式现代化有力、有序、有效。中国式现代化推动了社会主义由制度优势向治理效能的飞跃。

其次，中国式现代化开创了国家治理文明的新形态。马克思对资本主义的"国家治理文明"持一种批判态度，进而指向了社会主义"国家治理文明"的构建。社会主义的"国家治理文明"必须在无产阶级专政条件下，在"剥夺剥夺者"的基础上进行。马克思的国家治理文明叙事遵循在批判"旧世界"中发现"新世界"的方法，既批判资本主义国家治理的弊端又勾勒出社会主义国家治理的愿景。中国式现代化开创的人类文明新形态包含着"国家治理文明"。推进国家治理现代化建设为人类文明的多样性作出了重要贡献。中国国家治理文明的发展是通过对传统政治文明和外来政治文明的创造性转化创新性应用实现的，不仅超越了中国传统的封建专制治理体系，也超越了西方资本主义的国家治理体系。中国式现代化是"走自己的路"和"走人类文明发展的路"并轨，提供了引领人类文明发展的一种全新的社会组织结构和国家治理文明模式。

最后，国家治理体系和治理能力体现着党的执政能力。中华人民共和国是人民民主专政的社会主义国家。国家治理体系和治理能力是中国共产党执政能力的集中体现。中国式现代化从两个重要领域展开："一是持续拓展国家现代化建设领域；二是有效提升国家治理水平。"[1] 中国式现代化是涵盖社会生活诸领域的全面现代化。国家治理现代化的提出，第一次把"国家治理"与"现代化"结合起来，突出了国家主体的重要地位。国家治理现代化是中国式现代化的发动机和总开关。国家治理体系是治理能力的前提。国家治理能力是国家治理主体制度执行能力的集中体现，也是中国共产党执政能力的集中体现。提高党的执政能力必须落脚于提高党的国家治理能力。推进国家治理现代化，能够提高

___

[1] 亓光、魏凌云：《习近平关于中国式现代化重要论述的理论阐释》，《行政论坛》2021年第6期。

应对和防控现代社会复杂风险的能力，从而有效化解现代化进程中的冲突，维护政治稳定和社会安全，凝聚社会共识和力量，推进社会经济稳步发展。

（四）实现中华民族伟大复兴的主体向度

中国式现代化解决了实现怎样的民族复兴以及如何实现民族复兴的问题。如何实现现代化是近代以来摆在中华儿女面前的历史课题。历史和人民选择了中国式现代化。统筹国内、国际两个大局是推进中国式现代化健康发展的需要，是适应经济全球化新趋势和经济新常态的需要，也是适应国际社会新期待的需要。统筹国内、国际两个大局必须坚持更大空间、更广领域、更高层次的全面开放。推进中华民族共同体建设是中国式现代化的重要内容。铸牢中华民族共同体意识是对中华民族共同体建设的重要推动。

首先，坚持以中国式现代化推进中华民族伟大复兴。中华民族有着5000多年绵延的文明发展史，具有广泛而深远的世界影响。鸦片战争失败后，"国家蒙受丧权之辱、人民蒙受挨打之难、文明蒙受压抑之尘"①，由此激发了实现中华民族伟大复兴的梦想。现代化是中华民族伟大复兴的核心任务。那么，西方现代化发展道路对于中国人民是否具有最大的历史价值呢？实际上，中华民族的革命先驱曾经尝试过走西方现代化道路，但最后都失败了。走什么道路实现现代化是近代以来摆在中华儿女面前的历史课题。在十月革命影响下，走"俄国的道路"成为中华儿女的历史选择。在中国共产党领导下，中国人民正是沿着社会主义方向，走上了从"站起来""富起来"到"强起来"的复兴之路。中国式现代化的文化基因是中华文明，理论命脉是马克思主义，现实基础是中国国情。中国式现代化坚持走中国特色的社会主义道路，既不走改旗易帜的邪路又不走封闭僵化的老路。

其次，统筹中国式现代化的国内、国际两个大局。统筹国内、国际

---

① 颜晓峰：《党的百年奋斗成功走出中国式现代化道路》，《思想理论教育》2022 年第 4 期。

两个大局是推进中国式现代化健康发展的需要，是中国共产党初心使命的集中体现，是对时代潮流的准确判断，还是对中国和世界关系历史性变化的深刻把握。统筹国内、国际两个大局旨在以中国式现代化推进中华民族伟大复兴，在世界百年未有之大变局中争取主动。改革开放以来，我们统筹国内、国际两个大局，"为我国创造了良好国际环境、开拓了广阔发展空间"①。统筹国内、国际两个大局是适应国内经济新常态和国际社会新期待的需要。统筹国内、国际两个大局旨在形成全方位、多层次、宽领域的对外开放新格局。我们坚持"走自己的路"，但并不意味着关起门来搞建设，而是必须大胆借鉴和吸收人类现代化创造的各种文明成果。统筹中国式现代化的国内、国际两个大局应当妥善处理国内发展和对外开放的关系、发展自身优势和利用外部条件的关系、立足自身国情办好自己事情和遵循国际规则履行国际责任的关系。中国式现代化的发展，既离不开良好的国际环境，又深刻影响世界经济版图和政治格局。

最后，铸牢中华民族共同体意识。西方学界的"共同体团结悖论"与"中国威胁论"裹挟在一起，大肆鼓吹中国是全球治理秩序的最大威胁。"共同体团结悖论"认为，共同体是内部包容与外部排斥相结合的矛盾体，共同体价值纽带的对内标榜和对外推广必然造成不同共同体之间的争夺与对抗。西方持"中国威胁论"者从"共同体团结悖论"出发，指责我国提出的"铸牢中华民族共同体意识"是排斥他国，指责"实现中华民族伟大复兴"是激进民族主义主张。我们党坚持"对内建设中华民族共同体，对外构建人类命运共同体"②的共同推进策略，"两个共同体"建设，既关切和造福中国人民，又关切和造福世界人民，是对"中国威胁论"的有力回击。铸牢中华民族共同体意识既

---

① 习近平：《在庆祝改革开放 40 周年大会上的讲话》，《人民日报》2018 年 12 月 19 日第 2 版。

② 严庆：《中国式现代化对"共同体团结悖论"的破解——学习党的二十大精神》，《西北民族研究》2022 年第 6 期。

是社会主义文化强国战略的要求又是中国式现代化建设的要求。铸牢中华民族共同体意识是中国共产党民族工作的主线，能够汇聚实现中华民族伟大复兴的磅礴伟力。铸牢中华民族共同体意识能够促进各民族团结奋斗、共同繁荣，从而彰显中国制度的显著优势。

（五）致力人类和平与发展崇高事业的主体向度

中国式现代化不仅立足于中国人民而且着眼于整个人类。中国式现代化融通了中华文明传统与人类共同价值追求。中国共产党高举和平、发展、合作、共赢旗帜，始终站在人类文明进步的一边，致力于人类和平与发展崇高事业，是为人类谋进步、为世界谋大同的党。中国式现代化是对"国强必霸"的西方现代化模式和封闭僵化的"苏联模式"的超越和扬弃，开创了人类文明发展的新形态。人类命运共同体理念表达了全球语境的中国话语。构建人类命运共同体是事关各国人民生死存亡、事关人类文明兴衰成败的伟大实践。中国式现代化的理论创新和实践创新回答了"世界怎么了""我们怎么办"的问题。

首先，开创人类文明发展新形态。中国式现代化坚持和平发展、合作共赢的发展道路，超越和扬弃了"国强必霸"的西方现代化模式。西方现代化的"国强必霸"逻辑走的是列强争霸道路。列宁指出："简单地讲，'世界霸权'是帝国主义政治的内容。"[1] "国强必霸"逻辑"奉行武力战争和阴谋颠覆""竭力推行经济和文化霸权""坚持单边主义，无视国际法和国际组织"。[2] 中国式现代化坚持独立自主、自信开放，坚持自身发展与世界发展相统一，积极推动建设新型国际关系。中国式现代化超越了"西方中心主义"的资本增殖逻辑，开创了人类文明发展的新道路。中国式现代化创造性地把社会主义与市场经济结合起来，从而超越和扬弃了封闭僵化的"苏联模式"。中国改革开放从本质

---

① 《列宁选集》第2卷，人民出版社2012年版，第740页。

② 刘军、李爱华：《中国式现代化道路对资本主义文明逻辑的超越》，《中共中央党校（国家行政学院）学报》2022年第2期。

上看就是摆脱"苏联模式"的消极影响，开创社会主义现代化新道路。破解"苏联模式"的一个核心问题就是如何处理计划与市场的关系问题。社会主义市场经济创造了中国式现代化的发展奇迹。市场在资源配置中起决定性作用的认识，是我们党立足人民主体把握经济手段的思想成果。社会主义市场经济的大前提是中国共产党领导和社会主义制度，什么时候都不能忘记"社会主义"这个定语。

其次，中国式现代化是构建人类命运共同体的依托。世界百年未有之大变局是国家治理所处场域，全球语境的要素输入是影响国家治理的重要方面，尤其是全球语境的西方现代化主导与中国国家治理的社会主义现代化方向之间存在巨大张力。中国式现代化的内在价值和成功实践将为全球治理贡献中国话语。构建人类命运共同体是事关各国人民存亡、事关人类文明兴衰的伟大实践。2013 年，习近平总书记首次提出"人类命运共同体"理念，强调这个世界"越来越成为你中有我、我中有你的命运共同体"①。人类发展处于一损俱损、一亡俱亡的境地，必须共同应对、命运与共。人类命运共同体追求共同繁荣、同舟共济，反对以邻为壑的利己主义；追求对话协商、和平发展，反对欺凌弱小的霸权主义；追求共建共享、普遍安全，反对地缘政治的恐怖主义；追求绿色低碳、清洁美丽，反对单向索取的人类中心主义；追求开放包容、交流互鉴，反对"西方文明优越论"等。构建人类命运共同体符合世界人民共同利益、切合人类社会发展方向，因而必将会赢得世界人民的支持和拥护。

最后，引领人类共同的价值追求。中国式现代化融通了中华文明传统与人类的共同价值追求。中国共产党把"天下大同"的美好愿景融入中国式现代化，胸怀"经纶天下"的抱负，践行真正的多边主义，积极推进全球治理体系的完善。中国式现代化以"兼济天下"的胸怀致力于为人类谋幸福、为世界谋大同，始终把本国利益与世界各国共同

---

① 习近平：《论坚持推动构建人类命运共同体》，中央文献出版社 2018 年版，第 5 页。

利益相结合，推动了国际关系的民主化。中国共产党秉持"天下一家"的理念，强调世界各国人民是一家人。中国式现代化汲取了人类文明发展所积累的共同价值理念。在 2015 年的联合国大会上，习近平总书记首次明确提出，和平、发展、公平、正义、民主、自由是全人类的共同价值，它是基于文明交流互鉴的价值共识。全人类的共同价值与西方发达国家基于文明冲突而提出的"普世价值"存在本质区别。中国共产党是世界上第一大执政党，肩负着引领世界发展方向、弘扬人类共同价值、完善全球治理体系、携手应对全球问题、共创人类美好未来的责任。中国共产党以博大胸襟与世界各政党合作，坚持不懈地抓住和解决共同问题，彰显了以天下为己任的大国担当。

❖ 结　语 ❖

推进面向实践的劳动现代性
思想总体性研究

至此，我们对马克思劳动现代性思想的理论反思和实践考察就基本结束了。不难看出，尽管马克思关于共产主义现代性建构设想存在理想色彩，尽管社会主义事业在世界上诸多国家遭遇挫折，但是，马克思主义的思想精髓即贯穿始终的劳动现代性思想却仍然具有理论和实践的生命力。从理论生命力看，中国化时代化的马克思主义"行"，诠释了马克思主义"行"，中国共产党把对马克思劳动现代性思想的理解融入改革开放的伟大实践之中，始终把劳动形式的创新、劳动生产力的发展和劳动者的主体性置于中心地位，从全心全意为人民服务到"三个有利于"，从"三个代表"到"以人民为中心"，围绕发展依靠人民、发展为了人民，探索出了劳动现代性重构的中国形态。从实践生命力看，中国共产党创新发展的习近平新时代中国特色社会主义思想是全面总结中国改革开放经验的成果，是推进中国特色劳动现代性建构的指导思想。

中国的改革开放推动了劳动形式的自主创新，推动了劳动主体自由发展。与此同时，马克思劳动现代性思想也得到了与时俱进的发展，一些非现实的理想化表述或观念得到了重新理解和诠释。例如，人的劳动本质不只有自由自觉活动状态，有时外在环境压力因素也会有积极作用；马克思关于劳动现代性重建的一些具体设想也应有所修正和完善，如在社会主义初级阶段，不能彻底消灭私有制，应当充分发挥私有资本和国际资本的积极作用，应当坚持利用资本和驾驭资本的统一，为劳动主体性的发展创造条件；对马克思劳动主体性思想需要有更加恰当的理解，如确立劳动者主体地位的形式应当具体问题具体分析，要把劳动者本质力量的发展作为重中之重等。关于马克思"劳动"主题的研究虽然已经引起了学界的关注，但整体性、系统化的研究并不是很多。从读秀搜索相关著作主要有：郭寿玉的《马克思劳动价值论新论》（1988年）、李凯林的《马克思劳动主体性思想研究》（1996年）、黄云明的《马克思劳动伦理思想的哲学研究》（2015年）、杨国华的《劳动与人的自由全面发展——马克思的劳动概念及其当代意义》（2015年）、吴学东的《马克思的劳动思想研究》（2018年）、王文臣的《马克思劳动批判理论视域下的社会经济正义问题研究》（2019年）等。其中，由何云峰教授牵头的《劳动哲学研究》在国内学界有着较大影响。

新时代推进马克思劳动现代性思想的研究必须与中国式现代化建设实践紧密结合，贯彻理论与实践相结合的原则，要把马克思劳动现代性思想看作一个意义整体。马克思说："不论我的著作有什么缺点，它们却有一个长处，即它们是一个艺术的整体。"①"劳动"范畴在马克思的理论体系中居于核心地位，抓住了"劳动"问题便能够将马克思的哲学、政治经济学和科学社会主义等内容融会贯通，从而完整准确地理解马克思劳动现代性思想，最大限度地发挥其总体性的理论功能、逻辑魅力和实践价值，为中国式现代化建设提供指导。同时，马克思劳动现代性思想研究应当聚焦现实的劳动形式，坚持以问题为导向，实现理论与实践有效桥接。问题是学术研究的起点，也是科学研究的内在生长点。开启新的理论空间必须要有鲜明的问题意识。问题是时代的呼唤。马克思主义在不断回答和解决时代提出的重大问题中获得发展。

中国式现代化建设是对马克思劳动现代性思想的实践、继承和发展，这一过程将长期持续下去。理论创新与实践创新应当同向同行、互

① 《马克思恩格斯文集》第10卷，人民出版社2009年版，第231页。

动互补。中国式现代化建设中的重点和难点，从一定意义上说也是马克思劳动现代性思想中国化时代化发展中的重点和难题。公正与效率的关系问题、发挥市场机制作用与发挥政府调控作用的关系问题等，直接与处理劳动、资本、国家的关系问题相关。马克思对于未来共产主义现代性的设计必须与中国式现代化建设实际相结合，才能把劳动创造美好生活变为现实。中国式现代化建设把人类对共产主义现代性的美好向往变成了现实，为世界人民提供了现代文明发展的新方案、新选择。马克思、恩格斯、列宁等借助理论创新在革命道路上把社会主义从空想变为科学，今天，中国式现代化需要中国共产党人借助理论创新在建设道路上把社会主义从空想变为科学。因此，马克思劳动现代性思想的研究必须紧紧抓住中国式现代化建设的机遇与挑战。人类文明发展史上的每一步重大发展都是劳动主体潜能的巨大释放。中国式现代化的发展必将把人民群众对美好生活的向往变成现实。

参考文献

经典文献

《马克思恩格斯文集》第1—10卷，人民出版社2009年版。

《马克思恩格斯选集》第1—4卷，人民出版社2012年版。

《马克思恩格斯全集》第1卷，人民出版社1956年版。

《马克思恩格斯全集》第1卷，人民出版社1995年版。

《马克思恩格斯全集》第2卷，人民出版社1957年版。

《马克思恩格斯全集》第3卷，人民出版社2002年版。

《马克思恩格斯全集》第10卷，人民出版社1962年版。

《马克思恩格斯全集》第15卷，人民出版社1963年版。

《马克思恩格斯全集》第19卷，人民出版社1963年版。

《马克思恩格斯全集》第20卷，人民出版社1971年版。

《马克思恩格斯全集》第21卷，人民出版社2003年版。

《马克思恩格斯全集》第22卷，人民出版社1965年版。

《马克思恩格斯全集》第26卷（Ⅰ），人民出版社1972年版。

《马克思恩格斯全集》第26卷（Ⅱ），人民出版社1973年版。

《马克思恩格斯全集》第26卷（Ⅲ），人民出版社1974年版。

《马克思恩格斯全集》第30卷，人民出版社1995年版。

《马克思恩格斯全集》第31卷，人民出版社1998年版。

《马克思恩格斯全集》第32卷，人民出版社1998年版。

《马克思恩格斯全集》第 33 卷，人民出版社 2004 年版。

《马克思恩格斯全集》第 35 卷，人民出版社 2013 年版。

《马克思恩格斯全集》第 36 卷，人民出版社 2015 年版。

《马克思恩格斯全集》第 42 卷，人民出版社 1979 年版。

《马克思恩格斯全集》第 44 卷，人民出版社 2001 年版。

《马克思恩格斯全集》第 47 卷，人民出版社 2004 年版。

《列宁选集》第 1 卷，人民出版社 2012 年版。

《列宁选集》第 2 卷，人民出版社 2012 年版。

《列宁全集》第 28 卷，人民出版社 1990 年版。

《列宁全集》第 55 卷，人民出版社 1990 年版。

《毛泽东选集》第四卷，人民出版社 1991 年版。

《邓小平文选》第二卷，人民出版社 1994 年版。

《习近平谈治国理政》，外文出版社 2014 年版。

《习近平谈治国理政》第三卷，外文出版社 2020 年版。

中文专著

曹典顺：《马克思社会建设逻辑》，中央编译出版社 2020 年版。

常卫国：《劳动论〈马克思恩格斯全集〉探义》，辽宁人民出版社 2005 年版。

陈宝：《资本·现代性·人——马克思资本理论的哲学意蕴及其当代意义》，安徽人民出版社 2008 年版。

陈岱孙：《从古典经济学派到马克思：若干主要学说发展论略》，商务印书馆 2017 年版。

陈惠雄：《人本经济学原理》，上海财政大学出版社 1999 年版。

陈嘉明：《现代性与后现代性十五讲》，北京大学出版社 2006 年版。

陈帅：《马克思与福柯：现代性批判理论比较研究》，社会科学文献出版社 2021 年版。

陈志刚：《现代性批判及其对话——马克思与韦伯、福柯、哈贝马斯等思想的比较》，社会科学文献出版社 2012 年版。

崔顺伟、张沛东、李慧主编：《西方经济学说史教程》，天津人民出版社 2008 年版。

杜小真、张宁主编：《德里达中国讲演录》，中央编译出版社 2002 年版。

杜艳华、贺永泰：《马克思恩格斯现代性思想体系及其影响研究》，上海人民出版社 2017 年版。

丰子义：《发展的反思与探索——马克思社会发展理论的当代阐释》，中国人民大学出版社 2006 年版。

顾海良：《马克思"不惑之年"的思考》，中国人民大学出版社 1993 年版。

郭守田：《世界通史资料选辑·中古部分》，商务印书馆 1981 年版。

韩秋红、史巍、胡绪明：《现代性批判的变奏——西方马克思主义现代性批判》，东北师范大学出版社 2011 年版。

何中华：《重读马克思：一种哲学观的当代诠释》，山东人民出版社 2009 年版。

康文龙、彭冰冰：《马克思现代性批判理论及其当代价值研究》，长江出版社 2011 年版。

林勇主编：《劳动社会学》，中国劳动社会保障出版社 2006 年版。

刘会强主编：《马克思主义现代性批判理论简明读本》，长春出版社 2015 年版。

刘建新：《马克思现代性批判视阈中的人的全面发展》，人民出版社 2009 年版。

刘同舫：《马克思的解放哲学》，中山大学出版社 2015 年版。

卢维良：《马克思市民社会理论的现代性研究》，电子科技大学出版社 2016 年版。

吕鸣章：《现代性及其反思》，三晋出版社 2016 年版。

罗骞：《论马克思的现代性批判及其当代意义》，上海人民出版社 2007

年版。

马新颖:《异化与解放——西方马克思主义的现代性批判理论研究》，中央编译出版社 2015 年版。

毛振阳:《基于"英国实践"的马克思现代性社会批判思想研究》，中国社会科学出版社 2020 年版。

宓文湛、王晖主编:《马克思主义哲学与现时代》，上海财经大学出版社 2007 年版。

聂锦芳主编:《马克思的"新哲学"：原型与流变》，中国社会科学出版社 2013 年版。

石敦国:《亦近亦远马克思——马克思、现代性与当代中国》，世界图书北京出版公司 2012 年版。

速继明:《资本与技术：现代性批判的双重视阈——马克思与海德格尔的历史哲学解读》，黑龙江人民出版社 2015 年版。

孙正聿等:《马克思主义基础理论研究》下卷，北京师范大学出版社 2011 年版。

孙周兴:《后哲学的哲学问题》，商务印书馆 2009 年版。

唐爱军:《马克斯·韦伯的现代性理论研究》，生活·读书·新知三联书店 2015 年版。

滕玉成:《劳动与价值创造理论的当代形态》，山东大学出版社 2010 年版。

田冠浩、袁立国:《重建现代性的三次浪潮》，中央编译出版社 2015 年版。

王伟:《马克思早期自然概念研究》，河北人民出版社 2019 年版。

王晓升:《走出现代性的困境：法兰克福学派现代性批判理论研究》，江苏人民出版社 2021 年版。

魏小萍:《探求马克思——〈德意志意识形态〉原文文本的解读与分析》，人民出版社 2010 年版。

吴晓明、陈立新:《马克思主义本体论研究》，北京师范大学出版社

2013 年版。

吴晓明：《马克思早期思想的逻辑发展》，上海人民出版社 2016 年版。

郗戈：《超越资本主义现代性——马克思现代性思想与当代社会发展》，中国人民大学出版社 2014 年版。

郗戈：《现代性的矛盾与超越——马克思现代性思想与当代社会发展》，中国人民大学出版社 2014 年版。

夏林：《穿越资本的历史时空——基于唯物史观的现代性批判》，社会科学文献出版社 2008 年版。

邢荣：《马克思的现代性与中国社会转型》，中央编译出版社 2015 年版。

许良：《恩格斯现代性批判思想研究》，上海财经大学出版社 2016 年版。

俞吾金等：《现代性现象学：与西方马克思主义者的对话》，上海社会科学院出版社 2002 年版。

虞和平主编，马勇、苏少之副主编：《中国现代化历程——改道与腾飞》第 3 卷，江苏人民出版社 2001 年版。

张春玲：《现代性语境下的资本逻辑问题——基于马克思主义的视角》，中国言实出版社 2021 年版。

张奎良：《马克思的哲学历程》，上海人民出版社 1993 年版。

张立波：《后现代境遇中的马克思》，民族出版社 2002 年版。

张汝伦：《良知与理论》，广西师范大学出版社 2003 年版。

张曙光：《人的世界与世界的人》，北京师范大学出版社 2017 年版。

张曙光：《现代性论域及其中国话语》，武汉大学出版社 2010 年版。

张祥龙：《海德格尔思想与中国天道——终极视域的开启与交融》，生活·读书·新知三联书店 1996 年版。

张一兵：《回到马克思——经济学语境中的哲学话语》，江苏人民出版社 2020 年版。

张一兵主编：《当代国外马克思主义哲学思潮》，江苏人民出版社 2012

年版。

张有奎:《现代性的哲学批判——从马克思生存论角度的分析》,社会
科学文献出版社 2005 年版。

赵崇龄编著:《外国经济思想通史》,云南大学出版社 2015 年版。

赵剑英、庞元正主编:《马克思哲学与中国现代性建构》,社会科学文
献出版社 2006 年版。

周丹:《马克思主义现代性思想研究》,中国社会科学出版社 2015
年版。

卓承芳:《流动现代性与后马克思激进政治学》,南京大学出版社 2018
年版。

邹平林:《现时代的理性、自由与意义——黑格尔、马克思以及哈贝马
斯的现代性思想研究》,江西人民出版社 2014 年版。

中文译著

[埃及] 萨米尔·阿明:《不平等的发展——论外国资本主义的社会形
态》,高铦译,商务印书馆 1990 年版。

[埃及] 萨米尔·阿明:《资本主义的危机》,彭姝祎、贾瑞坤译,社会
科学文献出版社 2003 年版。

[埃及] 萨米尔·阿明:《自由主义病毒/欧洲中心论批判》,王麟进、
谭荣根、李宝源译,社会科学文献出版社 2007 年版。

[德] 安德烈·冈德·弗兰克:《依附性积累与不发达》,高铦、高戈
译,译林出版社 1999 年版。

[德] 本雅明:《论波德莱尔的几个主题》,载刘小枫编《人类困境中的
审美精神》,东方出版中心 1994 年版。

[德] 恩斯特·贝勒尔:《尼采、海德格尔与德里达》,李朝晖译,社会
科学文献出版社 2001 年版。

[德] 费尔巴哈:《费尔巴哈哲学著作选集》(上),荣震华、李金山等
译,商务印书馆 1984 年版。

［德］弗里德里希·李斯特：《政治经济学的国民体系》，陈万煦译，商务印书馆 1961 年版。

［德］哈贝马斯：《公共领域的结构转型》，曹卫东译，学林出版社 1999 年版。

［德］哈贝马斯：《后民族结构》，曹卫东译，上海人民出版社 2002 年版。

［德］哈贝马斯：《理论与实践》，郭官义、李黎译，社会科学文献出版社 2004 年版。

［德］哈贝马斯：《现代性的地平线——哈贝马斯访谈录》，李安东、段怀清译，上海人民出版社 1997 年版。

［德］哈贝马斯：《现代性的哲学话语》，曹卫东等译，译林出版社 2004 年版。

［德］海德格尔：《存在与时间》，陈嘉映、王庆节译，生活·读书·新知三联书店 2014 年版。

［德］海德格尔：《根据律》，张柯译，商务印书馆 2016 年版。

［德］海德格尔：《海德格尔选集》上卷，孙周兴选编，生活·读书·新知三联书店 1996 年版。

［德］海德格尔：《路标》，孙周兴译，商务印书馆 2017 年版。

［德］黑格尔：《法哲学原理》，范扬、张企泰译，商务印书馆 1961 年版。

［德］黑格尔：《精神现象学》上卷，贺麟、王玖兴译，商务印书馆 1981 年版。

［德］霍克海默、［德］阿道尔诺：《启蒙辩证法——哲学断片》，渠敬东、曹卫东译，世纪出版集团、上海人民出版社 2006 年版。

［德］卡尔·洛维特：《从黑格尔到尼采》，李秋零译，生活·读书·新知三联书店 2006 年版。

［德］卡尔·曼海姆：《意识形态和乌托邦》，艾彦译，华夏出版社 2001 年版。

［德］康德：《纯粹理性批判》，邓晓芒译，人民出版社 2004 年版。

［德］康德：《道德形而上学基础》，孙少伟译，九州出版社 2007 年版。

［德］康德：《历史理性批判文集》，何兆武译，商务印书馆 1990 年版。

［德］鲁道夫·欧肯：《近代思想的主潮》，高玉飞译，安徽人民出版社 2013 年版。

［德］马克斯·韦伯：《新教伦理与资本主义精神》，于晓、陈维纲译，生活·读书·新知三联书店 1987 年版。

［德］莫泽斯·赫斯：《赫斯精粹》，邓习议编译，方向红校译，南京大学出版社 2010 年版。

［德］尼采：《人性的，太人性的》，杨恒达译，中国人民大学出版社 2011 年版。

［德］齐美尔：《社会是如何可能的——齐美尔社会学论文选》，林荣远编译，广西师范大学出版社 2002 年版。

［德］萨特：《辩证理性批判》（上），林骧华、徐和瑾、陈伟丰译，安徽文艺出版社 1998 年版。

［法］G. 韦耶德、C. 韦耶德合编：《巴贝夫文选》，梅溪译，商务印书馆 1962 年版。

［法］鲍德里亚：《生产之镜》，仰海峰译，中央编译出版社 2005 年版。

［法］鲍德里亚：《物体系》，林志明译，世纪出版集团、上海人民出版社 2001 年版。

［法］鲍德里亚：《消费社会》（第 4 版），刘成富、全志钢译，南京大学出版社 2014 年版。

［法］波德莱尔：《现代生活的画家》，《波德莱尔美学论文选》，人民文学出版社 1987 年版。

［法］布尔迪厄：《文化资本与社会炼金术——布尔迪厄访谈录》，包亚明译，上海人民出版社 1997 年版。

［法］布罗代尔：《资本主义论丛》，顾良、张慧君译，中央编译出版社 1997 年版。

［法］傅立叶：《傅立叶选集》第三卷，汪耀三、庞龙、冀甫译，商务印

书馆 1964 年版。

［法］居伊·德波：《景观社会》，王昭风译，南京大学出版社 2006
年版。

［法］雷蒙·阿隆：《介入的旁观者——雷蒙·阿隆访谈录》，杨祖功、
海鹰译，吉林出版集团有限责任公司 2013 年版。

［法］利奥塔：《后现代状况——关于知识的报告》，岛子译，湖南美术
出版社 1996 年版。

［法］卢梭：《社会契约论》，杨国政译，陕西人民出版社 2004 年版。

［法］摩莱里：《自然法典——或自然法律的一直被忽视或被否认的真
实精神》，黄建华、姜亚洲译，商务印书馆 1982 年版。

［法］圣西门：《圣西门选集》（上下卷），何清新译，商务印书馆 1962
年版。

［法］雅克·德里达：《马克思的幽灵——债务国家、哀悼活动和新国
际》，何一译，中国人民大学出版社 1999 年版。

［古希腊］亚里士多德：《形而上学》，李真译，中国民艺出版社 2005
年版。

［加］大卫·莱昂：《后现代性》（第二版），郭为桂译，吉林人民出版
社 2004 年版。

［加］娜奥米·克莱恩：《休克主义：灾难资本主义的兴起》，吴国卿、
王柏鸿译，广西师范大学出版社 2010 年版。

［捷］卡莱尔·科西克：《具体的辩证法——关于人与世界问题的研
究》，傅小平译，社会科学文献出版社 1989 年版。

［联邦德国］施密特：《马克思的自然概念》，欧力同、吴仲昉译，商务
印书馆 1988 年版。

［美］阿普特：《现代化的政治》，陈尧译，中央编译出版社 2011 年版。

［美］贝斯特、［美］科尔纳：《后现代转向》，陈刚等译，南京大学出
版社 2002 年版。

［美］彼得·布劳、马歇尔·梅耶：《现代社会中的科层制》，马戎、时

宪民、邱泽奇译，学林出版社 2001 年版。

[美] 大卫·库尔珀：《纯粹现代性批判》，臧佩洪译，商务印书馆 2004 年版。

[美] 大卫·雷·格里芬编：《后现代精神》，王成兵译，中央编译出版社 1998 年版。

[美] 戴维·哈维：《后现代的状况》，阎嘉译，商务印书馆 2003 年版。

[美] 道格拉斯·凯尔纳、[美] 斯蒂文·贝斯特：《后现代理论——批判性的质疑》（第 2 版），张志斌译，中央编译出版社 2006 年版。

[美] 弗雷德里克·詹姆逊：《单一的现代性》，王逢振、王丽亚译，天津人民出版社 2005 年版。

[美] 福斯特：《生态危机与资本主义》，耿建新、宋兴无译，上海译文出版社 2006 年版。

[美] 汉娜·阿伦特：《人的境况》，王寅丽译，世纪出版集团、上海人民出版社 2009 年版。

[美] 劳伦斯·E. 卡洪：《现代性的困境：哲学、文化和反文化》，王志宏译，商务印书馆 2008 年版。

[美] 马尔库塞：《爱欲与文明》，黄勇、薛民译，上海译文出版社 1987 年版。

[美] 马尔库塞：《单向度的人——发达工业社会意识形态研究》，刘继译，上海译文出版社 2006 年版。

[美] 马歇尔·伯曼：《一切坚固的东西都烟消云散了——现代性体验》，徐大建等译，商务印书馆 2003 年版。

[美] 威廉·巴雷特：《非理性的人——存在主义哲学研究》，段德智译，上海译文出版社 1992 年版。

[美] 伊曼努尔·华勒斯坦等：《自由主义的终结》，郝名玮、张凡译，社会科学文献出版社 2002 年版。

[美] 詹姆斯·奥康纳：《自然的理由——生态学马克思主义研究》，唐正东、臧佩洪译，南京大学出版社 2003 年版。

［美］詹姆斯·劳洛：《马克思主义哲学和共产主义》，张建华译，载欧
　　阳康主编《当代英美哲学地图》，人民出版社 2005 年版。

［南］马尔科维奇等编：《南斯拉夫"实践派"的历史和理论》，重庆
　　出版社 1991 年版。

［日］柄谷行人：《马克思，其可能性的中心》，［日］中田友美译，中
　　央编译出版社 2006 年版。

［日］广松涉：《物象化论的构图》，彭曦、庄倩译，南京大学出版社
　　2009 年版。

［日］平田清明：《市民社会和社会主义》，岩波书店 1969 年版。

［日］山之内靖：《受苦者的目光：早期马克思的复兴》，彭曦、汪丽影
　　译，北京师范大学出版社 2011 年版。

［斯洛文］斯拉沃热·齐泽克等：《图绘意识形态》，方杰译，南京大学
　　出版社 2002 年版。

［匈］阿格尼斯·赫勒：《现代性理论》，李瑞华译，商务印书馆 2005
　　年版。

［匈］卢卡奇：《历史与阶级意识——关于马克思主义辩证法的研究》，
　　杜章智、任立、燕宏远译，商务印书馆 1992 年版。

［意］德拉·沃尔佩：《卢梭和马克思》，赵培杰译，重庆出版社 1993
　　年版。

［意］康帕内拉：《太阳城》，陈大维、黎思复、黎廷弼译，商务印书馆
　　1980 年版。

［英］G. A. 科恩：《卡尔·马克思的历史理论：一种辩护》，段忠桥译，
　　高等教育出版社 2008 年版。

［英］安东尼·吉登斯：《民族—国家与暴力》，胡宗泽、赵力涛译，生
　　活·读书·新知三联书店 1999 年版。

［英］安东尼·吉登斯：《现代性的后果》，田禾译，译林出版社 2011
　　年版。

［英］安东尼·吉登斯、［英］克里斯多弗·皮尔森：《现代性——吉登

斯访谈录》，尹宏毅译，新华出版社 2001 年版。

［英］大卫·李嘉图：《政治经济学及赋税原理》，郭大力、王亚南译，商务印书馆 1976 年版。

［英］戴维·弗里斯比：《现代性的碎片——齐美尔、克拉考尔和本雅明作品中的现代性理论》，卢晖临、周怡、李林艳译，商务印书馆 2003 年版。

［英］戴维·麦克莱伦：《卡尔·马克思传》第 4 版，王珍译，中国人民大学出版社 2016 年版。

［英］戴维·米勒编：《开放的思想和社会——波普尔思想精粹》，张之沧译，江苏人民出版社 2000 年版。

［英］弗里德里希·冯·哈耶克：《经济、科学与政治——哈耶克思想精粹》，冯克利译，江苏人民出版社 2000 年版。

［英］杰拉德·德兰蒂：《现代性与后现代性：知识、权力与自我》，李瑞华译，商务印书馆 2012 年版。

［英］马丁·阿尔布劳：《全球时代：超越现代性之外的国家和社会》，高湘泽、冯玲译，商务印书馆 2001 年版。

［英］梅扎罗斯：《超越资本：关于一种过渡理论》上，郑一明等译，中国人民大学出版社 2003 年版。

［英］齐格蒙特·鲍曼：《流动的现代性》，欧阳景根译，中国人民大学出版社 2018 年版。

［英］特里·伊格尔顿：《马克思为什么是对的》珍藏版，李扬、任文科、郑义译，新星出版社 2011 年版。

［英］托马斯·莫尔：《乌托邦》，李灵燕译，西北大学出版社 2016 年版。

［英］威廉姆·汤普逊：《最能促进人类幸福的财富分配原理的研究》，何慕李译，商务印书馆 1986 年版。

［英］威廉·配第：《配第经济著作选集》，陈冬野、马清槐、周锦如编译，商务印书馆 1981 年版。

［英］亚当·斯密:《国民财富的性质和原因的研究》（上），郭大力、王亚南译，商务印书馆 1972 年版。

［英］伊格尔顿:《历史中的政治、哲学、爱欲》，马海良译，中国社会科学出版社 1999 年版。

［英］约翰·洛克:《政府论》下篇，叶启芳、翟菊农译，商务印书馆 1964 年版。

中文期刊

毕照卿:《中国式现代化道路的社会主义性质及其逻辑指向》，《科学社会主义》2022 年第 5 期。

边立新:《人的解放:马克思主义的真谛》，《科学社会主义》2013 年第 4 期。

蔡晓良:《关于马克思"自由人联合体"思想的思考》，《福州大学学报》（哲学社会科学版）2009 年第 4 期。

曹丽:《论马克思无产阶级概念的双重含义》，《科学社会主义》2015 年第 2 期。

陈金龙:《中国式现代化的规律叙事》，《中国高校社会科学》2022 年第 3 期。

陈立新、张婷婷:《现代性从资本到劳动的原则性转变》，《思想战线》2021 年第 5 期。

陈胜云:《论马克思"劳动"批判的真实语境》，《上海行政学院学报》2008 年第 6 期。

陈学明:《从马克思的现代性批判理论看中国道路的合理性》，《马克思主义与现实》2018 年第 6 期。

陈学明:《中国如何"强起来"——从马克思主义现代性批判理论角度的分析》，《学习与探索》2018 年第 7 期。

陈玉斌:《论中国式现代化新道路的新现代性理论范式》，《社会主义研究》2022 年第 2 期。

丰子义:《马克思"世界历史"思想研究中的几个问题》,《教学与研究》2002 年第 3 期。

丰子义:《马克思现代性思想的当代解读》,《中国社会科学》2005 年第 4 期。

傅长吉、丛大川:《对卡尔·马克思"共产主义"另想的解读》,《广东社会科学》2007 年第 1 期。

高惠珠、徐文越:《论马克思的劳动本体论——基于马克思早期著作的研究》,《上海师范大学学报》(哲学社会科学版)2016 年第 4 期。

高宣扬:《马克思与现代性的悖论》,《马克思主义与现实》2013 年第 1 期。

高兆明:《马克思的唯物史观与道德观三问》,《道德与文明》2007 年第 3 期。

葛晨虹:《马克思主义视野中的人性理论》,《齐鲁学刊》2018 年第 4 期。

宫敬才:《诹论马克思的劳动哲学本体论(上)》,《河北学刊》2012 年第 5 期。

顾海良:《通向〈资本论〉的思想驿站——读〈政治经济学批判(1857—1858 年手稿)〉》,《高校理论战线》2012 年第 3 期。

顾建红:《回归生活世界:论马克思的现代性批判与拯救之路》,《学习与探索》2022 年第 7 期。

韩保江、李娜:《马克思机器大工业理论及其现实意义》,《改革与战略》2020 年第 6 期。

韩庆祥:《现代性的本质、矛盾及其时空分析》,《中国社会科学》2016 年第 2 期。

韩志伟:《什么是"历史唯物主义"——从马克思的几个比喻谈起》,《长白学刊》2013 年第 4 期。

何建津:《需要·劳动·资本主义意识形态——从〈生产之镜〉看鲍德里亚对马克思理论的曲解》,《福建论坛》(人文社会科学版)2012

年第 2 期。

何萍：《马克思历史辩证法的理性结构》，《南京大学学报》（哲学·人文科学·社会科学）2012 年第 3 期。

何小勇：《马克思对资本逻辑的批判与中国新现代性的构建》，《社会科学辑刊》2016 年第 3 期。

贺汉魂、何云峰：《马克思商品交换理论的劳动正义意蕴研究》，《四川大学学报》（哲学社会科学版）2021 年第 4 期。

贺来：《论实践观点的认识论意蕴》，《社会科学研究》2018 年第 3 期。

贺来：《马克思哲学与"现代性"课题》，《吉林大学社会科学学报》2000 年第 3 期。

贺来、徐国政：《从"我思主体"到"类主体"——马克思对主体性观念的变革》，《学术研究》2020 年第 1 期。

贺来：《"在批判旧世界中发现新世界"与哲学的当代合法性——马克思的"动词性"哲学观及其当代意义》，《吉林大学社会科学学报》2002 年第 6 期。

胡慧远：《马克思现代性批判的三个维度：哲学、资本与文化》，《湖北大学学报》（哲学社会科学版）2016 年第 5 期。

胡建：《马克思的"自由劳动"意蕴及其现实启示》，《中共浙江省委党校学报》2009 年第 3 期。

胡刘：《马克思现代性思想的方法论》，《学术研究》2004 年第 11 期。

胡玉荣：《马克思的现代性批判与中国的现代性建构》，《广西社会科学》2016 年第 1 期。

贾英健：《马克思现代性批判的理论旨趣及其变革实质》，《哲学研究》2005 年第 9 期。

蒋红群：《马克思恩格斯对资本主义灾难化向度的内在批判》，《社会主义研究》2021 年第 5 期。

蒋占峰、吴昊：《习近平对马克思劳动幸福理论的四维创新》，《理论月刊》2022 年第 5 期。

寇东亮：《马克思的劳动概念与"三个王国"的自由思想》，《上海师范大学学报》（哲学社会科学版）2021 年第 6 期。

黎昔柒：《事实与价值的辩证统一：马克思的研究方法探析》，《湖南社会科学》2018 年第 6 期。

李江帆：《劳动、劳动产品与劳动价值论的再认识》，《中国经济问题》2003 年第 3 期。

李丽：《唯物史观视野中的人类文明新形态》，《马克思主义研究》2022 年第 7 期。

李萍、张淑妹：《从必然王国向自由王国飞跃的历史力量——马克思劳动概念中的自由维度》，《现代哲学》2018 年第 6 期。

李腾凯：《马克思实践的现代性逻辑与中国传统文化现代化》，《湖北社会科学》2017 年第 6 期。

李武装：《资本、实践与自由：马克思哲学变革的深蕴再考察》，《理论学刊》2022 年第 1 期。

梁玉秋：《劳动的构成要素及其在现代社会中的扩展——深化马克思关于劳动问题的认识》，《首都经济贸易大学学报》2009 年第 4 期。

刘国胜：《重新理解马克思现代性思想》，《山东社会科学》2016 年第 3 期。

刘会强、王文臣：《马克思现代性批判理论及其现实意义》，《上海行政学院学报》2019 年第 4 期。

刘家俊：《〈共产党宣言〉新解：马克思"现代性"思想的"宣言"——基于现代性四个基本向度的学理性分析》，《宁夏社会科学》2017 年第 5 期。

刘剑松：《马克思主义中国化与中国现代性的建构》，《人民论坛》2017 年第 6 期上。

刘军、侯春兰：《马克思现代性批判思想的双重维度和方法论特征》，《南京师大学报》（社会科学版）2019 年第 2 期。

刘军、李爱华：《中国式现代化道路对资本主义文明逻辑的超越》，《中共中央党校（国家行政学院）学报》2022 年第 2 期。

刘军：《马克思的现代性理论及其当代意蕴》，《马克思主义理论学科研究》2023 年第 5 期。

刘梅：《在批判旧世界中发现新世界——马克思辩证批判的内在张力》，《理论月刊》2012 年第 2 期。

刘乃勇：《马克思劳动二重性学说的理论来源》，《教学与研究》2011 年第 9 期。

刘荣军、李书娜：《马克思劳动解放思想的逻辑意蕴与历史展现》，《东南学术》2019 年第 5 期。

刘荣军：《马克思市民社会概念的现代社会转型与重要意义》，《马克思主义研究》2017 年第 8 期。

刘同舫：《启蒙理性及其现代性：马克思的批判性重构》，《中国社会科学》2015 年第 2 期。

刘伟兵：《马克思现代社会思想的总纲——〈1857—1858 年经济学手稿〉研究与启示》，《东南学术》2019 年第 6 期。

刘祥乐：《马克思对现代性的双重批判及其总体性特征——〈巴黎手稿〉新诠》，《学术论坛》2016 年第 7 期。

刘洋、李洋：《回到马克思：现代性视域下人的生存困境探究》，《东北大学学报》（社会科学版）2016 年第 5 期。

鲁品越、骆祖望：《资本与现代性的生成》，《中国社会科学》2005 年第 3 期。

栾文莲：《马克思主义世界市场理论研究——世界市场的经典叙述与现代特征》，《马克思主义研究》2002 年第 1 期。

罗骞、唐解云：《马克思主义理论的总体性》，《马克思主义理论学科研究》2021 年第 8 期。

罗骞：《异化劳动：现代性状况与现代性批判——〈1844 年经济学哲学手稿〉解读》，《学习与探索》2012 年第 1 期。

毛勒堂、扬园：《何谓现代性：马克思的本质解答及其意义》，《云南社会科学》2020 年第 5 期。

孟飞、孟德强：《〈1857—1858 年经济学手稿〉中的现代性批判思想及
　　其方法论意义——纪念马克思逝世 140 周年》，《当代经济研究》
　　2023 年第 10 期。

庞立生、聂阳：《马克思劳动理论的现代性批判意蕴——兼回应阿伦特
　　对马克思劳动理论的批评》，《天津大学学报》（社会科学版）2015
　　年第 3 期。

亓光、魏凌云：《习近平关于中国式现代化重要论述的理论阐释》，《行
　　政论坛》2021 年第 6 期。

乔瑞金：《现代性批判的错置与重思》，《中国社会科学》2016 年第
　　2 期。

乔榛、刘晓丽：《马克思收入分配理论的逻辑及现代意义》，《当代经济
　　研究》2021 年第 2 期。

曲萌：《马克思"世界历史性个人"思想及其现实意义》，《北京社会科
　　学》1996 年第 1 期。

屈婷：《马克思城市化思想的演变历程及其方法论特征》，《南开学报》
　　（哲学社会科学版）2019 年第 1 期。

宋艳华：《马克思现代性思想研究的出场语境、主要论域与拓展空间》，
　　《中国矿业大学学报》（社会科学版）2020 年第 4 期。

孙承叔：《资本与现代性——马克思的回答》，《上海财经大学学报》
　　2006 年第 4 期。

孙利天：《现代性的追求和内在超越》，《中国社会科学》2016 年第
　　2 期。

孙亮：《中国现代性建构与马克思主义哲学中国化》，《天府新论》2010
　　年第 3 期。

孙民、齐承水：《马克思现代性语境中的"交往"概念》，《山东社会科
　　学》2016 年第 11 期。

孙玉霞：《消费主义价值观批判》，《浙江学刊》2006 年第 1 期。

孙正聿：《"现实的历史"：〈资本论〉的存在论》，《中国社会科学》2010 年第 2 期。

谭苑苑：《试析马克思〈资本论〉劳动本体论思想》，《当代经济研究》2016 年第 8 期。

唐爱军：《从"两军对峙"到"共同的问题域"——韦伯与马克思比较研究》，《中共天津市委党校学报》2013 年第 2 期。

唐爱军：《劳动主题与马克思的现代性批判思想——兼论哈贝马斯和海德格尔对马克思的批判》，《中共南京市委党校学报》2011 年第 2 期。

唐爱军：《马克思劳动观及其现实意义》，《毛泽东邓小平理论研究》2014 年第 3 期。

唐爱军：《唯物史观视域中的中国式现代化新道路》，《哲学研究》2021 年第 9 期。

陶火生：《马克思的"劳动产品"异化观与资本逻辑批判》，《福州大学学报》（哲学社会科学版）2016 年第 6 期。

田鹏颖、陈孟：《马克思唯物史观视域下中国现代性的创造与超越》，《哲学分析》2020 年第 5 期。

涂良川：《中国式现代化新道路的三重逻辑》，《学术交流》2021 年第 12 期。

汪光晔：《论马克思的资本现代性概念及其辩证立场》，《中国地质大学学报》（社会科学版）2021 年第 5 期。

汪光晔、赵凯荣：《论商品拜物教之现代性意蕴》，《云南社会科学》2018 年第 5 期。

汪信砚、刘建江：《马克思现代性批判的三个基本维度——以〈1844 年经济学哲学手稿〉为中心的考察》，《学术研究》2019 年第 1 期。

汪行福：《复杂现代性与思想再解放》，《学术界》2015 年第 10 期。

王凤才：《21 世纪语境中如何理解马克思的现代性批判?》，《山西大学学报》（哲学社会科学版）2022 年第 2 期。

王国坛、高跃：《在批判旧世界中发现新世界——马克思哲学方法论研究》，《北方论丛》2014 年第 6 期。

王清涛：《马克思对资本主义现代性的判定及其当代启示》，《山东师范大学学报》（人文社会科学版）2018 年第 2 期。

王人骏：《马克思市场理论的时空建构》，《社会科学战线》2020 年第 2 期。

王善平：《现代性：资本与理性形而上学的联姻》，《哲学研究》2006 年第 1 期。

王祥：《论马克思现代性批判与当代中国现代性构建》，《求实》2014 年第 3 期。

王晓升：《从异化劳动到实践：马克思对于现代性问题的解答兼评哈贝马斯对马克思的劳动概念的批评》，《哲学研究》2004 年第 2 期。

王岩、高惠珠：《论马克思对资本主义现代性批判和中国式现代化新道路开创》，《山东社会科学》2021 年第 9 期。

王志红：《马克思主义中国化的现代性启蒙与祛魅》，《马克思主义与现实》2004 年第 6 期。

吴宏政：《劳动在什么意义上才是"生活的第一需要"》，《哲学动态》2017 年第 5 期。

吴宁、马瑞丽：《安德烈·高兹的劳动解放思想探究——兼析马克思的劳动解放思想》，《福建论坛》（人文社会科学版）2012 年第 12 期。

吴荣、高惠珠：《人类命运共同体对资本主义共同体的超越——基于马克思劳动理论视角》，《财经问题研究》2019 年第 6 期。

吴晓明：《当代中国的精神建设及其思想资源》，《中国社会科学》2012 年第 5 期。

吴晓明：《论马克思对现代性的双重批判》，《学术月刊》2006 年第 2 期。

郗戈：《论马克思现代性思想的方法论特征——基于思想史视角》，《山东社会科学》2018 年第 11 期。

郗戈：《马克思资本主义批判与现代性的"内在超越"问题》，《高校理论战线》2012 年第 5 期。

郗戈：《"新现代性"：马克思现代性理论的建设性维度》，《马克思主义研究》2013 年第 4 期。

郗戈：《异化劳动与现代性的"病理学"》，《湖南社会科学》2008 年第5 期。

咸怡帆、杨虹：《马克思资本主义批判思想的跃升——基于异化劳动和雇佣劳动的考察》，《江汉论坛》2017 年第 12 期。

徐海红、曹孟勤：《论劳动对新世界的开启——基于马克思主义哲学视角》，《东南大学学报》（哲学社会科学版）2019 年第 6 期。

徐宏霞、左亚文：《生存论解释与本体论追问：从马克思的"现实本质"定义谈起》，《湖北社会科学》2019 年第 2 期。

严庆：《中国式现代化对"共同体团结悖论"的破解——学习党的二十大精神》，《西北民族研究》2022 年第 6 期。

颜晓峰：《党的百年奋斗成功走出中国式现代化道路》，《思想理论教育》2022 年第 4 期。

杨桂青：《资本·现代性·人——"全国资本哲学高级研讨会"综述》，《哲学研究》2006 年第 8 期。

杨宏祥、庞立生：《"现代性"批判的根本视阈：人的生存方式——开启马克思主义哲学历史唯物主义的微观视阈》，《内蒙古社会科学》（汉文版）2016 年第 4 期。

杨洪源：《社会变革之主体力量的遮蔽与彰显——〈资本论〉中关于工人阶级及其命运的隐喻叙事》，《理论探讨》2022 年第 2 期。

杨南龙：《马克思主体性思想演变的历史逻辑》，《北方论坛》2022 年第 2 期。

杨乔乔、张连良：《"主体性"的三次转向——从黑格尔、费尔巴哈到马克思》，《求是学刊》2018 年第 6 期。

杨睿轩：《马克思关于货币的三个隐喻》，《海南大学学报》（人文社会科学版）2021 年第 3 期。

杨圣明、王茜：《马克思世界市场理论及其现实意义——兼论"逆全球化"思潮的谬误》，《经济研究》2018 年第 6 期。

仰海峰：《商品：一个哲学的分析》，《哲学研究》2014 年第 7 期。

仰义方、武亿：《中国式现代化道路的演进逻辑、鲜明特征与实践路径》，《世界社会主义研究》2022 年第 6 期。

姚登权、李曼琳：《资本的世界意义——解读马克思"世界历史"理论》，《湖南师范大学社会科学学报》2007 年第 6 期。

叶险明：《对马克思现代化观的一种读解》，《哲学研究》2020 年第 2 期。

叶险明：《"世界历史性个人"与"人的自由而全面的发展"》，《马克思主义研究》2011 年第 12 期。

于安龙：《中国式现代化发展动力论析》，《上海经济研究》2022 年第 5 期。

余乃忠：《现代性精神政治的秘密》，《江汉论坛》2011 年第 9 期。

俞吾金：《从"道德评价优先"到"历史评价优先"——马克思异化理论发展中的视角转换》，《中国社会科学》2003 年第 2 期。

俞吾金：《马克思对现代性的诊断及其启示》，《中国社会科学》2005 年第 1 期。

俞吾金：《资本诠释学——马克思考察、批判现代社会的独特路径》，《哲学研究》2007 年第 1 期。

袁杰：《论马克思的资本与劳动性质嬗变理论》，《马克思主义与现实》2016 年第 4 期。

臧峰宇：《马克思的现代性思想与中国式现代化的实践逻辑》，《中国社会科学》2022 年第 7 期。

张传开、方敏：《马克思哲学视域下的现代性》，《哲学研究》2007 年第 1 期。

张夺、罗理章：《马克思"无产阶级发现"的内在逻辑》，《北方论坛》2016 年第 2 期。

张峰、徐如刚：《马克思对资本主义财富分配非正义的前提批判——基于〈政治经济学批判（1857—1858 年手稿）〉的考察》，《北京行政学院学报》2019 年第 3 期。

张涵：《关于"美的规律"的读书札记》，《社会科学》1982 年第 7 期。

张奎良：《唯物史观的人学意蕴——兼答徐亦让、唐正东同志》，《哲学研究》1994 年第 12 期。

张三元：《中国道路对西方现代性的超越》，《山东社会科学》2017 年第 6 期。

张曙光：《思入现代社会的本质——马克思哲学思想的当代意义刍议》，《学术研究》2002 年第 5 期。

张霄：《马克思理解"事实—价值"关系的辩证法：一个早期视角》，《哲学研究》2021 年第 5 期。

张雪魁：《社会进步与社会秩序的重建——从马克思的社会发展理论看中国模式的生成逻辑》，《社会科学》2011 年第 12 期。

张艳涛：《历史唯物主义视域下的"中国现代性"建构》，《哲学研究》2015 年第 6 期。

张一平：《生产要素、价值创造与制度选择——近代中国"资本主义"认识的经济分析》，《上海财经大学学报》2016 年第 4 期。

张有奎：《马克思生存论与现代性的命运》，《吉林大学社会科学学报》2006 年第 5 期。

张有奎：《马克思现代性的中国语境和现实意义》，《福建论坛》（人文社会科学版）2009 年第 5 期。

张占斌、王学凯：《中国式现代化：理论基础、思想演进与实践逻辑》，《行政管理改革》2021 年第 8 期。

张卓：《资本扩张悖论》，《江汉论坛》2010 年第 5 期。

章国锋：《哈贝马斯访谈录》，《外国文学评论》2000 年第 1 期。

赵福生：《论马克思的微观哲学视域》，《求是学刊》2008 年第 1 期。

赵家祥：《必然王国与自由王国的含义及其关系》，《北京大学学报》

（哲学社会科学版）2013 年第 6 期。

赵泽林：《机器与现代性：马克思及其之后的历史与逻辑启示》，《哲学研究》2020 年第 4 期。

郑保卫、叶俊：《从印刷、电报到互联网——论马克思主义媒介技术观的历史演变》，《新闻大学》2016 年第 2 期。

郑红娥：《消费社会理论反思》，《南京社会科学》2006 年第 7 期。

郑祥福：《马克思主义的总体性及其当代意义》，《福建论坛》（人文社会科学版）2007 年第 6 期。

周丹：《马克思的劳动解放思想的现代性理解》，《中共中央党校学报》2013 年第 1 期。

周峰：《马克思主义与中国现代性问题》，《山东社会科学》2016 年第 12 期。

周建锋：《世界市场形成、劳动力集聚与国际贫富差距扩大——基于新经济地理学与马克思国际价值理论比较的视角》，《当代经济研究》2013 年第 7 期。

周霞：《劳动过程理论与劳动主体的重构——布若威与马克思》，《学术研究》2018 年第 11 期。

庄友刚：《论马克思的"现代"观》，《苏州大学学报》（哲学社会科学版）2018 年第 4 期。

邹广文、王纵横：《马克思的消费社会观初探》，《马克思主义与现实》2009 年第 4 期。

邹诗鹏：《马克思主义中国化与中国现代性的建构》，《中国社会科学》2005 年第 1 期。

后　记

　　本书是我 2022 年主持的国家社科基金一般项目"马克思现代性视域下的劳动问题研究"（项目编号：22BKS008）的结项成果。本书的出版得到了河北大学马克思主义学院学科建设经费支持。

　　本项目申报时的题目就是"马克思劳动现代性思想研究"，但立项结果下来，改成了"马克思现代性视域下的劳动问题研究"，可能与"马克思劳动现代性思想研究"相比，"马克思现代性视域下的劳动问题研究"问题意识更强，更加突出破解劳动问题的现代性视角。但我个人认为，"马克思现代性视域下的劳动问题研究"侧重于强调现代性视角下对资本主义社会异化劳动的批判，而"马克思劳动现代性思想研究"则侧重于强调马克思基于自由劳动的共产主义文明形态建构。同时，由于申请之前已经以"马克思劳动现代性思想研究"为题完成了 85% 以上的内容且计划申请后期资助，因此，总体的构思框架就没有改动。

　　我之所以选择马克思的"劳动现代性"思想展开研究，是因为对"劳动"问题的兴趣。2018 年，我主持了一项河北省社科基金项目"马克思世界交往理论及其现实意义研究"，在研究中发现，马克思之所以超越赫斯而实现哲学领域的革命，一个重要的关节点就是把赫斯的"交往异化"提升到了"劳动异化"的高度。显然，马克思的"劳动异化"批判不仅比赫斯的"交往异化"批判深刻，还在于马克思的"劳动异化"抓住了问题的根本。正是由于对"劳动异化"进行研究，使马克思发现了"实践"和"生产"概念，进而阐明了唯物史观的基本原理，揭示了人类社会发展的一般规律，从而破解了历史之谜；也正是由于对"劳动异化"的研究，使马克思发现了"劳动"与"劳动力"概念的差别，进而阐明了现代资本主义文明的发展规律，揭示了现代社会之谜。可见，"劳动"问题在马克思的学说中是最基础的概念、最核心的范畴，"劳动"概念把马克思的哲学、政治经济学和科学社会主义统一起来。因此，围绕"劳动"问题的研究是把握马克思主义基本原理的关键。但是，"劳动"问题在马克思语境中是一个老生常谈的问题。能够选择一个恰当的角度成为问题的关键。

2019 年，我在《哲学研究》第 10 期上发表了《论世界交往的空间效应——基于马克思资本与劳动关系的现代性批判视角》。这是我主持的河北省社科基金项目"马克思世界交往理论及其现实意义研究"的成果之一。文章的副标题是刊发时加的。在研究马克思世界交往理论的过程中，我发现了两个新的研究方向：一是马克思的空间思想研究。河北省社科基金项目结项后，便开始聚焦马克思的空间思想收集资料、撰写文稿。2019 年，我撰写的《马克思空间哲学研究》获得了国家社科基金项目后期资助的立项。二是马克思劳动现代性思想研究。但由于忙着写作《马克思空间哲学研究》的书稿，马克思劳动现代性思想就准备安排一个研究生作为硕士论文的选题，由于学生把握"劳动现代性"问题难度较大，最后题目改成了《马克思劳动解放思想研究》。从现代性视角探讨劳动问题的另一个原因是我发表在《哲学研究》的论文属于"现代性问题研究"专栏。当"现代性"这样一个热点问题和"劳动"这样一个基础问题相遇时，便产生了想研究马克思"劳动现代性"思想的强烈冲动。想着赶紧把手中的《马克思空间哲学研究》完成之后，写作马克思劳动现代性思想。2021 年，《马克思空间哲学研究》提交结项之后，便开始着手写作《马克思劳动现代性思想研究》。当时着急写的另一个原因是我们学科的一个博士生在这一年选择了马克思"劳动现代性"思想作为博士论文的选题。因此就想一定要赶在学生之前完成这部著作。2022 年，我以"马克思劳动现代性思想研究"为题申报了国家社科基金一般项目获得立项，现在呈现给大家的就是此项研究成果。

2019 年 12 月，由于年龄问题，我不再担任历史学院党委书记一职，我主动选择了到马克思主义学院担任专职教师。4 年多来，我在教师岗位上专心从事着教学与科研工作，最大的体会莫过于那句"书山有路勤为径，学海无涯苦作舟"。其间，完成了 2 项国家社科基金项目和一些省厅级项目，发表了 16 篇 C 刊论文，获评河北大学坤舆优秀学者等。在此期间，相伴有上课时的诲人不倦、开会时的各抒己见、聚会时的高谈阔论。本书是我转向马克思主义基本原理研究后的第三部著作，从"世界交往"到"空间哲学"再到"劳动现代性"问题，自己感觉在马克思主义基本原理领域还有很多值得思考和研究的问题。

本书得以顺利出版，非常感谢学院领导的关心和支持！非常感谢中国社会科学出版社刘艳老师的帮助和支持！非常感谢我的爱人杜萍老师的关心和支持！

李维意

2024 年 3 月 8 日于学院奋学楼